近世後期の対外政策と軍事・情報

松本英治 著

吉川弘文館

目次

序章　本書の課題と構成

一　本書の問題意識

嘉永六年（一八五三）六月三日、ペリー率いる四隻からなるアメリカ艦隊が浦賀沖に姿を見せた。来航の趣旨を確かめるべく、御用船に乗り込んだ浦賀奉行所与力と阿蘭陀通詞は、旗艦を見抜いて迷うことなくサスケハナ号に乗り付けた。阿蘭陀通詞はオランダ語で国籍と来航目的を尋ね、通じないとみるや英語でオランダ語のわかる者はいないかと問いかけた。ペリー来航は前年にオランダ商館長より予告されており、浦賀奉行所内部でも知られていたから、与力や阿蘭陀通詞はアメリカ艦隊に違いないと確信して応接に臨んでいた。そして、国書を持参した使節であることがわかると、事前の方針に従って長崎への廻航を求めた(1)。

よく知られたペリー艦隊との最初の接触の様子である。衝撃的な出来事とされるが、現場での応接は、割合に冷静だったように思われる。「鎖国」下にあっても、阿蘭陀通詞が旗艦や英会話を理解していたこと、オランダ商館長が来航を事前に予告していたことが、適切な応接を促したのだろう。

ペリー来航が日本史上の画期であったことは多言を要しない。高等学校日本史の教科書は、ペリー来航によって幕府が「鎖国」を転換して「開国」に踏み切ったことを、近代の始まりとして叙述する。そして、「開国後、幕府は江戸に蕃書調所を設けて、洋学の教授と外交文書の翻訳などに当たらせ、講武所で洋式砲術を含む武芸を教え、長崎ではオランダ人による海軍伝習を始めた」[2]などと記すように、ペリー来航が幕府に軍事的・外交的対応を促し、西洋文明の受容による近代化の契機となったと位置付けている。

近年の研究動向は、「開国」に際しての幕府の対応を評価し、交渉にあたった幕府役人の能力の高さに注目している。異論もあろうが、筆者は、ペリー来航に接したさいの応接は適切であり、「開国」後の幕府の近代化に向けての対応は迅速であったと考えている。このような幕府役人の応接や幕府の対応を生み出した背景には、何があるのだろうか。

一つは、「鎖国」下においても、西洋諸国に関する知識と情報が積み重ねられていたことがある。西洋諸国として唯一来航を認められたオランダが定期的な情報をもたらし、幕府の求めに応じて情報を提供した。また、来航した異国船と異国人、海外から帰国した漂流民なども、不定期とはいえ貴重な情報をもたらした。オランダを通じて輸入された蘭書に基づく知識は、実証的な学問である蘭学として体系化されていた。

もう一つは、このような知識と情報に基づく幕府の政策的対応が、「鎖国」下の日本に経験的に蓄積されていたからであろう。産業革命の達成と近代市民社会の形成を進めつつあった西洋諸国が日本への接触を試みるのは、一八世紀末から一九世紀初めのことであった。このような動向は、政治・社会秩序を動揺させる対外的危機と認識され、以後、幕府はその対応に迫られてきたからである。

本書では、ペリー来航のおよそ半世紀前、寛政期から文化期に立ち戻り、対外的危機への幕府の軍事的・外交的対応を、オランダによる情報提供や蘭学の発展との関係をふまえて考えてみたい。

ところで、来航したペリーに対して、幕府は長崎への廻航を求めた。それは、長崎が「鎖国」下における対外交渉の窓口と位置付けられていたからである。しかし、ペリーは長崎への廻航を断固として拒否した。それは、長崎こそが、ペリーが打破すべき幕府の外交姿勢を具現化した都市だったからである。

近世の長崎は、幕府の直轄都市であり、商売船であるオランダ船・唐船の来航を認め、「鎖国」下に開かれた唯一の国際貿易港であった。また、「鎖国」下における対外交渉の窓口として位置付けられ、来航を認められない異国船の応接、海外から帰国した漂流民の取り調べなどは長崎で行われた。それゆえ、海外からの情報や知識は、流入口である長崎が独占する構造をもたらした。

長崎の行政と司法は、幕府が長崎に派遣した長崎奉行が管轄したが、町年寄以下の長崎地役人による自治が広範に認められていた。長崎奉行の監督下に行われた貿易は、長崎地役人によって構成される長崎会所が実務を担い、貿易の利益は幕府の財源として上納された。長崎地役人は長崎会所から役料を得ており、貿易の利益は箇所銀・竈銀として市中にも分配されたから、長崎は貿易に依存した都市といえる。また、長崎では、商売船を管理下におき、異国船の来襲に備えるために恒常的な警備体制がとられた。長崎警備体制は、長崎奉行の指揮下に、佐賀・福岡両藩の軍役動員によって構成され、西国諸藩と長崎地役人が補完的な役割を果たしていた。

本書では、近世の対外関係を象徴する長崎とその地域社会にも目を向け、対外的危機が長崎警備体制や長崎の情報機能に与えた影響に迫ってみたい。

二　本書と先行研究

本書の問題意識の中核には、対外関係における寛政期から文化期の位置付け、および対外関係から見た長崎と海外情報のとらえ方がある。前者は藤田覚氏と横山伊徳氏の研究成果に、後者は岩下哲典氏と松方冬子氏の研究成果に、大きな示唆を受けている。

寛政期から文化期を近世社会が直面した西洋諸国の接近を維新変革の端緒とみなし、「開国」に至る幕府の対外政策を跡付ける試みは、戦前の段階で井野邊茂雄『新訂　維新前史の研究』（中文館書店、一九四二年）や田保橋潔『増訂　近代日本外国関係史』（刀江書院、一九四三年）といった研究成果を生み出していた。このような視点の追究は、藤田覚『近世後期政治史と対外関係』（東京大学出版会、二〇〇五年）と横山伊徳『開国前夜の世界』（吉川弘文館、二〇一三年）を現在の到達点として得ている。藤田氏は、寛政期から文化期のロシアとの接触という対外的危機とその対応が、「鎖国」を祖法とみなす観念を生み出すとともに、その後の幕府の対外政策を規定していくことを、博捜した国内史料に基づいて実証的に分析した。いっぽう、横山氏は、寛政期から文化期が世界史的変動の時期にあたることを重視し、海外史料と内外の研究成果を積極的に組み入れ、幕府の対外政策を変動する国際関係への対応策として描き出している。

対外関係から見た長崎と海外情報のとらえ方を論じるにあたっては、岩下哲典『幕末日本の情報活動』（雄山閣出版、二〇〇〇年）と松方冬子『オランダ風説書と近世日本』（東京大学出版会、二〇〇七年）が現在の到達点であろう。岩下氏は、海外情報の流入が限定的となる近世の対外関係の枠組みを前提に、統制下の情報の収集・分析・活用を「情報活動」と位置付け、長崎から風説書で伝えられたアヘン戦争情報やペリー来航予告情報に注目し、「情報活動」から政治的動向を描き出した。また、『江戸のナポレオン伝説』（中央公論新社、一九九九年）や『江戸の海外情報ネットワーク』（吉川弘文館、二〇〇六年）では、同時代には長崎のオランダ人が語らなかったナポレオン情報に注目し、ナポレオンの存在を把握しようとする「情報活動」を論じた。いっぽう、松方氏は、定期的な海外情報である風説書に関する事実関係を、オランダ語史料に基づいて再検討し、通常の風説書に原文は存在せず、長崎でオランダ商館長と阿蘭陀通詞が協議して作成されるものであったことなど、新たな知見を提供した。そして、荒野泰典『近世日本と東アジア』（東京大学出版会、一九八八年）で提起された「四つの口」論への接続を試み、風説書の作成過程に見られる情報操作などから、「長崎口」の機能や特殊性を論じている。また、『オランダ風説書』（中央公論新社、二〇一〇年）では、風説書の経時的理解を進め、風説書の役割がカトリック勢力の把握から「西洋近代」を探るものへと転化していった過程を明らかにした。

次に、本書の問題意識と関わる「開国」期の幕府外交の研究、日蘭関係史・洋学史の研究、海防問題や長崎の地域社会に関する研究について、著書となった成果を中心に概観しておきたい。

二〇〇〇年代以降、「開国」をめぐる幕府外交の再評価が大きく進展した。このような研究動向を生み出す先駆的役割を果たした加藤祐三氏は、日本の「開国」を世界史的視野から分析し、従来の「幕府無能無策説」に批判を加えた。井上勝生氏は、幕府の国際法の理解に注目し、「開国」過程での幕府役人の外交能力に高い評価を与えている。三谷博氏は、変動する幕府の対外政策のなかに「避戦」を軸とする一貫性を認め、「鎖国」と「開国」の連関を解き明かした。麓慎一氏は、攘夷主義的な幕令を再検討しつつ、条約締結と「開国」の過程を論じ、幕府役人の多様な意見を紹介した。いっぽう、対外政策に関与した昌平坂学問所と幕府儒者への関心も高まり、木崎弘美氏や眞壁仁氏の研究成果を生み出している(3)。

一九世紀の日蘭関係史は、主にオランダ語史料に基づく研究成果を生み出してきた。戦前には、齋藤阿具氏がオランダ商館長ドゥーフの事績を高く評価している。金井圓氏は、一八世紀末から一九世紀初めを、日蘭貿易がアメリカ傭船などを利用して行われたことに注目し、「中立国傭船期」と位置付けた。永積洋子氏は、ロシア問題への対応が、オランダの存在とオランダ語の必要性を高めたことを論じた。日蘭貿易については、石田千尋氏が輸入品から構造と展開を分析している。西澤美穂子氏が明らかにした幕末期の条約交渉におけるオランダの役割は、幕府の外交的対応への助力という視点を示している。また、本書では十分に成果を組み込むことはできなかったが、最近刊行された松方冬子氏とフレデリック・クレインス氏の編著『日蘭関係史をよみとく』は、多国間の関係史や都市論・身分論の視点も取り入れながら、多彩な執筆者が貿易や蘭学に留まらない新たな日蘭関係史の構築に挑んでいる。(4)

洋学史は、発展の契機を対外的危機との関連でとらえられるから、多様な研究成果がある。片桐一男氏は、阿蘭陀通詞の総合的研究のなかで、馬場佐十郎をはじめとする天文台詰通詞と蘭学の発達との関係を論じた。木村直樹氏は、多言語への対応を迫られた阿蘭陀通詞のあり方を描き出している。沼田次郎氏は、蛮書和解御用の設置を蘭学の公学化ととらえ、洋学の発展を通史的に理解するなかで、文化・文政期の位置付けを試みている。蘭学の公学化の視点で大槻玄沢に注目した佐藤昌介氏は、『捕影問答』の分析を通じて、玄沢の意見が幕府に採用されたことを評価した。吉田厚子氏も、『環海異聞』の検討などから、ロシア問題への玄沢の関与を論じている。鳥井裕美子氏は、訳書の分析から志筑忠雄や安部龍平の対外認識に迫っている。また、松田清氏は、天文方に蓄積された蘭書を書誌的に考察することで、天文方と対外問題の関わりを明らかにした。八百啓介氏や上野晶子氏は、オランダ語事典類に注目し、蛮書和解御用の翻訳事業とその成果である『厚生新編』を考察している。いっぽう、対外的危機への対応として生み出された洋式兵学への関心は、戦前においては有馬成甫氏が論じ、それを発展的に継承した梶輝行氏は、高島流砲術の形成過程のなかで位置付けた。(5)

対外的危機は異国船の来航として表面化し、その対応は海防問題として浮上した。上白石実氏は、海防を外国人隔離策の一環としてとらえ、寛政期以降、「開国」に至る幕府の対外政策の連続面を考察している。いっぽう、松尾晋一氏は、「鎖国」とともに確立した沿岸警備の展開を、文化期に至るまでの連続面で把握し、幕府の異国船問題への対応の基調と変化を論じた。平川新氏は、環太平洋史を視野に入れつつ、漂流民が伝えた「帝国」の認識に注目し、寛政期以降の外交と国防を論じた。海防にともなって議論された洋式船の導入については、安達裕之氏の研究がある。蝦夷地問題については、海防体制との関連で菊池勇夫氏や浅倉有子氏が論じ、秋月俊幸氏は北辺地図の作成から考察している。寛政期から文化期にかけての長崎警備については、梶原良則氏や梶嶋政司氏が佐賀藩・福岡藩の視点から、梶輝行氏が長崎地役人の視点から論じている(6)。

長崎の地域社会の研究は枚挙に暇がないが、従来は会所貿易の構造的把握を試みた中村質氏の研究のように、貿易史の枠組みで理解されることが多かった。しかし、現在では都市論や身分論の成果を受けて地域社会の特殊性に関心が集まっている。長崎は、市中全体が貿易に依存する貿易都市であった。その基本構造の理解は、若松正志氏・赤瀬浩氏・本馬貞夫氏の研究によって進展した。地役人の自立性にも関心が集まり、添田仁氏や戸森麻衣子氏らの論考が発表されている。最近の松井洋子氏やイサベル・田中・ファンダーレン氏の論考は、商館員や地役人、阿蘭陀通詞といった日蘭関係の人的要素から地域社会の特質に迫っている。幕府官僚として長崎を統轄した長崎奉行については、貿易制度との関係で鈴木康子氏が、司法制度との関係で安高啓明氏が論じており、その理解は大きく深まった。また、長崎には西国諸藩の蔵屋敷がおかれ、聞役が派遣された。小山幸伸氏は西国諸藩と長崎市場の経済的関係を考察している。聞役を媒介とする西国諸藩と阿蘭陀通詞の結びつきは、海外情報の収集と伝達の観点で関心を集め、沼倉延幸氏・梶輝行氏・山本博文氏らの論考がある。木村直樹氏は、長崎を幕府の対外政策が展開する場ととらえ、それに対応する地域社会の姿を阿蘭陀通詞や西国諸藩の視点などから多面的に論じている(7)。

三　本書の課題

本書は、寛政期から文化期にかけての西洋諸国の通商要求とそれに起因する対外紛争を、近世日本が直面した対外的危機ととらえ、これが対外交渉の窓口である長崎に及ぼした影響を軍事と情報の視点から論じるとともに、幕府の軍事的・外交的対応を政策的に明らかにすることを目的とする。

寛政期から文化期に直面した対外的危機としては、以下の二点を取り上げる。

一点目は、ロシアの通商要求と拒絶、それがもたらした紛争と軍事的対峙、さらにはイギリスとの軍事的衝突がもたらした危機感である。寛政四年（一七九二）にラクスマン、文化元年（一八〇四）にレザノフが通商を求めて来航し、幕府は最終的に「祖法」を理由にその要求を拒絶する。それが文化三年（一八〇六）から翌年のロシア軍艦による蝦夷地襲撃、すなわち文化魯寇事件という紛争をもたらし、幕府は、文化一〇年（一八一三）のゴローウニン事件の解決に至るまで、ロシアと軍事的対峙を迫られることになった。いっぽう、ナポレオン戦争下におけるイギリスとオランダの対立は、文化五年（一八〇八）のフェートン号事件を勃発させた。対仏大同盟が結ばれたヨーロッパの国際環境は、当時の日本ではロシアとイギリスの同盟関係として注目された。幕府は文化魯寇事件とフェートン号事件の関係性を疑い、いっそう危機感を増幅させたのである。さらにバタヴィアを占領下においたイギリスは、文化一〇年に出島の接収を企てることとなる。

二点目は、オランダが利用した中立国傭船と度重なる異国船の長崎来航が生み出した危機感である。寛政九年（一七九七）以降、フランス革命とナポレオン戦争に伴うイギリスとの敵対関係を背景に、日蘭貿易はアメリカを中心とする中立国傭船が担っていた。アメリカ傭船の利用は幕府に明確に説明されなかったから、来航するのはオランダ船に成り代わったイギリス船ではないかという疑惑を生み出した。さらにアメリカ傭船の来航は、享和三年（一八〇三）のナガサキ号とフリーデリック号、文化四年（一八〇七）のエクリプス号など、私貿易をたくらむ個人貿易船の来航を触発し、状況をいっそう複雑化させた。また、享和元年（一八〇一）には、ポルトガル漂着船が長崎に曳航された。これらの異国船は、国籍や来航意図がうやむやのうちに長崎で処理され、幕府に正しく報告されなかった。かくして、幕府は長崎来航船に疑いの目を向けるようになったのである。

以上の対外的危機がもたらした影響と対応という観点から、四つの課題を提示したい。

対外交渉の窓口である近世の長崎は、貿易都市・自治都市・軍事都市という三つの性格をもっている。寛政期から文化期における異国船の来航は、このような性格をもつ長崎の地域社会にどのような影響を及ぼしたのか。

第一の課題は、異国船来航が長崎警備体制に与えた影響を、長崎の地域社会のなかで考察することにある。長崎警備体制は、カトリック諸国の来航に対抗する目的で開始され、長崎奉行の指揮下での佐賀・福岡両藩の軍役動員を主な軍事力とし、近世を通じて恒常的に展開されたことに特徴がある。本書では、文化元年のレザノフ来航、文化五年のフェートン号事件を転機とみて、長崎警備上の位置付けを試みることで、長崎警備体制の転換を論じたい。

第二の課題は、異国船来航への対応を切り口として、長崎における情報操作の実態を明らかにし、近世の外交の特質に迫ることである。対外交渉の窓口を長崎に限定する近世の外交は、必然的に長崎が情報を独占する構造を生み出した。本書では、オランダ商館長・阿蘭陀通詞・長崎奉行による虚偽報告や情報操作の事例を検証し、「現地外交」「通詞外交」が特質であることを見通したい。

文化三年から翌年にかけての文化魯寇事件、文化五年のフェートン号事件は、それまでに幕府が経験したことのない対外紛争であった。対応に迫られた幕府は、どのような対外政策を打ち出していったのか。

第三の課題は、対外紛争に直面した幕府の軍事的・外交的対応を検討し、その歴史的意義を問うことにある。対外紛争への対応に迫られた幕府は、オランダ商館長と阿蘭陀通詞を利用して、西洋諸国の軍事・外交の理解を試みていった。このことを、フヴォストフ文書の翻訳、阿蘭陀通詞の訳業、洋式軍艦の導入計画、戦時国際慣習への関心の四点を論点に取り上げて検討したい。

第四の課題は、長崎における情報操作の弊害を認識した幕府が、どのような外交姿勢を打ち出していったかである。幕府が情報操作を問題視する契機は大槻玄沢の指摘にあった。玄沢が果たした役割に注目しながら、幕府が政策的に蘭学を採用し、「現地外交」「通詞外交」の弊害を改めるべく、江戸の天文方に外交業務を主導させ、情報分析を担わせていく過程を考察したい。

四　本書の構成

本書は、序章に続いて、以下の構成をとる。

第一部「対外的危機と長崎の地域社会」は、レザノフ来航に至るまでの長崎警備体制を俎上に載せ、長崎奉行と佐賀・福岡両藩の対外的危機への対応を、長崎の地域社会のなかで検討する。

第一章「長崎警備とロシア船来航問題」では、ラクスマンへの信牌手交によって浮上した長崎へのロシア船来航問題を取り上げ、長崎奉行および佐賀・福岡両藩の対応を検討する。寛政期には、警備手順の確立や石火矢の新造など形骸化していた長崎警備の見直しや補強が進んだことを明らかにし、再び軍事的機能を表出させていると評価した。

第二章「蘭学者青木興勝の長崎遊学と対外認識」では、福岡藩における蘭学者の嚆矢として知られる青木興勝の長崎遊学を検討する。遊学中の長崎が直面していた対外問題が興勝の対外認識に及ぼした影響を、著作をもとに論じるとともに、長崎警備を責務とする福岡藩の蘭学の地域的特徴に言及した。

第三章「レザノフ来航予告情報と長崎奉行」では、レザノフ来航が事前にオランダ商館長から長崎奉行に予告されていたことに注目し、伝えられた情報の内容と伝達の背景を確認した上で、長崎奉行と佐賀藩の対応を検討する。あわせて、オランダ商館長の情報提供や長崎奉行の情報管理から、長崎における情報操作を読み取ろうとした。

第二部「対外的危機と幕府の軍事的・外交的対応」は、文化魯寇事件とフェートン号事件という対外紛争に直面した幕府の対応を、軍事と外交の両面から追究し、その歴史的意義を考察する。

第一章「フヴォストフ文書をめぐる日蘭交渉」では、文化魯寇事件の意図を知る唯一の手がかりとして注目された露文・仏文のフヴォストフ文書をめぐって、解読できなかった幕府がオランダ商館長に翻訳を依頼し、さらには意見報告や情報提供を求めたことを考察する。そして、オランダの利用価値を認めていく幕府の外交姿勢を指摘した。

第二章「阿蘭陀通詞の出府と訳業」では、文化魯寇事件を契機として、幕府が長崎の阿蘭陀通詞に相次いで出府を命じ、ロシア船の応接に備えさせ、軍事・地理関係の蘭書や外交文書の翻訳を行わせていることを論じる。出府の経緯の確定と訳業の書誌的考察を試み、以下で論じる幕府の対応と対外政策を検討する上での基礎的作業とした。

第三章「幕府の洋式軍艦導入計画」では、これまで研究が皆無である幕府の洋式軍艦導入計画について、フェートン号事件後の長崎警備改革との関連をふまえながら、その顚末を明らかにする。オランダ人士官・技術者を招聘して洋式軍艦の建造と操練を行うという計画に、幕府の対外的危機感を読み取った。

第四章「幕府の戦時国際慣習への関心」では、文化魯寇事件に伴うロシアとの紛争状態が、幕府に戦時国際慣習への関心と理解を促したことを考察する。オランダ商館長の回答や阿蘭陀通詞の訳述から、使者の派遣方法、和睦や降伏の意思の示し方、捕虜の取り扱いなどを幕府が理解していたことを明らかにした。

第三部「幕府の対外政策と長崎の地域社会」は、長崎の地域社会で見られた情報操作の実態を明らかにした上で、それを抑制する方向性を強めていった幕府の外交姿勢を、蘭学との関係をふまえて検討する。

第一章「大槻玄沢と幕府の対外政策」では、蘭学者大槻玄沢が執筆した『嘆詠餘話』『捕影問答』『寒燈推語』の三つの著作を取り上げ、幕府の対外政策との関連を追究する。玄沢の指摘で長崎における情報操作の弊害を認識した幕府は、政策的に蘭学を採用して、江戸に外交業務を集中させる方向性を生み出したことを明らかにする。

第二章「ラッフルズの出島接収計画と長崎奉行」では、ラッフルズの出島接収計画は、オランダ商館長と秘密を共有した五人の阿蘭陀通詞以外に知られなかったとする通説を再検討する。幕府が命じた「紅毛内探」の分析から、長崎奉行は来航船の正体を見抜いており、長崎奉行と阿蘭陀通詞が虚偽報告を行っていた可能性を指摘した。

第三章「ゴローウニン事件と天文方」では、ゴローウニン事件を契機として外交業務を主導するようになった天文方が、長崎から発信された情報とそれ以外から得た情報を比較・分析し、対外情勢の把握に努めていたことを検討する。あわせてオランダ商館長の虚偽報告と幕府にとってのオランダの利用価値にも言及した。

終章「対外政策と軍事・情報」では、以上の各章で明らかにした内容を、序章に提示した四つの課題に即して整理することで、本書のまとめとした。

註

（1） 岩下哲典『予告されていたペリー来航と幕末情報戦争』（洋泉社、二〇〇六年）四一～五三頁を参照。

（2） 笹山晴生・佐藤信・五味文彦・高埜利彦（ほか一〇名）『詳説日本史』（山川出版社、二〇一五年）二五九～二六〇頁。

(3) 加藤祐三『幕末外交と開国』(筑摩書房、二〇〇四年)、井上勝生『開国と幕末変革』(日本の歴史一八)(講談社、二〇〇二年)、同『幕末・維新』(シリーズ日本近現代史①)(岩波書店、二〇〇六年)、三谷博『ペリー来航』(吉川弘文館、二〇〇三年)、麓慎一『開国と条約締結』(吉川弘文館、二〇一四年)、木崎弘美『近世外交史料と国際関係』(吉川弘文館、二〇〇五年)、眞壁仁『徳川後期の学問と政治』(名古屋大学出版会、二〇〇七年)。

(4) 齋藤阿具『ヅーフと日本』(広文館、一九二二年)、金井圓『日蘭交渉史の研究』(思文閣出版、一九八六年)、永積洋子「一八〜一九世紀はじめの日本におけるオランダ語学力の向上とロシア問題」(『東洋学報』第七八巻第四号、一九九七年)、石田千尋『日蘭貿易の構造と展開』(吉川弘文館、二〇〇九年)、西澤美穂子『和親条約と日蘭関係』(吉川弘文館、二〇一三年)、松方冬子・フレデリック・クレインス編『日蘭関係史をよみとく』上・下巻(臨川書店、二〇一五年)。

(5) 片桐一男『阿蘭陀通詞の研究』(吉川弘文館、一九八五年)、木村直樹『〈通訳〉たちの幕末維新』(吉川弘文館、二〇一二年)、沼田次郎『洋学』(吉川弘文館、一九八九年)、佐藤昌介『洋学史論考』(思文閣出版、一九九三年)、吉田厚子「大槻玄沢『環海異聞』と北方問題」(『日蘭学会会誌』第一四巻第二号、一九九〇年)、鳥井裕美子「ケンペルから志筑へ―日本賛美論から排外的『鎖国論』への変容―」(『季刊 日本思想史』第四七号、一九九六年)、同「『鎖国論』・『二国会盟録』に見る志筑忠雄の国際認識」(志筑忠雄没後二〇〇年記念国際シンポジウム実行委員会編『蘭学のフロンティア――志筑忠雄の世界』長崎文献社、二〇〇七年)、松田清『洋学の書誌的研究』(臨川書店、一九九八年)、八百啓介「『厚生新編』における心的疾病」(『北九州市立大学文学部紀要』第七八号、二〇〇九年)、上野晶子「『厚生新編』の成立と「蒲桃酒」の項目について」(洋学史学会研究年報『洋学』第一七号、二〇〇九年)、同「江戸幕府の編纂事業における「厚生新編」と蘭学の「公学」化」(松方冬子編『日蘭関係史をよみとく』上巻、臨川書店、二〇一五年)、有馬成甫「文化四年ヱトロフに於ける日露衝突事件とその国防に及ぼせる影響(上)(中)(下)」(『軍事史研究』第二巻第三・四・六号、一九三七年)、梶輝行「近世後期の日本における洋式兵学の導入」(松木武彦・宇田川武久編『戦いのシステムと対外戦略』〈人類にとって戦いとは二〉東洋書林、一九九九年)。

(6) 上白石実『幕末の海防戦略』(吉川弘文館、二〇一一年)、同『幕末期対外関係の研究』(吉川弘文館、二〇一一年)、松尾晋一『江戸幕府の対外政策と沿岸警備』(校倉書房、二〇一〇年)、同『江戸幕府と国防』(講談社、二〇一三年)、平川新『開国への道』〈全集日本の歴史一二〉(小学館、二〇〇八年)、安達裕之『異様の船』(平凡社、一九九五年)、菊池勇夫『アイヌと松前の政治文化論』(校倉書房、二〇一三年)、浅倉有子『北方史と近世社会』(清文堂出版、一九九九年)、秋月俊幸『日本北辺の探検と地

図の歴史』(北海道大学図書刊行会、一九九九年)、梶原良則「寛政~文化期の長崎警備とフェートン号事件」(『福岡大学人文論叢』第三七巻第一号、二〇〇五年)、梶嶋政司「フェートン号事件と長崎警備」(『九州文化史研究所紀要』第五〇号、二〇〇七年)、梶輝行「文化・文政期の長崎警衛と西洋砲術」(『日蘭学会会誌』第一八巻第二号、一九九四年)。

(7) 中村質『近世長崎貿易史の研究』(吉川弘文館、一九八八年)、若松正志「近世中期における貿易都市長崎の特質」(『日本史研究』第四一五号、一九九七年)、赤瀬浩『「株式会社」長崎出島』(講談社、二〇〇五年)、本馬貞夫『貿易都市長崎の研究』(九州大学出版会、二〇〇九年)、添田仁「近世中後期長崎における都市運営と地役人」(『ヒストリア』第一九九号、二〇〇六年)、戸森麻衣子「長崎地役人」(森下徹編『武士の周縁に生きる』〈身分的周縁と近世社会七〉吉川弘文館、二〇〇七年)、松井洋子「出島とかかわる人々」(松方冬子編『日蘭関係史をよみとく』上巻、臨川書店、二〇一五年)、イサベル・田中・ファンダーレン「オランダ通詞と「誤訳事件」―寛政の「半減商売令」をめぐって―」(松方冬子編『日蘭関係史をよみとく』上巻、臨川書店、二〇一五年)、鈴木康子『長崎奉行の研究』(思文閣出版、二〇〇七年)、同『長崎奉行』(筑摩書房、二〇一二年)、安高啓明『近世長崎司法制度の研究』(思文閣出版、二〇一〇年)、小山幸伸『幕末維新期長崎の市場構造』(御茶の水書房、二〇〇六年)、沼倉延幸「開国前後、長崎における海外情報の収集伝達活動について」(『書陵部紀要』第四七号、一九九五年)、梶輝行「長崎聞役と情報」(岩下哲典・真栄平房昭編『近世日本の海外情報』岩田書院、一九九七年)、山本博文『長崎聞役日記』(筑摩書房、一九九九年)、木村直樹『幕藩制国家と東アジア世界』(吉川弘文館、二〇〇九年)。

第一部　対外的危機と長崎の地域社会

第一章　長崎警備とロシア船来航問題

はじめに

ロシアの接近に伴って対外的危機が認識されつつあった寛政期には、その対応策として海防が論議されるようになり、幕府によって異国船対策の法令が続々と打ち出されたことはよく知られている。寛政期以前において、対外的な警備体制が設けられていたのは長崎だけであった。寛政期の海防政策は、このような国防上の不備を受けて、全国的かつ継続的な海防体制が幕府によって構想された点に意義があるといえよう。よってその研究もまた、新たに海防上の課題となった江戸湾警備や蝦夷地警備について論じられることが主であった(1)。

その反面、寛政期の長崎警備は、これまでほとんど検討されてこなかったのが実状である。例えば、『長崎県史』対外交渉編において中村質氏が執筆された「長崎警備」の項は、長崎警備の実態を近世全期を通じて明らかにした貴重な研究成果であるが、寛政期についてはまとまった言及はなく、「長崎においては町年寄支配の遠見番を奉行配下に編成し、小倉の大里に抜荷の取締所を設けた程度で見るべき改革はなかった」と述べるにとどまっている(2)。しかしながら、全国的な海防体制の構築が推進されてゆく寛政期において、長崎では、従来の警備体制の見直しや改革が行われることはなかったのだろうか。とかく長崎警備については、文化五年（一八〇八）に起こったフェートン号事件における佐賀藩の失態とその後の警備改革が注目されるあまり、それ以前の警備は形骸化・弱体化していたと一面的に決めつけられているきらいがある。だが、フェートン号事件にみる長崎警備の形骸化・弱体化を指摘するにあたっても、その前提として、寛政期の実態は議論されるべきところであろう。

寛政期の長崎警備を考察するにあたって、筆者は、寛政五年（一七九三）六月、ロシア使節ラクスマンへの信牌手交によって、通商を求めるロシア船の長崎来航が予想されるものとなったことに注目している。ロシア船来航という事態が想定されることによって、長崎警備を担当する佐賀・福岡両藩はどのような対応を迫られたのか。以下、このロシア船来航問題への佐賀・福岡両藩の対応を中心に、寛政期の長崎警備の実態について具体的に検討してみたい。

一　長崎警備概観

本論に先立って、従来の研究成果(3)を参照しつつ、長崎における警備体制と寛政期に至る変遷についてまとめておきたい。

周知のように、近世日本は、ポルトガルに代表されるカトリック勢力に対する危機感から、「鎖国」と呼ばれる一連の措置をとっていた。「鎖国」下において、幕府の直轄地長崎は唯一の対外交渉の窓口と位置付けられ、唐船とオランダ船に限って来航が許された。と同時に、来航を許されない国の船は異国船として区別され、その来航に備えた厳重な警備体制が必要とされた。

寛永一八年（一六四一）二月、来航禁止の措置に伴うポルトガルの報復を恐れた幕府は、福岡藩主黒田忠之に長崎の警備を命じた。福岡藩は、幕府から石火矢・大筒および弾丸・弾薬を貸与され、警備にあたった。翌寛永一九年（一六四二）には、佐賀藩主鍋島勝茂が長崎の警備を命じられ、福岡藩から石火矢その他を受け取り、警備を務めた。

以後、福岡藩と佐賀藩が一年交替で勤番することとなり、両藩の幕府に対する軍役の一環として幕末に至るまでこの体制が維持された。

長崎警備のための番所は、港口の西泊と戸町に設置されていた。この両番所は、およそ千人の藩兵が詰めたことから俗に「千人番所」と呼ばれた。また、承応二年（一六五三）幕府は平戸藩主松浦鎮信に命じて長崎港内外七カ所に台場を築造させ、明暦元年（一六五五）に完成をみた。港内に作られた太田尾・女神・神崎を「内目三箇所の台場」といい、港外の白崎・高鉾・長刀岩・蔭ノ尾を「外目四箇所の台場」といった(4)。これら諸台場に備えられた石火矢・大筒の数については、時代によって変遷があり、未詳の点も多いが、元禄一三年（一七〇〇）には合計三九挺が備えられていたという(5)。

佐賀・福岡両藩による長崎警備は、通常は商売船たる唐船・オランダ船の入港・出港の確認を主とし、さらには「御制禁」とされた異国船来航に対する防備が任務とされた。両藩は毎年四月に勤番交替し、福岡藩は四番交替、佐賀藩は半年交替で警備にあたった。その勤番要領は、番頭以下足軽・水主など約千人、船数約三十艘を派遣して両番所および台場を守備し、オランダ船の帰帆する九月以降はその半数をもって守備するというものである。「内目」の台場は当番年の藩、「外目」の台場は加番として残った非番年の藩にそれぞれ預けられた。藩主も、当番年には数度の長崎巡見を行うのが常であった(6)。

佐賀・福岡両藩のみならず、他の近隣諸藩も、幕府から長崎警備に関わる役割が課せられていた。大村藩は、自領の海上警備や長崎市中警備などを命じられている(7)。また、譜代大名である島原・唐津両藩は、「長崎監務」の命を受けており、有事には藩主が来崎して長崎奉行に協力し、事態を幕府に報告する義務を負っていた(8)。このような長崎警備に関係する佐賀・福岡・熊本・対馬・平戸・小倉・薩摩・長州・久留米・柳川・島原・唐津・大村・五島の西国一四藩は、正保四年（一六四七）のポルトガル船来航事件を機に、異変に迅速に対応できるよう長崎の蔵屋敷に聞役と呼ばれる藩士を派遣し、国元との諸事連絡や幕府・他藩の動向を対象とする情報収集にあたらせていた。

長崎警備は、幕府によって課された軍役の一環であり、恒常的に担当する西国諸藩の財政負担は重いものであった。佐賀・福岡両藩は、幕府による手伝普請などは免除され、参勤交代も在府三カ月余で帰国を許されていたことから「百日大名」[9]と呼ばれていた。とはいえ、長崎警備という任務は、番所と武器を預かるのみならず、長崎在勤の藩士の諸手当、国元との往復の道中費、藩主の長崎下向に関する諸費用などを要し、非番年でも常時出動態勢をとる必要があったことから、財政負担は並ならぬものがあったのである[10]。とりわけ佐賀藩は、野母岬に飛地として家老深堀氏の知行所があり、これには長崎港外の諸島も含まれていたことから、当番・非番に関わらず「佐嘉領なるが故に、私設の防禦」[11]が必要であった。また、家老諫早氏も長崎に近接する地に知行所をもつ関係から、警備については佐賀藩の責任の一部を担うこととなっていた[12]。このように長崎警備は、佐賀・福岡両藩の過重な負担の上に成り立つものだったのである。

以上のような長崎警備は、国際貿易港長崎の防備を主任務とし、「御制禁」とされた異国船の来航に対する防衛意識から必要とされたもので、当初は軍事的機能を優先していた。だが、一七世紀後半以降、ポルトガル・スペインのカトリック勢力は大幅に後退し、日本をめぐる国際環境は安定へと向かった。このような変化は、長崎警備にも影響を与え、その対外的な軍事・防衛機能を低下させることとなり、代わって長崎港内外の治安・警察、すなわち唐船・オランダ船による密貿易取締りや長崎市中の治安維持に警備の重点がおかれるようになった[13]。丸山雍成氏は、近世中期には、西泊・戸町の両番所が幕府の対外的な関所として認識されていた事例をあげ、番所の役割もまた、軍事・防衛機能から治安・警察機能へと変質したことを示唆している[14]。このような長崎警備の変質が、結果的に警備そのものの形骸化・弱体化を招いたことは多言を要しない。丸山氏によれば、明和六年（一七六九）の時点で、警備にあたった佐賀藩の人数は、それ以前と比べて約三百人減となっているという[15]。佐賀・福岡両藩にとっても、財政負担を軽減する点から警備の縮小は望むところであり、対外的な危機意識が低下している以上、長崎警備の形骸化・弱体化は避けられなかったのである。

二　ラクスマン来航と海防問題

一八世紀も半ばを過ぎると西洋諸国のアジア進出が開始され、しだいに日本近海に異国船が出没するようになり、幕府も改めて国防的関心を抱かざるをえない状況となる。ロシアの接近がその契機となったことについては、異論のないところであろう。

とりわけ、幕府に対外問題の緊迫と海防の重要性を認識させたのは、ロシア使節ラクスマンの来航である。寛政四年（一七九二）九月、ラクスマンは、伊勢の漂流民大黒屋光太夫らを伴って根室に来航し、漂流民送還とともに通商を要求した。ラクスマンは、光太夫らを連れて江戸へ行き、直接幕府役人に引き渡したいと強く主張した。だが、先に処罰を加えた林子平が『海国兵談』で指摘した通り、当時の江戸湾は全くの無防備状態であったから、この件は老中松平越中守定信を中心とする幕府をいたく悩ませた。外交問題と海防問題の解決を、同時に迫られることになったからである。

もっとも幕府にしてみれば、このラクスマンの来航と相前後して、全国的な海防体制の構築を進めているところであった。寛政三年（一七九一）九月には、日本近海における異国船出没を機に、諸大名に対して異国船取扱令を出している。その趣意は、異国船来着の節は、早速人数を出して事情を糾問し、船はその場所に留め、乗組員には番人を付けて、しかる後に幕府に届け出よというものである。そのさい、命令に服しない場合は武力を用いてよいとしながらも、応接にあたっては「事かましく無之様にいたし」「成丈穏に取計ひ」というように、慎重かつ穏便な対処を旨としたものであった(16)。寛政四年一一月には、ラクスマンの来航という事態をうけて、沿海諸大名に対して、「兼々手配いたし置候船人数、其外大筒有無、幷一体之心得方、隣領申合之趣等、委細書付にて可被差出候」として、前年の異国船取扱令を受け、どのような対策を講じたかについて、その内容を書面で報告することを命じている(17)。ついで一二月、幕府が江戸湾防備に着手していることを告げて、諸大名にもいっそう海防に努力するよう求めた(18)。さらに寛政五年(一七九三)三月には、海防は「一時之儀にも無之、永久之備」であるので、船方調練や武器修理などを怠らぬよう達した(19)。

老中松平定信は、以上のような全国的な海防体制の構築を進めつつ、当面のラクスマンの要求に対しては、礼と国法をもって穏便に対処することとした。ラクスマンの要求を拒絶してロシアとの紛争を引き起こすことを恐れた定信は、ロシアとの通商開始をも覚悟し、ラクスマンに信牌を授けることにしたのである(20)。ラクスマンに与えた教諭書では、「通信通商の事定置たる外、猥にゆるしかたき事」と強硬な姿勢を示しつつも、「猶も望むことあらは、長崎にいたりて、其所の沙汰にまかすへし」と長崎での交渉に応じる用意があることを伝えている(21)。そして「寛政五年丑六月廿七日」付で、「おろしや国の船一艘、長崎に至るためのしるしの事」と題した信牌をラクスマンに手交し、穏便に帰国させることに成功したわけである(22)。

三　ラクスマンへの信牌手交と長崎

梶輝行氏によれば、長崎においても、寛政三年（一七九一）以降、それまで主としてキリシタンや密貿易の取締りにあたっていた番方の地役人の間で砲術訓練が始められている[23]。これは、梶氏もいうように、異国船来航と海防が全国的な問題となるなかで、長崎でも海防の意識が再び高まりつつあったことを示すものであろう。

寛政五年（一七九三）六月、ラクスマンに長崎への入港を認める信牌を手交したことを受けて、通商を求めるロシア船の長崎来航が必然的に予想されるものとなった。老中松平定信がラクスマン来航への対応を書き留めた『魯西亜人取扱手留』には、「御右筆組頭近藤吉左衛門へ御目付両人ゟ書状来ル、願候ニ付信牌わたし遣し候よしニて割符一紙来ル、則今十六日、口上そへ長崎奉行高尾伊賀守へ渡之」とあって[24]、宣諭使として松前に派遣されていた目付石川忠房・村上義礼の両名から、ラクスマンに手交した信牌の割符一紙が届けられ、七月一六日に在府の長崎奉行高尾伊賀守信福に渡された。

長崎奉行への指示をめぐるやりとりを、『魯西亜渡来一件』[25]と題する史料から見てみたい。七月二〇日、長崎奉行高尾信福と勘定奉行久世丹後守広民が連名で、長崎在勤の長崎奉行平賀式部少輔貞愛に指示を出している。これによると、「おろしや国船其地江来津致候ハヽ、信牌引合得与相改、相違も無之候ハヽ、委細之義相糺可相伺旨、越中守殿被仰聞候」とあって、信牌を長崎奉行に渡したのはロシア船が長崎に来航したさいの確認用であり、相違がなければ詳細を明らかにして江戸に伺うよう松平定信から言われたという。信牌を渡された後、一七日に長崎奉行と勘定奉行が伺書を出して定信にさらなる指示を仰いだところ、次のような対応が求められた。

信牌本紙之儀者伺済之通伊賀守出立之節致持参候間、其地参着迄ハ右写ニ而御承知可被成候、且又右魯西亜国船来津之義ハ是迄例格も無之、新規之儀ニも有之、殊更来津程合も難相知儀ニ付、年々紅毛船入津之振合を以、前広其御役所ゟ諸家江相達置候方ニも可有之、

ここでは、長崎奉行平賀貞愛に対して、信牌の本紙は長崎奉行が交替するさいに江戸から持参すること、それまでは送付する写しで内容を承知してもらいたいことを伝えた上で、ロシア船の来航は先例もなく、来航時期もわからないが、例年行っているオランダ船の入港手続きに準じて対処し、事前に西国諸藩にその旨を伝達しておくことを求めている。長崎奉行と勘定奉行は、ロシア船の入港は時期も不明であり、長崎警備のあり方からしてオランダ船の入港手続きとは同様には扱えないことから、一八日に再度の伺書を提出して松平定信の指示を仰いだ。定信は、二〇日に返答の書取を渡して、「九州一同浦触にハおよひましく候」、「入津之上者和蘭陀人取扱ニ準し」、「俄ニ人情を動し候も不可然」などと述べ、騒ぎになるようなことは慎み、ロシア船の来航に際してはつとめて穏便に対処する方針を示したが、具体的な警備体制の構築には触れていない。辞任によって実現しなかったものの、定信は長崎を巡視する計画を立てており(26)、自らが長崎に赴いたさいに直接指示を出すつもりであったと思われる(27)。定信の意向をふまえた長崎奉行と勘定奉行の指示が長崎に届いたのは、八月一一日のことであった。

次に長崎で西国諸藩にどのような指示が行われたのかを検討したい。『通航一覧』は『長崎志続編』を引き、次のように記している。

一先達而蝦夷地来津之オロシヤ人、依願長崎湊江可令入津信牌御与有之、仍而入津可致哉之旨、従江府被仰越、依之十四個所聞役共御役所江被召出、大浦備同様被仰渡之(28)、

ここから、ロシア船の長崎来航の可能性が長崎奉行を通じて西国諸藩の長崎聞役に通達され、あらたに来航時の警

備問題が浮上したことがわかる。

通達内容については、五島藩における海防関係の史料を収録した『華蛮要言』のなかに見えている(29)。これによれば、長崎奉行平賀貞愛から西国諸藩の長崎聞役に通達があったのは、八月二六日のことで、その内容は次のようなものである。

此度おろしや船長崎江可参積之信牌御渡有之候上ハ、此末彼地船仕出候て当所江入津可致儀、勿論御座候、然処、右船形茂不見馴、乗渡候旬季茂不相知儀候得共、信牌持渡之否哉相知候迄ハ、何国之船与申儀茂不相知候間、異国船漂来致候節同様之手当致候、先可相成丈地方遠く、勿論破船等不致場所江及掛繋置、信牌持渡候段相知、弥おろしや船与申儀、治定致候上者、唐紅毛船入津之振合ニ準し、右ゟも少手重取扱候積候、此段為御心得御談申置候様、式部少輔被申付候、

丑八月

つまり、ロシア船の船形も来航時期もわからないので、持参した信牌によって確認できるまでは、異国船同様の扱いをし、確認後、唐船・オランダ船に準じた入港手続きを行うというものである。もっとも、ここでも、ロシア船来航に際しての具体的な警備体制の構築などについては触れられていない。

四　ロシア船来航問題と佐賀・福岡両藩

以上のことは、長崎警備を交替で担当する佐賀・福岡両藩に、ロシア船の長崎来航に向けた警備体制の構築を必要とさせた。この点について、佐賀藩の長崎警備関係の史料を収録した『御番方大概(30)』によりつつ、少し詳しく見てお

きたい。

『御番方大概』によると、寛政五年（一七九三）八月、長崎奉行平賀貞愛は、佐賀・福岡両藩の長崎聞役に対し、次のように達している。

先達而松前漂流之魯西亜人商売相望候ハヽ、長崎湊江罷越候様ニ与信牌被相渡候、右船何時長崎可乗廻哉難計、自然入津之節者武備を専にして御見せ被成候、江府表之御含ニ候、乍然前を以仰山ニ取騒候通ニ而者不相叶、内分にて其手配被成置候、御奉行衆思召ニ候、御両家様御番方之御仕与被相尋御承知之上、御勘弁可有之由、

幕府の意向は、ロシア船が信牌を持参して入港したさいは、武備を見せつけ、威嚇を与えるほどの厳重な警備で臨めというものであり、長崎奉行は内々にその手配をすすめるべく、佐賀・福岡両藩にその手当を促したことがわかる。「自然入津之節者武備を専にして御見せ被成候、江府表之御含ニ候」という方針は、老中松平定信が示した穏便な対処方針から転換していることが注目されるが、これは七月二三日に定信が辞任したことと関わっていると考えられる。

これに続く長崎奉行からの質問項目は、長崎警備全般とロシア船来航時の警備に関するもので、次の五項目からなる。

1　当番・非番時の番所と台場の受持はどうなっているか。
2　当番・非番に限らず、長崎に異変が起こったとき、急場の出兵には、どのような対策を立てているか。
3　減番に及んでも、ロシア船の来航時、差し支えはないか。
4　ロシア船来航時、石火矢を台場に備え、異変が起こったときは、打ち払うほどの威嚇をみせることについてはどうか。
5　通常、弓・鉄砲を載せた船を何艘ほど用意しているか。

これに対して佐賀藩は、長崎聞役を通じて次のように返答している。1から5の質問項目に対する返答の要点①から⑤を以下に示す。

①　当番年は、西泊・戸町の両番所および道生田の薬蔵に人数・船を配置している。異変が起こったさいは、女神・太田尾・神崎の台場を受け持っている。また、非番年には、白崎・蔭ノ尾・高鉾・長刀岩の台場を受け持っている。

②　異変勃発に備えて、深堀に兵を控えさせている。もっとも家老諫早兵庫と鍋島淡路の知行所は、長崎の最寄りで、家臣もそこに居住している。何かあらば急ぎ出兵するよう申し付けてある。佐賀からも、注進後、速やかに出兵する手配である。

③　番所詰の人数で対処するのではなく、②のように手配しているので問題ない。

④　台場に石火矢を備えることは、あらかじめ決まっており、受け持つ者にも申し付けてある。

⑤　当番・非番でも、深堀に二〇艘備えており、指図次第で動かせる。もちろん、弓・鉄砲は載せてある。

質問項目は、いずれも長崎警備上の基本的事項といえるものである。長崎奉行平賀貞愛にしてみれば、従来の長崎警備を確認する意味もあったのであろうが、これまでほとんど長崎警備に無関心であったことがうかがわれる。

この質疑の結果、長崎奉行平賀貞愛がいかなる対応をとったかは、必ずしも明確ではないが、ロシア船がただちに来航することを予期し、佐賀・福岡両藩に命じて早々に警備手配を進めていたようである。とりわけ佐賀藩は、ロシア船の航路にあたる深堀に番船を整えておくよう求められていたと考えられる。例えば、『ヲロシヤ船長崎来津之節御仕組書付写』(31)には、

〇丑八月廿九日、茂四郎ニ而御奉行所差出候扣

肥前守当番非番ニ不限、異船相見へ候刻、早速深堀人数船々江乗与、嶋影ニ不目立様相繋置、御下知次第、又ハ其場依様子所々相働候手分覚、

と見え、深堀の番船、および乗組人数、武器などが列挙されている。また、『ヲロシヤ船入津之節番船其外仕組』[32]も「寛政五年丑八月」に作成された史料であるが、

今度ヲロシヤ船来津御達ニ付、番船其外被差出候内仕組、但深堀御繫船、

として、これにも深堀における番船の名前、乗組人数、武器などが列記してある。右のことから、寛政五年八月、佐賀藩は、ロシア船来航を想定して、深堀の仕組帳をすみやかに作成したことが確認できる[33]。

また、『御番方大概』によると、当初、ロシア船来航時には、当番・非番に関わらず、佐賀・福岡両藩が共同して警備にあたる船を差し出すことが命じられていた。それだけ長崎では、ロシア船来航問題が重視されていたと察せられる。もっともこの件に関しては、佐賀・福岡両藩は意に沿わない点もあったと見え、両藩で相談の上、寛政五年一二月、長崎奉行高尾信福まで伺書を提出している。伺書を提出した背景には、「高尾殿之趣意未相分」として、新たに下向してきた長崎奉行高尾信福の意向を確認したいこと、両藩で共同して船を差し出す件について、福岡藩側より「惣而不時異船致入津候節之儀、先祖已来相定置番船付置候儀を初、若乗捕焼打等被仰付候趣相成候而も、一切当番請持候而一手之働仕、非番之節者二ノ手ニ相備申儀ニ御座候」という過去の先例から異論が出されていたことがあった。

伺書の要点は、次の二点である。

1　信牌を持参して長崎に入港するロシア船は、「不時ニ異船・悪船致渡来候節」と異なった対処を必要とするのか。

2　警備にあたる船を両藩共同で差し出すと、「人数・船双方相混」じることで不都合も生じるので、「当番・非番相分一手限之取計」をしてはどうか。

伺書に接して、長崎奉行高尾信福は、江戸に伺いを立てた。翌寛政六年（一七九四）二月、佐賀・福岡両藩に対して次のように返答している。

去十二月被申立候おろしや船当地渡来之節之儀、御両家被申談候者、番船出迎船等御双方相混候而ハ、到于時働方之支も可有之哉付、御当番御非番一手限之御取計被成度、一体者心得方被申聞候趣令承知候、右者御当番御非番共前々之通一手限御取計御座候而も、於御役所何乃差支等者無之候、いつれニも御手都合宜方ニ御取計可有之候、且又おろしや船入津之儀も、兼々御達申候通、入津之旬季も不相知、兼而増人数等当地江御差出被置候儀者勿論之儀、於御領内も格別之人数揃等ニ者およひ申間敷哉ニ存候、差極難申候得共、いつ入津与申目当も無之間、無際限事故、右入津迄者人数御差出有之も無益之儀、旁此所者御差略も可有之哉、尤御両家御手配宜候ハヽ、外方之構なく挽入候与申儀も何そ急速与申筋も無之、十分御手配御調之趣御望之上ニ而挽入申儀候間、おろしや入津ニ付、当表江兼々多人数御廻被置候ニ者およひ申間敷而、兼而申達候通不時意《(異)》船・悪船等入津之手当ニ准候趣、御心得可然候、

ここにおいて、まず、ロシア船来航のさい、当番年の藩が一手で引き受けることについては、長崎奉行所としては問題ないとしている。続いて、そのときの警備については、ロシア船がいつ来航するかはわからないので、長崎へ増兵したり、領内へ特別に人数を揃えておく必要はなく、不意に来航した異国船に準じて取り計らえばよいとしている。

五　ロシア船来航時の警備方針

佐賀・福岡両藩は、ロシア船来航時にどのような対応をとるつもりであったのか。ここでは、佐賀藩を事例として、その警備方針を見ておこう。『御番方大概』には、佐賀藩が長崎奉行に提出した「肥前守当番中おろしや船来津之節手配之覚」が収められている。以下、一つ書きごとに番号を付けて、全文を掲げてみたい。なお、引用した史料は年月日を欠くが、佐賀藩主鍋島治茂の年譜である『泰国院様御年譜地取』の記事から、(34) 寛政六年（一七九四）六月に長崎聞役竹野喜兵衛を通じて提出したものとわかる。

肥前守当番中おろしや船来津之節手配之儀、別紙之通相整置候、一体之儀者、兼而申付置候御番方仕与之旨を以、取計申儀御座候、此段御届仕候様肥前守申付越候、以上、

月日　　　　聞役

肥前守当番中おろしや船来津之節手配之覚

一、①領内五ヶ所遠見番所之儀、平常之通侍其外足軽共相詰罷在、註進用之船相繫置候、

一、②神崎・女神・太田尾三ヶ所御台場江公儀御石火矢・御大筒幷自分石火矢・大筒相備、石火矢役扨又鉄炮頭其外足軽共差出、陣屋相建、相守らせ申儀ニ御座候、

一、③右船、先以沖目被相繫置候節守船弐艘、湊内御挽入之節出迎船五艘、大波止江公船被差出候ニ付、右場所備船四艘致用意、物頭・足軽乗組、弓・鉄炮其外相備候様申付置候、

一、④両御番所之儀、番頭其外兼而相定置候人数船之上、到于時物頭幷足軽等増番申付儀ニ御座候、

一、⑤領内深堀江平日番頭並之者一人、侍其外足軽共相詰罷在候得共、猶又為心遣番頭壱人差越置、侍其外小役之者等相詰居候様申付候、
一、⑥家老鍋嶋淡路儀、兼而申付候通り深堀差越置儀ニ者候得共、帆影相見候註進之上、早速家老諫早兵庫扨又番頭壱人聞役加番等、長崎罷越候様申付置候、
一、⑦領内小ヶ倉・伊王嶋・上ノ嶋之儀、右船通行之筋ニ付、右三ヶ所江弓・鉄炮頭其外足軽共差出、相守候様申付候、尤関船其外働用之小船相繋申儀御座候、
一、⑧領内深堀江関船其外相繋、武器飾付置候様申付候、

一つ書きごとに簡潔に内容をみておこう。①は遠見番所と注進船についてである。「領内五ヶ所」とあるのは、深堀領である長崎港外におかれた香焼島・脇津・高島・伊王島・沖ノ島の遠見番所を指す。②では、当番年の担当である神崎・女神・太田尾の台場に石火矢を配置して人員を配置するという。③はロシア船の入港手続きを述べている。④は西泊と戸町の両番所に、通常、番頭その他をおいているが、来航時は、さらに物頭・侍を増兵することを述べている。⑤には、野母岬にある深堀領には、日頃から番頭一名と侍・足軽を詰めさせているが、さらに用心として番頭一名と侍を詰めさせるとある。⑥では、深堀領主鍋島淡路には知行所深堀にいるよう兼ねてから申し付けてあるが、来航時にはすみやかに諫早領主諫早兵庫を出兵させ、佐賀からも番頭一名と聞役加番(35)などを長崎に派遣すると述べている。⑦はロシア船入港の航路にあたる領内の小ヶ倉・伊王島・神ノ島の警備、⑧は深堀の関船についてである。

従来の長崎警備を徹底させるとともに、ロシア船入港の航路にあたる深堀領に人数・武器・船を配置し、さらに長崎最寄りの諫早領からの出兵体制を整えることで、不時の来航に対処しようとしたことがわかる。前書に「一体之儀者、兼而申付置候御番方仕与之旨を以、取計申儀御座候」とあることから、この大要に沿って、人数・船・武器など

の割り当てをした各種の仕組帳の類が、佐賀藩内で作成されていたものと思われる。

しかし、『御番方大概』の寛政六年の記事には、「おろしや御仕組ニ付而、深堀詰被仰付置候面々、御減番之上引払之儀、平賀式部少輔殿江被相届、いつれも引払相成候」とあるように、長崎奉行平賀貞愛に届け出た上で増兵した人数を深堀領から引き払っている。ロシア船の来航時期が判然としないなかで、深堀領の過重な負担と藩財政の窮迫は如何ともしがたかったのであろう。また、このような背景には、ロシア船の応接にあたっては、ロシア側が従順な態度に終始するであろうといった希望的観測が佐賀・福岡両藩の意識の根底にあり、軍事的な面での危機感はさほど抱いていなかったようにも思われる。

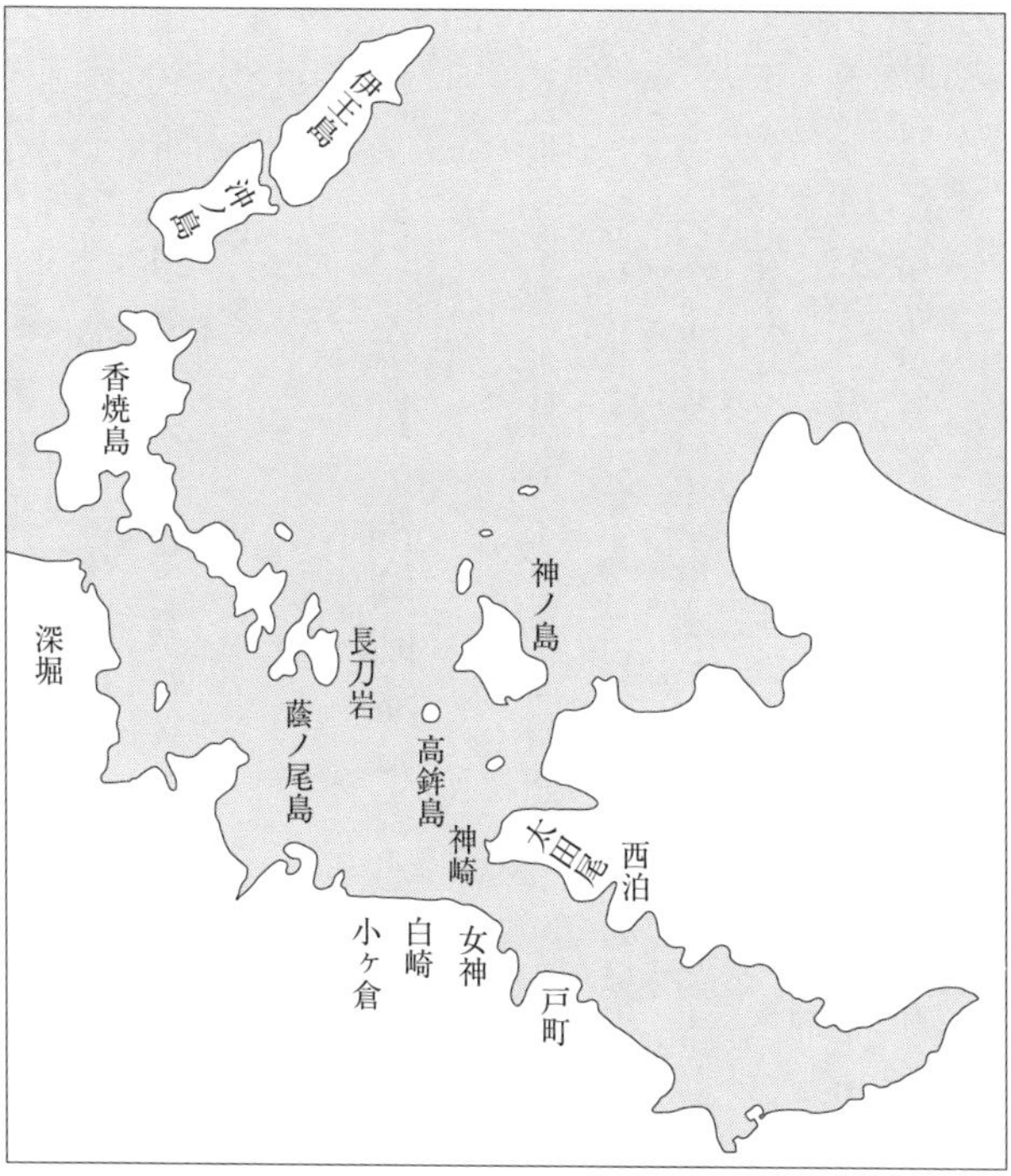

図1　長崎港内外略図

翌寛政七年（一七九五）の『御番方大概』の記事を見ると、「一統之風俗已前与相替り、年来之困窮彼是、武器之用意等も不束ニ有之」といった有り様である。長崎に異変が起こったさいには「諫早千人、深堀三百人」が出兵すると長崎奉行所に届け出ていたものの、これとて現実的に維持するのが難しい状況であったのだろう。「肥前守当番中おろしや船来津之節手配之覚」は、あくまでも警備方針にすぎず、書面通りの手配を行っていたかどうか、また行えたかどうかについても、甚だ疑問である。天明期には藩政改革によってやや持ち直していた藩財政も、寛政七年ごろには再び逼迫しており、(36)過重な軍事的負担を支える財政基盤が確立されていない以上、長崎警備に形骸化・弱体化の側面があったことは否めないところであろう。

六　佐賀・福岡両藩による石火矢献上

一八世紀後半に来日したオランダ商館医ツュンベリーによると、西泊・戸町両番所に納められていた大砲の試射は、七年ごとに行われることになっていたという。その様子は「長崎では通常、七年ごとに大砲を掃除して試射するのだが、そのさい砲手は長い棒を用意してそこに火縄を固定したうえで、それでも時には顔をそむけて大砲に火を点ける」といったものだったと書き記している。(37)

寛政五年（一七九三）七月、西泊・戸町両番所に保管されている石火矢・大筒に錆や疵があることが発覚し、実用に耐えない可能性があると判明したため、佐賀・福岡両藩で協議の上、長崎奉行の許可を得て試射訓練を実施することになった。(38)一二月に長崎奉行高尾信福から許可を得たさい、福岡藩は「西泊・戸町両番所ニ有之候御石火矢・大筒打様之儀、凡百年余も無之」と述べており、(39)七年ごとに実施するどころか、およそ百年にわたって試射訓練が行われていなかったという。

かくして、当番年にあたる福岡藩は、寛政六年（一七九四）一月一四日、家老黒田美作を惣司として石火矢役の者数名を長崎に派遣し、二月一二日から三月八日にかけて、番所の大砲を女神の台場に設置して試射訓練を行った。(40)このときの福岡藩の記録である『長崎西泊戸町御石火矢御大筒様打《(打様)》ノ記』(41)を見ると、試射訓練が行われたのは、二月一二日、一六日、一九日、二三日、三月四日、七日の計六回で、二月一九日、三月七日には、長崎奉行高尾信福が見分を行っている。また、永積洋子氏によると、オランダ商館長ヘンミーも試射訓練を見学しており、「公務日記」の記述では「ロシア船の来航が予想されるので、その時敵意を示すためである、と噂されていた」という(42)。

もっとも、この試射訓練の実際は、

此節試ミ有し大砲の内、年を経てふるひ、あるひは根本性合悪くして、薬持のきわよりをれ、あるひハ堅瑕よりわれしも有。中にも大砲三挺程吹割ぬ。其われ所々に飛散し、戸町の下につなきたる此方の船、威徳丸に落か丶り、加子又吉といへるもの怪我せしか、無程死しける(43)。

といった有り様であり、大砲はまったく使用に耐えなかった。泰平の世に慣れ、長崎警備が形骸化していた様子を示してあまりある。

だが佐賀・福岡両藩にしてみれば、大砲が警備の要であることは重々認識しているところで、試射訓練の結果を受けて、石火矢の取り替えを行うこととなった。寛政六年以来、取り替えの計画は進められ、従来備えられていた三九挺の石火矢のうち、使用に耐えない二八挺を、佐賀・福岡両藩で半分ずつ鋳造するに至ったのである(44)。福岡藩の場合、寛政八年(一七九六)に石火矢の鋳造を開始し、翌年八月に完成、領内の後浜において試射を行ったのち、長崎へと運ばれた。

寛政一〇年(一七九八)二月、まず福岡藩が石火矢一四挺と砲弾八〇〇、車台などを献上し、遅れて五月、佐賀藩が石火矢一四挺と砲弾七六〇、その他諸道具を献上した。いずれも長崎奉行松平石見守貴強の見分を受けたのち、西泊・戸町両番所の蔵に納められた(45)。そして、寛政一〇年九月、七カ所台場への石火矢の割り当てが決められ、その旨、長崎奉行まで届けられている。

佐賀・福岡両藩は、石火矢の取り替えに多額の費用を要しており[46]、財政的負担は大きかった。なお、寛政一〇年一二月、この石火矢献上によって、福岡藩主黒田長順と佐賀藩主鍋島治茂は時服三〇領を賜っており[47]、さらに享和元年（一八〇一）一二月、治茂が少将に昇任する機縁となっている[48]。

七　海外情報の収集活動

佐賀・福岡両藩が、風説書に代表される海外情報の入手に熱心であったことは、すでに多くの指摘がある[49]。寛政期は、対外的危機に直面するなかで、海外情報の必要性が高まっていく時期であった。長崎聞役が、阿蘭陀通詞・唐通事・町年寄などを通じて、情報収集に努めていたわけである。ここでは佐賀藩を事例として、寛政期における海外情報の収集活動の実態を検討しておきたい。

長崎警備を担当する佐賀藩にしてみれば、予想されるロシア船の来航時期はなんとしても知りたい一事であった。『御番方大概』によると、寛政六年（一七九四）の記事に「おろしや船長崎表入津之儀、至而之遠海ニ而渡来之程難計と阿蘭陀人共申也」などと見える。長崎オランダ商館に対して、ロシア船の来航時期に関する照会が試みられたのであろう。

また、「おろしや人唐国江致来着候段、入津之唐人共〻申出候由、右者去ル七月比」として、寛政六年に佐賀藩が入手した興味深い情報が『御番方大概』に収録されている。

唐国寧波之沖江外国之船壱艘着船、乗与八百人程も有之、其内頭立候者四五人寧波役所江参り、珍物拾弐種為貢指出、地面を借請、商売相遂度由、願立候ニ付、同所ゟ北京表江差送候処、聞済無之、貢品差返、其人ハ如元寧波江連帰、乗与人数者陸地警固広東表江差送、船者同様広東江挽送候由、一体之人物阿蘭陀人ニ相変候義無之、孰れも銘々兵器之類携居候趣申出候、

一読するに、唐風説書に基づく情報である。一七九三年に中国市場の開放と拡大を求めて乾隆帝に謁見したイギリス使節マカートニーに関する情報であろうが、内容は甚だ不正確な点が多く、(50)そもそもロシアとは全く関係ない。「おろしや人唐国江致来着候」というのは、佐賀藩の誤解である。しかしながら、ロシア船の動向に関心が払われていたことは十分うかがえよう。

さらに佐賀藩は、阿蘭陀通詞を「御出入」として掌握することで、ロシア船来航の情報の入手に努めていた。(51)『泰国院様御年譜地取』の寛政一〇年（一七九八）一〇月二二日の条には、「御出入通詞中山作三郎・本木庄左衛門」と見え、(52)作三郎と庄左衛門の両名が佐賀藩出入りの阿蘭陀通詞であったことが確認できる。

また、『泰国院様御年譜地取』の寛政九年（一七九七）八月一八日の条には、次のような記事がある。

一同十八日、阿蘭陀大通詞中山作三郎、明春阿蘭陀人江戸参上付而、附副罷登候付而は、外聞旁御紋付御小袖拝領被仰付度内々相願候由、右ハ御隠密聞合等之筋、別而厚心懸、近年おろしや渡来之風聞ニ付而は、内密承合候筋時〳〵申知セ、平日と候而も厚心配御用相立、旁ニ付而被下之(53)

すなわち、翌年の江戸参府に付き添う中山作三郎が、紋付きの小袖の拝領を内々に願ったさい、機密情報をもたらすのにとりわけ熱心で、近年のロシア船来航の情報に関しては内密に時々報せてくれ、普段から手厚く御用向きのことを務めているという理由で、佐賀藩はこれを認めている。

以上のことから、佐賀藩が、長崎に来航が予想されるロシア船の動向、およびそれと関連したロシア情報に対して、

細心の注意をはらって情報収集に努めていたことがわかる。福岡藩の場合も、同様の情報収集を行っていたとみて相違あるまい。

おわりに

以上、寛政期の長崎警備の実態に関する考察から判明した諸点をまとめれば、次のようになる。

1　寛政五年（一七九三）六月、ラクスマンに信牌を手交したことで、通商を求めるロシア船の長崎来航が予想されるところとなった。これは、ロシア船来航に向けた手配が長崎警備上の新たな課題となったことを意味する。

2　老中松平定信は、ロシア船が長崎に来航したさいには、オランダ船の入港手続きに準じて対応するなど穏便な対処方針を示していた。しかし、具体的な警備体制の構築を指示しないまま、定信は辞任した。

3　長崎奉行が示したロシア船来航時の警備方針は、来航船がロシア船であると判別されるまでは、異国船同様に取り扱うというものであった。それゆえ、威嚇を与えるほどの厳重な警備が必要とされたわけである。

4　佐賀・福岡両藩は、早急にロシア船来航に向けた警備体制を整える必要に迫られた。佐賀藩では、まず自領深堀への増兵を行った。また、不時の来航に備えた警備手順を確立しておくことが必要とされた。

5　寛政六年（一七九四）、佐賀藩は「手配之覚」を長崎奉行まで提出している。これには、予想されるロシア船来航に向けて従来の警備を補強するとともに、不時の場合には自領である深堀・諫早から出兵することなどが述べられている。

6　もっとも、佐賀藩が早々に深堀の減番を行っているように、ロシア船の来航時期が不明確なこともあって、このような警備体制の維持はなかなか困難であったとみえる。藩財政は逼迫しており、勤番にあたる藩士の負担も相当なものであった。警備体制に形骸化・弱体化の側面があったことは否定できない。

7　警備の要となる石火矢は、寛政六年の試射訓練による破損を契機に取り替えが行われ、寛政一〇年（一七九八）に佐賀・福岡両藩によって新たに鋳造されたものが献上された。この件は多額の出費を伴っており、長崎警備の見直しや補強が両藩にとって大きな負担となっていた。

8　佐賀・福岡両藩にしてみれば、ロシア船来航は何としても事前に知っておきたい一事であった。長崎聞役が、「御出入」として掌握した阿蘭陀通詞などを介して、ロシア船来航に関する海外情報の収集に熱心であったことが判明した。

右の諸点から、寛政期には、形骸化・弱体化の実態はあるにせよ、従来の警備体制の見直しや補強が行われていることが確認できよう(54)。この背景には、ロシア船の長崎来航が予想され、来航したさいは厳重警備で臨むという方針があったことが、大きな位置を占めていたのである。寛政期の長崎警備は、それ以前と比べて、再び対外的な軍事・防衛機能を表出させつつあることを考えれば、むしろ後年に本格化する長崎警備改革の前段階と位置付けられるものではないか。

文化元年（一八〇四）、国交と通商を求めてロシア使節レザノフが、ラクスマンに手交した信牌を持参し、長崎に来航する。このさい、当番年にあたっていた佐賀藩をはじめ、非番年の福岡藩、大村藩による大規模な警備が行われたことは、よく知られている。寛政期にロシア船来航時の警備体制を確立していたことが、レザノフ来航時において、大規模な警備を円滑に進めていく上で大きな役割を果たしたわけである。

註

（1）寛政期の海防問題については、次のような研究がある。菊池勇夫『幕藩体制と蝦夷地』（雄山閣出版、一九八四年）、同『アイヌと松前の政治文化論』（校倉書房、二〇一三年）、筑紫敏夫「寛政—文化期の幕閣と対外政策（一）（二）」（千葉県立君津商業高等学校機関誌『いわせ川』第九・一〇号、一九八六・一九八七年）、藤田覚『幕藩制国家の政治史的研究』（校倉書房、一九八七年）、同『松平定信』（中央公論社、一九九三年）、同『近世後期政治史と対外関係』（東京大学出版会、二〇〇五年）、原剛『幕末海防史の研究』（名著出版、一九八八年）、浅倉有子『北方史と近世社会』（清文堂出版、一九九九年）、上白石実『幕末の海防戦略』（吉川弘文館、二〇一一年）、同『幕末期対外関係の研究』（吉川弘文館、二〇一一年）。

（2）中村質「長崎警備」（長崎県史編集委員会編『長崎県史』対外交渉編、吉川弘文館、一九八六年）二七八頁。

（3）長崎警備の制度的変遷や実態に関しては、次のような研究がある。広渡正利「福岡藩の長崎警備（一）～（四）」（『叡知』第一一～一四号、一九七一年）、山本美子「近世の長崎の警衛について」（岩生成一編『近世の洋学と海外交渉』巌南堂書店、一九七九年）、石田千尋「島原藩の長崎警備・監務と聞役について」（『洋学史研究』第二号、一九八四年）、前掲、中村「長崎警備」、中村質「長崎警備と財政危機の進行」（藤野保編『続佐賀藩の総合研究』吉川弘文館、一九八七年）、同「鎖国制の確立と福岡藩」（『福岡県史』通史編・福岡藩（一）、福岡県、一九九八年）、山本博文『寛永時代』（吉川弘文館、一九八九年）、同『鎖国と海禁の時代』（校倉書房、一九九五年）、前掲、原『幕末海防史の研究』、丸山雍成「海の関所と遠見番所」（渡辺信夫編『近世日本の都市と交通』河出書房新社、一九九二年）、梶輝行「文化・文政期の長崎警衛と西洋砲術」（『日蘭学会会誌』第一八巻第二号、一九九四年）、同「長崎聞役と情報」（岩下哲典・真栄平房昭編『近世日本の海外情報』岩田書院、一九九七年）、横田佳恵「老中体制下の長崎防備体制」（『日蘭学会会誌』第一九巻第一号、一九九四年）、梶原良則「弘化期の長崎警備について」（『福岡大学人文論叢』第二六巻第四号、一九九五年）、同「長崎警備と弘化・嘉永期の政局」（中村質編『開国と近代化』吉川弘文館、一九九七年）、同「寛政～文化期の長崎警備とフェートン号事件」（『福岡大学人文論叢』第三七巻第一号、二〇〇五年）、木原溥幸『幕末期佐賀藩の藩政史研究』（九州大学出版会、一九九七年）、松井洋子「フェートン号事件の顚末」（『江戸の危機管理』〈別冊歴史読本三七〉新人物往来社、一九九七年）、長野暹「幕末期佐賀藩の長崎警備と対外危機認識」（『佐賀大学経済論集』第三三巻第五・六号、二〇〇一年）、同「長崎警備初期の体制と佐賀藩」（『佐賀大学経済論集』第三五巻第四号、二〇〇二年）、同「弘化前半期における琉球問題と長崎警備の一考察」（『佐賀大学経済論集』第三五巻第五・六号、二〇〇三年）、同「弘化・嘉永初期における長崎警備の一考察」（『佐賀大学経済論集』第三八巻第一号、二〇〇五年）、松尾晋一「レザノフが所持した「信牌」の政治的効果」（九州国立博物館紀要『東風西声』第二号、二〇〇六年）、同「ロシア船来航への警戒と長崎警備」（『長崎県立大学国際情報学部研究紀要』第九号、二〇〇八年）、同「港町長崎の危機管理——転換点としてのフェートン号事件」（『アジア遊学』第一三二号、二〇一〇年）、同『江戸幕府の対外政策と沿岸警備』（校倉書房、二〇一〇年）、同『江戸幕府と国防』（講談社、二〇一三年）、同「幕府の長崎支配と有事対応」（若木太一編『長崎・東西文化交渉史の舞台——明・清時代の長崎支配の構図と文化の諸相』勉誠出版、二〇一三年）、梶嶋政司「レザノフ来航と福岡藩の長崎警備」（九州国立博物館紀要『東風西声』第二号、二〇〇六年）、同「フェートン号事件と長崎警備」（『九州文化史研究所紀要』第五〇号、二〇〇七年）、同「文化期長崎における異国船取扱法」（『九州文化史研究所紀要』第五一号、二〇〇八年）、柴多一雄「長崎警備」（長崎市史編さん委員会編『新長崎市史』第二巻近世編、長崎市、二〇一二年）。

（4）中野禮四郎編『鍋島直正公伝』第一編（侯爵鍋島家編纂所、一九二〇年）、二七〜二八頁。

（5）秀島成忠編『佐賀藩銃砲沿革史』（復刻版）（原書房、一九七二年）四一五頁。

（6）前掲、中村「長崎警備」二六二〜二六四頁、原『幕末海防史の研究』一八二頁を参照。

（7）前掲、中村「長崎警備」二六四〜二六七頁を参照。

（8）前掲、石田「島原藩の長崎警備・監務と聞役について」三六頁を参照。

（9）前掲『鍋島直正公伝』第一編、二八頁。

（10）前掲、山本「近世の長崎の警衛について」二四九頁を参照。

（11）前掲『鍋島直正公伝』第一編、二八頁。

（12）『諫早市史』第二巻（諫早市役所、一九五五年）、二〇〇頁を参照。

（13）前掲、中村「長崎警備」二七〇〜二七八頁を参照。

（14）前掲、丸山「海の関所と遠見番所」二七五〜二七六頁を参照。

（15）同右、二七四頁を参照。

（16）『通航一覧』第八（国書刊行会、一九一三年）、四四四〜四四五頁。

（17）同右、四四五頁。海防報告書の意義については、針谷武志「近世後期の諸藩海防報告書と海防掛老中」（『学習院史学』第二八号、一九九〇年）が詳細に論じている。
(18)　前掲『通航一覧』第八、四四五頁。
(19)　同右、四四六頁。
(20)　前掲、藤田『松平定信』一七二〜一七九頁を参照。
(21)　『通航一覧』第七（国書刊行会、一九一三年）、九五頁。
(22)　同右、九三〜九四頁。
(23)　前掲、梶「文化・文政期の長崎警衛と西洋砲術」五頁を参照。
(24)　『魯西亜人取扱手留』三（東京大学史料編纂所所蔵）。同史料の記事は、藤田覚氏のご教示による。
(25)　『海表異聞』巳十一所収「魯西亜渡来一件」（同志社大学学術情報センター貴重資料室所蔵小室・沢辺文庫）。
(26)　本馬貞夫「レザノフ来航と長崎奉行所、佐賀・福岡藩の対応」（平成一六年度長崎県地方史研究会第一回研究発表会「レザノフ来航二〇〇年と長崎警備」資料、二〇〇四年五月二三日）一九頁を参照。本馬氏は、『御奉書類御書付類目録』（長崎歴史文化博物館所蔵）に記載される寛政五年三月二三日付の「松平越中守近国海辺為御見聞御越候段被仰下候半紙　二通」の存在から、老中松平定信が長崎巡視を計画していたことを指摘している。
(27)　前掲、松尾「レザノフが所持した「信牌」の政治的効果」は、信牌が与えられていたにも関わらず、レザノフ来航のさいにはなぜ大規模な警備体制がとられたのかを論じており、その理由の一つとして信牌の所持を前提にしながらも長崎警備の具体的なあり方が規定されなかったことを指摘している。寛政五年七月二〇日の書取で老中松平定信は、具体的な警備体制には言及せずに穏便な対処方針を長崎奉行に示していたが、直後の七月二三日に辞任に追い込まれたことと関連があるように思われる。
(28)　前掲『通航一覧』第七、九九頁。
(29)　『華蛮要言』三（長崎歴史文化博物館所蔵青方文庫）。
(30)　『御番方大概』（佐賀県立図書館寄託鍋島家文庫）。全一冊で、「鍋島家蔵」「清陰所蔵」の印がある。他に百武薫任による天保一一年の筆写本があり、両者に内容上の差異は見受けられない。内容は、佐賀藩の御番開始から文化四年に至るまでの長崎警備関係の史料を収録する。作成の由来を知るすべはないが、文化五年に起きたフェートン号事件後、長崎警備改革にあたって、参考に供するため作成されたものではないかと推定している。なお、一部に錯簡が見られるが、引用などに関しては錯簡箇所を訂正した。

(31) 『ヲロシヤ船長崎来津之節御仕組書付写』(佐賀県立図書館寄託鍋島家文庫)。

(32) 『ヲロシヤ船入津之節番船其外仕組』(佐賀県立図書館寄託鍋島家文庫)。

(33) 『ヲロシヤ船長崎来津之節御仕組書付写』と『ヲロシヤ船入津之節番船其外仕組』は、ロシア船来航を想定した佐賀藩深堀領における番船についての仕組帳という点で性格を同じくするが、記述内容は異なる点も多い。例えば、前者では深堀の総人数を「〆主従人数百七拾人」「内従者八拾弐人」とするが、後者では「主従人数百五拾七人」「内従者八拾九人」としている。

(34) 「泰国院様御年譜地取」(佐賀県立図書館編『佐賀県近世史料』第一編第八巻、佐賀県立図書館、二〇〇〇年)五八七〜五八八頁。

(35) 文化元年のレザノフ来航時に佐賀藩では、長崎聞役関伝之允に加えて、藤崎十兵衛が佐賀から派遣され、聞役助として蔵屋敷に詰めていた。福岡藩の場合も、享和三年にベンガル船が来航したさい、長崎聞役上原源一郎に加えて、福岡から花房久七が聞役として派遣されている。異国船来航時には、佐賀・福岡両藩とも、長崎聞役は新たに国元から一名加番され、二名で対処していたようである。前掲『通航一覧』第七、一二五頁、川添昭二・福岡古文書を読む会編『新訂 黒田家譜』第五巻(文献出版、一九八三年)、三三四頁。

(36) 長野暹「財政構造と財政政策」(藤野保編『続佐賀藩の総合研究』吉川弘文館、一九八七年)三四五頁を参照。

(37) 高橋文訳、ツュンベリー『江戸参府随行記』(平凡社、一九九四年)二五六頁。

(38) 前掲、梶原「寛政〜文化期の長崎警備とフェートン号事件」七〜九頁を参照。

(39) 前掲「泰国院様御年譜地取」五六九頁。

(40) 前掲『新訂 黒田家譜』第五巻、二五五頁。

(41) 「長崎西泊戸町御石火矢御大筒様打《(打様)》ノ記」(『新修 福岡市史』資料編近世一、福岡市、二〇一一年)五六二〜五八六頁。

(42) 永積洋子「一八〜一九世紀はじめの日本におけるオランダ語学力の向上とロシア問題」(『東洋学報』第七八巻第四号、一九九七年)一五〜一六頁。

(43) 前掲『新訂 黒田家譜』第五巻、二五五頁。

(44) 同右、三〇二〜三〇六頁、前掲『佐賀藩銃砲沿革史』七三〜八〇頁。

(45) 寛政一〇年の佐賀・福岡両藩による石火矢献上の詳細を検討した梶原良則氏は、石火矢の大型化と規格化、砲弾の一新によって統一した基準で配備されたと評価されている。前掲、梶原「寛政〜文化期の長崎警備とフェートン号事件」一八頁を参照。

(46) 長野暹『幕藩制社会の財政構造』(大原新生社、一九八〇年)四四二頁を参照。長野氏によれば、佐賀藩は、寛政九年に銀三八一貫を「長崎御番所御備相成候御石火矢御鋳立替ニ付諸入具銀米渡」として出銀しているという。また、福岡藩も石火矢献上におよそ銀三〇〇貫を費やしている。前掲『新訂 黒田家譜』第五巻、三〇五頁。

(47) 前掲『通航一覧』第八、二七五頁。

(48) 前掲『鍋島直正公伝』第一編、六九頁。

(49) 佐賀藩と福岡藩による海外情報の入手事例については、次のような研究がある。片桐一男「和蘭風説書解題」(日蘭学会・法政蘭学研究会編『和蘭風説書集成』上巻、吉川弘文館、一九七七年)、向井晃「海外情報と幕末の九州」(杉本勲編『近代西洋文明との出会い』思文閣出版、一九八九年)、梶原良則「幕末佐賀藩における火術組創設の意義」(九州大学国史学研究室編『近世近代史論集』吉川弘文館、一九九〇年)、岩下哲典『幕末日本の情報活動』(雄山閣出版、二〇〇〇年)。

(50) まず、イギリス使節の派遣であるとの言及は見られず、派遣された船の乗員人数、来航場所なども不正確である。「寧波之沖」へ現れたとするが、マカートニーを乗せたライオン号は、マカオ沖から渤海湾へ直行しており、寧波で上陸し北京へ向かったわけではない。使節団は総勢九五人で、船の乗組員を加えても、乗員人数を「八百人程」とするのはオーバーである。だが、外国使節が貢ぎ物を差し出して通商要求を行い、北京へと向かったが拒否されたという内容から、一七九二年から一七九四年にかけて行われたイギリス使節マカートニーの派遣以外は考えにくい。マカートニーの一件と考えれば、この情報が日本へ伝えられたのが、寛政六年七月であることも矛盾しない。情報内容が多くの誤謬を含む点は、唐風説書全体を通しても言いえることである。唐船の出港地における伝聞などに基づいて風説書が作成される以上、不正確さをもつことは致し方のないところであろう。坂野正高訳注、マカートニー『中国訪問使節日記』(平凡社、一九七五年)三〇七、三二〇頁、春名徹「唐風説書の新史料」(『調布日本文化』第二号、一九九二年)三七~四〇頁を参照。

(51) 西国諸藩による阿蘭陀通詞の掌握と海外情報の収集については、次のような研究がある。芳即正「島津斉彬の海外情報源」(『斉彬公史料 月報』二、一九八二年)、沼倉延幸「開国前後、長崎における海外情報の収集伝達活動について」(『書陵部紀要』第四七号、一九九五年)、山本博文『長崎聞役日記』(筑摩書房、一九九九年)、木村直樹『〈通訳〉たちの幕末維新』(吉川弘文館、二〇一二年)。

(52) 「泰国院様御年譜地取」(佐賀県立図書館編『佐賀県近世史料』第一編第九巻、佐賀県立図書館、二〇〇一年)三三二頁。

(53) 同右、二三七頁。
(54) 寛政期の段階では、長崎警備の増強とはいえず、あくまでも見直しや補強に留まることは多言を要しない。例えば、寛政一〇年に佐賀・福岡両藩が石火矢二八挺を献上したとはいえ、石火矢の総数が増加したわけではない。寛政一〇年の石火矢の総数は三九挺であるが、これは元禄一三年の総数と同じである。だが、前掲『佐賀藩銃砲沿革史』八六頁によると、フェートン号事件後には、文化六年から同八年にかけて台場が増築され、石火矢の総数は一〇九挺に増加している。もっともこの文化期の増強も、フェートン号事件を契機とした一時的なもので、以後はおおむね現状維持に重点がおかれる。結局のところ、佐賀藩の場合、本格的な長崎警備の増強や西洋砲術の導入が推進されるのは、天保期以降のことである。幕末期の長崎警備改革については、前掲、木原『幕末期佐賀藩の藩政史研究』に詳しい。なお、本章の旧稿となる松本英治「寛政期の長崎警備とロシア船来航問題」(青山学院大学文学部『紀要』第四一号、二〇〇〇年)において、右のように寛政期の長崎警備を「見直しや補強に留まる」と筆者が評価したことに対し、梶原良則氏は、前掲、梶原「寛政~文化期の長崎警備とフェートン号事件」において、石火矢の大型化・規格化などを論拠として「長崎警備体制の増強」であるとして批判されているが、石火矢の数と質をどう評価するかだけの違いであると受け止めている。

第二章　蘭学者青木興勝の長崎遊学と対外認識

はじめに

蘭学の地域的発達を考える場合、各地において蘭学を志す者が、いかなる関心・動機によって、いかなる方法で修業したのかという問題は、基本的ではあるが重要なテーマであろう。蘭学を学ぶにあたっては、江戸・大坂などの蘭学塾に入塾して修業することとならんで、長崎に遊学して阿蘭陀通詞との交流のなかで修業する者も多かったことはよく知られている。いうまでもなく近世の長崎は、オランダ船・唐船が来航する「鎖国」下に唯一開かれた国際貿易港である。それゆえ、長崎遊学は異国の人・物・情報に直接触れることができる魅力的なものであった。前野良沢や大槻玄沢をはじめ、蘭学修業を目的として長崎に遊学した蘭学者は数多い。シーボルトの鳴滝塾の門下生や海軍伝習・医学伝習の参加者も同様のことである。

本章では、福岡藩における蘭学者の嚆矢として知られ、世界地理や対外情勢の研究で業績をのこした青木興勝の長崎遊学について考えてみたい。

福岡藩では数多くの者が蘭学修業を目的として長崎に遊学している。例えば、筑前出身でシーボルトの鳴滝塾に学んだ者としては、武谷元立・百武万里・原田種彦・有吉周平の四名が知られている。(1) また、安政二年（一八五五）に始まる長崎海軍伝習には、福岡藩から二八名が参加しており、派遣人数は諸藩のなかでは佐賀藩についで第二位である。[2] 医学の面では、適塾に学んだ塚本道甫や原田水山らが、さらに長崎に遊学してポンペに師事したことが知られている。[3]

以上は、福岡藩における長崎遊学者の数例をあげたにすぎないが、このように多くの遊学者を生み出した背景には、福岡藩が幕府から長崎警備を軍役として課されていた事情があることは多言を要しないであろう。緒方洪庵が、蘭書購入にあたって武谷祐之ら適塾出身の福岡藩の医師たちに便宜をはかってもらったり、[4] 嫡子緒方惟準の長崎遊学に際して福岡藩の医師に後見人を依頼したりしているが、[5] これも福岡藩と長崎との関係があってのことである。さらに、これらの蘭学者を庇護した福岡藩主黒田長溥の政治活動においても、長崎に伝えられた海外情報の収集と分析が大きな役割を果たしていたことが指摘されている。[6]

青木興勝については、専論としては杉本勲氏の研究[7]が唯一のものである。しかしながら、杉本氏は、蘭学者としての興勝の成長が長崎遊学の成果であることは指摘されるが、長崎遊学の目的や実態についての言及は少ない。そこで本章では、従来、十分に検討されてこなかった興勝の長崎遊学の目的や実態について、当時の福岡藩の事情や長崎をめぐる対外問題をふまえて追究することを第一の課題とする。とりわけ、長崎警備を媒介とした福岡藩と長崎との関係に留意して考えてみたい。また、興勝にとって長崎遊学の経験が、自らの蘭学研究、すなわち世界地理や対外情勢の研究に、どのような成果をもたらし、どのような対外認識を生み出すことになったのか。その関連を考察するのが第二の課題である。興勝の長崎遊学中の著作である『阿蘭陀問答』を初めて紹介することで、対外認識に迫ってみることとする。

さらに、第三の課題として、福岡藩における蘭学の濫觴の地域的特徴を考えてみたい。各地における蘭学の発達を考えるとき、医学や本草学といった自然科学部門を中心に発足するのが一般的であろうが、福岡藩の場合、本格的な蘭学は、世界地理や対外情勢の研究から始まっているところに大きな特徴がある。この点について、井上忠氏は、福岡藩の蘭学の性格として、青木興勝や安部龍平のような初期の蘭学者は、古学派の亀井南冥・昭陽父子とつながりをもっていたため、その蘭学受容論の影響を受けて世界地理・歴史関係の業績にとどまっていたこと、それに対して、後期の蘭学者である武谷祐之らは、亀井学派とは無縁であるがゆえに、本格的な蘭学を志向できたことを論証されている(8)。また、杉本勲氏も、興勝の蘭学が純粋な科学の追究ではなく、時務策としての政治色が強かったことを指摘している(9)。本章では、井上・杉本両氏の指摘をふまえつつ、興勝と同じころに活躍した秋月藩医緒方春朔や興勝の門人安部龍平の事績にも目を向けてみることとする。

なお、後述するように、青木興勝は、長崎にあっては福岡藩の買物奉行の任にあり、厳密にいえば「遊学」ではない。しかし、蘭学修業が重要な位置を占めており、本章では「長崎遊学」と称したことをお断りしておく。

一　青木興勝の経歴

青木興勝の経歴に関する史料は乏しいが、それでも『福岡藩名家伝』を引く『筑前人物志料集』(10)一に掲げられた記事から、おおよそのことは知りうる。すでに杉本勲氏によって紹介されているものではあるが(11)、以下、この記事に若干の検討を加えながら、興勝の経歴を述べておきたい。

青木興勝は、通称は次右衛門、字は定遠または季方といい、五龍山人・危言狂夫と号した。宝暦一二年（一七六二）福岡城下地行に、藩士百野嘉内の子として生まれた。生年は宝暦一〇年（一七六〇）と記されているが、没年齢から逆算して誤りと思われる。はじめ堀尾貞幹の養子となり、世伝の兵学を学んだが、養父と反目して堀尾家を去った。その後、青木武兵衛の養子となり、天明七年（一七八七）七月に二〇石・六人扶持の家禄を継いで、無足組に列した。青木家の家禄は、分限帳の記載とも一致する。[12] 興勝は、幼少のころより読書を嗜み、亀井南冥の門人となって儒学を学び、その学識ぶりは南冥に「異能の士」と目された。天明四年（一七八四）に藩校甘棠館が創設され、南冥がその館主に任じられると、興勝は抜擢されて指南加勢役を命じられた。指南加勢役への就任は天明七年のことのようである。[13]

寛政一〇年（一七九八）に甘棠館が廃止されると、買物奉行に転じて長崎に派遣され、阿蘭陀通詞「猪俣某」についてオランダ語を学び、蘭学を修業した。帰藩は寛政一二年（一八〇〇）と記されているが、後述して明らかにするように享和元年（一八〇一）の誤りである。帰藩後は、藩の蘭学教授となり、禄外に米一〇苞を給されるようになった。そして、享和元年に『蛮人白状解』を著すなど、蘭学者としての活動が始まる。文化元年（一八〇四）、ロシア使節レザノフが長崎に来航すると、ただちに長崎に赴き、幕府の対応が弱腰であることを嘆き、排外的な強硬論を藩の有司に上申したが、全く受け入れられなかった。これに憤激して心疾を患い、致仕することになった。渡辺寿徳の子小次郎を養子に迎えて跡を継がせ、自らは糟屋郡篠栗に隠遁した。致仕の原因となった意見は、『答問十策』にまとめられている。致仕後は、篠栗で門弟を集めて蘭学を教授し、その風を聞いて従学する者も多かったようである。そして、その合間に、かつて東南アジアに漂流した唐泊浦の水主孫太郎を招き、漂流談を考証して『南海紀聞』をまとめた。しかし、その校訂中に病に倒れ、文化九年（一八一二）六月一六日、五一歳で没した。薬院の長円寺に葬られたという。

青木興勝は眼光鋭く、性格的には議論好きの熱血漢であったという。友人の亀井昭陽が、『南海紀聞』に寄せた序文には、「嗚呼定遠奇士也、世怪二其所一レ為、唯我先考（亀井南冥―引用者註）謂二之異能之士一録レ之矣、本藩之有二蛮学一、自二定遠一始[14]」とある。興勝は、福岡藩における蘭学者の嚆矢とされるが、藩内では奇人と目され、不遇の生涯であった。

ところで、青木興勝の経歴を見るとき、師の亀井南冥から受けた思想的影響は看過できない。興勝だけでなく、内野元華・安部龍平など福岡藩の初期の蘭学者のほとんどは、南冥・昭陽父子の門人ないしはその影響下にあった。亀井門下から蘭学者を輩出した要因については、すでに井上忠氏が詳論されており[15]、これに導かれつつ、以下の点を確認しておきたい。

亀井南冥・昭陽の学問系統は徂徠学派で、これが蘭学を導き出す思想的前提であった。市井から福岡藩に登用された南冥は、儒者と同時に医者も兼ね、若いころには古医方の永富独嘯庵に学んだことがあり、医学思想については、中国医学とオランダ流医学の折衷的立場をとったとされる[16]。そして、南冥を蘭学に向かわせた最大の要因は、長崎警備を責務とする福岡藩の時務意識であった。天明三年（一七八三）、藩校設立にあたっての「諭告」では、「長崎御番所別て重き御場所柄に御坐候[17]」というように、長崎警備の責務の重大さが掲げられていた。南冥は、翌天明四年の甘棠館開学のさいの講義において、持論である「政事即学問、学問即政事[18]」を強調している。それゆえ、対外的危機に直面する状況下で、長崎警備を責務とする以上、世界地理・対外情勢の理解は強く求められるところであり、その手段として蘭学への傾倒を促した。西洋の自然科学の追究は目的とされていない。南冥の蘭学観を継承した昭陽の場合も、外国の「情」と「変」、すなわち地理と歴史を知らねばならないと主張する一方、後に鳴滝塾の学頭となる門人岡研介に詩を与え、西洋の自然科学を追究するあまり、人倫を失うことのないよう戒めている。興勝の蘭学が、このような南冥・昭陽の蘭学観の範疇にあったことは十分に留意しておく必要がある。

二　青木興勝の著作

次に青木興勝の著作について見ておこう。興勝の著作については、『蛮人白状解』『答問十策』『南海紀聞』が知られている。他に『和蘭奇談』なる著作があったというが[19]、現存を確認することはできない。以下、これらの著作とそこに見られる興勝の対外認識について要点を紹介しておきたい。

『蛮人白状解』[20]は、寛永二〇年（一六四三）に、筑前大島に潜入したポルトガル人宣教師らの口述書に記される宗教・地理用語を青木興勝が注解したもので、享和元年（一八〇一）の成立である。寛永二〇年五月、筑前大島で福岡藩に捕らえられた宣教師ら一〇名は、いったん長崎に護送された後、江戸で宗門改役井上筑後守政重らによって取り調べられた。興勝が注解を加えた口述書[21]は、九月八日に江戸で作成されたものである。興勝は、注解を加えるにあたって、「セオカラーヒー」「レッテルコンスト」「ベシケレイヒンギ、セイロン」「暦算全書」といった蘭書・漢書を利用するとともに、長崎遊学中に出島のオランダ人から聴取した知識を披露したり、自らが長崎で目撃した絵踏の様子を紹介して考証を加えている。用語の注解はおおむね正確で、とりわけ地名考証は蘭学者としての前進ぶりを示しているというが、その一方で「釈迦」［キリステス］［マゴメッテ］同ク［ホツト］ヲ奉スル教主ナレドモ、各国言語異同アリテ、訳言ノ誤等ニテ、終ニ釈氏ノ外ハ皆邪教トナレリ」といった誤解も見られる。また、口述書で宣教師が白状した布教と侵略を一体化させるカトリック勢力の行動を、「利ヲ以テ人ヲ導キ、他地ヲ侵略スルヲ務トス、其志大ニ可憎ノ甚モノナリ」と厳しく非難する。

『答問十策』[22]は、文化元年（一八〇四）のレザノフの長崎来航を契機として、青木興勝が海防・貿易に関する所論をまとめた意見書である。九条の問答からなるが、その内容を整理し、興勝の対外認識についてまとめておく。

日蘭貿易については、「彼ニ莫大ノ利アリテ、我ニ毫釐ノ益ナキ」と述べ、日本にとって無益であるから停止すべきことを主張する。奢侈品の輸入と金銀銅の輸出というあり方、とくに石火矢を製作する原料である銅の輸出を問題視する。いっぽう、日中貿易については、輸入薬材は必需品であり、通信関係も存在しないという理由で、許容する立場をとる。また、前年の享和三年（一八〇三）に長崎に私貿易を企んで来航したアメリカ船と船長スチュワートを論じる。拒絶した長崎奉行の対応を「鎮台神祖ノ御法度ヲ守リ、許サスシテ返サレシハ、甚明識ナリ」と評価するとともに、長崎に何度も姿を現すスチュワートはイギリスの間者であると警鐘を鳴らす。さらに、キリシタンの禁制にふれ、ロシアとて格別ではなく、「横文字ノ国ハ尽ク御制禁ト心得然ヘキカ」と述べ、ロシアの東方進出とその野心に警鐘を鳴らし、「是ハ以前何船ノ例、彼ハキリシタン、是ハ商船ナト、区々タル評議ヲ以テ是ヲ鬆ニセハ、後悔臍ヲ噛トモ及ヘカラス」として、新規の外交関係をもつことを否定している。目下の課題であるレザノフへの対応は拒絶以外ありえない。レザノフへの対応として、通信関係は許容できるものではなく、貿易なら許してもよいが、現状では国内の産物に余裕がないので、五〇年後に余裕が出れば許容することなどを提案する。ただし、その真意は「本ヨリ是ヲ絶ノ主意」にあることを強調する。

ついで、海防策を展開し、輸出用の銅で石火矢を製造するなどの武備の充実を説き、海防強化のために参勤交代の緩和を提案している。蘭学の功罪については、「其益アリト云ハ、彼カ火攻術・航海術・輿地図等ヲ取テ我国家ノ籌策ニ用ルコト」と述べ、軍事や地理の研究などは経世として役立つとする一方、「其害アリト云ハ、彼カ天文・測量等ノ精微ナルニ駭キ、徒ラニ奇怪ノ説ヲ講シテ庸俗ヲ惑シ、或ハ其詳ナラサル異薬等ヲ用ヒ」として、天文・測量・医学などの分野についてはその科学的知識を否定する。そして、西洋を礼賛する蘭学者を攻撃し、オランダ正月の賀宴を批判する。

以上のような青木興勝の主張には、強い対外的危機感を読み取れるが、全般的に儒者の経世論としての性格が強い。興勝の排外的な対外認識は、同時期において必ずしも特異なものではない。興勝の長崎遊学とほぼ同時期に『鎖国論』を訳述した志筑忠雄の場合も、西洋の宗教・人間への反感が明確にみられるという。[23]また、幕政レベルでは、ロシアの通商要求とその対応を通じて、「鎖国祖法観」が打ち出され、レザノフに与えた教諭書において外国貿易が無用であることを幕府自ら明言している。[24]すなわち、幕政レベルにおいても、知識人層においても、対外的危機が表面化するなかで、従来の対外関係が固定的にとらえられ、排外的な対外認識が生み出されていった時期であった。ともあれ、興勝の意見は、福岡藩内では受け入れられなかったが、師の亀井南冥が自作の触れ込みで『答問十策』を水戸藩主徳川治保に献上して賞賛を受け、[25]後には徳川斉昭の外国貿易拒絶論にも影響を与えたという。

なお、志筑忠雄の『鎖国論』の写本を調査した大島明秀氏の研究によると、[26]大田南畝の執筆とされてきた「読鎖国論」を青木興勝が執筆したとする識語をもつ写本や、『鎖国論』の序文を興勝が執筆したと注記する写本があるという。『鎖国論』に見られる排外的な対外認識は、興勝に主張に通じるものがある。「読鎖国論」や序文を興勝が執筆したとすれば甚だ興味深く、今後の解明が待たれるところである。

『南海紀聞』[27]は、唐泊浦の水主孫太郎の東南アジア漂流に関する編著書である。孫太郎らが乗る筑前の廻船伊勢丸は暴風にあって漂流し、明和元年（一七六四）、ミンダナオ島に漂着した。乗組員は奴隷にされたり、病死したりして離散したが、その中でボルネオ島のバンジャルマシンの華僑の下男となった孫太郎ただ一人が、明和八年（一七七一）にオランダ船で長崎に送還された。青木興勝は孫太郎をしばしば招いて見聞を問い質し、自らの考証を加えて、漂流の顚末と滞留した各地の風俗・物産・言語などを『南海紀聞』としてまとめた。寛政六年（一七九四）以前に一応は脱稿していたというが、[28] 致仕して隠遁した後も孫太郎を招き、その校訂作業に努めていたようである。『南海紀聞』は、興勝の死後、弟子の蘭学者安部龍平と金石文学者梶原景熙によって校訂され、亀井昭陽の序文を付して、文政三年（一八二〇）に刊行された。孫太郎の漂流は、当時としては珍しい南方への漂流であったため、フィクションを含めて数多くの漂流記がつくられた。その中で、『南海紀聞』は、興勝自身が、孫太郎への直接聴取をもとに、風説書や舶来書籍などによる考証を加えたものであり、その実証的内容は、東南アジアの民俗や日本人の南方認識を知る上で貴重な記録となっている。[29]

『南海紀聞』の記述の中で、とりわけ精彩を放っているのは、一漂流民の目で見た南方におけるオランダ勢力の拡張である。「和蘭人文郎馬神（バンジャルマシン―引用者註）の地を択び、商館を築くこと、城郭の如く、石火矢を備へ、要害厳重に構へたるは、蕃酋を憚らざる様子なり」といった記述は、オランダによる植民地化の進展を如実に伝えている。また、これは当時の蘭学者にも共通するところであるが、[30]「固より蠢爾たる南蛮海陬の頑民、利を冒り生を偸むの陋俗にして、称述すべきことなし」と述べるように、南方の民に対する愚民観が根底にある。青木興勝は「南国の人は、多愚にして、北土の人は必づ智あり」という。南方は愚民ゆえにヨーロッパ列強に侵略されるあわれな存在であるが、北方におけるロシアの強大化はその知略に基づいていると警鐘する。[31] このような西洋諸国の東漸が、興勝の対外的危機感を増幅させたであろうことは想像に難くない。

三　青木興勝の長崎遊学

寛政四年（一七九二）の亀井南冥の廃黜事件後、西学問所甘棠館は衰退し、寛政一〇年（一七九八）に甘棠館が焼失するが廃校処分とされた。西学総請持の江上源蔵、指南本役の亀井昭陽以下は解職されて平士とされ、学徒はすべて東学問所修猷館に入ることが命ぜられた。甘棠館の廃校については、福岡藩首脳が、幕府の寛政異学の禁の趣旨によって断を下したというのが通説となっている(32)。もちろん、指南加勢役であった青木興勝も解職された。しかしながら、興勝は買物奉行に任じられ、長崎において蘭学を本格的に学ぶ機会を得た。杉本勲氏は、甘棠館の廃校処分という状況のなかで、「興勝が買物奉行に任ぜられたのは、異例といえるであろう」と述べておられるが(33)、なぜ「異例」にも長崎に遊学することができたのかについては検討されていない。まずはこの点について、当時の対外情勢と福岡藩の事情から考えてみよう。

寛政期は、ロシアの接近が現実の問題となり、幕藩領主に対外的危機が認識されていった時期である。寛政四年、ロシア使節ラクスマンが根室に来航し、漂流民の送還とともに通商を要求した。老中松平定信を中心とする幕府は、要求を拒絶してロシアとの紛争を引き起こすことを恐れ、通商開始をも覚悟し、ラクスマンに長崎入港許可証である信牌を授けることにした(34)。これを受けて長崎では、寛政五年(一七九三)八月、西国一四藩の聞役を呼び出してロシア船の来航が予想されることを通達し、ここに来航時の警備問題が浮上した。ロシア船来航問題に直面した福岡・佐賀両藩は、警備体制の確立を進めるとともに、石火矢を新たに鋳造して献上したり、阿蘭陀通詞を介して海外情報の収集に努めたりするなどの対応を進めていた(35)。このような状況下において、福岡藩では、世界地理や対外情勢を知る手段として蘭学が評価され、『南海紀聞』の編纂に手をつけるなど、対外問題に関心が深い青木興勝が注目されたに相違ない。

福岡藩主黒田斉清は、後に蘭癖大名として知られるが、寛政一〇年当時は四歳の幼少で、長崎警備は支藩の秋月藩主黒田長舒に任されていた(36)。ここで注目したいのは、亀井南冥との関係である。南冥は、甘棠館の開館以来、秋月藩とは縁が深く、南冥の廃黜事件後も、長舒は、南冥が著した『論語語由』に序文を寄せるなど、その親好はかわりなかった(37)。青木興勝の長崎遊学は、南冥・長舒の両者の思惑と関係があると思われる。

当時、青木興勝が親しく交友していた人物に内野元華がいる(38)。元華は、福岡藩士として長崎警備の任を務めたこともあって、海外事情にも関心をもち、日本と中国・西洋との農政事情などを念頭におきながら、福岡藩における殖産興業策を提唱した『済民草書』などの著書がある。興勝より年上ながらも、南冥に師事した同門の間柄であったため、両者は親しく交際していたようである。元華は「青木五龍の長崎に行くを送る」と題した次の二首を詠んでいる(39)。

　知君已到二長崎陽一　征戍年々此慕レ兵
只道一人通二万国一　初知西客達二東洋一
曽憐天馬長伝レ種　今看芳蘭猶有レ香
白髪斯翁若相間（問カ）　風流独臥二大明堂一」
吾藩久保鎮西台　列士如レ雲勢壮哉
夜静群営連二絶壁一　天寒大炮動二迅雷一
猶聞華客包レ第入　更説蘭人重レ訳来
西域典書稀二解者一　非レ君誰是此文開」

西洋諸国の東漸という状況のなかで長崎警備の責務を強調しつつ、自身が果たしえなかった蘭学の本格的修業を青木興勝に託し、長崎遊学の快挙を激励して祝福した詩である。興勝の長崎遊学が、対外的危機を背景としたものであったこと、オランダ語の習得に目的があったことがわかると同時に、亀井一門の悲願であった様子もうかがえる。

さて、従来、長崎遊学中の興勝の様子は、杉本勲氏が紹介する『筑前人物志料集』一の略伝から知りうることに限られていた。検証を加えたい箇所もあるので、関係部分を以下に引用する。

寛政年間、館廃せられ買物奉行に転し長崎に祇役す、我福岡藩は世々長崎辺鎮を領すれとも、鎖国の久しき、毫も海外の情勢を知るものなし、慨然謂らく彼か情状を諦知せんと欲せは、宜く彼れの書を読まさるへからすと、和蘭訳官猪股某に就て蘭語を学ひ、黽勉刻苦殆んと寝食を忘るゝに至る、藩侯其志を嘉みし学資若干を給与す、固より不撓の精神を有して志を立たるに、又藩の助を得たるを以て、騏驥王良に遭て愈々駿なるに似て、其進歩神速、忽ち別て機軸を出す、寛政十二年職を免し、一代蘭学教授を専任する事を命す、其料に禄外に毎年米拾苞を給せらる、(40)

まず最初に確認しておきたいのは、青木興勝は長崎においては、買物奉行の任にあり、蔵屋敷に詰めたということである。西国諸藩が長崎に設置した蔵屋敷については、次の三つの機能があるという(41)。第一は、藩と長崎奉行所との間の政治的連絡・折衝である。奉行所からの諸事連絡を国元に伝達し、長崎警備を長崎奉行の指示のもとで円滑に遂行することが求められた。そのために、海外情報をはじめとする公式・非公式の情報の収集・伝達にあたった。第二は、国産品の販売や貿易品の購入である。長崎町人を御用達商人として、長崎聞役のもとで事務処理を行わせるなど、蔵屋敷は専ら長崎市場と藩とを結ぶ経済的な機能をもっており(42)、福岡藩の場合も藩財政と長崎市場は深く結びついていた(43)。第三は自国出身の旅人・商人の人的掌握である。これは、往来手形の確認と武士の添状発給などで、自国出身者を蔵屋敷のもとで掌握しておく必要があった。以上の機能をもつ長崎の蔵屋敷は、人的・物的関係が交錯する情報ネットワークの中心にあり、興勝の長崎遊学にとって有利な環境であったといえる。

青木興勝が任務とした買物奉行とは、蔵屋敷の第二の機能と関わりあうものである。分限帳の記載によれば(44)、「役料米八俵、小者給米拾弐俵」とあり、無足組の藩士が就任する役職であった。買物奉行の任務は、蔵屋敷の責任者である長崎聞役の下にあって、貿易品を購入することにある。進物用の舶来品や藩主や藩主の子女の使用品、あるいは幕府や他藩への贈答品などを注文に応じて購入することを考えれば、きわめて重要な役割であった。いっぽうで、このような貿易品の購入への関与は、興勝に奢侈品の輸入などの現状を知らしめ、ひいては『答問十策』で主張する外国貿易無用論を生み出す要因になったと考えられる。(45)

オランダ語の習得に関しては、「和蘭訳官猪股某」について学んだという。この「猪股某」については、杉本勲氏は未詳としつつも、文化九年（一八一二）の『長崎諸役人幷寺社山伏』に記載されている小通詞末席の猪股伝次右衛門のことではないかと推測している。(46)筆者もこの見解を支持する。というのも、伝次右衛門は、福岡藩と密接な関係にある阿蘭陀通詞だからである。

猪俣伝次右衛門は、名を昌永といい、『ヅーフハルマ』の校訂に努めるなど頗るオランダ語に通じ、その語学力・学識はシーボルトも高く評価するところであった。(47)文政九年（一八二六）に没したことは知られているが、生年は未詳である。しかし、寛政八年（一七九六）に長子源三郎が誕生しているから、青木興勝が長崎に遊学していた当時には、すでに青年の域に達していたはずである。ところで、福岡藩の藩政史料のなかには、『阿蘭陀壱番船弐番船之風説書幷諸書付』(48)と題した史料が残されている。文政二年（一八一九）の風説書・積荷目録・乗船員名簿の写しであるが、末尾には「卯六月廿四日」「猪股伝次右衛門」という記載があることから、伝次右衛門が福岡藩に呈上したものと判明する。長崎警備に関わる西国諸藩は、風説書などの翻訳にあたる阿蘭陀通詞を「御出入通詞」などとして掌握し、長崎聞役を通じて入手に努めていた。(49)伝次右衛門も福岡藩の「御出入通詞」と判断され、その関係に基づいて興勝にオランダ語を教授したのである。

青木興勝の蘭学修業にあたっては、福岡藩の援助があった。これに関係する史料を、以下に掲げよう。

買物奉行
青木次右衛門

去午年長崎表江為詰方被指遣置候処、和蘭学一件ニ付、無拠物入多、内々致困窮候趣相達、依之以別儀、銀子壱貫八百七拾目拝領被仰付候事、
寛政十二年七月十六日(50)

右の史料から、蘭学修業に費用がかかって困窮している青木興勝に対して、寛政一二年（一八〇〇）七月、福岡藩が学資を給与したことが確認できる。「和蘭学一件」とあるから、興勝の蘭学修業は、福岡藩の公務の一環として位置付けられていたことも明らかとなる。支給された「銀子壱貫八百七拾目」は、かなりの大金である。おそらくは、買物奉行という立場を利用して、蘭書購入の費用として使われたものと思われる。

『筑前人物志料集』一の略伝によれば、青木興勝は寛政一二年には買物奉行の職を免じられ、帰藩して蘭学教授に任じられたとする。このことは、興勝の経歴のなかで通説となっているが、帰藩した事情については、従来、何も説明されてこなかった。この点について、『通航一覧』に引用された『嘆詠餘話』の次の記述に注目して検討してみたい。

享和元年肥前国五島へ、印度の南島地悶といふ所を出帆せし乗合船一艘漂着ありしを、長崎港へ相廻され、御吟味ありし時、筑前の家士青木某といふもの、長崎屋敷に詰合しか、此男頗る諸蛮国の事弁へしものにて、其節通事かたよりの書上を見て、地名相違のよしを何心なくいひけれは、通事等不快に思ひて、其聞役まて云々の事断りし故、拠なく青木は本国へ差戻されしよし、予近頃其伝説を聞り、其地名如何間違しと詰りし等の次第は聞されとも、曽て其頃の通事の書上を得て写し置るあり、最初の書上に、水夫之内には、ボルネヲ、リユコリニアと

中所之者も罷在云々、又後には、乗組の内、リユコリニヤ、又ルソンの者も有之候由、併何れも洋中にて死去云々、又一通には、ボルネヲ国之内、リユソンと申所之者有之、右呂宋国之リユソンにては無御座候云々、これ前後申紛しなり、青木は通事の仕癖を知らす、思ひしまゝを不審せしなるへし、(51)

「青木某」が、青木興勝を指すことは言うまでもない。ここに述べられている五島漂着船事件の概要は、以下の通りである。(52) 享和元年（一八〇一）九月、五島列島に異国船が漂着した。漂着船は長崎まで曳航され、九名の乗組員は長崎奉行所のもとで取り調べを受けた。その結果、乗組員はアンボン出身の男女七名と中国人二名と判明し、翌年、乗組員九名はそれぞれオランダ船と唐船で送還されることになった。取り調べにおいて、この漂着船が実はポルトガル領土の住民を乗せたマカオ仕立てのポルトガル船であることは、オランダ商館長ワルデナールが行った尋問によって明らかだった。真相がわかれば乗組員は処刑されることから、長崎奉行成瀬因幡守正定と阿蘭陀通詞は、マカオやルソンといった地名が幕府への報告の書面に現れないよう画策していたのである。

来航を禁じられているポルトガル船・スペイン船が漂流・漂着した場合は、国名・地名を偽って処理するのが阿蘭陀通詞や唐通事の仕来りとなっていた。阿蘭陀通詞は、事なかれ主義に基づいて地名を偽ったのであるが、そのことを青木興勝に指摘され、癪にさわったのであろう。阿蘭陀通詞は、福岡藩の長崎聞役まで「云々の事断りし」と迫ったという。これは福岡藩に海外情報の提供などの便宜をはかるのを断るということだろう。長崎聞役にしてみれば、以後の情報収集に支障が出ては困るので、仕方なく責任をとらせるかたちで興勝を帰藩させることにしたのである。以上は、享和元年の出来事だから、興勝の帰藩と蘭学教授への就任は、享和元年と訂正されなければならない。

阿蘭陀通詞による虚偽報告を蘭学者が見破ったという事実は重要であろう。そして、五島漂着船事件の処理方針は、密入国者によるキリスト教布教の危惧を、青木興勝に強く抱かせたに相違ない。享和元年に『蛮人白状解』を著した直接の動機、『答問十策』において「臥亜・呂宋等ノ地ニ至ル者回ルトキハ斬罪ノ法ナリ」と強調する背景を、ここに見ることができる。

四 『阿蘭陀問答』の翻刻

（凡例）

・『阿蘭陀問答』（九州大学記録資料館九州文化史資料部門所蔵三奈木黒田家文書）の翻刻である。
・漢字はおおむね常用漢字を用いた。
・読点・鍵括弧・下線は、史料中に朱書で付されているものである。読点の位置に関しては、疑問の箇所も多いが、そのままとした。
・ふりがなは史料中に付されているままとした。
・（ ）内は翻刻者による注記である。
・便宜上、一つ書きごとに通し番号をつけた。

阿蘭陀問答

未ノ三月十日、私儀吉雄幸朔同道仕候而、出嶋阿蘭陀屋敷ニ罷越、阿蘭陀之右筆役「ゲー子マン」と申者ニ出合申候時、同人江地理《ちり》及ひ欧邏巴諸国之只今之模様を承申候、覚書、

○「ゲー子マン」と申候阿蘭陀人者、只今長崎之出島屋敷へ参り居申候、阿蘭陀人之中ニ而、格別之人ニ而

御坐候、

一①問

其許ハ、何国《いづく》出生之人ニ而御坐候哉、

答

私儀ハ、阿蘭陀国之中「ロストック」と申候処、出生之者ニ而御坐候、

一②問

其許何れ之国々等ニ被致渡海候哉、

答

遠国ニ而ハ、亜斎亜《アシヤ》、智加《チイカ》、「エーラント」及ひ、北亜墨利加《ノヲルドアメリカ》、等ニ渡海仕候、近国ニ而者「エンゲラント」「イルラント」地中海《チチウカイ》諸国ニ渡海仕候、

一③問

北亜墨利加《ノヲルトアメリカ》之内「コルホニヤ」と申候処者、宜敷湊之由承及申候、欧邏巴《ヱウロツパ》諸国の内、何れ之処ゟ商売船参り申候哉、

答

「コルホニヤ」と申候処ハ、誠に世界第一番之大湊ニて至而繁昌仕候処ニ而御坐候、払郎察《フランス》、伊斯把泥亜《イスパニヤ》、羅叉《ヲロシヤ》、等之国々ゟ専ら商売船渡海仕候、其外、欧邏巴《ヱウロツパ》之国々ゟ商売屋敷仕立置、商売船往来仕候処、数多御坐候、

一④問

呂宋《ロソン》、と申候国者今ニ、伊斯把泥亜《イスパニヤ》、国之領《ルコーニヤ》分ニ改居申候哉、

答

成程今ニ伊斯把泥亜《イスパニヤ》国之領分ニ而御坐候、

一⑤問

呂宋《ロソン》国之東之方、日本之南の方ニ当り、強盗島《ラドロニヤ》と申候小嶋段々有之由承伝申候、其許参り被申候哉、

答

強盗嶋《ラドロニヤ》、者日本ゟ至而近き処之由ニ而、阿蘭陀人則南之方をゆびさし申候而答申候、其嶋甚悪敷処ニ而、他国之船参り申候得ハ嶋人共出来り必害《ガイ》を仕申候、其故に商売船等其近処ニ参り不申候、勿論、右之嶋々者、皆小島ニ而、格別宜敷品《しな》抔も、無之処ニ而御坐候、

一⑥問

呱哇《ジヤハ》《ジヤカタラ》国之東南ニ当り、新阿蘭陀《ノヲハヲランタ》と申処者、其許本国より開キ申候故ニ、新阿蘭陀《ノヲハヲランタ》と名付候由、其許本国之人居住致候哉、又其土地之人も御坐候哉、

答

百年以前、阿蘭陀《ヲランタ》本国より、船を通し申候故、新阿蘭陀《ノヲハヲランタ》と申候、呱哇《ジヤハ》《ジヤカタラ》国之近国ニ而御坐候間、折々其国之湊浜辺ニ参り申候事も、御坐候得共、乍然、其国あれ地ニ而、一向用立不申候儘、開不申、土地之人居申候得共、至而愚ニ有之、決而教へ導難申候、

一⑦問

其許羅叉《ヲロシヤ》国ニ参り被申候哉、羅叉《ヲロシヤ》之国王者女ニ而候由、最早死去被致候と承申候、何分ニ候哉、

答

私儀前方、第那《テエ子》馬尓加《マルカ》国「ノルモンヤ」国と申、羅叉《ヲロシヤ》国之近国迄者参り申候得共、終ニ羅叉《ヲロシヤ》国江者参り不申候、女帝ハ被致死去候、甚賢女ニて政事等も宜敷帝ニ而御坐候、只今ハ王子被致相続、其国宜敷治り昔に相替義無御坐候、

一⑧問

魯西亜《ヲロシヤ》国、其国治り居申候と申候得共、都尓格《トルコ》国と、戦ひ争ひ候儀有之候と承伝へ申候、申候何分之義ニ候哉、

答

都尓格《トルコ》国、と魯西亜《ヲロシヤ》国、とは次第御坐候、敵国ニ候得者、双方より国界ニ出張仕、押へ居申候、是ハ軍大将之、国王ゟ之申付を以て、請持居申候事ニ御坐候、毎度都尓格《トルコ》之軍勢より、魯西亜《ヲロシヤ》之郡村等奪取らるゝ事も御坐候、乍然都尓格《トルコ》、魯西亜《ヲロシヤ》、双方共ニ、大国ニ而御坐候得ハ、国王之城下ニ而者、常ニ者沙汰も無之候、私儀前方、都尓格《トルコ》国之城下「コンスタン、チーノ、ボーレン」と申処に廿七日程滞留仕居申候事御坐候、誠ニ広（朱書・挿入）大全盛之城下ニ而御坐候、武官之人ハ手ニスタブと申笏之様成者を捧、馬ニのり往来仕候、武道を専ニ仕候国ニ候、

一⑨問

魯西亜《ヲロシヤ》国之人、韃而靼《タルタリイ》《ダッタン》国之内ニ而、支那《カラ》之人と、商売等致候由承伝へ申候、何分候哉、

答

成程商売等仕候、三十年以前支那《カラ》之商人共、無理成儀仕、暫商買等相止居申候得共、近年又々和睦仕、以前之通商売仕候、

一⑩問

候哉、欧邏巴《ヱウロツパ》州、魯西亜《ヲロシヤ》、都尓格《トルコ》、之外何れ之国々共強く有之候哉、払郎察国《フランス》、近来強く盛ニ有之候と承候、何分ニ

答

時ニ「ゲー子マン」去年本国より船便りに来候、書付を取出し而、是を読、其詞ニ、曰ク、もとの、払郎察国《フランス》王、強ク勇力ある人ニ而、欧邏巴《ヱウロツパ》、諸国軍勢を出シ、合戦を自慢《じまん》に思ひたる、敵軍より数多之石火矢を放つといへ共、ひるむ事なく、軍勢を下知して真先ニ進み戦ふ、城を攻るに乗取らざる事なく、城下ニ戦ふに打壊《くづ》さゞる事なし、就中、意太里亜《イタリヤ》国之内、邏瑪《ロウマ》と申城下者、千年以来打続たる処ニて、金銀録《(緑)》玉を彫《ちりば》めたる寺あり、切支丹之法を行、国主之領分なりし、ビスコツフといふ僧官、国政の害をなすといふて、払郎察王、其寺を打壊《くづ》したれハ、欧邏巴《ヱウロツパ》之諸国、崇《あか》メ尊《たつと》ヒたる、切支丹惣司之意太里亜《イタリヤ》之帝と号する者、其属国、地中海《チチウカイ》、之小嶋馬児太《マルタ》、といふ処ニ落行ける、其外、伊斯把泥亜《イスパニヤ》「ホルトキス」「トイツ」之諸国に有たる、ヒスコツフといふ僧官、を不残打破りたり、是によりて、払郎察《フランス》国王、大将軍の勢をなし、都児格《トルコ》、魯西亜《ヲロシヤ》、之外者、不残自分の手下ニ付たり、其払郎察《フランス》王、ヶ様ニ豪傑《ごうけつ》なれ共、亦無道なりしかば、払郎察《フランス》国之諸大名申合、せ三年以前に、払郎察《フランス》国王を殺シたり、必竟《ひつきよう》王を立れ者、王自由なりて、王政不宜とて、王を不立して、諸大名神文誓ひを立、各相談ニ而、国を治メ、他国に向ひて者、弥勢盛なり、右申合之諸大名之中、其行ひ悪き者あれ者、早速是を殺しそ、

右之問答私義一分之力に及不申候ニ付幸朔相談ニ而承候処ニ而御坐候

三月十日

一阿蘭陀《ヲランタ》人世界を四ツに分ツ、欧邏巴《ヱウロツパ》州、亜細亜《アジア》州、亜弗利加《アフリカ》州、亜墨利加《アメリカ》州、といふ後亜墨利加《アメリカ》州を、二ツに

分ち南《ソイド》亜墨利加《アメリカ》州、北《ノヲルド》亜墨利加《アメリカ》州、といふ後又墨瓦蠟尼加《メカラニカ》州、を加ふ
一「ヒスコツフ」といふ者切支丹出家之官ニ而一国之政事を取行ふ重役人也

五　『阿蘭陀問答』に見られる対外認識

以上の翻刻に基づいて、ここでは『阿蘭陀問答』が従来知られていない青木興勝の著作であることを確定し、『阿蘭陀問答』に見られる興勝の対外認識について検討したい。

『阿蘭陀問答』を一読するに、「未」の年に、ある人物が「吉雄幸朔」とともに出島に出向いたさい、「地理及ひ欧邏巴諸国之只今之模様」について、「ゲー子マン」とかわした一〇カ条の問答であることがわかる。

青木興勝は、『蛮人白状解』において、

予曽テ西洋館ニ至リ、欧羅巴人〔ロインドルト・ゲー子マンス〕ト云ル者ニアヒ、彼国ノ天文地理兵術等ノコトヲ聞ク、〔ゲー子マンス〕諸書ヲ講説スルウチ、間々教法ノ片端其言ニアラハル、ヿアリ、

と記し、長崎遊学中に出島に出向いて「ゲー子マンス」から聞いた知識を披露している。この点は、『阿蘭陀問答』の内容にたいへんよく符合する。

「ゲー子マン」は、レナルド・ヘーネマンスのことである。ヘーネマンスは、ヘンミーが商館長を務めていたころに、長崎に滞在していた商館員補で、寛政一二年（一八〇〇）に無断で積荷目録を日本側に手渡した廉で罷免されたことが知られている。(53)

「吉雄幸朔」は、「吉雄幸作」の誤記であり、阿蘭陀通詞吉雄幸左衛門耕牛を指していることは疑いない。耕牛につ

いては、通詞職のかたわら、家塾成秀館を主宰して各地からの多数の門人を集め、紅毛流外科の普及に功績があったこと、吉雄邸の二階は輸入品の調度などをもってしつらえ、「オランダ坐敷」と呼ばれるほどであって、オランダ正月の賀宴も催されていたことなどが知られている[54]。また、『解体新書』に序文を寄せるなど、杉田玄白ら江戸の蘭学者との交流も深く、江戸蘭学の形成に大きな役割を果たした。寛政二年（一七九〇）に誤訳事件で蟄居の処分を受けたが、寛政八年（一七九六）には「蟄居差免」となり、翌年には年少の通詞に対しての「蛮学指南」を命じられていた。この間、寛政七年（一七九五）には、『魯使北京紀行』を翻訳するなど、対外問題にもひときわ関心が深く、寛政一二年八月に死去するまで、若い阿蘭陀通詞や門下生の指導にあたっていた。

ヘーネマンスの在任期間で、かつ吉雄耕牛の生前という条件を満たす「未」の年は、寛政一一年（一七九九）であるが、青木興勝が長崎に遊学していた時期とも矛盾しない。また、末尾の「右之問答私義一分之力ニ及不申候ニ付幸朔相談ニ而承候処ニ而御坐候」という一文から、オランダ語の学習を始めているが、まだ日が浅く会話に不自由している様子がうかがえる。当時の福岡藩の状況を見渡すに、これに該当する人物は興勝をおいて他には考えられない。また、三奈木黒田家文書には、興勝の著作である『蛮人白状解』も収蔵されており、史料の伝存の点から考えてみても不自然ではない。以上のことから、『阿蘭陀問答』の著者は青木興勝と判断できる。

まずもって注目されるのは、吉雄耕牛が、長崎における青木興勝の蘭学修業に関わっていた点である。興勝の師である亀井南冥は、若かりしころ、讃岐の合田求吾から耕牛の西洋医学の話を聞いて、その実証主義に感激したという[55]。興勝は南冥から耕牛の名は聞き及んでいたであろうし、もとより耕牛は長崎で最も著名な阿蘭陀通詞であったから、興勝自ら進んで蘭学修業のために関わりをもとうと考えたのだろう。興勝が、『答問十策』において、批判的にオランダ正月の賀宴に触れているのは、吉雄邸で行われていることを知っていたからである。興勝が医学を学んだ形跡は見られないので、耕牛の門弟というわけではなかろうが、長崎における蘭学修業において、耕牛から受けた影響は少なくないと思われる。

それでは、『阿蘭陀問答』の内容を検討しつつ、長崎遊学中の青木興勝の対外認識について考えてみたい。①から⑩の問答の順番に従って見ていこう。

①と②は、ヘーネマンスの出身地と渡航地についての問答である。ヘーネマンスの出身地「ロストック」は、現在のドイツのロストクのことである。また、渡航地については、「エンゲラント」はイギリス、「イルラント」はアイルランドのことであるが、「智加」、「エーラント」がいかなる地方を指すのか、いささか判然としないところがある。

③は、北アメリカの「コルホニヤ」についての問答である。「コルホニヤ」は、当時、毛皮貿易で栄えていたカリフォルニアのことである。「コルホニヤ」は良港だと聞いているが、どのようなヨーロッパ諸国が来航するのかという青木興勝の質問に対して、ヘーネマンスは、世界一の大きな港で、フランス・スペイン・ロシアなどの商船が来航し、ヨーロッパ諸国は商館をおいて貿易していると答えている。興勝のアメリカへの関心の背景には、長崎をめぐる対外問題がある。当時の日蘭貿易は、フランス革命とそれに伴うヨーロッパの変動を受けて、寛政九年（一七九七）以降、アメリカ船を中心とする中立国傭船によって行われていた(56)。とりわけ、寛政一〇年（一七九八）一〇月にアメリカ傭船イライザ号が暴風雨によって長崎港内で座礁する事件が発生した。その後、周防櫛ヶ浜の漁師村井喜右衛門の尽力によって引き揚げられるまで、およそ三カ月間にわたってイライザ号は沈船として港内に横たわり、長崎の衆目の関心を集めるところであった(57)。この出来事は興勝も目にしたはずであり、『答問十策』によれば、イライザ号の船長スチュワートにも会ったことがあるという。長崎遊学中の出来事が、興勝のアメリカへの関心を生み出したと察せられる。

④から⑥は、東南アジア・オーストラリアに関する地理的な問答である。④は、現在、ルソンはイスパニアの領土かという質問で、ヘーネマンスはイスパニアの領土であると答えている。⑤は、「強盗島」に行ったことがあるかどうかという質問である。「強盗島」はマリアナ諸島のことである。ヘーネマンスは、「強盗島」は日本から見て南方近くにある島だが、島人が害を加えるので諸国の船は近づかないと言い、小島が多く、目立った産物もないと答えている。⑥は、「新阿蘭陀」に関する問答で、オランダ本国の人は住んでいるのか、先住民はいるのかという質問である。ここでいう「新阿蘭陀」はオーストラリアのことである。「新阿蘭陀」は、百年以上前からオランダ本国と通船しており、ジャワの近くにあるため、時々は「新阿蘭陀」の港にも行くが、荒れ地のために開発も行えず、先住民も愚民が多いので教え導くこともできない、とヘーネマンスは答えている。いずれも青木興勝が関心を抱く地理的な疑問を尋ねたもので、南方への強い関心は、後にまとめられる『南海紀聞』に通じるものがある。

⑦から⑨は、最近のロシア事情についての問答である。⑦では、ロシアに行ったことはあるか、またロシアの女帝は死去したと聞いているが、現在はどうなっているかと尋ねている。これに対して、ヘーネマンスは、デンマークやノルウェーなどロシアの近国に行ったことはあるが、ロシアには今まで行ったことはないという。そして、女帝は賢女で政治的力量もあったが、すでに死去し、現在は王子が跡を継ぎ、変わるところなく国も治まっていると答えている。⑧は、露土戦争についての問答で、トルコとロシアは敵対関係にあり、国王の命により国境を守るため紛争が続いているという。また、自らがトルコの首都コンスタンチノープルに行った経験を披露し、トルコの繁栄ぶりを指摘している。⑨は、ロシアと中国の貿易に関する問答で、ロシアと中国の貿易は変わったと聞いているが、それは何故かと質問している。ヘーネマンスはこれに対して、三〇年以前に中国の商人が無理なことをしたので貿易が一時中断したが、現在は和睦したので、以前と同様に貿易していると答えている。以上において、とりわけ⑦と⑧は、寛政九

年の風説書で、「リユス国之女帝逝去之末、トルコ国と及戦争申候[58]」と報じられていることを受けて質問に及んだと見られる。翌年の風説書にも露土戦争においてフランスとトルコが同盟したという続報がある[59]。寛政九年の風説書は、フランス革命に伴うヨーロッパの戦乱、イギリスによるアジアのオランダ植民地の侵略、ロシアの女帝エカテリーナ二世の死去などを長文で報じたもので、日本にとって憂慮される内容を含んでいた。とりわけ、エカテリーナ二世の死去は、幕府・諸藩にとって急務であるロシア問題の根幹に関わることだけに、杉田玄白ら多くの識者の注目を集めた[60]。ラクスマンへの信牌授与によって、ロシア使節の長崎来航が予想されている以上、長崎警備を担当する福岡藩にとって、ロシアの動向はなんとも気になるところであった。それゆえ、青木興勝は、風説書で報じられた内容の詳細を確認したかったことがうかがえる。

⑩は、最近のヨーロッパ情勢についての問答である。ヨーロッパにおいては、ロシア・トルコの他ではどの国が強いのか、最近はフランスが強大化していると聞いているが、それはどのような事情かという質問である。ヘーネマンスは、オランダ本国からの書簡を読みながら、フランス革命に伴うヨーロッパの変動について説明している。青木興勝が質問に及んだのは、風説書によってヨーロッパの変動とフランスの強大化を知っていたからであろう。フランス革命の第一報は勃発してから五年後の寛政六年（一七九四）の風説書で報じられ、フランス国王ルイ一六世が処刑されたという記事がある[61]。以後の風説書でも、毎年のようにフランス革命の進展とそれに伴うヨーロッパ・アジアの戦乱が報じられているから、識者は憂慮される異変が起こっていると認識していた。しかし、風説書による断片的な情報だけでは、その理解は自ずと限界があり、それゆえ、興勝は質問に及んだと見られる。ヘーネマンスの回答は、ルイ一六世の治世とフランスの強大化、そして革命の勃発と展開を説明したもので、興勝は、諸国に戦いを挑むルイ一六世の豪傑ぶりと、キリスト教の僧官の弾圧が革命の勃発を招いたととらえたようである。なお、風説書では、フラ

ンス革命に伴うヨーロッパの動乱が、オランダにとって都合のよいように歪曲され、事実が正確に伝えられていないことも多い(62)。この問答においても、オランダ本国ではバタヴィア共和国が成立し、フランスの影響下におかれたことなどは、ヘーネマンスは口を閉ざしたようである。

おわりに

以上、青木興勝の長崎遊学の目的や実態を明確にした上で、『阿蘭陀問答』を紹介しながら検討し、興勝の対外認識との関連について考察してみた。興勝の長崎遊学は、長崎警備を責務とする福岡藩にとって世界地理や対外情勢の把握が不可欠であるという強い時務意識に基づいており、亀井一門の強い期待のもとで行われたものであった。この点は、すでに井上忠氏・杉本勲氏によって強調されているが、本章の検討を通じても再確認されるところである。世界地理や対外情勢の研究のためには、海外情報の収集と分析が不可欠である。長崎警備を担当する福岡藩は、蔵屋敷に長崎聞役を常駐させ、阿蘭陀通詞を掌握して海外情報の収集にあたらせていた。買物奉行として蔵屋敷に詰めていた興勝にとって、このような環境は研究の進展に大きく寄与するところとなった。興勝が遊学していたころの長崎では、ロシア船来航が長崎警備上の課題となるだけでなく、日蘭貿易はアメリカ傭船によって行われ、風説書ではヨーロッパ・アジアの動乱が伝えられていた。このような対外情勢は、興勝の対外認識に強く影響し、排外的な主張を生み出したのである。

最後に、福岡藩における蘭学の濫觴の地域的特徴について考えておきたい。繰り返しになるが、青木興勝の蘭学は、純粋な自然科学の追究ではなく、対外的危機への対応という時務意識を背景とした世界地理・対外情勢の研究であった(63)。このような方向性は、興勝の資質や趣味の偏りだけで説明できるものではない。ここに地域的特徴があるわけだが、ほぼ同時期に長崎に遊学して蘭学を学んだ支藩秋月藩の種痘医緒方春朔と興勝の門人安部龍平の場合を見ながら確認しておきたい。

緒方春朔は、寛延元年（一七四八）久留米藩士瓦林清右衛門の子として生まれた(64)。後に医師緒方元斎の養子となり、養家の下から長崎遊学に出され、吉雄耕牛に入門して蘭学や西洋医学を学ぶとともに、『医宗金鑑』を読んで種痘に関する知識を得たという。その後、春朔は養家を去って秋月に移り、寛政元年（一七八九）に秋月藩主黒田長舒によって藩医に登用された。そして、寛政二年以降、春朔は独自の研究を加えた人痘法を秋月藩内で実行して成功をおさめた。春朔の名声は高まり、各地から春朔のもとに従学する者も多く、門人帳には六九名が記載されている。また、寛政七年（一七九五）に春朔が著した『種痘必順弁』は、本邦初の種痘書として知られている。春朔の長崎遊学は数次にわたったようで、次に掲げるのは、寛政五年（一七九三）に出島でオランダ人と問答したことを示す『種痘必順弁』の一節である。

寛政癸丑ノ春、予崎陽ニ客遊ス、高木氏ニ倍（陪）シテ西洋館《ヲランタヤシキ》ニ入ル、瘍科且天儀地理ヲ論スルカ為ニ、官ノ免許ヲ蒙リ、蘭客ト会シ（中略）、訳司《ツウシ》堀・石橋ノ二氏ヲシテ語ヲ通シ天文地理等ノ説ヲナシ、内外治療ノ訳ニ及フ(65)、

種痘の功績の陰に隠れてしまい、注目されていないが、右の記述にも見える通り、緒方春朔は天文や地理の研究も行っていた。春朔は、藩医であると同時に秋月藩の天文方も命じられており、司馬江漢と交友をもち、世界地理を記した『地球図略説』の著書もある。『地球図略説』は、学徒のために平易に編集した啓蒙地理書で、おそらくは藩校稽古館で使用されたものと思われる。このような背景には、本藩の幼少の藩主にかわって長崎警備を監督せざるをえなかった秋月藩の事情がある。春朔の天文・地理の研究は、単なる医者の余技ではなく、藩から課せられた任務の一

環であることをふまえれば、対外的危機に直面するなかで、長崎警備を責務とする秋月藩の時務意識に応じたものと考えられる。

安部龍平は、天明四年（一七八四）、博多湾に臨む福岡の東郊名島村で、百姓清蔵の子として生まれた[66]。亀井昭陽との親好ぶりから亀井塾の出身と思われ、そこで知遇を得た青木興勝の門人となり、蘭学を学ぶことになったと見られる。そして、蘭学修業のために長崎に遊学し、同じく遊学中であった大槻玄幹の紹介を得て、志筑忠雄の門人となった。龍平の最初の業績は、文化三年（一八〇六）になった『二国会盟録』で、ネルチンスク条約の締結過程について述べた蘭訳本を病床の忠雄が口訳し、それを龍平が筆記したもので龍平自身の意見も多い。翻訳の動機は、忠雄と龍平が間近に見たレザノフの来航にあることはいうまでもない。龍平は、興勝と同様にアメリカにも関心が深く、文化一三年（一八一六）には、アメリカの地理・歴史を記した『新宇小識』の初稿を著した。この間、福岡藩士安部忠内の養子となり、文政二年（一八一九）に直礼城代組に抜擢され、士籍に列せられた。その後は、蘭癖と呼ばれた藩主黒田斉清の片腕として活躍し、斉清とシーボルトの問答をまとめた『下問雑載』や、斉清の海防論に補注を加えた『海寇窃策』を著した。龍平の蘭学も、興勝の蘭学と同様に、世界地理や対外情勢の研究に限定されるのが大きな特徴である。

安部龍平は蘭畝・蘭圃と号したが、これは村の出身であることを生涯忘れぬためであるという。村から世界地理や対外情勢の研究を志す蘭学者が出た背景には、やはり福岡藩の事情がある。玄界灘に面した浦は浦奉行の支配下におかれ、浦の民衆は長崎警備の水夫役を課せられていた。また、玄界灘に面した沿岸や島々は、遠見番所がおかれ、唐船・朝鮮船の漂流・漂着や密貿易、さらには異国人の侵入などを監視する体制に組み込まれていた[67]。寛政期には、ロシア船来航時の対応が浦においても課題となるなど[68]、対外的危機の深まりは福岡藩内の民衆とは無縁ではなかった。

龍平が生まれた名島村は、多々良川右岸に位置し、博多湾に面する小村で、郡奉行の支配下ではあるが、箱崎浦に隣接しており、福岡・博多市中との商業取引もあった(69)。佐渡の宿根木村出身の蘭学者柴田収蔵が、世界地理の研究を志した要因として、佐渡をめぐる外圧が指摘されているが(70)、龍平の場合も幼年時代の玄界灘をめぐる同様の状況があったのである。

種痘医が藩命によって世界地理の研究を行い、村から世界地理の研究を志す蘭学者が出る背景には、長崎警備という軍役を幕府から課せられ、それゆえに身分・階層を問わず対外的危機を強く意識させられた福岡藩の事情がある。ここに福岡藩における蘭学の濫觴の地域的特徴を見て取ることができるであろう。

註

(1) 呉秀三『シーボルト先生其生涯及功業』(復刻版)(名著刊行会、一九七九年)七四四～七五〇頁を参照。
(2) 井上忠「蘭学」(『福岡県史』通史編・福岡藩文化(上)、西日本文化協会、一九九三年)三七八頁を参照。
(3) 滝一郎「幕末における福岡の医師群像」(『九州大学医学部七十五年史』九州大学医学部、一九七九年)六二四～六二五頁を参照。
(4) 村田忠一「緒方洪庵の蘭書購入の実態」(『科学史研究』第二一〇号、一九九九年)六七頁を参照。
(5) 奥村武「九州大学医学部前史」(『九州大学医学部七十五年史』九州大学医学部、一九七九年)五八六頁を参照。
(6) 岩下哲典『幕末日本の情報活動』(雄山閣出版、二〇〇〇年)二八八～三〇五頁を参照。
(7) 杉本勲「筑前蘭学事始考―青木興勝の事歴を通じて―」(『九州文化史研究所紀要』第一二号、一九六七年)。
(8) 井上忠「福岡藩における洋学の性格」(藤野保編『九州と思想・文化』国書刊行会、一九八五年)。
(9) 前掲、杉本「筑前蘭学事始考」。
(10) 『筑前人物志料集』一(福岡県立図書館所蔵大田資料)。『筑前人物志料集』は、福岡藩士の略伝を編纂した草稿本で、全三冊からなる。「福岡県中央図書館長大田光次」「昭和　年　月　日」などと記された反故の紙背を利用して書かれている箇所があり、昭和初期に福岡県中央図書館長であった大田光次氏が、諸書を参照して編纂した未刊の福岡藩士の略伝集ではないかと思われる。

(11) 前掲、杉本「筑前蘭学事始考」三六〜四一頁を参照。
(12) 福岡地方史研究会編『福岡藩分限帳集成』(海鳥社、一九九九年)二三三頁。
(13) 『日本教育史資料』第五巻(復刻版)(臨川書店、一九七〇年)二九七頁。
(14) 「南海紀聞」(荒川秀俊編『異国漂流記続集』気象研究所、一九六四年)三頁。
(15) 前掲、井上「福岡藩における洋学の性格」二八二〜二九三頁を参照。
(16) 吉田洋一「亀井南冥の医学思想」(『日本医史学雑誌』第四六巻第二号、二〇〇〇年)一六二〜一六九頁を参照。
(17) 『日本教育史資料』第三巻(復刻版)(臨川書店、一九七〇年)、二頁。
(18) 「役藍泉宛亀井南冥書簡」(『亀井南冥・昭陽全集』第八巻・上、葦書房、一九八〇年)五八〇頁。
(19) 三松荘一『福岡県先賢人名辞典』(復刻版)(葦書房、一九八六年)四頁を参照。
(20) 『蛮人白状解』(福岡県立図書館所蔵大田資料)。以下、引用は同史料による。なお、写本は九州大学記録資料館九州文化史資料部門所蔵三奈木黒田家文書にもある。『蛮人白状解』については、前掲、井上「福岡藩における洋学の性格」二九六〜二九七頁、杉本勲「筑前蘭学史関係史料―「済民草書」と「蛮人白状解」について―」(『蘭学資料研究会研究報告』第一八九号〈復刻版〉、一九六六年)二二二〜二二七頁を参照。
(21) 宣教師らの口述書は、『通航一覧』第五(国書刊行会、一九一三年)、九五〜九六頁に引用がある。
(22) 『答問十策』(筑紫女学園所蔵、福岡市総合図書館所蔵マイクロフィルムによる)。以下、引用は同史料による。なお、活字本としては、『論策』〔日本史籍協会叢書別編二〕(復刻版)(東京大学出版会、一九七三年)、住田正一編『日本海防史料叢書』第二巻(復刻版)(クレス出版、一九八九年)がある。いずれも末尾に水戸藩士岡野荘五郎宛の亀井南冥書簡を付し、底本は流布写本の系統であろう。いずれも底本が悪いせいか、不注意な誤記がある。これに対して、筑紫女学園所蔵の写本は、南冥の書簡はなく、末尾に「文化元年甲子十月十四日草稿　興勝」とあり、青木興勝の草稿写本の系統と思われる。流布写本の系統と比べて、内容に大きな差異はないが、第五策以下の順序が相違し、字句の異なりも目立つ。これらの相違が、南冥による手が入った結果なのか、単なる転写のさいの異同なのか、にわかに判断できないが、『答問十策』を利用するさいには注意を要することを指摘しておきたい。『答問十策』については、高野江基太郎「勤王家としての南冥先生」(『筑紫史談』第二集、一九一四年)三五〜四二頁、同「亀井南冥、昭陽と、青木興勝」(『筑紫史談』第三集、一九一四年)五一〜五三頁、藤井甚太郎「筑前藩に於ける開鎖論(上)」(『筑紫

史談』第三〇集、一九二三年）三～六頁、井野邊茂雄『新訂 維新前史の研究』（中文館書店、一九四二年）二〇四～二〇八頁、前掲、杉本「筑前蘭学事始考」六四～七四頁を参照。

(23)　鳥井裕美子「ケンペルから志筑へ―日本賛美論から排外的『鎖国論』への変容―」（『季刊 日本思想史』第四七号、一九九六年）一二九～一三〇頁を参照。

(24)　藤田覚『近世後期政治史と対外関係』（東京大学出版会、二〇〇五年）一四～一五、四〇～四一頁を参照。

(25)　井上忠「南冥晩年の一書簡について」（『福岡地方史談話会会報』第一七号、一九七七年）二九～三〇頁を参照。

(26)　大島明秀『「鎖国」という言説――ケンペル著・志筑忠雄訳『鎖国論』の受容史』（ミネルヴァ書房、二〇〇九年）二五〇～二五一、三三八頁を参照。

(27)　前掲「南海紀聞」。以下、引用は同書二一、二二、四一頁による。なお、活字本としては、池田晧編『日本庶民生活史料集成』第五巻・漂流（三一書房、一九六八年）、山下恒夫再編『江戸漂流記総集』第二巻（日本評論社、一九九二年）などもある。『南海紀聞』については、前掲、杉本「筑前蘭学事始考」五〇～六二頁、高田茂廣『玄界灘に生きた人々』（海鳥社、一九九八年）二一～一三頁を参照。

(28)　竹岡勝也「「和学一歩」と「奇観録」」（『史淵』第三〇・三一合輯号、一九四四年）一九〇～一九一頁を参照。

(29)　『南海紀聞』に基づく東南アジアの民俗や日本人の南方認識の分析については、次のような研究がある。Nomura Toru, *Magotaro : A Japanese Sailor's Record of Insular Southeast Asia in the Eighteenth Century*（『洋学史研究』第一九号、二〇〇二年）、八百啓介「江戸時代における東南アジア漂流記―『南海紀聞』とボルネオ情報―」（『日本歴史』六八七号、二〇〇五年）。

(30)　鳥井裕美子「近世日本のアジア認識」（溝口雄三他編『交錯するアジア』〔アジアから考える一〕東京大学出版会、一九九三年）二二五～二三二頁を参照。

(31)　「奉和南冥先生三首」（福岡市博物館所蔵）と題する漢詩においても、青木興勝はロシアの強大化と北辺の危機を詠じている。

(32)　広渡正利「藩校」（『福岡県史』通史編・福岡藩文化（上）、西日本文化協会、一九九三年）四四〇頁を参照。

(33)　前掲、杉本「筑前蘭学事始考」四三頁を参照。

(34)　藤田覚『松平定信』（中央公論社、一九九三年）一七二～一八五頁を参照。

(35)　本書第一部第一章「長崎警備とロシア船来航問題」を参照。

(36) 木村礎・藤野保・村上直編『藩史大事典』第七巻・九州編（雄山閣出版、一九八八年）、三五頁を参照。
(37) 高野江鼎湖『儒侠亀井南冥』（高野江基太郎、一九一三年）二七七頁を参照。
(38) 以下、内野元華については、許斐友次郎「筑前最初の蘭学者内野元華を憶ふ（上）（下）」（『福岡』第四二・四三号、一九三〇年）、井上忠校訂『済民草書』（福岡地方史談話会、一九七六年）、池畑裕樹「内野家と内野家文書について」（『福岡県地域史研究』第九号、一九九〇年）を参照。
(39) 前掲、許斐「筑前最初の蘭学者内野元華を憶ふ（下）」七頁。
(40) 前掲『筑前人物志料集』一。
(41) 中村質「長崎の景観」（長崎県史編集委員会編『長崎県史』対外交渉編、吉川弘文館、一九八六年）三七一頁を参照。
(42) 小山幸伸『幕末維新期長崎の市場構造』（御茶の水書房、二〇〇六年）一九二～一九六頁を参照。
(43) 八百啓介「「鎖国」下の福岡藩と環東シナ海域社会」（『福岡県史』通史編・福岡藩（二）、西日本文化協会、二〇〇二年）二七四～二七七頁を参照。
(44) 前掲『福岡藩分限帳集成』三二三頁。
(45) 嘉永二年の平戸藩の事例であるが、舶来品購入の注文書が長崎聞役のもとに頻繁に送られていたことが知られている。山本博文『長崎聞役日記』（筑摩書房、一九九九年）九六～九七頁を参照。
(46) 前掲、杉本「筑前蘭学事始考」三八頁を参照。
(47) 以下、猪股伝次右衛門については、原平三「シーボルト事件と和蘭通詞猪股源三郎（上）（下）」（『日本医史学雑誌』第一三三三・一三三四号、一九四四年）を参照。なお、安部龍平の著書『新宇小識』は、猪股伝次右衛門に剽窃された可能性が指摘されているが、福岡藩と伝次右衛門の関係をふまえればありうる話だろう。
(48) 『阿蘭陀壱番船弐番船之風説書幷諸書付』（九州大学記録資料館九州文化史資料部門所蔵三奈木黒田家文書）。なお、『阿蘭陀船積荷物書付』（九州大学記録資料館九州文化史資料部門所蔵三奈木黒田家文書）と『阿蘭陀脇荷物書付』（九州大学記録資料館九州文化史資料部門所蔵三奈木黒田家文書）は、それぞれ文化一四年と文政二年の積荷目録であるが、これらも猪股伝次右衛門が福岡藩に呈上したものである。
(49) 西国諸藩による阿蘭陀通詞の掌握と海外情報の収集については、次のような研究がある。芳即正「島津斉彬の海外情報源」（『斉

彬公史料 月報』二、一九八二年)、沼倉延幸「開国前後、長崎における海外情報の収集伝達活動について」(『書陵部紀要』第四七号、一九九五年)、前掲、山本『長崎聞役日記』、木村直樹『〈通訳〉たちの幕末維新』(吉川弘文館、二〇一二年)。

(50)『筑前人物志料集』三(福岡県立図書館所蔵大田資料)。

(51)『通航一覧』第八(国書刊行会、一九一三年)、二四四〜二四五頁。

(52)本書第三部第一章「大槻玄沢と幕府の対外政策」を参照。

(53)金井圓訳注「寛政十二(一八〇〇)年米船マサチューセッツ号日本長崎滞在日記」(洋学史学会研究年報『洋学』第一号、八坂書房、一九九三年)二二四、二二八頁を参照。

(54)以下、吉雄耕牛については、片桐一男『江戸の蘭方医学事始』(丸善、二〇〇〇年)を参照。

(55)前掲、井上「蘭学」三五六頁を参照。

(56)金井圓『日蘭交渉史の研究』(思文閣出版、一九八六年)二一六〜二七一頁を参照。

(57)片桐一男『開かれた鎖国』(講談社、一九九七年)一五四〜二一九頁を参照。

(58)日蘭学会・法政蘭学研究会編『和蘭風説書集成』下巻(吉川弘文館、一九七九年)、九八頁。なお、エカテリーナ二世の死去後、トルコとの戦争が勃発したという内容は誤報である。幸田成友『幸田成友著作集』第四巻(中央公論社、一九七二年)、二二二頁を参照。

(59)前掲『和蘭風説書集成』下巻、一〇二頁。

(60)前掲、片桐『開かれた鎖国』一三七〜一三九頁を参照。

(61)前掲『和蘭風説書集成』下巻、九四頁。

(62)片桐一男「和蘭風説書解題」(日蘭学会・法政蘭学研究会編『和蘭風説書集成』上巻、吉川弘文館、一九七七年)五〇〜五一頁、岩下哲典『江戸のナポレオン伝説』(中央公論新社、一九九九年)一八〜二一頁を参照。

(63)対外的危機への対応という時務意識を背景に、世界地理や対外情勢を把握する手段として、藩レベルで蘭学を導入しようとする姿勢は、同じく長崎警備を責務とした佐賀藩の場合でも見られる。佐賀藩の儒者古賀穀堂は、文化三年に藩主鍋島斉直に呈した意見書『学政管見』において、「肥筑両国ハ長崎ノ御勤ニテ、万国ノヲサヘヲナサル、事ナレハ、何レ蘭学ノ人ハナクテ叶ワヌ事ナリ、筑前ニハ蘭学ノ家アリテ、長崎ノ事ニハタヅサワル由、サモアルベキ事ナリ」と述べ、長崎警備のためには世界地理を研究する蘭学者が必要であることを主張し、すでに蘭学を導入している福岡藩の姿勢を評価するとともに、佐賀藩においても「幸ヒ長崎モ近辺ナレハ、誰ソソノ器量アル者ヲエラバレテ、稽古ニ遣ワサルベキナリ」として、藩士を長崎に遊学させることを献策している。「学政管見」（佐賀県立図書館編『佐賀県近世史料』第八編第四巻、佐賀県立図書館、二〇一三年）一〇三〜一〇四頁。

(64) 以下、緒方春朔については、伊東尾四郎「緒方春朔」（『筑紫史談』第四三集、一九二八年）、山田新一郎「本邦種痘の鼻祖贈正五位緒方春朔小伝」（『筑紫史談』第九〇集、一九四五年）を参照。

(65) 緒方春朔種痘成功二百年記念誌『種痘必順弁』（甘木朝倉医師会、一九九〇年）七一〜七二頁。

(66) 以下、安部龍平については、大熊浅次郎「筑前藩蘭学の泰斗安部龍平」（『筑紫史談』第八二集、一九四二年）、鳥井裕美子「福岡の蘭学者」（朝日新聞福岡本部編『博多町人と学者の森』葦書房、一九九六年）、同「『鎖国論』・『二国会盟録』に見る志筑忠雄の国際認識」（志筑忠雄没後二〇〇年記念国際シンポジウム実行委員会編『蘭学のフロンティア――志筑忠雄の世界』長崎文献社、二〇〇七年）、楠木賢道「『二国会盟録』からみた志筑忠雄・安部龍平の清朝・北アジア理解」（『社会文化史学』第五二号、二〇〇九年）を参照。

(67) 前掲、高田『玄界灘に生きた人々』四二〜四五、五六〜六二頁を参照。

(68) 『福岡県史』近世史料編・福岡藩御用帳（二）（福岡県、一九九三年）、四九三、五〇八、五五四頁。

(69) 『角川日本地名大辞典』四〇・福岡県（角川書店、一九八八年）、九九八〜九九九頁を参照。

(70) 田中圭一「柴田収蔵の生きた時代」（田中圭一編注『柴田収蔵日記』一、平凡社、一九九六年）一九〜二三頁を参照。

第三章　レザノフ来航予告情報と長崎奉行

はじめに

文化元年（一八〇四）九月、ロシア使節レザノフは、ラクスマンの持ち帰った信牌を携え、仙台藩漂流民を伴って長崎に来航し、国交と通商を求めた。レザノフは長崎で約半年間待たされたが、幕府の拒絶にあい、失意のうちに帰国の途につくこととなった。レザノフへの返答において幕府は、新規に通信・通商の関係を開くことは祖法によって認められないとして、その要求を拒絶したわけである。

ところでレザノフの来航は、およそ二カ月前にオランダ商館長ドゥーフから長崎奉行に予告されていた。本章の表題として掲げた「レザノフ来航予告情報」とは、ドゥーフから事前に予告されたロシア使節レザノフの長崎来航に関する海外情報を指すものであることをあらかじめお断りしておく。レザノフの来航が事前に予告されていたことは、すでに齋藤阿具・郡山良光・永積洋子・木崎良平の各氏による指摘がある。(1)しかし、情報を受け取った日本側の対応については各氏とも論及がなく、実際に来航するまでの日本側の動向はほとんど明らかにされていない。レザノフ来航に関する研究は、諸方面にわたり、かつ豊かな成果があげられているが、この点に関しては積極的に論じられることはなかったように思われる。

幕府の直轄都市である長崎は、行政・司法権をもつ長崎奉行によって統治された。鈴木康子氏の研究によれば、(2)一八世紀末の長崎奉行の重要な職掌としては、①異国船来航の有事には長崎警備を指揮して西国諸藩とともに防御にあたること、②長崎貿易が円滑に行われるよう市中の監督をすること、③勘定奉行と連絡をとって長崎貿易の利潤の収公に努めること、の三点があり、とりわけ①が最も重要な職掌となっていくという。レザノフ来航予告情報の入手は、異国船来航という有事を事前に把握したことを意味するが、これに長崎奉行はどのように対応したのだろうか。

また、近世の長崎は「鎖国」下に唯一開かれた国際貿易港であり、対外交渉の窓口と位置付けられ、恒常的な警備体制がとられていた。長崎警備は、幕府が西国諸藩に課した軍役であり、佐賀・福岡両藩が隔年交代で担当し、他藩が補完的な役割を果たした。西国諸藩にとっても、異国船来航への対応は藩の存亡に関わる一大事である。それゆえ、西国諸藩の長崎聞役が果たした役割にも学界の関心が集まっている(3)。レザノフ来航予告情報に関しても、長崎聞役が積極的な情報活動を行っていることは、以下で明らかにする通りである。

本章では、長崎に伝えられたレザノフ来航予告情報の国際的背景と伝達内容を明らかにし、長崎聞役の動向に注目しながら、長崎奉行の対応と長崎警備の当番年にあたっていた佐賀藩の動向を検討する。さらには、レザノフの来航が事前に予告されていたことが、どのような意義をもつのかについても考えてみたい。

一　レザノフ来航予告情報の伝達と風説書

まず最初に、オランダからロシア使節レザノフの日本派遣に関する情報が提供される国際的背景を確認しておく。フランス革命に伴うヨーロッパとアジアの混乱は、一八〇二年、アミアンの和約が成立することで、一時的な平和がもたらされた。これを受けて、ロシアではクルーゼンシュテルンにより初めての世界周航計画が立案された。この計画に、使節としてレザノフを日本に派遣するという任務が付加されたのは、一八〇三年二月のことである。

ロシアの宰相ヴォロンツォフは、一八〇三年二月に、スペイン・ポルトガル・オランダ・フランス・イギリスの各国駐在のロシア代表を通して、各国の世界周航への協力を要請した。[4]なかでも、日本との通商関係を樹立するためには、オランダの好意と斡旋が必要と判断した。そこで、駐露オランダ大使ディルク・ファン・ホーヘンドルプに依頼して、レザノフは三通の書簡を取得した。一通は、一八〇三年四月一五日付のアジア領土評議会からバタヴィアの東インド総督と評議会に宛てた書簡で、ロシア船のバタヴィア寄港のさいに援助するとともに、長崎オランダ商館長宛の紹介状を交付するよう依頼した内容である。また一通は、一八〇三年七月二〇日付のホーヘンドルプから長崎オランダ商館長宛の書簡で、レザノフへの援助と協力を要請した内容、さらにもう一通は、同月日付のホーヘンドルプから各地の総督・司令官宛の回状形式の書簡で、ロシア船の世界周航における便宜と好意を要請した内容となっている。[5]

ホーヘンドルプは、アダム・スミスの影響を受けた自由貿易論者で、ベンガルに赴任した経験などから『バタヴィア領土の現状報告』を著して東インドの改革論を主張するとともに、対日貿易の独占による利益や貿易許可を恩恵とする幕府の態度には否定的であった。[6]それゆえ、ホーヘンドルプは、自由貿易論の立場から、対日貿易の独占を打破することにつながるレザノフの派遣を積極的に援助しようとしたのである。また、ホーヘンドルプのアジアに関する豊富な知識や経験は、対日交渉に臨むレザノフの貴重な情報源となったという。[7]しかしながら、ホーヘンドルプの唱える自由貿易論は、当時のオランダにおいてはむしろ少数派であった。バタヴィアでは、一八〇二年に東インド総督シーベルフが『バタヴィア領土の現状報告』を文書で批判しており、[8]長崎では、以下に見るようにドゥーフが対日貿易の独占に固執していた。このようなレザノフ来航をめぐるオランダ内部の動向については、自由貿易と独占貿易の対立を先取りしたものと評価されている。[9]

レザノフは日本への航海の途次にバタヴィアに寄港しなかったことから、東インドではホーヘンドルプがレザノフに手交した書簡の存在を知らなかった。また、レザノフの派遣に関する指示も、オランダ本国から東インドには出されていなかった。(10)東インド総督シーベルフがロシア船の世界周航と使節の日本派遣を知ったのは、一八〇三年九月六日付のハーレム新聞によってであった。シーベルフは、長崎に向けてバタヴィアを出航するマリア・スザンナ号に託して、ハーレム新聞一葉と該当記事の写書一枚を長崎に送り、一八〇四年七月五日付の書簡でオランダ商館長ドゥーフに対し、幕府が喜ぶであろうから風説書で長崎奉行に報告するよう訓令した。(11)

ハーレム新聞の該当記事を拙訳すれば、以下の通りである。

ペテルブルク、八月一一日。皇帝の命による世界周航を目的とした二艘の船が、クロンシュダット港に一時停泊し、そこで商工大臣ルマンゾフと海軍大臣チチャゴフの視察を受けた後、出航した。その航路は、だいたい次のように決まった。ポーツマスに向かい、カナリア諸島、ブラジルを経て、太平洋に出る。そして、サンドウィッチ諸島、さらには日本を経て、一八〇五年にはカムチャツカへと向かう。その後は、中国の広東、ジャワ島、スマトラ島を通り、喜望峰を経て、最後にはロシアへと戻ってくる。このようにして、ロシアの国旗は、もし航海が無事成功するならば、初めて世界を一周することになるであろう。日本に向かうロシアの全権公使であるレザノフは、この遠征隊の指揮官である。この遠征は、まさにロシアの海外貿易の発展として、また学術界のあらゆる分野における人智の発展として、とても重要なものとなりうる。(12)

一読するに、一八〇三年八月一一日のペテルブルクからの報告として、ロシア船が世界周航に出発するさいの様子、その目的、予定の航路、寄港先、日本への使節派遣などが記されていることが理解できよう。

一八〇四年八月八日（文化元年七月三日）、マリア・スザンナ号は長崎に入港し、ドゥーフはただちにシーベルフからの送付書類を受け取った。このときの様子はドゥーフの「公務日記」に詳しい記述があるので[13]、これに拠りつつ見てみよう。シーベルフからの送付書類によってドゥーフは、①フランスと同盟するオランダとイギリスの間で、再び戦争が勃発したこと、②ロシア船が世界周航を試みており、使節が日本へも来ると思われること、の二点を知った。ドゥーフは、ただちに大通詞の中山作三郎と石橋助左衛門を呼び、これらを風説書に記すか否かを協議した。長い協議のなかで、作三郎と助左衛門は、①のアミアンの和約の破棄は、オランダにとって不利な情報であり、風説書に記さずに秘匿することを勧め、②のロシア船来航は、日本へ使節を派遣する国があれば、ただちに知らせたほうがよいと提案した。これを受けてドゥーフは、夜一〇時近くに通詞仲間全員が風説書の作成のために訪れたさい、イギリスとの和平の破棄については沈黙し、ロシア船来航、その他の通例の風説を知らせることとした。

フランス革命およびナポレオン戦争の時期において、長崎オランダ商館が風説書の作成にあたって、オランダ側にとって不利な事実は隠蔽し、あるいは虚偽の情報を提供していたことは従来指摘されてきた[14]。松方冬子氏は、通常の風説書には、舶載されたオランダ語の原文は存在せず、商館長が知り得た情報をもとに阿蘭陀通詞と協議の上で内容が決定されることを論証している[15]。ここに見たドゥーフの「公務日記」の記述は、翻訳作業に従事する阿蘭陀通詞が、風説書作成の情報操作に加担している実態を具体的に知りうる好例といえよう。

さて、ロシア船来航は風説書で報告されることとなったわけであるが、マリア・スザンナ号の提出した風説書[16]に、ロシア船来航に関する記事は見受けられない。三日後に続いて入港したヘジナ・アントワネット号の風説書[17]にも記されていない。なぜであろうか。ロシア船来航の記事は、通常の風説書とは異なる「別段風説書」として作成されていたからである。

この「別段風説書」の写しは、長崎奉行所やレザノフ来航時の警備にあたった佐賀藩などの諸記録に収録されている[18]。ここでは、レザノフの応接にあたった長崎奉行所関係者の筆によるものと思われる『魯西亜諸書留』[19]に拠って全文を掲げ、二、三の点について検討しておきたい。

子七月七日迄ニかひたん申出候別段風説書左之通り、同八日御役所江中山作三郎持参、

一、おろしや国王ヘートルヘルケニおいて、諸臣ニ命令し、万国を周回して諸国ニ交易之道を開き、且又衆技諸芸為試、暦数一千八百三年八月十一日（享和三年六月廿四日ニ当ル）、同国ブウツモウ之地より船弐艘仕出し、阿蘭陀・アンケリヤ国之中間を乗り、カナリヤ嶋、亜墨利加州之ブラシリヤニ至り、南海之諸嶋を周り、日本東海之海を乗り、暦数一千八百五年（文化弐年ニ相当申候）迄ニカムシカツテカニ至り、夫より日本・朝鮮之間を乗通り、唐国広東、爪哇・シユマタラ等之諸嶋、亜弗利加之諸州を周り、元のことく欧羅巴を経て、おろしや江帰国仕候由、尚亦右弐艘ニ乗組之内、頭分之者御当国江使節之趣をも承り罷在候段、相聞申候、

かひたん
へんてれき・とうふ

右之風説、本国より咬噹吧江申越、此節頭役とも〳〵かひたん江別段申越候段申出候ニ付、此段和解仕差上申候、以上、

子七月七日

目付
大小通詞　印

提出された日付を見てみると「子七月七日」付である。先に見たように、ドゥーフの「公務日記」では七月三日の夜半に風説書が作成されており、詳細は後述するが、佐賀藩の長崎聞役は、ロシア船来航を予告した「書附」を七月五日の夕方に入手している。長崎聞役の入手した「書附」は、日付を欠き、「子七月」としかないが、ここに掲げた

「別段風説書」と同内容である。「七月七日迄ニかひたん申出候」とあることから、「別段風説書」は七月三日には作成されていたが、六日に二番船のヘジナ・アントワネット号が入港するのを待ち、八日になって中山作三郎が長崎奉行所に提出したものと考えられる。

次に内容であるが、先に掲出したハーレム新聞の記事を要約して、訳出したものとみることができる。ロシア船の世界周航の目的は海外貿易の拡大と学術・技術の発展にあること、予定する航路は大西洋・太平洋・インド洋を進むこと、日本に派遣される使節が乗り込んでいることなどが、簡潔ながら的確に記されている(20)。ロシア船の来航時期や派遣される使節の名前などについては明記されていないとはいえ、正確な情報内容が日本側に予告されていたといえる。

ところで、ここに「別段風説書」の名称が見えることは注目に値する。別段風説書は、アヘン戦争を機に成立して提出が定例化し、バタヴィアで調整された長文のオランダ語の原文を翻訳したもので、長崎で調整される通常の風説書とは根本的に異なる(21)。もちろん、ここに「別段風説書」の名称が見られるからといって、アヘン戦争を機に定例化する別段風説書と同一視できるものではない。松方冬子氏の研究によれば(22)、オランダ人の情報提供の類型には、①通常の風説書、②特定の問題について情報提供の証拠とするため書かされた念書、③書面による特定情報に関する情報提供、④政庁の決定・決議に基づく別段風説書、の四つがあり、①と②は一七世紀から存在し、③と④は一九世紀に発生してくるものだという。松方氏の類型にあてはめれば、レザノフ来航予告情報に関する「別段風説書」は③にあてはまろう。すなわち、通常の風説書以外にも、「別段」と称して特定情報が別仕立てで報告されることがあり(23)、これが後には広く「別段風説書」と呼称されるようになったものと察せられる。

ただし、呼称とは別の問題が存在する。レザノフ来航予告情報は、新聞記事に基づく特定情報の提供であるが、ドゥーフの「公務日記」の記述を見る限り、オランダ側の意図で別仕立ての「別段風説書」とされたとは思えない。通常の風説書ではなく、「別段風説書」とされたことには、日本側の意図があったはずである。「別段風説書」とされた事情は後述して検討したい。

二　長崎奉行の対応と佐賀藩の動向

レザノフ来航予告情報に対する日本側の反応はどのようなものであったのか。この事情を知りうる『魯西亜船渡来録』[24]は、文化元年（一八〇四）のレザノフ来航のさい、当番年として長崎警備の任にあった佐賀藩の記録で、長崎聞役と藩政を担う請役所との間にかわされた往復書簡集ともいえるものである。『魯西亜船渡来録』に収められた長崎聞役からの報告をもとに、レザノフ来航予告情報を受け取った長崎奉行の対応と佐賀藩の動向を見てみたい。以下、とくに断らない限り、引用を含めて『魯西亜船渡来録』一に拠っている。

検討に先立って確認しておきたいのは、寛政五年（一七九三）にラクスマンに信牌を手交した時点で、いずれは長崎にロシア船が来航するのは当然のことと受け止められ、寛政期からロシア船来航に備えた長崎警備上の対応がなされていたことである[25]。寛政期には長崎警備を担当する佐賀・福岡両藩によってロシア船来航時の警備方針が策定されるとともに、長崎ではとりわけロシア情報に大きな関心が寄せられていた。このような状況下に、レザノフ来航予告情報が伝えられたわけである。

レザノフ来航予告情報が伝達されたさいの様子を示す史料として、佐賀藩の長崎聞役関伝之允が藩主鍋島治茂の側役に宛てた書状を以下に掲げてみたい。

一筆啓上仕候、御立入阿蘭陀通辞（ママ）中山作三郎・本木庄左衛門ゟ一昨三日入津之紅毛人ゟ別紙書附之意味、封印を以御奉行所差出候を致和解候付、極々内密ニ今夕方私迄申知候、右者於御奉行所至而御隠密ニ被御取扱、爰許市中其外一向被相秘候筋合、私一人限ニ承知仕居候通申聞候、被相秘候訳も有之候得共書中ニ砕兼、文略仕候、右ニ付請役所江訳合者不申越候得共、至而急成義ニ而附役抔ゟ壱人早速立にして此方被差越候様申達儀ニ御座候、尤右書面ニ去年ゟ南海之方乗廻候与有之候得者、当年中歟明年迄ニ者いつれ此地罷越義歟ニ相聞候由申聞候、乍然其御許ニ而も俄ニ御仕組等有之御用意之振合、自然与爰許相響候通ニ而者、申知せ候通辞（ママ）共迷惑者不及沙汰、以来内密之聞合筋ニ差支候趣、一向ニ口外不仕儀相願候、右ニ付而爰許ニ而も深堀在番江も不申談候得共、右書附、既ニ昨日御奉行ゟ江戸表江紅毛船入津言上之御序ニ御申越相成候趣ニ付、先以此段申上儀ニ御座候、江戸ゟ御下知迄之所者、厳重之御秘方之由ニ御座候、此段為可申上如是御座候、恐惶謹言、

七月五日　　関伝之允

鍋嶋左太夫様
相良権太夫様
藤山尉右衛門様

文化元年七月五日の夕方、阿蘭陀通詞中山作三郎・本木庄左衛門の両名が、「別段風説書」にあたる「書附」を長崎聞役関伝之允のもとまで内密に届けてくれた。長崎奉行所において、レザノフ来航予告情報は「至而御隠密」な情報として扱われ、「爰許市中其外一向被相秘候」という徹底した管理下にあり、伝之允ただ一人が知っていることだという。長崎警備を担当する佐賀・福岡両藩にとって、ロシア船来航に関する情報は藩の存亡に関わる一事である。長崎聞役がこのような重要情報を入手できたことには、佐賀藩が「御立入」の阿蘭陀通詞として作三郎と庄左衛門を

掌握し、これまでも両名からたびたび情報を入手してきたという背景がある[26]。伝之允は、ロシア船の来航時期について、今年か来年ではないかと聞いたと述べている。来航時期については、口頭でドゥーフから情報提供があったのだろう。また、佐賀で急いで警備の準備を行うとその噂は長崎にも伝わり、機密情報を知らせてくれた阿蘭陀通詞にも迷惑がかかって、今後の情報収集にも支障が生じるので慎むよう依頼している。さらに、「別段風説書」は昨四日に長崎奉行から江戸へ報告されたと報じているが、この件は後に再論したい。

なお、長崎警備の非番年にあたっていた福岡藩も、同じ七月五日に長崎聞役上原源一郎が「御出入」を許されていた通詞目付三島五郎助を介して、レザノフ来航予告情報を入手している[27]。レザノフ来航予告情報は長崎奉行所では徹底した管理下にあったが、佐賀・福岡両藩は、阿蘭陀通詞を「御立入」「御出入」として掌握することによって、かかる機密情報を速やかに入手することが可能だったわけである。

長崎奉行所が厳重な情報管理に努めたのはなぜであろうか。佐賀藩の長崎聞役は、事の重大性に鑑み、町年寄高島作兵衛に奉行所の動向を問い合わせている。作兵衛もまた佐賀藩の「御立入」の身分である。作兵衛から知りえたことは、七月一四日付の七カ条の書付で佐賀に報告されており、長崎奉行の情報管理の意図については次のように説明されている。

一、此節之儀至而之御密事ニ被成置候義、何れ之御含ニ候哉申承候処、作兵衛共ニおゐて御奉行ゟ御趣意承候儀者無之候得共、当年之儀者唐人共ニも大形之船数艘参居、其上阿蘭陀船も両艘乗来、彼是ニ而荷物直段及下落可申様子ニ相見、公儀御益筋ニ差響、商人共之内過分之損失を請候者も出来可致哉之振合半ニ候、然処ヲロシヤ船渡来之趣流布いたし、以来彼船通商被仰付候趣抔与申扱候儀ニも至り、猶更唐・阿蘭陀荷物直段不景気之基とも相成候而ハ別而気之毒之儀ニも有之、殊更自然ヲロシヤ船渡来之上、御手当方等江戸表之御含御奉行御

承知之上、猶御勘弁も可被相附旁々御意内ニ而極密被成置候義歟与相考候、併右者推量迄之儀候間、素り差極候而之及沙汰候儀ニ者無之候条、此末思惟を廻し御隠密被成置候御趣意承取、為知可申由申聞候事、

厳重な情報管理に努めているのはなぜかという質問に対し、高島作兵衛は、長崎奉行成瀬因幡守正定の意向は承知していないが、推測として次のような見解を述べている。今年長崎には大型の唐船が数艘、またオランダ船も二艘入港しており、輸入品は過多の状況にある。輸入品価格は下落傾向にあることから、(28)幕府の利益にも影響し、多大な損失を受ける商人も出るであろう。このような状況下にロシア船来航が噂となれば、通商が許可されるのではという目論見から、なおさら輸入品価格は下落する恐れがある。それゆえ長崎奉行は、ロシア船来航後、江戸から指示を受けて手当すればよいと考えているのではないか。つまり、輸入品価格の下落を長崎奉行が恐れていたことが、徹底した情報管理の背景にあったと理解できる。

長崎奉行成瀬正定は、レザノフ来航予告情報を機密情報として扱うばかりで、来航に向けた対応は全くとっていない。それゆえ、長崎警備を担当する佐賀・福岡両藩にしてみても、機密情報であるがゆえに表立った行動をとれずにいた。初めて指示があったのは、七月一六日のことである。長崎奉行所に呼び出された佐賀藩の長崎聞役は、用人近藤十郎兵衛から、ロシア船が来航するという情報がある旨を伝えられた。佐賀・福岡両藩に限った措置であるという。

七月二〇日には、町年寄高島作兵衛が佐賀藩の依頼によって長崎奉行成瀬正定の家老平尾文十郎と内談したさいの様子が、長崎聞役関伝之允のもとに伝えられた。伝之允は、このときの様子を作兵衛の質問と文十郎の返答という形式で、三カ条にまとめて佐賀に報じている。

一カ条目では、佐賀・福岡両藩に限って伝達した意図を尋ねたところ、長崎警備という「御両家者御役柄」があるので、あくまで「御心得」として用人から非公式に伝えた措置であると返答されている。

二カ条目では、ロシア船来航時の警備方針を高島作兵衛が尋ねたことに対して、平尾文十郎は、長崎奉行に確認した上で、寛政期に定めた方針に従えばよいとした。しかし、「俄ニ格別之御用意等」をするのは不都合であるという。なぜならば、「聢与不取留風説」によって準備を始めれば、「自然与長崎市中も騒立、唐・紅毛持渡荷物直段等格別致下落候通」となるので、長崎奉行の「御趣意」に反すると主張している。ここからも、長崎奉行が輸入品価格の下落を心配していたことが明らかとなる。

三カ条目はレザノフ来航予告情報の「江戸言上」に関する内容で、次のようなものである。

一、右之一通江戸言上ニ為相成義ニ候哉、於其義者御文意等相成儀ニ候ハヽ、所望仕度、作兵衛ゟ申候所、全言上ニ相成候次第ニて無之、前ニ申述候通不取留風説之儀ニ付、因幡守殿限り為被御聞置事候、前段専御隠密被御取扱義ニ而言上者無之旨、文十郎申聞候由、

ここでは、高島作兵衛のロシア船来航の件は江戸には伝えたのか、伝えたのであればその書面をいただきたいという質問に対し、平尾文十郎は、取り留めない風説であり、長崎奉行のみが知るところであって、機密の取り扱いゆえ江戸には伝えていないと返答している。先に見た長崎聞役関伝之允の書状には、七月四日に長崎奉行から江戸へレザノフ来航予告情報が伝えられたとある。しかし、家老である文十郎が「因幡守殿限り為被御聞置事」と述べていることから、江戸には伝えられていないと考えられる。両者の記述は矛盾するが、レザノフ来航後の文化元年一〇月に至るまで江戸からは何の指示もなく、江戸でレザノフ来航が事前に知られていたことを示す史料も見出されないので、江戸には伝えられていないと判断するのが妥当であろう。

レザノフ来航後の文化二年（一八〇五）に、江戸から特使として派遣され、その応接にあたった目付遠山景晋の報告書には、

一、去子年七月、紅毛船入津之節、紅毛人共ゟ風聞申立候者、魯西亜国ゟ諸邦江船を出し、交易之道を開候由、右ニ付翌年歟翌々年之内ニ者、長崎江来津も可仕趣、奉行迄申立候よし、
但、其砌当子年魯西亜船来津と申立候而者、紅毛人とも之内、商ひ之障ニ相成候儀をはからゐ、右之通一両年之内と申立候由(29)（後略）、

などとある。ここでは、ロシア船来航は七月にオランダ人から予告されていたこと、貿易に支障をきたすのでロシア船来航は翌年か翌々年かと申し出ていたことが述べられている。レザノフ来航が事前に予告されていたことは、江戸には事後報告となったと見られる。

右に見たように、長崎奉行成瀬正定は、輸入品価格の下落をもたらすという長崎貿易上の配慮から、レザノフ来航予告情報を長崎では厳重な管理下におき、江戸に伝達しなかったことがわかる。レザノフ来航予告情報が「別段風説書」としてまとめられ、通常の風説書に記されなかったことは、長崎奉行の判断で江戸に伝達しないための措置と考えられる。江戸に伝達しなかったことで、長崎奉行が幕府に咎められたわけでもない。長崎奉行は、重刑執行は「江戸伺」を要件としたが、自由裁量に基づく司法権行使が認められていた(30)。対外問題の裁量範囲は明確ではないが、風説書に限っていえば、江戸への送付が要件で、伝える内容は裁量範囲であったと思われる。長崎奉行の情報操作として興味深い事例である。この事例から、通常の風説書に記される情報の取捨選択に長崎奉行の判断が及んでいること、長崎奉行にとって予想される異国船来航への対応以上に長崎貿易で利益をあげるのが重要だったこと、などが指摘できるだろう(31)。

長崎警備上の対策については、佐賀・福岡両藩で協議の上、七月二七日に警備当番年の佐賀藩が、次のような伺書を長崎奉行に提出している。

自然おろしや船風説之通致入津候節、手当方何れ之通相心得可申哉、寛政六年寅春御達之趣も御座候付而者、近来毎々渡来之異船江番船等之畢竟ニも可相心得哉、勿論其節之時変ニ寄可申義ニ而、前を以一定難仕置事柄ニ者可有之候得共、当時之御模様も可有御座哉ニ付、御内慮之程御伺申上候、以上、

子七月廿七日

御名代　関伝之允

伺書に対して長崎奉行成瀬正定は、七月二九日に用人近藤十郎兵衛を通じて返答している。佐賀藩は「御下札」で返答されることを望んでいたが、「御内分与者乍申何与歟表立候姿ニ相移候、然時ハ右風聞之趣御両家ニ限り御内噂有之候分ニ而者不相済、表向之振ニ至り候」という理由で拒否され、口頭での返答となった。伺書にある「寛政六年寅春御達之趣」とは、寛政六年（一七九四）二月、ときの長崎奉行高尾伊賀守信福が、ロシア船来航時の長崎警備は当番年の藩が一手に引き受け、不意に来航した異国船に準じて取り扱うという方針を、佐賀・福岡両藩に指示したものである。(32)十郎兵衛は、現時点においても「寛政年中御両家聞役江被相達置候通、唯今と候而も相変義無之」とし、予期できない変事に際しては臨機応変に対処するよう返答した。

佐賀藩は、寛政六年、長崎奉行に「肥前守当番中おろしや船来津之節手配之覚」を提出しており、(33)これに沿うかたちでロシア船来航に向けた準備を進めた。『泰国院様御年譜地取』の文化元年八月六日の条では、「自然之節之御手配、少シも御不都合之儀無之様被成置候様」として、着座の蒲原次右衛門と五名の物頭に対して、ただちに深堀に赴くよう命じている。(34)佐賀藩深堀領はロシア船が入港するさいの入口に位置し、不時の来航に備えて人数・武器・船などを配置しておくことになっていたためである。(35)続く八月七日の条では、「右船来着之節は到而繁雑可有之、御奉行所之御届其外諸御手配筋、不行届儀有之候而は不相叶」として、ロシア船来航時には、請役相談人多久勘助と聞役差次藤崎十兵衛を長崎に派遣し、西泊・戸町両番所の増番を行うことが命じられている。(36)なお、非番年の福岡藩でも、レザ

ノフ来航予告情報の入手後、七月八日から一六日にかけて、福岡で対応が協議され、藩士や船の派遣方法、台場への石火矢配備、長崎奉行と佐賀藩の動向などが話し合われている(37)。

このように佐賀・福岡両藩では、レザノフ来航以前から長崎警備上の対応が鋭意進められていたのである。

三　レザノフ来航予告情報の意義

かくて、文化元年（一八〇四）九月六日、ついにレザノフを乗せたロシア船ナデジェダ号が長崎港外に姿を見せた。来航船の注進がもたらされると、長崎奉行成瀬因幡守正定は、阿蘭陀通詞に対してドゥーフに照会するよう命じた。ドゥーフは「外ニ蘭船渡来之心当無之先達而別段風説申上候通ニ御座候得ハ、リユス国船にても可有御座哉(38)」として、先に「別段風説」で報告したロシア船ではないかと回答した。およそ二カ月前に伝えられたレザノフ来航予告情報が、ついに現実のものとなったわけである。ここでは、実際にレザノフが来航したという状況のなかで、来航が事前に予告されていたことの意義について考えてみたい。

まず、レザノフ来航予告情報を提供したオランダ側から見てみよう。長崎奉行の依頼により、来航船の臨検に立ち会うためにナデジェダ号の船上に赴いたドゥーフは、レザノフから長崎オランダ商館長宛のホーヘンドルプの紹介状など三通の書簡を提示され、援助と協力を求められた。ドゥーフは、紹介状があるがゆえに、生活必需品や食料品などをロシア側に供給するなど表面上は友好的な態度をとったが、その一方でロシアの対日貿易参入を排除すべく、慎重な妨害工作を行っている(39)。

ドゥーフの「秘密日記」を見ると、一八〇四年一〇月一五日（文化元年九月一二日）、ドゥーフは嘆願書を書いて、これまで享受してきた貿易上の特権が侵害されることがないよう長崎奉行に訴えようとした。嘆願書では、徳川家康の朱印状によって自由な貿易が認められていること、約一六〇年間にわたって対日貿易の独占が慣行として行われてきたことに加え、「今や大使を乗せたロシア船が当国に到着しており、われわれは、毎年われわれの読み聴かされる命令に従いわれわれの船が到着して風説書を提出したさい、そのことを閣下にお知らせしておきました」と述べ、レザノフの来航を事前に予告したことをあげ、今後も対日貿易の独占が継続されるよう訴える内容となっている(40)。嘆願書は公式に提出されることにはならなかったが、ドゥーフは嘆願書を阿蘭陀通詞に渡して長崎奉行の意向をさぐらせた。阿蘭陀通詞石橋助左衛門は、長崎奉行の家老の話として、「奉行はオランダ人が彼らに今年ロシア人が来るらしいと知らせたことについて非常な満足を示したこと、そしてすべてがちょうどそのとおりになったので、このことが幕府においてもオランダ人に悪い結果をもたらさないことは確かであると語った」とドゥーフに内々に伝えている(41)。

一八〇四年一一月四日（文化元年一〇月三日）、ドゥーフは、レザノフ来航を事前に予告し、事実その通りになったことを長崎奉行から賞賛された(42)。ドゥーフにとって、レザノフ来航予告情報を提供したことは、日頃の「御忠節」ぶりを長崎奉行に印象付け、対日貿易の独占を主張する根拠として有利に働いたといえる。ドゥーフは、一八一七年に帰国するさいに認めた報告書のなかでも、「どこかの外国〔船〕が、日本に向かうと聞いたなら、この船が日本に到着する前に、日本人が我々からその知らせを受けることは、もっとも重要である(43)」と述べ、日本へ派遣される異国船の動向を事前に知らせることの重要性を強調している。レザノフ来航以後、日本に来航する異国船の動向のほとんどが、オランダから事前に情報提供されている。それは、レザノフ来航予告情報の伝達が評価され、ドゥーフがその効果を主張したからに他ならない。

対日貿易の独占を願うドゥーフの目論見はともかく、長崎奉行はロシアの通商要求を幕府が許可する余地は少ないと見ていた。[44] 九月一三日、長崎奉行成瀬正定は、家老平尾文十郎らをナデジェダ号へ派遣したさい、「日本之儀は、前々より致通商来候国之外は、決て通商之儀は不相成国法[45]」があるとし、日本には新規の通商を認めない国法があるとロシア側に通告している。さらに翌一四日、同役の肥田豊後守頼常と連名で江戸の老中に宛てた「ヲロシア船取計方之儀に付奉伺候書付」において、「以来通商之儀は、難相成筋とは奉存候得共、如何可被仰付候哉」と尋ねているように、ロシアとの通商許可に否定的な見解を示している。[46] 前年の享和三年（一八〇三）においても、長崎奉行肥田頼常は、スチュワートとトリーが私貿易を企図して長崎に来航したさいに、その要求を江戸からの指示を待つことなく拒絶していた。[47] また、享和二年（一八〇二）二月、老中たちが蝦夷地上知を評議したさい、ロシアに対する蝦夷地防備を重視し、新規に外国との通商関係は結ばないことが同意されていた。[48] すなわち、レザノフとの交渉に入る以前から、幕府は通商要求を拒絶するというのが既定方針だったわけである。長崎奉行成瀬正定がレザノフ来航予告情報を江戸に伝達しなかった要因として、ロシアの通商要求を幕府が許可する余地は少ないと判断していたこともあるだろう。

しかし、いっぽうで長崎市中ではロシアとの通商開始を望む商人たちも少なくなかった。通商要求を断られたレザノフは警備兵から聞いた話として、「民衆の間では不満が広がり、長崎の住民、特に商人たちや職人たちはとても不満を感じているという。そして京《ミヤコ》からたくさんの商人たちが貿易しようという思惑を抱いてここに集まっているとのことだ[49]」と日記に書き留めている。レザノフの応接にあたった目付遠山景晋の報告書にも、「地役人幷会所役人抔者、当時唐・紅毛両国之交易ニ而事足り居候儀ニ候得者、新規交易相増候段者不可然儀と申居、且市中之者共者交易御免ニ相成候得者、市中一統之融通ニ相成、賑ひ候儀も可有御座と惜ミ候取沙汰も仕候由[50]」とあり、地役人や会所役人は中国・オランダとの長崎貿易による既得の権益に満足していたが、ロシアとの交易を望む長崎市中の声も少なくなかったようである。長崎奉行成瀬正定は、輸入品価格の下落を心配するがゆえにレザノフ来航予告情報の管理に熱心であった。それは、来航以前からロシアとの交易開始を望む長崎の商人たちがいたためであろう。

最後に、レザノフ来航後の佐賀・福岡両藩の動向を見ておこう(51)。ロシア船の出現に長崎市中は動揺したが、佐賀・福岡両藩はその来航を事前に知って準備を進めていたため、比較的落ち着いて対処することができた。佐賀藩は、ロシア船が来航した九月六日に夜を徹して、西泊・戸町の両番所、内外七カ所の台場、自領の小ヶ倉・神ノ島・香焼島・沖ノ島・伊王島などに幕を張り、旗指物を立て、高張提灯を灯し、厳重な警備体制を整えた(52)。このときの見聞記録には、「別而佐賀者御用番、筑前も兼而被仰渡置候手当有之義ニて、追々早打被差遣、両三日中ニ船人共被相廻、佐賀ハ当時上下壱万人余之人被差越、船ハ勿論也(53)」などとあり、増兵も速やかに行われたことがうかがえる。とりわけ、佐賀藩諫早領では、九月六日に諫早で出兵が命じられると、人数はたちまち長崎街道矢上宿の庄屋所に参集し、在番役人によって着到がつけられ、長崎へ向かうこととなった。長崎市中にロシア船の来航が知れわたったのは七日のことであったが、七日の昼ごろには長崎市中に諫早勢が到着し、翌八日まで人馬の行き来は絶えることなく続いた。その人数は二、三千人と噂され、持鑓・持筒・具足などは整然としたものだった。見物人もその手際の良さには驚嘆するばかりであった(54)。かねてから御用聞に命じていたので、兵糧・味噌などの手当も行き届いていた。レザノフの来航はまさに「警固の一大事(55)」であったが、長崎警備の当番年にあたっていた佐賀藩にとって、レザノフの来航予告情報を事前に入手していたがゆえに、来航してからの対応はおおむね迅速かつ円滑に行うことができたと評価できる。

おわりに

レザノフ来航予告情報は、幕府の歓心を得ることを目的に東インド総督シーベルフの指示で、レザノフ来航の約二カ月前に長崎オランダ商館長ドゥーフに伝達された。バタヴィアから送付されたハーレム新聞を主たる情報源とするもので、ドゥーフはこれを阿蘭陀通詞と協議の上、長崎奉行に報告したが、通常の風説書には記されず、別仕立ての「別段風説書」として扱われた。長崎奉行成瀬正定は、長崎貿易における輸入品価格の下落を案ずるがゆえに、レザノフ来航予告情報を長崎では厳重な管理下におき、自らの判断で江戸に伝達することをしなかった。

いっぽう、長崎警備を担当する佐賀藩は、掌握する阿蘭陀通詞から長崎聞役が内々にレザノフ来航予告情報を入手し、町年寄を通じて長崎奉行の意向を探らせた。長崎奉行はレザノフ来航予告情報を佐賀・福岡両藩に限って非公式に伝達し、これを受けて佐賀藩では、寛政期に定めていた警備方針に従って来航以前から準備を進めていたため、レザノフが来航したさいには警備手配を速やかに整えることができた。

レザノフ来航後、ドゥーフは事前に来航を予告していたことを主張し、対日貿易の独占を長崎奉行に訴えようとした。これに対して長崎奉行は、ドゥーフによる事前の情報提供を高く評価した。長崎市中にはロシアとの通商開始を望む声もあったが、レザノフの通商交渉以前から長崎オランダ商館と長崎奉行、さらには既得権益に満足する長崎の地役人・会所役人たちの結びつきは強固であり、ロシアの通商要求を受け入れる余地はほとんど残されていなかったのである。

以上、レザノフ来航予告情報について、伝達の国際的背景や情報内容を確認した上で、従来の研究で明らかにされてこなかった長崎奉行の対応や佐賀藩の動向を検討し、事前に来航が予告されていたことの意義を論じてみた。本章で明らかにした長崎奉行の情報操作、長崎警備を担当する西国諸藩と阿蘭陀通詞・町年寄との関係などは、長崎の地域社会のあり方を考える上で、興味深い事例になりうるだろう。

註

（1）齋藤阿具「露使レサノフの来朝と長崎の蘭人（第一・二回）」（『史学雑誌』第一八編一〇・一一号、一九〇七年）、同『ヅーフと日本』（広文館、一九二二年）、郡山良光『幕末日露関係史研究』（国書刊行会、一九八〇年）、永積洋子「一八～一九世紀はじめの日本におけるオランダ語学力の向上とロシア問題」（『東洋学報』第七八巻第四号、一九九七年）、木崎良平『仙台漂民とレザノフ』（刀水書房、一九九七年）。

（2）鈴木康子『長崎奉行の研究』（思文閣出版、二〇〇七年）一六～一七頁、同『長崎奉行』（筑摩書房、二〇一二年）二一八～二一九頁を参照。

（3）西国諸藩の長崎聞役が果たした役割については、次のような研究がある。芳即正「島津斉彬の海外情報源」（『斉彬公史料 月報』二、一九八二年）、沼倉延幸「開国前後、長崎における海外情報の収集伝達活動について」（『書陵部紀要』第四七号、一九九五年）、梶輝行「長崎聞役と情報」（岩下哲典・真栄平房昭編『近世日本の海外情報』岩田書院、一九九七年）、山本博文『長崎聞役日記』（筑摩書房、一九九九年）、上村文「薩摩藩長崎聞役―設置の経緯とその役職について―」（『黎明館調査研究報告』第一六集、二〇〇三年）、小山幸伸『幕末維新期長崎の市場構造』（御茶の水書房、二〇〇六年）、木村直樹『幕藩制国家と東アジア世界』（吉川弘文館、二〇〇九年）。

（4）小川政邦訳、E・ファインベルク『ロシアと日本』（新時代社、一九七三年）一〇三頁を参照。

（5）前掲、齋藤「露使レサノフの来朝と長崎の蘭人（第一回）」六〇～六一頁、同『ヅーフと日本』五四～五六頁を参照。三通の書簡は、Veenhoven, Willem Adriaan. *Strijd om Deshima - een onderzoek naar de aanslagen van Amerikaanse,Engelse en Russische zijde op het Nederlandse handelsmonopolie in Japan gedurende de periode 1800–1817.* (Leiden. 1950). p. I-III. に収められている。

（6）田淵保雄「デュルク・ファン・ホッヘンドルプの思想と行動」（『史林』第四九巻第一号、一九六六年）一三五～一三七頁、同訳註「ディルク・ファン・ホーヘンドルプ著『バタビヤ領土の現状報告（一七九九）』（一）」（鹿児島大学『史録』第四号、一九七一年）二九〜三一頁、同訳註「ディルク・ファン・ホーヘンドルプ著『バタビヤ領土の現状報告（一七九九）』（七）」（鹿児島大学『史録』第一一号、一九七九年）九六〜九八頁、永積昭『オランダ東インド会社』（近藤出版社、一九七一年）二〇二〜二〇六頁、鳥井裕美子「商館長ファン・レーデ考」（『長崎市立博物館報』第三八号、一九九八年）一三〜一四頁を参照。

（7）横山伊徳「一八－一九世紀転換期の日本と世界」（歴史学研究会・日本史研究会編『日本史講座』七〈近世の解体〉、東京大学出版会、二〇〇五年）一六〜一七頁を参照。

（8）前掲、田淵訳註「ディルク・ファン・ホーヘンドルプ著『バタビヤ領土の現状報告（一七九九）』（一）」三一頁を参照。

（9）横山伊徳「東アジアの緊張と日蘭関係　十九世紀」（レオナルド・ブリュッセイ他編『日蘭交流四〇〇年の歴史と展望』日蘭学会、二〇〇〇年）二三六頁を参照。

（10）小暮実徳訳、シェイス『オランダ日本開国論』（雄松堂出版、二〇〇四年）八〜九頁。

（11）前掲、齋藤「露使レサノフの来朝と長崎の蘭人（第一回）」五九〜六〇頁、同『ヅーフと日本』四六〜四八頁、永積「一八〜一九世紀はじめの日本におけるオランダ語学力の向上とロシア問題」一七〜一八頁を参照。

（12）No. 2 : Extract uit de Haarlemsche courant gedateerde den 6. September 1803, Rusland. Oprechte Dingsdagsche Haarlemsche courant van den 6. September Ao.1803. No.107.（K.A.11780）［Tōdai-Shiryō Microfilm 6998-1-66-27］. 訳出にあたっては、齋藤阿具・永積洋子両氏の訳文を参照した。

（13）日蘭学会編・日蘭交渉史研究会訳注『長崎オランダ商館日記』二（雄松堂出版、一九九〇年）、三二〜三四頁。

（14）片桐一男「和蘭風説書解題」（日蘭学会・法政蘭学研究会編『和蘭風説書集成』上巻、吉川弘文館、一九七七年）五〇〜五一頁、岩下哲典『江戸のナポレオン伝説』（中央公論新社、一九九九年）一八〜二一頁を参照。

（15）松方冬子『オランダ風説書と近世日本』（東京大学出版会、二〇〇七年）一三三〜一三九、一四五頁、同『オランダ風説書』（中央公論新社、二〇一〇年）二九〜三一、一三〇〜一三二頁を参照。

（16）日蘭学会・法政蘭学研究会編『和蘭風説書集成』下巻（吉川弘文館、一九七九年）、一一五〜一一六頁。なお、第三条では、アミアンの和約の破棄の情報を隠蔽した結果、「連年申上候欧羅巴諸州戦争之儀、去年申上候通平和仕候」と虚偽を報じている。

（17）同右、一一六〜一一七頁。

（18）「別段風説書」の写しは、以下の諸記録に収録されている。①『魯西亜諸書留』一（長崎歴史文化博物館所蔵）、②『魯西亜船入津ヨリ出帆迄記録』壱（長崎歴史文化博物館所蔵）、③『魯西亜船渡来録』一（佐賀県立図書館寄託鍋島家文庫所蔵）、④『泰国院様御年譜地取』（佐賀県立図書館寄託鍋島家文庫）文化元年七月六日の条、⑤『魯西亜来津録』二（諫早市立諫早図書館所蔵）、⑥『日新記』（長崎歴史文化博物館所蔵諫早文庫）文化元年七月二〇日の条、⑦『環海異聞』巻十四（国立公文書館所蔵内閣文庫）。①から⑦に収録された写しは、内容上の差異は見受けられないが、多少の字句の異同がある。⑦に収録された写しは、本文中に別紙付箋で張り付けられたもので、杉本つとむ他解説『環海異聞　本文と研究』（八坂書房、一九八六年）四一三～四一四頁に翻刻されている。なお、「別段風説書」と題されているのは、①と⑦である。また、前掲、木崎『仙台漂民とレザノフ』一三八～一三九頁では、「特別風説書」として紹介されているが、引用の出典は示されていない。

(19)　前掲『魯西亜諸書留』一。

(20)　もっとも、「同国ブウツモウ之地より船弐艘仕出し」の箇所は事実に反する。ハーレム新聞と比較してみれば、「ブウツモウ」はポーツマスのことを指すと考えられるが、ロシア船の出港地はクロンシュダットである。ポーツマスをロシア船の出港地であると、阿蘭陀通詞が誤訳したためではないか。

(21)　前掲、松方『オランダ風説書と近世日本』一五八、一七〇頁を参照。

(22)　同右、二九四頁を参照。

(23)　例えば、「別段」とは断ってはいないが、天保九年に提出されたモリソン号来航に関する情報も、通常の風説書とは別仕立てで日本側に報告されている。相原良一『天保八年米船モリソン号渡来の研究』（野人社、一九五四年）一七四～一七五、二三七頁、佐藤昌介『洋学史研究序説』（岩波書店、一九六四年）二三七頁を参照。

(24)　『魯西亜船渡来録』（佐賀県立図書館寄託鍋島家文庫）。外題は「文化魯西亜渡来録」となっている。現在は欠本で、一、六、七、十六の四冊しか伝わらないが、全一二冊の写本が諫早市立諫早図書館に残されており、欠落部分を知ることができる。佐賀藩主鍋島治茂の年譜である『泰国院様御年譜地取』に引用されている史料も多く、編纂の材料になったと思われる。なお、諫早市立諫早図書館所蔵本の読み下しの翻刻としては、野中素校注『魯西亜渡来録』〔諫早郷土史料叢書Ⅲ〕（諫早郷土史料刊行会、一九九四年）がある。以下の引用については、佐賀県立図書館寄託鍋島家文庫本に拠ったが、野中氏の翻刻も参照した。

(25)　本書第一部第一章「長崎警備とロシア船来航問題」を参照。

(26)　同右を参照。なお、『魯西亜渡来録』附三（諫早市立諫早図書館所蔵）は、内題を「魯西亜一件ニ付被進物一通」とし、佐賀藩がレザノフ帰航後に世話になった長崎の関係者に謝礼を渡した記録である。これによると、中山作三郎・本木庄左衛門・楢林彦四郎の阿蘭陀通詞三名、町年寄高島作兵衛、宿老徳見茂四郎に謝礼が渡されており、佐賀藩の「御出入」「御立入」であったことがわかる。

(27)　『魯西亜船渡来記』（九州大学記録資料館九州文化史資料部門所蔵吉田家文書）。

(28)　文化元年の唐船の積荷は、山脇悌二郎『長崎の唐人貿易』（吉川弘文館、一九六四年）一九六〜二〇六頁、オランダ船の積荷は、石田千尋「長崎貿易の精華―その輸入品をめぐって―」（神戸市立博物館編『鎖国・長崎貿易の華』神戸市スポーツ教育公社、一九九四年）一〇八〜一〇九頁において検討されているが、ここで言われているような輸入品価格の下落が実際に長崎で起こっていたかどうかは判断できない。

(29)　『文化俄羅斯使節始末』（東京大学史料編纂所所蔵）。奥書に「幕府徒目付永持亨次郎毅明筆記」「明治四十四年一月謄写」とあり、幕末の対外交渉で活躍した永持亨次郎の筆写本を謄写したもので、レザノフ応接のために長崎に派遣された目付遠山景晋の任務に関わる史料が収録されている。引用箇所は「遠山金四郎壱名申上候書面類書抜」と題した記事の一部で、遠山景晋が江戸で老中などに復命を行ったさいの報告書と判断した。

(30)　安高啓明『近世長崎司法制度の研究』（思文閣出版、二〇一〇年）三四一〜三五三頁を参照。

(31)　本章の旧稿となる松本英治「レザノフ来航予告情報と長崎」（片桐一男編『日蘭交流史　その人・物・情報』思文閣出版、二〇〇二年）の発表後、針谷武志氏から「長崎奉行が情報を江戸（老中）に伝達しなかったことを「機密情報管理」とするのは疑問に思った。幕府官僚機構の問題ではないか」とのご批正を賜った。また、松方冬子氏は、幕府による情報の管理・統制のあり方を論じるなかで、幕府役人が役務上知りえた情報をどう扱うかは個々の役人の判断に任されていることを示す事例として、旧稿を引用されている。本章では、針谷・松方両氏の指摘に学びながら、旧稿の再検討に努めたことをお断りしておく。針谷武志「〈新刊紹介〉片桐一男編『日蘭交流史　その人・物・情報』」（『明治維新史学会報』第四三号、二〇〇三年）二二頁、前掲、松方『オランダ風説書と近世日本』一〇〜一一頁、同『オランダ風説書』一三二頁を参照。

(32)　本書第一部第一章「長崎警備とロシア船来航問題」を参照。

(33)　同右を参照。

(34)　「泰国院様御年譜地取」（佐賀県立図書館編『佐賀県近世史料』第一編第一〇巻、佐賀県立図書館、二〇〇二年）六六頁。

(35) 前掲『魯西亜船渡来録』一によると、佐賀藩深堀領の現状は「深堀表被指越置候御船者勿論、御武具ニ至迄、漸々佐嘉御引取ニ相成居」といった有り様だった。それゆえ、ただちに藩士を深堀に派遣したと見られる。
(36) 前掲「泰国院様御年譜地取」六七頁。
(37) 梶嶋政司「レザノフ来航と福岡藩の長崎警備」(九州国立博物館紀要『東風西声』第二号、二〇〇六年)九九～一〇二頁を参照。
(38) 織田毅「中山文庫「魯西亜滞船中日記」(二)」(『鳴滝紀要』第一七号、二〇〇七年)一二九頁。
(39) 前掲、齋藤「露使レサノフの来朝と長崎の蘭人(第二回)」七一～八〇頁、同『ヅーフと日本』五四～七二頁、永積「一八～一九世紀はじめの日本におけるオランダ語学力の向上とロシア問題」一八～二一頁、西澤美穂子『和親条約と日蘭関係』(吉川弘文館、二〇一三年)四九～五三頁を参照。
(40) 日蘭学会編・日蘭交渉史研究会訳注『長崎オランダ商館日記』四(雄松堂出版、一九九二年)、一三四～一三六頁。
(41) 同右、一三七頁。
(42) 同右、一四五頁。『長崎志続編』にも、「右ハ全ク前々命令ヲ相守リ、常々心掛宜ク行届タルヲ以テ、十月甲必丹儀御奨美有之」とある。森永種夫校訂『続長崎実録大成』(長崎文献叢書第一集第四巻)(長崎文献社、一九七四年)一六八頁。
(43) 永積洋子訳、ドゥーフ『日本回想録』(雄松堂出版、二〇〇三年)二四二頁。
(44) 本章の旧稿となる前掲、松本「レザノフ来航予告情報と長崎」三八三頁においては、「長崎奉行は、ロシアと通商を開始する意志はさらさらなかった」と述べていたが、松尾晋一氏の指摘をふまえて修正を加えた。松尾晋一「レザノフが所持した「信牌」の政治的効果」(九州国立博物館紀要『東風西声』第二号、二〇〇六年)九〇～九一頁を参照。
(45) 『通航一覧』第七(国書刊行会、一九一三年)、一二〇頁。
(46) 同右、一三〇～一三一頁。
(47) 前掲、郡山『幕末日露関係史研究』一八三頁を参照。
(48) 同右、一八二～一八三頁、藤田覚『近世後期政治史と対外関係』(東京大学出版会、二〇〇五年)一二一～一二三頁を参照。
(49) 大島幹雄訳、レザーノフ『日本滞在日記』(岩波書店、二〇〇〇年)三二六頁。
(50) 前掲『文化俄羅斯使節始末』。
(51) レザノフ来航時の長崎警備については、次のような研究がある。梶原良則「寛政～文化期の長崎警備とフェートン号事件」(『福岡大学人文論叢』第三七巻第一号、二〇〇五年）、前掲、松尾「レザノフが所持した「信牌」の政治的効果」、松尾晋一『江戸幕府と国防』（講談社、二〇一三年）、前掲、梶嶋「レザノフ来航と福岡藩の長崎警備」、梶嶋政司「文化元年ロシア使節レザノフ来航関係史料―福岡藩家老三奈木黒田家文書『魯西亜船渡来記』―」（『九州文化史研究所紀要』第五二号、二〇〇九年）、東昇「レザノフ来航と「亜魯西亜船湊下図」について」（九州国立博物館紀要『東風西声』第三号、二〇〇七年）。

(52)『御番方大概』（佐賀県立図書館寄託鍋島家文庫）。

(53)岩下哲典・松本英治「明海大学図書館所蔵『魯西亜船渡来一件』について」（『明海大学教養論文集』第一〇号、一九九八年）一〇四頁。

(54)『諫早市史』第二巻（諫早市役所、一九五五年）、二〇八〜二一〇頁、児玉幸多・片山直義「佐賀藩諫早領」（長崎県史編集委員会編『長崎県史』藩政編、吉川弘文館、一九七三年）一二六〇〜一二六二頁を参照。

(55)中野禮四郎編『鍋島直正公伝』第一編（侯爵鍋島家編纂所、一九二〇年）、八九頁。

第二部　対外的危機と幕府の軍事的・外交的対応

第一章　フヴォストフ文書をめぐる日蘭交渉

はじめに

文化三年（一八〇六）九月、レザノフ配下の海軍大尉フヴォストフは、ロシア軍艦ユノナ号を率いて樺太を襲撃した。文化四年（一八〇七）四月には、ダヴィドフ率いるアヴォシ号とともに択捉島を襲撃し、番所を焼いて番人を捕虜として連行し、南部・津軽両藩の警備兵を敗走させた。五月には再び樺太を襲撃し、さらに六月にかけて礼文島・利尻島付近などで幕府や松前藩の船を襲った。幕府は東北諸藩に蝦夷地出兵を命じるなど、ロシアとの軍事的対峙を迫られることになった。この事件は文化魯寇事件と呼ばれている。

文化魯寇事件において、フヴォストフが、①文化三年九月、樺太襲撃のさいに残していった銅板文字二種と書簡一種、および②文化四年六月、利尻島で釈放した捕虜に手渡した松前奉行宛の書簡一種は、フヴォストフ文書と呼ばれている(1)。①はいずれも露文で、②は露文および仏文で書かれている。計四種の文書は、ロシアの蝦夷地襲撃の意図を知る唯一の手がかりであったため、幕府に最重要視されたことは言うまでもない。とりわけ、文化魯寇事件に対する幕府の報復として、文化八年（一八一一）から三年間にわたってゴローウニンらの捕縛・抑留が行われたさい、幕府が執拗にフヴォストフ文書の意図をゴローウニンに問い質していることからも明らかである(2)。

フヴォストフ文書はロシア語・フランス語によって認められており、ゴローウニン捕縛以前においては、幕府が書かれている内容を正確に把握することは容易でなかった。そのため、文化四年の時点では、松前奉行宛の仏文書簡を、長崎のオランダ商館長ドゥーフに依頼してオランダ語に訳してもらうことで対応しようとした。ドゥーフが仏文書簡を蘭文に訳したことは、自ら『日本回想録』に記すところであり、よく知られている(3)。また、仏文書簡の翻訳が契機となって、ドゥーフの指導下で阿蘭陀通詞のフランス語学習が始まったことも有名である(4)。

フヴォストフ文書に関しては、内容および書誌の面から、高野明・郡山良光・富田仁・岩井憲幸・松田清の各氏らによる研究があるが(5)、ドゥーフとの関わりについては『日本回想録』の記述以上のことは明らかにされていない。というのも、ドゥーフとフヴォストフ文書の関わりを知りうる日本側の史料が検討されてこなかったからであろう。しかし、以下に紹介する『蝦夷地江魯西亜船来津ニ付かひたん江御問合被為成候御書面幷かひたん〻内密申上候書付』は、計四種のフヴォストフ文書に関する幕府の問い合わせに対してドゥーフが回答した一連の文書を収めており、これまで国内に伝存が知られていなかった仏文書簡も書き留められている。

本章では、『蝦夷地江魯西亜船来津ニ付かひたん江御問合被為成候御書面幷かひたん〻内密申上候書付』を紹介しながら、フヴォストフ文書をめぐる日蘭交渉を検討する。あわせて、幕府の文化魯寇事件への政治的・外交的対応についても考えてみたい。

一　日蘭交渉をめぐる史料の紹介

『蝦夷地江魯西亜船来津ニ付かひたん江御問合被為成候御書面幷かひたん〻内密申上候書付』は、全一冊で、写本が長崎大学附属図書館経済学部分館武藤文庫、函館市中央図書館、江戸東京博物館に所蔵されている。まずは、それぞれの写本の特徴を確認しておきたい。

長崎大学附属図書館経済学部分館所蔵武藤文庫本は、武藤長蔵氏の旧蔵本で、同氏が林田次郎氏より寄贈を受けたものという(6)。「長崎高等商業学校武藤長蔵」の朱印が計五カ所ある。末尾に「九月十二日之夜、於かひたん部屋和解」と題した草稿らしき別紙の貼り込みがある。誤記・脱落のない良質の写本である。

函館市中央図書館所蔵本は、「函館図書館蔵書」の朱印のみで旧蔵者は不明である。表紙の題簽には「文化三年九月樺太襲来魯人ホウストフ遺留真鈴板記文其他翻訳資料」とあり、この題名で登録されている。長崎大学附属図書館経済学部分館所蔵武藤文庫本と同様に、末尾には別紙の貼り込みがある。

江戸東京博物館所蔵本は、近年、古書店から購入されたもので、「ロシア人蝦夷地来航に関するオランダ商館長の返答書写及び邦訳控」と仮題が付されて登録されている。冒頭に「密記」「本木」と記され、「本木家蔵」の朱印があることから、オランダ商館長ドゥーフとの交渉にあたった阿蘭陀通詞本木庄左衛門の自筆本と見られている。ただし、本木家に残された控えのためか、一部に筆写のさいの誤記・脱落と思われる箇所がある。別紙の貼り込みはなく、末尾に「御隠密、右御用向横文字」と題して、他の写本にはないドゥーフが回答した蘭文七丁が綴じ込まれていることに特徴がある。

それぞれの写本は、外見の違い、回答の蘭文と別紙の貼り込みの有無という違いがあるが、本文は二〇丁で、各丁ごとの行数・字配りも同様で、一部の誤記・脱落を除いて同一の内容である。欧文は達筆な筆記体であることから、いずれも阿蘭陀通詞の手による写本と思われる。

本文の冒頭には、

文化四丁卯歳七月廿九日九月十二日

蝦夷地江魯西亜船来津ニ付かひたん江御問合
被為成候御書面幷かひたん ゟ 内密申上候書付

支配勘定　　　　　通詞目付　茂伝之進
御取扱　村田林右衛門殿　大通詞　石橋助左衛門
御手附　　　　　　同　　　中山作三郎
松崎仲助殿　　　　同見習　本木庄左衛門

とあって、文化四年（一八〇七）の七月二九日と九月一二日の両日、支配勘定村田林右衛門と手付松崎仲助の取り扱いのもと、茂伝之進・石橋助左衛門・中山作三郎・本木庄左衛門の四名の阿蘭陀通詞が翻訳作業に関わったことがわかる。その構成は、ドゥーフの回答を翻訳した和文四通の書付と、これらと関係する和文二通・欧文一通の史料からなる。計七通の史料について、個々の表題を順序通りに摘記すれば、次の通りである。

①「乍恐かひたん御請申上候口上之覚」〔史料一〕
②「御下ケ被為成候横文字かひたん意内之趣御答申上候書付」〔史料二〕
③「魯西亜人相認候ふらんす文字写」
④「ふらんす書面文意阿蘭陀語ニ翻訳仕候横文字和解」〔史料三〕
⑤「魯西亜之儀ニ付被仰渡候趣御請申上候横文字和解」〔史料四〕
⑥「かひたん心付候儀申上候横文字和解」〔史料五〕
⑦「欧邏巴州戦争風聞書」

これらのうち、①・②・④・⑤・⑥を〔史料一〕から〔史料五〕として翻刻し、その内容に検討を加えたい。翻刻にあたっては、長崎大学附属図書館経済学部分館所蔵武藤文庫本に拠っておく。③は釈放した捕虜に手渡した松前奉行宛の仏文書簡の写しである。国内に伝存が知られていなかったものだが、仏文書簡自体はすでに齋藤阿具氏による翻刻紹介があるので、(7) 写真版として後掲する。また、⑦は、フヴォストフ文書に直接関わるものではないことから紹介を割愛した。

二　露文のフヴォストフ文書とドゥーフ

1　樺太に残された銅板文字と書簡

ここでは、文化三年（一八〇六）九月、フヴォストフが樺太襲撃のさいに残していった露文の銅板文字二種と書簡一種とドゥーフの関わりについて検討する。銅板文字二種と書簡一種とは、松田清氏の指摘に従えば、(8) 以下の通りである。

①文化三年九月一〇日にフヴォストフがユノナ号を指揮して、樺太のオフイトマリに上陸し、アイヌ人の家に掛けていった露文の銅板文字。

②文化三年九月一一日にフヴォストフが、樺太のクシュンコタンを襲撃したさい、焼き払った弁天社の鳥居に打ちつけていった露文の銅板文字。

③文化三年九月一一日、クシュンコタンのアイヌ人長老に渡した、フヴォストフの署名入り露文書簡三通の写し。

文化三年九月に樺太で起こったフヴォストフによる一連の事件は、その後、冬期で渡海できなかったために注進が遅延し、翌年四月になってようやく松前藩から箱館奉行に報告され、幕府に大きな衝撃を与えるところとなった。樺太に残された銅板文字と書簡については、文化四年（一八〇七）六月の箱館奉行戸川筑前守安論・羽太安芸守正養の上申書に、「右異国人残置候鉄炮一挺、絵図并真鍮之板かね弐枚、浅黄地厚紙ニ認朱印等有之品三枚、若狭守家来ゟ取揚候由ニ而、支配向ゟ差越候間、差上申候」[9]とあり、松前藩士から取り上げた後、箱館に届けられ、さらに江戸に送られたことがわかる。

江戸に送られたフヴォストフ文書の取り扱いは、『視聴草』に次のような記事が見えている。[10]

六月の末にや、蝦夷地より赤人の建置し銅板弐枚、紙札三枚、外に日本文字の札一枚、江戸へ着致候よし、七月二日幸太夫を御勘定所へ呼寄られ、よませられしに、文字ハよめ候てもゆへん一円相知不申由相答候むね、其後桂川氏へ右之品々きたり、御写ニ相成候よし、長崎阿蘭陀大通詞弐人被召呼可申取沙汰之処、又々やめニ相成候、写を長崎へつかはされ、カヒタンによませ可被申趣に相成候よし、右銅板ハ二枚同し文字、紙札も同し文字にて、角に印と船印有之候よし、さま〴〵の風説あり、

この記事によれば、銅板文字と書簡は六月末に江戸に到着し、七月二日、大黒屋光太夫に読ませたものの文意を知るには至らず、その後は奥医師桂川甫周に廻され、写しがとられた。さらに阿蘭陀通詞に出府を命じて対応しようとした。阿蘭陀通詞名村多吉郎と馬場為八郎の江戸到着は、七月二七日であるから、[11]七月末の出来事と見られる。これもうまくいかなかったようで、結局、写しを長崎に送り、オランダ商館長ドゥーフに読ませることになったわけである。

なお、幕府は、文化四年七月二三日付で長崎奉行に対して「魯西亜語を阿蘭陀ニ而注釈致し候書歟、又ハどいつ国之語に解し候書可持渡旨被仰渡候御書取」を出している。[12]露文の銅板文字と書簡を直接に判読するために露蘭辞典を輸入するよう指示したわけで、その対応の早さが注目される。幕府は露蘭辞典の輸入にかなりの執着を見せており、

ナポレオン戦争下におけるオランダ船の欠航やバタヴィアの混乱によって輸入が遅れていることに対して、ドゥーフは幕府から度重なる督促を受けている。(13)

2　ドゥーフの回答

ドゥーフの「公務日記」を見ると、ドゥーフのもとに文化魯寇事件の第一報が届いたのは、一八〇七年六月二五日（文化四年五月二〇日）のことである。(14) ついで一八〇七年八月六日（文化四年七月三日）には、出府する名村多吉郎と馬場為八郎からロシア船に対する応接方法を尋ねられ、依頼に応じて諸外国の旗譜やロシア地図を貸与している。(15) 以後の「公務日記」にフヴォストフ文書に関する記述は見られないが、緊迫したロシア問題に関して、幕府からなんらかの問い合わせを受けることは、ドゥーフも予期するところであったと思われる。

〔史料一〕

乍恐かひたん御請申上候口上之覚

横文字御写五通被為成御渡読取候上、阿蘭陀語ニ直シ委細可申上旨被仰渡奉畏、則夫々拝見仕候処本国文字とも違ひ読取候儀出来不仕、併右書面之内聊相分り候廉々左ニ申上候、

一、おろしや文字簱印有之候御写之内、暦数一千八百六年此年数御当国之年暦ニ引当候得者、去寅年ニ相当り申候 ヲクトヲブル此語阿蘭陀ニ而者十月之唱ニ御座候 十一　廿三此訳十一ハ古暦、廿三ハ新暦ニ而、欧邏巴之諸州ニおいてハ多く新暦を相用ひ候得共、ヲロシヤニ而者古暦を相用ひ候由、兼而承り及ひ申候得者、全く新古之暦日を相記シ候儀与推察仕候、依之新暦を以御当国之暦日ニ引合候得者九月十二日ニ相当り申候 ロシヤ　フレカテル此語魯西亜船与奉存候、尤フレカテル与申儀者、阿蘭陀ニ而者石火矢二拾四五挺より五十挺程備へ有之候軍船をフレカテル与相唱申候得共、ヲロシヤニ而者如何体成儀を申候哉、差極候儀者難申上奉存候 簱印有之候横文字三通とも書面之側ニ四番・五番・六番与夫々相認有之、四番者十一　廿三与有之、五番・六番者十二　廿四与有之候、前書之通古暦新暦之訳を以認候儀与相見、蛮国ニ依り古暦を相用ひ候国江者古暦新暦之日限共

認候事も御座候、一体之文言同様与相見候内、六番者二ヶ所違候所相見江申候、此末続キ文面之儀者相分り不申候、尤ロシヤ　インヘラトラ此語ヲロシヤ語ニ而国王与唱候儀ニ承り及申候、都而国王之儀者蛮国ニ而ケイズルとも相唱へ申候アレキサンドル此語当時之国王、之名と及承申候、其外一向文面読不申候ニ付、素より意味合相分り不申候、

一、真鍮板御写弐枚之内、一枚者十一　廿三此訳前段ニ申上候通、新古之差別ニ御座候与相認、今一枚者十此訳新古之差別不相見候得共、古暦之方与相察申候、其外半迄者弐枚とも同様ニ相見、其末不一様相見候得共、文言是以読メ不申、意味合相分り不申候、

右者、一体おろしや文字之儀者、阿蘭陀文字ニ似寄り候様ニ相見へ候得共、文字之綴方ニ寄り格別唱も違ひ、其上字数も多く阿蘭陀ニ而相用ひ不申文字も相見候間、前条申上候通文言相分り不申候ニ付、此度渡来仕候船方之内ニもヲロシヤ語相心得候者も可有御座哉与穿鑿仕候処、両人程ヲロシヤ近辺江罷越候者有之候ニ付、右之者共江も申聞御書面拝見為仕候処、ヲロシヤ文字之儀者相弁へ不申候ニ付、是以読メ不申、意味合相分不申候、依之此段申上候、

かぴたん
へんでれき・どうふ

右之趣、かひたん横文字以書面申上候ニ付、和解仕差上申候、以上、

卯七月廿九日

通詞目付　茂伝之進
大通詞　石橋助左衛門　連印
同　中山作三郎
同見習　本木庄左衛門

〔史料一〕は、文化四年七月二九日、銅板文字と書簡の写しを披見したドゥーフの回答を阿蘭陀通詞が翻訳したも

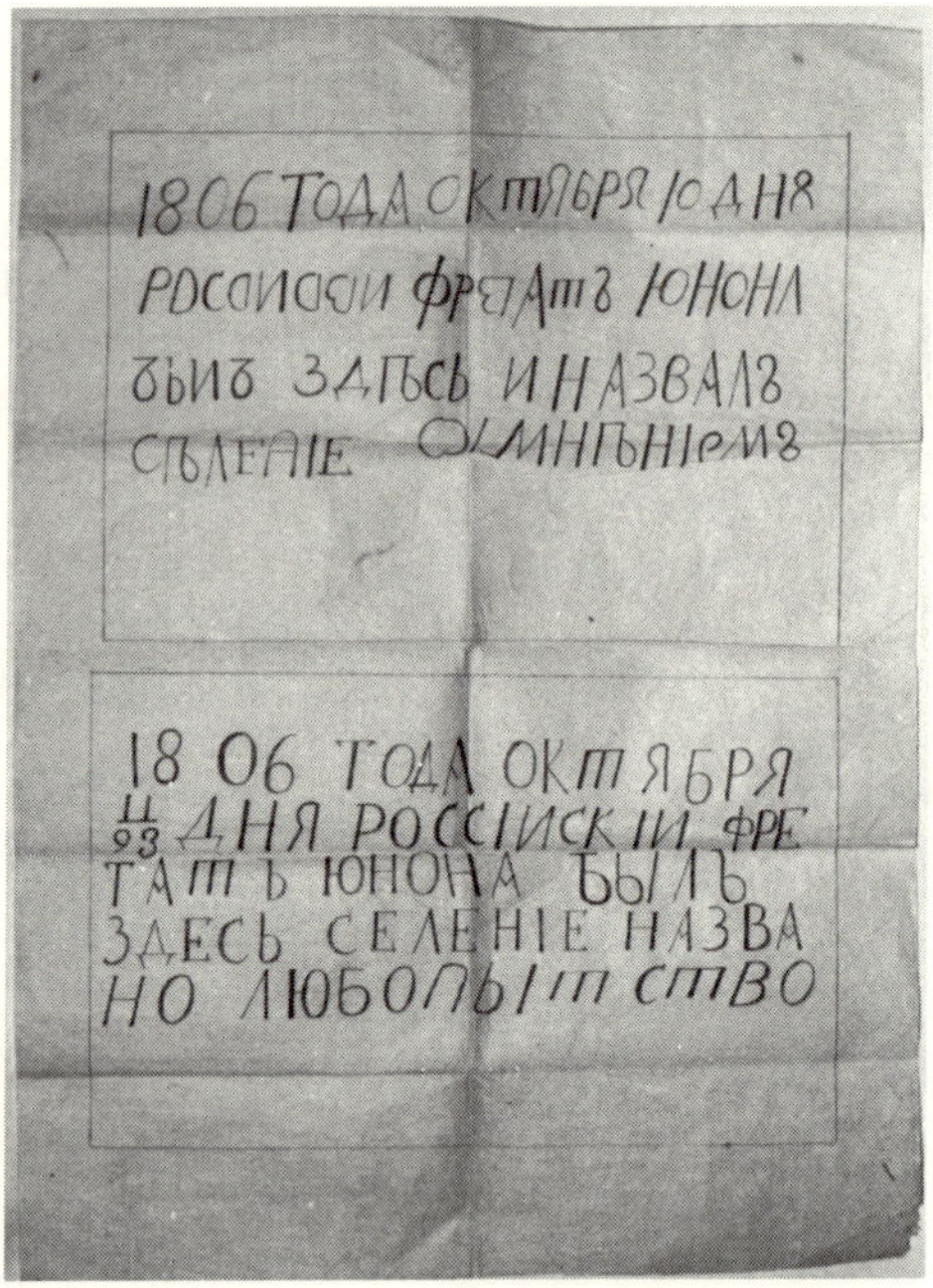

図２　露文銅板文字写（古河歴史博物館所蔵鷹見家資料，国重要文化財）

のである。内容を見てみると、「横文字御写五通」とあることから、ドゥーフが披見したのは①から③のすべての写しで、これを「読取候上、阿蘭陀語ニ直シ委細可申上旨」が幕府によって命じられたわけである。しかし、『日本回想録』で「私はロシア語がわからないので、この書面を翻訳できなかった」[16]と語るドゥーフは、「右書面之内聊相分り候廉々」を返答したにすぎない。また、この年に来航したオランダ船の乗組員にもロシア語を解するものはおらず、①から③の文意を明らかにすることはできなかった。しかしながら、ドゥーフは一つ重要なことを述べている。③にはロシア皇帝アレクサンドル一世の名があると指摘していることである。この指摘は、文意が全くわからず、ロシアの蝦夷地襲撃の意図がつかめない状況下にあって、なんとも不気味なものとして幕府に受け取られたと思われる。

3　ドゥーフの観察

〔史料一〕では、文意はわからずとも、ドゥーフは銅板文字と書簡の様相をよく観察している。ドゥーフが見たものは原文書の忠実な写しであったと考えられるから、その観察は露文のフヴォストフ文書の書誌的な研究に寄与するところが少なくないと思われるので、いささか追究しておこう。

まず、ドゥーフが披見した①から③の銅板文字と書簡の写しとは、どのようなものであったのだろうか。現在に伝わる写しは、それぞれ細部において多少の異同を見せているが、古河藩士鷹見泉石が筆写したもの(17)が最も原文書の様子を留めているとされる。そこで、これを写しの例として図2・図3に掲げた。図2は銅板二枚分を一葉に写し取ったもので、上部が①、下部が②にあたる。図3は③の三通の書簡のうちの一通を写したものである。その文意は、岩井憲幸氏の訳に従えば、図2の上・下、図3の順に次のようなものになる(18)。

一八〇六年一〇月一〇日、ロシアのフリゲート艦ユノナはここに来りて、一村落を「疑い」と名づけたり。

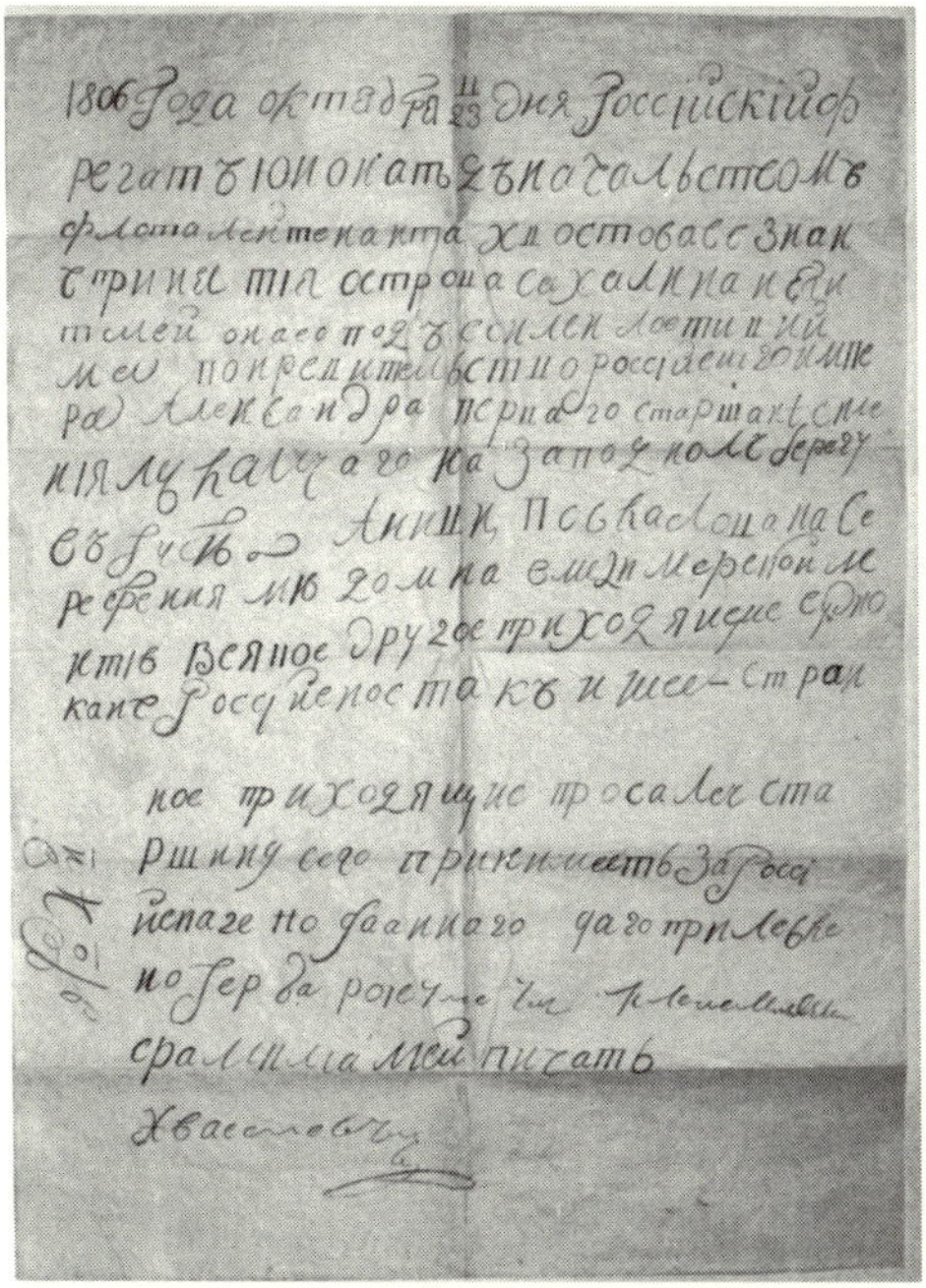

図3　露文書簡写（古河歴史博物館所蔵鷹見家資料，国重要文化財）

一八〇六年一〇月一一日［あるいは新暦］二三日、ロシアのフリゲート艦ユノナはここに来たり。一村落は「好奇」と名づけられたり。

一八〇六年一〇月一一日［あるいは新暦］二三日、海軍大尉フヴォストフ指揮下のロシア［海軍］フリゲート艦ユノナは、サハリン島およびその住民らが、ロシア皇帝アレクサンドル一世の至仁なる庇護下に服属する証しとして、アニワ湾西側に存する一村落の長老にウラジミール綬銀褒章を授けたり。［爾後］来航する一切の船舶は、ロシア船異国船を問わず、すなわち外来者は［なんぴとも］、この長老を遇するにロシア臣籍たる者として［扱われんことを］乞う。［よって］ここにわが家の紋章たる印を捺したり。ロシア海軍大尉フヴォストフ

図2・図3を見ながら、〔史料二〕の記述を検討してみよう。①・②の銅板文字について、ドゥーフは日付の違いを指摘した上で、「半迄者弐枚とも同様ニ相見」と述べている。注目したいのは③の書簡についての指摘である。ドゥーフは、三通にはいずれも「籏印」があること、三通はそれぞれ「四番・五番・六番」、すなわち№４・№５・№６と番号が付けられていること、№４には11—23、№５と№６には12—24とユリウス暦とグレゴリオ暦による日付があること、三通は「一躰之文言同様」に見えるが、№６には二カ所の異同があること、を指摘している。

この指摘から考えれば、図３の鷹見泉石の筆写では、旗印が省略されているとともに、番号は見られないがその日付から判断すると、№４の文書を筆写したものであることが判明する。また、村上貞助の自筆と推定される写し(19)は、№５を筆写したものである。貞助の注記に「日附」と「符牒」の異なり以外は「外弐通も同文ニ御座候」とあるので、原文書の№６に二カ所の異同があったかどうかは微妙なところであるが、ドゥーフの指摘は、今後、露文のフヴォストフ文書の写しを書誌的に考えるさいの一材料となりえよう(20)。

4　ドゥーフの推察

〔史料二〕におけるドゥーフの回答は、ロシア語を解さなかっただけに要領を得ないものであった。それゆえ、ドゥーフは、推察の範囲で文章にしなくてもかまわないから、銅板文字と書簡について考えるところを隠すところなく申し出るよう命じられた。これが次に掲げる〔史料三〕にあたり、阿蘭陀通詞がドゥーフの推察をまとめたものである。

〔史料二〕

御下ケ被為成候横文字かひたん意内之趣御答申上候書付

横文字御写書面之儀ニ付、かひたん推察同前之儀ニ候共、可申上旨御内密被為成御尋候趣、私共通弁仕相答候趣、左ニ申上候、

横文字書面之内簱印相認有之候、此儀者阿蘭陀書翰等之書法ニ無之儀ニ御座候得共、若哉ヲロシヤ書翰与申儀早ク相諭し候ためニ茂相認候儀ニ可有之哉、地白ニ十文字之簱者ヲロシヤ国官船或者軍船ニ茂相用、赤青白之横嶋者商船簱印ニ御座候由、兼而及承居申候、

一、真鍮板ニ文字打付ケ候儀、書翰或者願書等ニ相用候儀者是迄一向及承不申候得共、若哉雨露を請候而茂朽去り不申、且者目立候為ニも仕候儀ニ可有御座哉ニ奉存候、併通商之儀而已御願申上候書面ニ御座候得者、自然与長文ニも可相成哉ニ奉存候処、短文ニ相認メ有之候所を以相考候得者、取留候儀者無御座候得共、都而蛮国ニおゐて軍船等差向候前広ニ者、書翰或者使者を以為知置候振合も御座候ニ付、右等之趣を以彼是深く相考候得者、若哉強而船等仕向ケ候為知之書面ニ茂可有御座哉与推察仕候得共、何分意味合相分り不申候、

一、阿蘭陀書法ニ引合候得者姓名等書載可仕処ニフロータ　アイミラリメル与書載有之、一向難相分候ニ付、得与阿蘭陀語ニ而相考候得者、フロート　アトミラアル与申儀ニ者無之哉、是以誠ニ推察ニ而取留候儀者無御座候得共、自然推量通りニ御座候ハヽ、此語阿蘭陀ニ而者船々之物領与申意ニ而一組弐拾艘、或者三拾艘与組を分ケ、其一組与申事をフロート与相唱、アトミラアル与申事者、其一組之惣領船与申儀ニ御座候得共、ヲロシヤニ而者如何相唱候哉、聢与存不申候、

一、当年渡来船方之者之内、魯西亜国近辺江罷越候者両人有之候ニ付、自然魯西亜文字相分り可申哉与拝見為仕

候得共、右之者共儀者ヲロシヤ近辺江罷越候節者、ホーゴドイツ幷フランス或者ヱンゲラント等之言葉を用候得共、多分通用仕候儀ニ而文字等者相弁不申候ニ付相分り不申候、尤書面ニ而者相弁不申候得共、魯西亜人対話仕候節者、右之言葉等相交へ通用仕候故、相分り候儀も御座候段、両人之者申之候、
一、御下ケ被為成候横文字之内、四番・五番・六番与相認有之候上者、壱番より三番迄之書面も可有御座哉与相察候得共、四番より六番迄之分も先ツ者同文言之様子ニ而阿蘭陀書法ニ引当候得者、名前等相顕し候場所江書載有之候文字、聢与字性者相分り兼候得共、三枚共多分同様ニ相見候間、自然名前も同様之儀与奉存候、然上者番立之所者何故相記置候哉、意味合相分り不申候、
右者、御下ケ被為成候五通之横文字読取兼候ニ付、乍察も書面之趣申上候、尤推察之儀ニ付、横文字を以者申上兼罷在候処、意内之趣無腹臓申上候様御沙汰ニ付、誠ニ推察之趣御答申上候段、かひたん申之候、依之此段以書付申上候、以上、

卯七月廿九日　　　　　　大通詞　石橋助左衛門
　　　　　　　　　　　　同　　　中山作三郎　　連印
　　　　　　　　　　　　同見習　本木庄左衛門

ドゥーフの推察の要点をまとめれば、以下の通りである。

1　書面に旗印を記したのは、ロシアからの書簡であることを早くわからせるためではないか。描かれている旗印は、一つはロシアの軍艦・官船の旗で、もう一つは商船の旗である。

2　真鍮版に文字を打ちつけることは普通はありえないので、目立たせるために行ったのではないか。通商を願うものであれば長文になるので、短文である以上、取り留めない内容であろうが、もしや軍船を差し向けるさいの

宣戦布告の書面であるかもしれない。
3　姓名などを記す場所に「フロータ　アイミラリメル」とあるが、オランダ語から推測すれば、二〇艘あるいは三〇艘の艦隊の旗艦を指すことになる。
4　来航しているオランダ船の乗組員には、ロシア近辺へ行ったことがある者が二名いる。この書面を見せたが、ロシア文字はわからないとのことである。
5　書面に№4から№6とある以上、№1から№3もあるのではないか。ただ、№4から№6の文面は同様で、名前を書くと思われるところの文字も同じに見えるので、なぜ番号を付けたのであろうか。
ドゥーフは、あくまでも推察であると断ってはいるが、2や3は幕府にとって衝撃的なものであっただろう。幕府の対外的危機感をあおるような内容で、文意がわからなかったことが、なおさらその危機感を増幅させたと思われる。

三　仏文のフヴォストフ文書とドゥーフ

1　捕虜に手渡された松前奉行宛の書簡

ここでは、文化四年（一八〇七）六月、利尻島で釈放した捕虜に手渡した松前奉行宛の書簡一種とドゥーフの関わりについて検討する。まずは、松前奉行宛の書簡がどのように手交され、幕府がどう取り扱ったかを確認しておこう。

文化三年（一八〇六）九月のロシア軍艦による樺太襲撃に続いて、翌年には蝦夷地各地でロシア軍艦による襲撃事件が勃発した。四月二三日には、択捉島のナイホに上陸して番所を焼き、番人を連行した。その数日後には、同じく択捉島のシャナを襲撃して、南部・津軽藩兵と交戦した。五月に箱館奉行は東北諸藩に出兵命令を下して警備にあたらせたが、五月中旬には再び樺太が襲撃され、下旬から六月上旬にかけて幕府や松前藩の船が襲われるという事件が発生した。六月には、幕府は若年寄堀田摂津守正敦・大目付中川飛驒守忠英らを蝦夷地に派遣し、事態に対処しようとした。六月中、江戸ではこの事件の噂で持ちきりで、実態を越えた浮説に人心は動揺し、幕府を批判する言説も登場した。それまで事件の情報を秘匿し続けてきた幕府は、二回にわたって触書を出し、情報の公開と統制を行った(21)。

かかる状況下において、六月、樺太・択捉島で捕虜として連行された番人ら八名が利尻島で釈放された。フヴォストフは、釈放するさいに番人らに松前奉行宛の書簡を手渡し、翌春に再び蝦夷地に来航するので合図の旗を用いて、通商を許可するのか、不許可なのかを回答するよう指示した(22)。松前奉行宛の書簡は露文および仏文で書かれ、露文の紙面の裏には、フヴォストフが釈放前に番人源七に命じて口述筆記させた片仮名訳が付されていた(23)。この片仮名訳の書簡は「キカナイトキニハキタノチトリアゲモヲスベクソロ(24)」と、通商要求を拒否すれば北方の領土を失うと脅迫したものであった。

六月一九日付の箱館奉行戸川安論・羽太正養の上申書に、「書翰幷番人八人共支配向差添、箱館へ差出候筈之由。先右書翰之写差越候間、別紙入御覧申候(25)」とあることから、まずは写しが江戸に送られた。ここでいう「書翰之写」とは、片仮名訳であろう。この上申書はわずか七日で江戸に到着し、六月二七日には触書で書簡の大意が伝えられているから、よほど箱館奉行や幕府が深刻に受け止めたことがわかる(26)。釈放された番人らと書簡は、六月二九日に箱館に到着した。七月一日付の勘定吟味役村垣左太夫宛の箱館奉行の御用状には、

一異国人共より差越候書簡、ヲロシヤ文字にて一通、紅毛文字にて一通、都合二通認分差越候間差上候、御進達可被下候、紅毛文字の方は、其御地にて読候ものも有之と存候、
但、裏に有之候和解には、船中の首領相認候趣、先達て申上置候得共、今度支配向より申越候趣にては、右

首領和語にて中聞、番人共に為認候由御座候[27]、

とあり、ただちに江戸に送られ、七月中には江戸に到着したものと考えられる。

松前奉行宛の書簡は、片仮名訳によってその大意は理解された。しかし、ロシア人の口述を番人が筆記したものだけに、片仮名訳では全幅の信頼をおけるはずもなく、露文および仏文からの翻訳を必要としたことはいうまでもない。箱館から江戸に送られた書簡は、「ヲロシヤ文字にて一通」と「紅毛文字にて一通」で、幕府が注目したのは仏文の後者である。先に述べてきたようにロシア語を理解する者が、文化四年の時点で幕府の周辺に全くいなかったから、前者は扱いようがなかったのである。

2　阿蘭陀通詞と大槻玄沢による翻訳

江戸に送られた松前奉行宛の仏文書簡は、出府していた阿蘭陀通詞と大槻玄沢によって翻訳が試みられた。江戸における外交文書の翻訳の事例としても注目される[28]。その様子を、玄沢が松前奉行宛の仏文書簡を考察した『丁卯秘韞[29]』に拠りながら見ておきたい。

『丁卯秘韞』によると、

朝廷ニ而ハ、此原文長崎ゟ御呼出被置候大小通詞名村・馬場へ和解被仰渡、柳生殿御宅へ八月初ゟ日勤隠密ニ和解被仰付、中旬頃出来指上候噂承候、

とあって、蝦夷地御用で出府していた阿蘭陀通詞名村多吉郎と馬場為八郎が[30]、勘定奉行柳生主膳正久通の屋敷で八月初旬から隠密のうちに仏文書簡の翻訳に取りかかったことがわかる。八月中旬ごろに出来上がったという訳文も『丁卯秘韞』に収められている。訳文の注記によれば、

フランス語之義ニ御座候得者、何分相分り不申候に付、阿蘭陀書籍之内フランス語相調子候書物を以て、得と吟味仕相考申候所、右書面フランス語未熟之者相認候書面と相見へ首尾解兼、殊更右書面之内、阿蘭陀之書籍之内ニ一向相見得不申候言葉等御座候而、何分和文ニ引直し和解仕候義出来兼申候

といった状況で、訳文にはほど遠い「凡大意之趣」を記したにすぎなかった。大槻玄沢は「払郎察文難解ハ断りなから、一体誤解多しと思ハるなり」と評している。

ついで、蝦夷地に派遣された堀田正敦からの依頼を受けて、大槻玄沢も翻訳に取り組んでいる。玄沢が仏文書簡を手にしたのは八月一四日で、その夕方より翻訳に取りかかって一九日に訳文は完成し、正敦のもとへ飛脚で送られた。三厩にいた正敦の手に渡ったのは、九月一二日のことという。玄沢は、蘭仏辞典を手がかりに翻訳を試みており、『丁卯秘韞』には、フランス語の単語の上部にオランダ語を朱書した松前奉行宛の仏文書簡が写されている。しかし、玄沢とて翻訳の困難は阿蘭陀通詞と同様で、正敦に対しては、「呉々も正訳与ハ思召不被下」とか、「旁以拙訳無覚束」などと弁明せざるをえないものだった。

3　ドゥーフによる翻訳

そこで幕府は、露文の銅板文字と書簡と同様に、松前奉行宛の仏文書簡を長崎に送って、フランス語を解するドゥーフに命じて蘭文にさせ、それを和文に直すことを考えた。

長崎に送られた仏文書簡は、「魯西亜人相認候ふらんす文字写」と題して、『蝦夷地江魯西亜船来津ニ付かひたん江御問合被為成候御書面幷かひたん〻内密申上候書付』に収録されている。この写真版を図4として掲げた。文化四年（一八〇七）九月一二日、ドゥーフが仏文書簡を蘭文に直し、それをさらに阿蘭陀通詞が和文にしたものが〔史料三〕

である。

〔史料三〕

ふらんす書面文意阿蘭陀語ニ翻訳仕候横文字和解

松前奉行所江

魯西亜は日本の近隣により、信義を結ひ交易をなすにおゐては国民の為にならん事を思ひ、使節の者差越といへとも拒まれしにより、魯西亜におゐて甚恥辱を請しによつて無余儀道を替へ候、然る時はユロップ及ひサガリーンの俗を以て、終には日本より商売を相好まれ候知らせ有之迄、魯西亜属国コウレーリス及ひサガリーンにおゐての日本商売其外諸交易を妨ん事を顕すへし、

此節は魯西亜より日本江対し纔の害をなせとも、此後北国を常々取囲むべし、其期に至り知るへし、日本の人永く癖なる所より自から国を失ふ事あるべし、

前書ふらんす書面文意阿蘭陀語ニ翻訳仕差上申候、

かびたん
へんでれき・どうふ

右之通、かひたん横文字以書付申上候ニ付、和解仕差上申候、以上、

卯九月十二日

附ヶ紙 病気ニ付印形不仕候、
通詞目付 茂伝之進
大通詞 石橋助左衛門
同 中山作三郎 連印

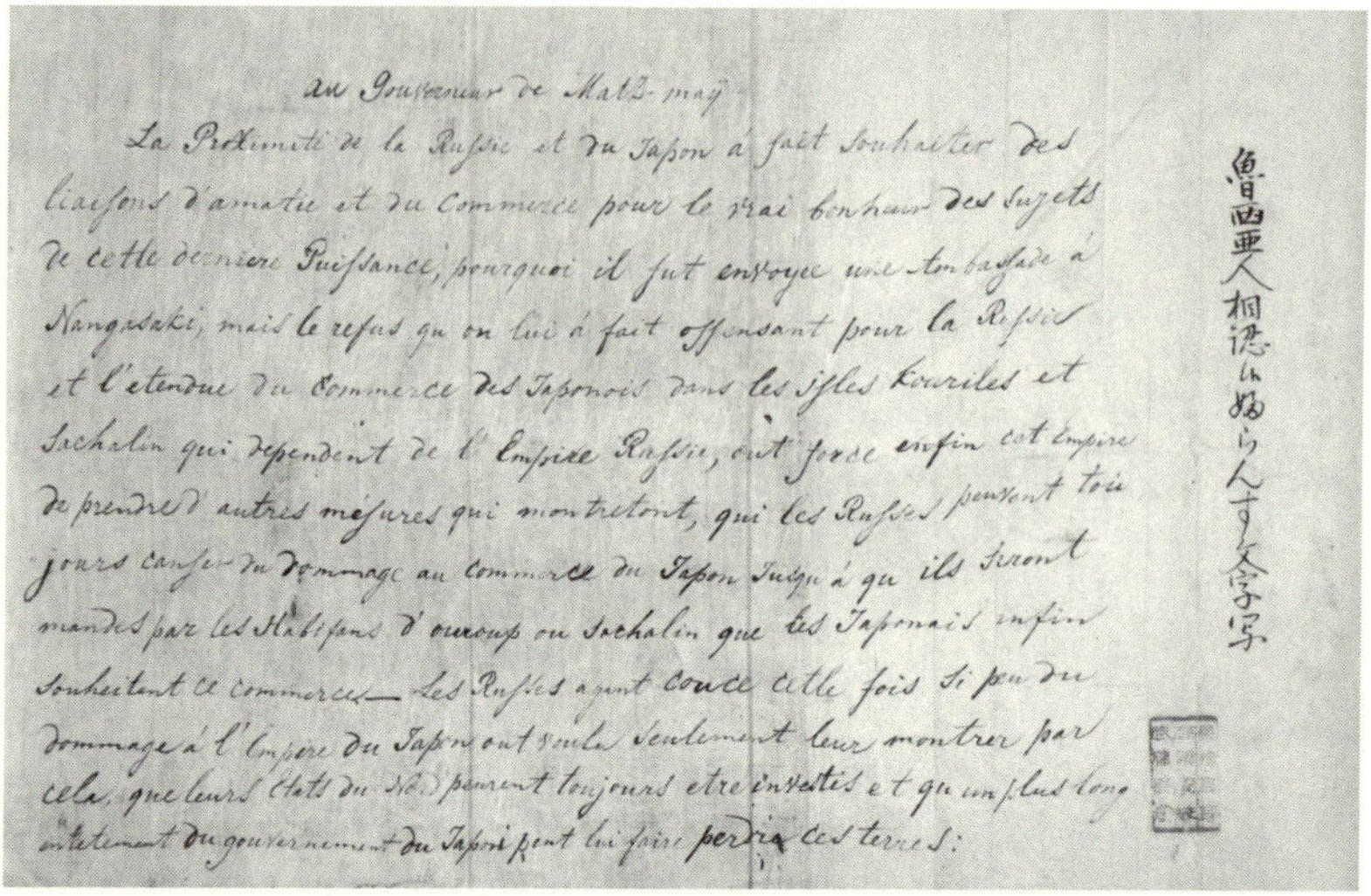
魯西亜人相認ニふらんす文字写

au Gouverneur de Matz-may

La Proximité de la Russie et du Japon a fait souhaiter des liaisons d'amitie et du Commerce pour le vrai bonheur des sujets de cette derniere Puissance, pourquoi il fut envoyee une Ambassade à Nangasaki, mais le refus qu'on lui a fait offensant pour la Russie et l'etendue du Commerce des Japonois dans les isles Kouriles et Sachalin qui dependent de l'Empire Russie, ont forcé enfin cet Empire de prendre d'autres mesures qui montreront, qui les Russes peuvent toujours causer du dommage au commerce du Japon jusqu'à qu'ils seront mandes par les Habitans d'ouroup ou Sachalin que les Japonais enfin souhaitent ce commerce — Les Russes ayant causé cette fois si peu du dommage à l'Empire du Japon ont voulu seulement leur montrer par cela, que leurs Etats du Nord peuvent toujours etre investis et qu'un plus long entetement du gouvernement du Japon peut lui faire perdre ces terres:

図４　松前奉行宛仏文書簡写（長崎大学附属図書館経済学部分館所蔵武藤文庫）

同見習　本木庄左衛門

仏文書簡の翻訳は、翻訳にあたった通詞の一人によれば、

右和解者極御内々御隠密ニ而、懸合通詞四人之外人払ニ而、御奉行様御手本ニおゐて始終私江認被仰付候後、書面写取候儀も難相成、則江戸表江指上候(31)

といった様子だったという。極秘裏に作業が進められたのは、訳文が流布すれば世情が動揺することを幕府が恐れたためと考えられる。

仏文書簡の翻訳を、ドゥーフは『日本回想録』で次のように語っている(32)。

長崎奉行は私に、この書面をもっとも正確に、できるだけ逐語訳するよう求めた。日本人は私がフランス語がわかることを知っているので、私はこれを辞退できなかった。そこで私は、これをオランダ語に翻訳したが、その表現をできるだけ穏やかにした。（中略）私がどれほど穏やかな言葉で翻訳したか、明らかであろう。私はその結びの一節を今なお完全に覚えている。それは「日本政府がこれ以上頑固でありつづけるなら、彼らはその領土をなくすだろう。」

である。これを文字通り訳すなら、私は「日本政府の強情あるいは頑固」という言葉を用いなければならない。しかしこれはただ一層の憤慨をひきおこすだけで、害があって益がないので、この文章全体はそのままとして、ただもっとも穏やかな表現を選んだ。日本人の感情を害するのではなく、鎮めるためであり、これにより私にできる限り、災難を防ぐためである。

長崎奉行は仏文書簡を正確に逐語訳するよう求めたが、ドゥーフは蘭訳するのにあたって、幕府を刺激しないように、穏和な表現を用いたという。確かに〔史料三〕では、「日本政府の強情あるいは頑固」といった表現ではなく、「日本の人永く癖なる所より」といった表現になっており、ドゥーフの意図が反映された訳文と見られる。『蝦夷地江魯西亜船来津ニ付かひたん江御問合被為成候御書面幷かひたんゟ内密申上候書付』には、阿蘭陀通詞の訳文の草稿と思われるものが貼り付けられており、「九月十二日之夜、於かひたん部屋和解」と端裏書されている。してみると、出島のカピタン部屋でドゥーフとともに阿蘭陀通詞が蘭訳・和訳の作業を行ったわけで、穏当な表現を用いたのは阿蘭陀通詞の意図もあったに相違ない。

ゴローウニンによれば、翻訳を担当したオランダ人は、文書の意味を歪曲したことが後で知られ、幕府の激怒をかったという[33]。『丁卯秘韞』によれば、文化五年（一八〇八）三月にドゥーフの蘭訳と阿蘭陀通詞の和訳を入手した大槻玄沢は、阿蘭陀通詞の訳文を「通詞等の和解文、解すへく、解すへからす、穏当なしたるか如し」と評している。阿蘭陀通詞の訳文で「日本の人永く癖なる所より」とする穏和な表現の箇所は、玄沢がドゥーフの蘭訳文をもとに再度訳出した訳文では「日本人永久移らざる頑強なる性より」となっており、玄沢の指摘によって幕府は穏和な表現を用いていることを知ったと思われる。

なお、露文および仏文で書かれた松前奉行宛の書簡が、蘭訳・和訳されるなかで、どこまで原文書の文意を正確に伝えているかは、語学的な問題であり、筆者の力量を超えるので、ここではドゥーフと阿蘭陀通詞によって穏和な表現がとられた訳文が作成されたことを指摘するにとどめておきたい[34]。

4　オランダ本国への調査依頼

次の〔史料四〕は、〔史料三〕と同じ文化四年九月一二日付の文書である。

〔史料四〕

　魯西亜之儀ニ付被仰渡候趣、御請申上候横文字和解

魯西亜船去秋以来蝦夷地附之嶋々へ来着、乱妨狼籍(藉)に及ひ候て、其上にて申趣は、長崎に来り候節之儀に付、うらみを含ミ来り候旨、しかし交易の事御ゆるし候て永く通交いたし度由に候、

右、長崎にて通信通商共御免無之訳者、御国法により新たに通信を始めす、又通商も許されさる旨、委細其節の使者へ御暁諭有之、魯西亜ケイズルよりの書簡・信物御取上無之差戻され候事に候得者、右之次第者彼国にても具に承知可致事ニ候、然る上者遺恨に存すへき筋合無之筈之処、乱妨狼籍(藉)に及ひ候儀難心得候、彼国者法制もとゝのひ義理も立候国柄之由ニ相聞へ候処、御暁諭不聞入、剰へ狼籍(藉)に及ひ候上、願之筋を遂べきとの存込は何共不法之至に候、彼国柄にてはかくの如き所為有ましき儀、不審之事ニ候、此度之始末は彼辺鄙之者共本国之差図と偽り候事ニ者無之哉、若又実々本国之差図に相違無之候得者案外之事ニ候、阿蘭陀は最寄之国にて事情承り及候儀も可有之候間、密々承り糺し委細注進可致段、阿蘭陀本国へ可申越候、

一、かひたん儀も何そ承り及候品、又者考当候趣等者無之哉否可申聞事、

右御書面を以被仰渡候趣、逐一奉承知候、右之趣本国江申越、密々承糺委細御注進可仕旨、当秋帰帆之節咬𠺕

吧表頭役共江具ニ申越候様可仕候、将亦私儀茂何そ承及候品、又者考当候趣等者無御座候哉否可申上旨奉畏候、差当り承及候儀も無御座候、此後心付承及候儀も御座候ハヽ、早速申上候様可仕候、依之此段以書付御請奉申上候、

かひたん
へんでれき・どうふ

附ケ紙

本文差当り心付候儀無御座候段申上候処、同十四日別紙ニ心付候儀申上候者、ふらんす文字之文意を以、猶又得与相考申上候儀ニ御座候、

右之通、かひたん横文字以書付申上候ニ付、和解仕差上申候、以上、
卯九月十二日

附ケ紙　病気ニ付印形不仕候、

通詞目付　茂伝之進
大通詞　石橋助左衛門
同　中山作三郎　連印
同見習　本木庄左衛門

此御書面者、曲渕和泉守様・松平図書頭様御心得之ため御紦被為成候旨、

〔史料四〕は、幕府の命令を承知した旨、ドゥーフが申し出たものを阿蘭陀通詞が翻訳した文書であるが、非常に重要な内容を含んでいる。ここでいう幕府の命令とは、ロシア船の蝦夷地襲撃は、「辺鄙之者共」が「本国之差図」と偽って行ったものなのか、それとも「本国之差図」、すなわちロシア皇帝の指示によって行われたものなのか、オ

ランダ本国に照会し、密かに調査して報告せよという命令である。幕府の命令は、八月一九日付で長崎奉行に宛てた老中松平伊豆守信明以下の連署奉書[35]によって出されたもので、連署奉書の文面がそのまま〔史料四〕に引用されている。連署奉書は、松前奉行宛の仏文書簡とともに長崎に送られたと判断される。

連署奉書を引用した〔史料四〕には、文化魯寇事件に対する幕府の認識がよく見て取れるので注目したい。その要点は次の三点である。

1　ロシアは、長崎に来たときの対応に「うらみ」を抱いており、その一方で交易の許可を得て「永く通交」したいと言ってきている。

2　しかし、このようなことは、長崎において「御国法」により通信・通商は不可の旨、使節に「御暁諭」しており、皇帝からの書簡や信物は返却した。

3　かかる事情はロシア側も承知しているはずなのに、遺恨に思って暴行するのは心得違いで、「御暁諭」を聞き入れず、暴行によって願いを遂げようとするのは「不法之至」である。

新規に通信・通商の関係を開くことはしないという「御国法」を持ち出し、レザノフに「御暁諭」、すなわち国法書と教諭書をもって伝えたはずであると説明し、それゆえ遺恨を抱いて暴行に及ぶのは理解できないという認識を示している。「鎖国」は祖法であるとの理由で、ロシアへの通商許可を全面的に否定していることが理解できよう[36]。同様の認識は、同じ文化四年八月に老中土井大炊頭利厚が松前奉行に宛てた通達[37]にも見られる。

八月中旬ごろには、ロシア船による蝦夷地襲撃も沈静化し、釈放された番人らの「口書」[38]や堀田正敦らの巡検[39]によって襲撃の事情も判明してきたから、幕府のロシアに対する不信感が強まってきたものと考えられる。とくに釈放された番人らの「口書」では、「国王の申付」で武力行使を行っていると述べられており、その真偽を確かめる必要があった。

オランダ本国での調査依頼は、文化四年に帰帆するデンマーク傭船スザンナ号によってバタヴィアへ伝えられたと思われるが、翌年はオランダ船は欠航した。文化六年（一八〇九）にはオランダ船フーデ・トラウ号が来航したが、バタヴィアからの返答はもたらされなかった。ドゥーフの「秘密日記」の一八〇九年一〇月一三日（文化六年九月五日）の条を見ると「バタビアからは、何の返答もこなかったのか」と叱責されており、続く一四日の条では「間違いなく報告を提出するように」と督促されている。[40] 文化六年九月六日、ドゥーフは「当秋帰帆之船より尚又頭役共江申越、去ル卯年被仰渡候趣、来夏渡来之節御注進可申上旨被仰渡奉畏候、依之御請奉申上候」[41]と、翌年には報告することを承知したと返答している。そして、一八〇九年一〇月一九日（文化六年九月一一日）の条には、「幕府の命令」による「質問」の中に、

一八〇五年〔文化二〕に当地を立ち去ったロシアの大使は、一八〇六年秋に蝦夷地で行なわれた乱妨狼藉を、当地から帰ったさいカムチャツカにおいて彼ら自身の専断で行なったものか、それとも、それをロシア皇帝の命によって行なったものか、幕府はそのことを非常に疑問に思っている[42]

と記されている。オランダ本国での調査を、きわめて幕府が重視していた様子が確認できる。

結局、バタヴィアからの返答が届き、ドゥーフと新任のオランダ商館長ブロムホフが、ナポレオン戦争のなかで調査報告が遅延したことを侘びつつ、「ロシア皇帝の命令によって起きたのではなく、船長たちの誤解によるものである」と幕府に報告したのは、文化一四年（一八一七）のことであった。[43] 継続した調査報告も求められたようで、翌年の文政元年（一八一八）にも同内容が長崎奉行に報告されている。[44] 齋藤阿具氏が指摘するように、[45] これらの報告がきちんと調査された結果であるとはとうてい思えない。

5　ドゥーフの意見

さて、〔史料四〕で「かひたん儀も何そ承り及候品、又者考当候趣等者無之哉否可申聞事」と幕府から命じられたことをうけ、文化四年九月一四日、ドゥーフは松前奉行宛の仏文書簡に関する自らの意見を長崎奉行に提出した。これを阿蘭陀通詞が翻訳したのが〔史料五〕である。

〔史料五〕

かひたん心付候儀申上候横文字和解

此度魯西亜より差越候由ニ而ふらんす語ニ而相認候書面之写、阿蘭陀語ニ翻訳仕候様被仰付、尚亦私儀及承又者考当仕候儀御座候ハヽ、申上候様被仰付、随而右書面之内私心付候儀、乍恐御内密奉申上候、

御写之書面得与相考申候処、魯西亜国之諸侯之名判も相見江不申候ニ付、虚実之儀決定難申上奉存候得共、敵向威之為申送り候書面とも相見江不申候、

一、此節者魯西亜より日本江対し纔の害をなせとも、此後北国を常々取囲むへし、其期に至り知るへし、日本人永く癖なる所より自から国を失ふへし与申文段、

此儀如何之思慮ニ可有御座哉、難計奉存候得共、右書面を以相考申候得者、北国と而已認有之候得共、敵向北国ニ相限間敷哉ニ奉存候者、日本人永く癖なる所より自から国を失ふと有之候文意を以相考候得者、西国筋平戸・対馬・壱岐・五嶋・長崎其外御国内何れ之地ニ押寄可申儀も難計奉存候得者、不時ニ押寄候時之御手当等も可有御座哉ニ乍恐奉存候、

一、魯西亜ニおゐて甚恥辱を請候与申文段、

此儀相考申候処、遠境相隔候おろしや国ゟ態々日本江使節之者差越候儀者、欧邏巴諸州ニおゐて不存国者無御座候、然るに右使節之次第御請無御座候儀、他邦ニ対シ面目無之存候所より恥辱与奉存候儀哉ニ相考申候、
右之外、日本江対シ恨ミを含候儀者、十四五ヶ年以前、魯西亜人松前之地江罷越候節、若願ふへき事有之ニおゐて者、長崎之地江可罷越旨信牌を被下候ニ付、遠海態々御当所江乗渡候処、願之次第御許容無之、御差返ニ相成候故之儀ニも可有御座哉与相考申候、
右者御内分之御尋ニ付、不奉顧恐、私誠ニ推察仕候次第密々奉申上候、

かひたん
へんでれき・どうふ

右之通、かひたん横文字以書付申上候ニ付、和解仕差上申候、以上、

卯九月十四日

附ケ紙△ 病気ニ付印形不仕候、

通詞目付　茂伝之進　△
大通詞　石橋助左衛門　印
同　中山作三郎　印
同見習　本木庄左衛門　印

ドゥーフは、まず仏文書簡には「魯西亜之諸侯之名判」もなく虚実ははっきりしないが、宣戦布告の書面でもないようであるという。その上で、次の二点を指摘している。

1 「此後北国を常々取囲むへし」とあるが、「日本人永く癖なる所より自から国を失ふへし」という文意から考え

れば、北方の領土だけではなく、ロシアは「西国筋」をはじめ日本国内のどこであっても襲撃してくるかもしれない。不時の襲撃に対する海防が必要である。

2　日本に使節を派遣して通商要求を拒絶されたことは、ヨーロッパ中の国が知っており、ロシアは面目を失って、「恥辱」を受けたといっている。願いがあれば長崎にくるようラクスマンに信牌を手交したので、レザノフが長崎にやってきたが願いは聞き遂げられなかったこともある。

ドゥーフの意見は、見当違いとはいえ1は、幕府の対外的危機感をより増幅させたであろうし、ロシア使節の対応に関する批判である2も、幕府にロシア側の認識と全く相反していることを知らしめたであろう。松前奉行宛の書簡は「フヴォストーフが自分の行動を正当化しようとする弁明書でもあった」[46]とされるが、長崎での対応を非難されたあげく、さらなる蝦夷地の襲撃を予告する内容と理解されたことから、一種の脅迫文として受け取られ、幕府のロシアに対する態度をより硬化させたと考えられる。

〔史料四〕と〔史料五〕は、遅くとも一〇月上旬には江戸に届けられたと思われる。幕府の反応を知りうる史料には接していないが、文化五年ごろに貸本として流布していた『北海異談』には、

爰に近来対州より何かハ知らず御内意申上らる丶事有之、其上阿蘭陀のカピタン言上の事などあれバ、爰におゐて当十一月下旬御内評有しとかや、此時にハ専ら松平越中守の賢慮を借り給ひしといへり、此事ハ至つて重き事と見へ重き御役人の外知る者なし、[47]

といった記事がある。『北海異談』には荒唐無稽な記述も多く[48]、引用記事の信頼性は低いが、「阿蘭陀のカピタン言上の事」とはドゥーフのフヴォストフ文書に関する一連の回答を指し、これをめぐって一一月下旬に幕府の評議があり、松平定信が関与した可能性[49]も一概には否定できない。

なお、『丁卯秘韞』において大槻玄沢は、ロシアの諸侯の名前や判がないとの指摘に対しては、妥当として「コレニテ魯西亜帝ノ命ニアラサルヲ知ヘシ」と、北辺のみならず全国各地に襲撃の可能性があるとの指摘に対しては、「此考不当、甲比丹ノ誤見」と評している。

おわりに

これまで『日本回想録』の記述によってしか知られてこなかったドゥーフとフヴォストフ文書の関わりを、『蝦夷地江魯西亜船来津ニ付かひたん江御問合被為成候御書面幷かひたん〻内密申上候書付』を紹介しながら検討してみた。

文意のつかめぬフヴォストフ文書に関して、幕府は、二度にわたってドゥーフに問い合わせ、翻訳を依頼し、さらなる意見報告や情報提供を求めた。樺太に残された露文の銅板文字と書簡については、ロシア語を解さなかったドゥーフは文意を明らかにできなかったが、一連の文書の様相をよく観察し、自らの推察を返答している。釈放した番人らに手渡された松前奉行宛の仏文書簡に関しては、幕府の憤激を招かぬよう穏和な表現でオランダ語に直し、かつ自らの意見を申し出ることで、幕府の命令に応えている。さらに幕府は、蝦夷地襲撃がロシア皇帝の命によるものか否かを、オランダ本国へ照会して調査するようドゥーフに命じている。

以上の検討から、幕府は、日露間の紛争という対外的危機に直面して、外交上、ドゥーフを積極的に利用しようとしたことがわかる。フヴォストフ文書をめぐるドゥーフの対応は、幕府を十分に満足させるものであった。文化五年（一八〇八）三月二日、幕府は、「甲必丹エ和解物其外御用被仰付、右御用相弁エ答之趣篤実タルヲ以テ」として、ドゥーフの対応に謝意を表して銀三〇枚を下賜した(50)。ドゥーフは、「将軍から物を賜わるという栄誉を得た商館長はこの一六〇年間にただ一人である」と書き記している。[51]幕府はドゥーフを評価して、その利用価値を認めていることも明らかとなる。

ロシア語・フランス語を正しく理解する者は、文化四年（一八〇七）当時、幕府の周囲にはいなかったから、一連のドゥーフの回答は、対外政策の上で幕府に重要視されたであろう。また、回答の内容は幕府のロシアに対する警戒心をより増幅させることにつながったと考えられる。以降、幕府は、ヨーロッパの砲術・海戦術を問い合わせたり、[52]洋式軍艦導入のためにオランダ人士官の招聘を依頼したりするなど、[53]外交のみならず軍事においてもドゥーフを利用しようとした。その背景が、フヴォストフ文書をめぐる日蘭交渉にあったと理解されよう。

註

（1）松田清『洋学の書誌的研究』（臨川書店、一九九八年）六五三頁を参照。

（2）井上満訳、ゴロヴニン『日本幽囚記』上（岩波書店、一九四三年）、二三五～二五二頁、同訳、ゴロヴニン『日本幽囚記』中（岩波書店、一九四三年）、八七～九〇頁。フヴォストフ文書について問い質されたことは、ゴローウニンとともに捕縛・抑留されたムールも、松前奉行に提出した『模烏児獄中上表』のなかで触れている。岩下哲典・松本英治「明海大学図書館所蔵『模烏児獄中上表』上下について（上）」（『明海大学教養論文集』第一一号、一九九九年）七六頁。

（3）永積洋子訳、ドゥーフ『日本回想録』（雄松堂出版、二〇〇三年）一二三～一二五頁。

（4）古賀十二郎『長崎洋学史』上巻（長崎文献社、一九六六年）、一〇五～一一二頁、富田仁『長崎フランス物語』（白水社、一九八七年）四七～六八頁、宮永孝『日本史のなかのフランス語』（白水社、一九九八年）一九～二九頁を参照。

（5）高野明「大槻玄沢遺物フヴォストフ文書考」（『日本歴史』第六五号、一九五三年）、同「フヴォストフ文書考」（『早稲田大学図書館紀要』第六号、一九六四年）、同『日本とロシア』（紀伊國屋書店、一九九四年）、郡山良光「フヴォストフ文書の訳文」（『日本歴史』第三四六号、一九七七年）、同『幕末日露関係史研究』（国書刊行会、一九八〇年）、前掲、富田『長崎フランス物語』、岩井憲幸「鷹見泉石旧蔵ロシア語関係資料若干についての覚書」（古河歴史博物館紀要『泉石』第一号、一九九〇年）、同「幕末ロシア語研究の新出資料について―国学者平田篤胤のロシア語資料―」（『明治大学人文科学研究所紀要』第六五冊、二〇〇九年）、前掲、松田『洋学の書誌的研究』。樺太に残された露文の銅板文字二種と書簡一種の原文書は伝存しないが、早稲田大学図書館（大槻玄沢旧蔵）、愛日文庫（山片蟠桃旧蔵）、古河歴史博物館（鷹見泉石旧蔵）、国際日本文化研究センター（渋川敬直旧蔵）、国立歴史民俗博物館（平田篤胤旧蔵）に所蔵される写本に写しが収録されている。早稲田大学図書館と愛日文庫の写しは高野氏が、古河歴史博物館と国立歴史民俗博物館の写しは岩井氏が、国際日本文化研究センターの写しは松田氏が、それぞれ詳細に検討を加えている。いっぽう、釈放した捕虜に手渡した松前奉行宛の書簡は、露文・仏文ともに国内に伝存する写本が紹介されたことはなかった。前掲、松田『洋学の書誌的研究』六五三～六五四頁では、計四種の文書について、伝存写本と当時の和訳の有無を整理しており、参照されたい。

(6) 武藤長蔵『日英交通史之研究』（復刻版）（同朋舎、一九七八年）三四〇頁を参照。

(7) 齋藤阿具訳注『ヅーフ日本回想録』（復刻版）（雄松堂書店、一九六六年）二〇〇～二〇一頁。齋藤氏は「海牙文書一八〇七年の秘密報告中に原仏文書の写あり」として、明白な誤字を訂正したものを翻刻紹介している。「海牙文書一八〇七年の秘密報告」とは、Afgegane stukken 1807. Apparte aanteekeningen van Hk.Doeff. van den 30. Augustus tot den 19. October.（K.A.11783）[Tōdai-Shiryō Microfilm 6998-1-68-13] のことであろう。齋藤氏は触れていないが、仏文書簡の写しに続いてドゥーフによる蘭訳文も記されている。

(8) 前掲、松田『洋学の書誌的研究』六五三～六五四頁を参照。

(9) 「休明光記附録」（『新撰　北海道史』第五巻史料一〈復刻版〉、清文堂出版、一九九一年）一一七七頁。

(10) 内閣文庫所蔵史籍叢刊特刊第二『視聴草』第六巻（汲古書院、一九八五年）、七二頁。

(11) 本書第二部第二章「阿蘭陀通詞の出府と訳業」を参照。

(12) 『御奉書御書附類目録』（長崎歴史文化博物館所蔵）。

(13) 前掲、ドゥーフ『日本回想録』二四六頁。

(14) 日蘭学会編・日蘭交渉史研究会訳注『長崎オランダ商館日記』三（雄松堂出版、一九九一年）、三〇頁。

(15) 同右、五二～五三頁。

(16) 前掲、ドゥーフ『日本回想録』一二三頁。

(17)「魯西亜人丙寅秋唐太島エ指置書写」(古河歴史博物館所蔵鷹見家資料)。史料名を上書きした包紙に図2と図3の二葉が包まれている。以下、鷹見泉石筆写のフヴォストフ文書については、前掲、岩井「鷹見泉石旧蔵ロシア語関係資料若干についての覚書」一一～一四頁を参照。

(18) 前掲、岩井「鷹見泉石旧蔵ロシア語関係資料若干についての覚書」一三頁。

(19)『渋川家文書』第八冊所収「文化三寅年魯西亜人ホウヲシトフ北蝦夷地クシユンコタン乙名江差遣候書面通弁書」(国際日本文化研究センター所蔵)。以下、村上貞助筆写のフヴォストフ文書については、前掲、松田『洋学の書誌的研究』六五二～六六一頁を参照。

(20) 現在、知られている書簡の写しについて、所蔵先と収録史料名、旗印の有無、№の有無、日付を整理しておく。①早稲田大学図書館所蔵洋学文庫『大槻家旧蔵欧文零葉集』、旗印無、№無、11―23、②愛日文庫所蔵「去寅九月唐太島クシユンナイエ異国船渡来上陸致し番屋焼払候節同新弁天社之華表へ掛置し唐金板弐枚之内」「丙寅九月唐太島クシュンナイ番屋焼払残置し三通之内」、旗印有、№5?、11―23?、③古河歴史博物館所蔵鷹見家資料「魯西亜人丙寅秋唐太島エ指置書写」、旗印無、№無、11―23、④国際日本文化研究センター所蔵『渋川家文書』第八冊所収「文化三寅年魯西亜人ホウヲシトフ北蝦夷地クシユンコタン乙名江差遣候書面通弁書」、旗印無、№5、12―24。②は、筆者は未見である。前掲、高野「フヴォストフ文書考」一六頁に写真版が掲載されているが、№の有無と日付については判読できなかったので、矛盾するが本文の高野氏の指摘に従っておいた。なお、国立歴史民俗博物館所蔵平田篤胤関係資料『ロシア文写』は、銅板文字のみの写しで書簡はない。また、⑤『日本幽囚記』所収の写しは、旗印有、№5、12―24、⑥ロシア国立文書館所蔵の写しは、旗印無、№無、12―24となっている。⑤は、前掲、高野「フヴォストフ文書考」一三頁の写真版、⑥は、高田屋嘉兵衛展実行委員会編『豪商高田屋嘉兵衛』(高田屋嘉兵衛展実行委員会、二〇〇〇年)八五頁の写真版からそれぞれ判断した。

(21) 藤田覚『近世後期政治史と対外関係』(東京大学出版会、二〇〇五年)一二三～一三五頁を参照。

(22) 本書第二部第四章「幕府の戦時国際慣習への関心」を参照。

(23) 前掲、松田『洋学の書誌的研究』六五四頁を参照。

(24)「休明光記」(『新撰 北海道史』第五巻史料一〈復刻版〉、清文堂出版、一九九一年)四八九頁。

(25) 前掲「休明光記附録」一二一三頁。

(26) 前掲、藤田『近世後期政治史と対外関係』一二八頁を参照。
(27) 『通航一覧』第七（国書刊行会、一九一三年）、三一七頁。
(28) 本書第三部第一章「大槻玄沢と幕府の対外政策」を参照。
(29) 『丁卯秘韞』（天理大学附属天理図書館所蔵）。破損により判読できない箇所は、『婆心秘稿』第一冊所収「丁卯秘韞」（国立公文書館所蔵内閣文庫）を参照した。
(30) 本書第二部第二章「阿蘭陀通詞の出府と訳業」を参照。
(31) 『今度魯西亜人襲来候説』（北海道大学附属図書館北方資料室所蔵）。
(32) 前掲、ドゥーフ『日本回想録』一二三～一二四頁。なお、ドゥーフは、露文書簡を見た翌日に仏文書簡の翻訳を命じられたと記しているが、記憶違いである。
(33) 前掲、ゴロヴニン『日本幽囚記』中、一七五頁。
(34) 齋藤阿具氏や宮永孝氏の仏文訳、郡山良光氏の露文訳がなされているので参照されたい。前掲『ヅーフ日本回想録』一九八～一九九頁、宮永『日本史のなかのフランス語』一六～一七頁、郡山「フヴォストフ文書の訳文」八六頁、同『幕末日露関係史研究』二四三～二四四、三三七頁。
(35) 「魯西亜船乱妨についての問合」（長崎歴史文化博物館所蔵）。
(36) 前掲、藤田『近世後期政治史と対外関係』四二～四八頁を参照。
(37) 内閣文庫所蔵史籍叢刊第三巻『新令句解・蠹餘一得（一）』（汲古書院、一九八一年）七八～八〇頁。
(38) 前掲『通航一覧』第七、三一八～三四〇頁。
(39) 若年寄堀田正敦らは、七月二六日に箱館に到着し、九月上旬まで蝦夷地に滞在し、各地を巡見している。前掲「休明光記」五一四～五二〇頁。
(40) 日蘭学会編・日蘭交渉史研究会訳注『長崎オランダ商館日記』四（雄松堂出版、一九九二年）、二九九～三〇一頁。
(41) 『去ル寅秋魯西亜船蝦夷地江罷越候儀ニ付尚又此節被仰渡候趣御請奉申上候横文字和解』（江戸東京博物館所蔵）。「ロシア人の蝦夷地における狼藉に関するオランダ商館長返答書邦訳控」と仮題が付されて登録されている本木家の旧蔵史料である。
(42) 前掲『長崎オランダ商館日記』四、三〇一頁。

(43)　日蘭学会編・日蘭交渉史研究会訳注『長崎オランダ商館日記』六（雄松堂出版、一九九五年）、二〇六～二〇七頁。
(44)　日蘭学会編・日蘭交渉史研究会訳注『長崎オランダ商館日記』七（雄松堂出版、一九九六年）、一六八～一六九頁。
(45)　齋藤阿具『ヅーフと日本』（広文館、一九二二年）七八～七九頁を参照。
(46)　前掲、郡山『幕末日露関係史研究』三三七頁。
(47)　『北海異談』五（国立国会図書館所蔵）。
(48)　松本英治「北方問題の緊迫と貸本『北海異談』の筆禍」（『洋学史研究』第一五号、一九九八年）三四～三五頁を参照。
(49)　文化魯寇事件への松平定信の関与については、次のような研究がある。高澤憲治「老中松平信明の辞職と復職―寛政末～文化期の幕政運営―」（『南紀徳川史研究』第五号、一九九四年）、前掲、藤田『近世後期政治史と対外関係』。
(50)　森永種夫校訂『続長崎実録大成』（長崎文献叢書第一集第四巻）（長崎文献社、一九七四年）一六九頁。
(51)　前掲『長崎オランダ商館日記』四、一九〇～一九一頁。
(52)　本書第二部第四章「幕府の戦時国際慣習への関心」を参照。
(53)　本書第二部第三章「幕府の洋式軍艦導入計画」を参照。

第二章　阿蘭陀通詞の出府と訳業

はじめに

文化元年（一八〇四）九月、ロシア使節レザノフは、ラクスマンの持ち帰った信牌を持参して長崎に来航し、国交と通商を求めた。しかし、翌年三月、幕府は新規に通信・通商の関係を開くことは祖法によって認められないと回答して、その要求を全面的に拒絶し、レザノフは失意のうちに帰国することとなった。このことが原因となって、文化三年（一八〇六）九月、レザノフの命を受けたフヴォストフは、ロシア軍艦ユノナ号を率いて樺太を襲撃した。文化四年（一八〇七）四月には、ダヴィドフ率いるアヴォシ号とともに択捉島のナイホに向かい、番所を焼いて番人を捕虜として連行し、ついでシャナを襲撃して南部・津軽両藩の警備兵を敗走させた。五月には再び樺太を襲撃し、さらに六月にかけて礼文島・利尻島付近で幕府や松前藩の船を襲った。ロシアの武力行使に対して、幕府は東北諸藩に蝦夷地出兵を命じるなどの軍事的対峙を迫られた。そして、六月にフヴォストフは、松前奉行宛の書簡を持たせて利尻島で捕虜を釈放し、翌年に通商の可否を回答するよう指示して引きあげた。この出来事は文化魯寇事件と呼ばれ、外国による襲撃と日本の敗北という事態は、幕府に深刻な対外的危機感を抱かせた。

文化魯寇事件の勃発によって、幕府は、ロシア船が来航した場合の応接、交渉のさいの通訳や外交文書の翻訳などの対応を迫られた。また、対外政策を進めていく上で、境界を接する北方の地理的状況を把握する必要が生じ、砲術・軍艦など西洋諸国の軍事技術への関心も高まった。このような状況を受け、幕府は、文化四年から翌年にかけて長崎の阿蘭陀通詞に相次いで出府を命じ、ロシア船が来航した場合の応接に備えるとともに、外交文書や軍事・地理関係の蘭書の翻訳などを行わせた。

出府を命じられた阿蘭陀通詞は、名村多吉郎・馬場為八郎・石橋助左衛門・本木庄左衛門・馬場佐十郎の五名である。なかでも、馬場佐十郎の出府と訳業は、天文方の高橋景保のもとで進められていた世界地図の編纂に大きく貢献した。多言語に通じ、並外れた語学力を有する佐十郎は、「新訂 万国全図」の完成後も江戸に留め置かれた。そして、文化八年（一八一一）、幕府は天文方に蛮書和解御用を創設して、佐十郎を従事させたことはよく知られている。一連の経緯については、片桐一男氏による研究があり、天文台詰通詞の形成過程として位置付けられている(1)。最近では、木村直樹氏が、幕末維新に多言語に通じた「通訳」として活躍する阿蘭陀通詞のあり方のなかで論じている(2)。

さて、筆者は、文化期に幕府が直面した対外的危機とその軍事的・外交的対応を検討していくなかで、出府を命じられた阿蘭陀通詞の訳述が果たした役割を強く意識するようになった。本章では、文化四年から翌年にかけて出府した四名の阿蘭陀通詞、名村多吉郎・馬場為八郎・石橋助左衛門・本木庄左衛門について、一人一人の出府の経緯と訳業を検討することを課題とする。四名の阿蘭陀通詞が、文化魯寇事件という対外的危機に直面するなかで、幕府からいかなる訳述や業務を命じられ、それに応えていったのかを問うこととなる。天文方が阿蘭陀通詞を擁して幕府の翻訳業務を担っていく端緒となったことにも注意を払いたい。馬場佐十郎の功績が強調されるあまり、在府の期間が限られた他の阿蘭陀通詞にはあまり注目されてこなかったが、果たした役割は小さくない。

訳業については、幕府に提出され、江戸で行ったと確認できる訳述を検討の対象とする。すべてが軍事・地理関係の訳述である。大部な翻訳書だけでなく、事典類の部分的な訳述などにも目を向けてみたい。ヨーロッパ学術の広まりという観点から、八百啓介氏や上野晶子氏によって、一八世紀のオランダ語事典類とその翻訳成果である『厚生新編』に関する書誌的研究が発表されている。(3) このような視点をふまえ、本章においても取り上げる訳述に関しては、内容はもちろんのこと、訳述の経緯、写本、利用した蘭書などについて書誌的考察を試みたい。基礎的作業であるが、対外的危機に直面した文化期における幕府の軍事的・外交的対応を、阿蘭陀通詞の訳述から見直すことにもつながるだろう。

なお、本章で取り上げた訳述には、初めて紹介するものもあるいっぽうで、諸先学の研究によって著名なものもある。著名な訳述については、諸先学の研究成果に屋上屋を架すにすぎないところもあるが、訳業の全体像を把握するために取り上げたことをお断りしておく。

一　名村多吉郎の出府と訳業

1　出府の経緯

大通詞名村多吉郎と小通詞格馬場為八郎の出府に関しては、『長崎志続編』を見ると、(4) 文化四年（一八〇七）七月三日、「急御用ニ付可致出府旨」を命じられ、六日に長崎を出立して江戸に向かったことがわかる。オランダ商館長ドゥーフの「公務日記」によれば、(5) 多吉郎と為八郎は、出府の理由を「松前へ行くため、直ちに江戸へ発たねばならぬ」と説明しており、ドゥーフに諸外国の旗譜とロシア地図の借用を求め、交戦状態にあるロシア船に出向いて交渉する方法を尋ねた。また、「昼夜兼行で旅行しなければならない」とドゥーフに告げており、まさに「急御用」であったことをうかがわせている。

『視聴草』が伝える「江戸風聞」には、[6]「大通詞名村多吉郎七月廿七日江戸着のよし、小通詞の名いまたしれす」とあるから、江戸への到着は七月二七日と見られる。そして、「先達て長崎ゟ着せし通詞とも他行一切之差留、長崎やに罷在るよし」、「桂川甫周宅へ一日参り候より外ハ未御用もなし」といい、長崎屋に宿泊し、外出は一切禁止され、桂川甫周のもとへ行った以外は待機を命じられたようである。さらに「摂津守殿御用先へ通詞御用に御座候てさし下し申へきよしを被申遣」とあって、今回の御用が堀田摂津守正敦の指示によるとしている。

結局、出府後の名村多吉郎と馬場為八郎は、蝦夷地に派遣されずに、江戸で訳述に従事することになった。ただちに蝦夷地に派遣されなかったのは、通商の可否を翌年に回答することを要求して、フヴォストフが襲撃行為をやめて帰還した後であったからだろう。多吉郎は、八月初めから中旬にかけて、為八郎とともに勘定奉行柳生主膳正久通の屋敷でフヴォストフの仏文書簡の翻訳に取り組んだ。[7]訳述は「「コウランツトルコ」之内「ボイス」大略和解」が確認できる。

その後、名村多吉郎は、文化四年一〇月七日に帰郷を命じられ、銀七枚を褒美として与えられた。[8]ドゥーフの「秘密日記」によれば、[9]一〇月一一日に江戸を出立し、文化五年（一八〇八）二月三日に長崎に戻ったようである。ドゥーフは、帰郷の理由として、「多吉郎の江戸における行状が、同人が帰還を命ぜられた原因だ」といった噂を書き留めている。また、文化八年（一八一一）に天文方の間重富が高橋景保に宛てた書簡でも、「既ニ名村多吉郎、先年なら村《（林）》の如者も皆放逸之御沙汰ニ相成申候」[10]と述べられている。表向きは石橋助左衛門との交代だったが、実際は「放逸」が原因で長崎に戻されたに相違ない。

「「コウランツトルコ」之内「ボイス」大略和解」

東北大学附属図書館所蔵狩野文庫の『異国事情』に、これまで紹介されたことがない「「コウランツトルコ」之内「ボイス」大略和解」という名村多吉郎の訳述が収録されている。末尾には「丁卯九月」「名村多吉郎」とあって、文化四年（一八〇七）九月に訳述が提出されている。表題は「「コウランツトルコ」之内「ボイス」」とあり、その次行に「大略和解」とあるが、おそらくは筆写のさいにこのようになっただけで、「「コウランツトルコ」之内」と「「ボイス」大略和解」からなる訳述である。「コウランツトルコ」は、ヒュブネルの『新訂増補 時事解説事典』Hubner (Johann), *De nieuwe, vermeerderde en verbeterde kouranten-tolk.* Leyden, 1748.、「ボイス」は、ボイスの『新修 学芸百科事典』Buys (Egbert), *Nieuw en volkomen woordenboek van konsten en weetenschappen.* Amsterdam, 1769–1778. 10 vols. と判断され、いずれも舶載例が多く、阿蘭陀通詞や蘭学者に広く利用された事典類である。両者とも幕府の所蔵本と推定しておきたい。『新修 学芸百科事典』については、一七九一年と一七九四年の日蘭貿易の積荷の送り状に将軍宛の品物として記載があり[11]、近藤重蔵の『好書故事』には「学芸全書」「十二冊」「俗訛言ボイス」[12]とあるから紅葉山文庫に所蔵されていたと思われる。

内容は、「「モスコヒーン」、一名リユスラント、魯西亜国なり」として、ロシアの地理と地域区分を概観した上で、ピョートル大帝の治世に改革が進められ、北方戦争に勝利して大国となったことを述べる。ここまでが「「コウランツトルコ」之内」で、以下が「「ボイス」大略和解」である。「陸戦をなすには其地理に随ひ要害を拵へ、尤臨機応変種々の備有之候得共、大略左之如し」として、「壕」や「バテレイ」（batterij、砲台）など西洋諸国の防御施設を略述する。さらに、「武官大略」、「炮器大略」、「軍船大小之次第」と題して、西洋諸国の武官の名称、使用される大砲と武器類、軍船の大小と装備する大砲数を解説する。静岡県立中央図書館所蔵葵文庫本を用いて翻訳した箇所を確認してみると、訳述の多くが抄訳であること、「炮器大略」に掲げられた絵図は挿図から写し取ったことなどがわかる。末尾には「右之外、臨機応変種々之備、或者武官兵器等数々御座候得共首尾不詳候ニ付、大略和解仕申候、以上」とある。

事典類の項目を抄訳したものだけに、簡略で実用性はないが、幕府の西洋諸国の軍事・地理への関心を示す端緒として興味深い。この訳述が契機となって、幕府は、より詳細な西洋諸国の軍事技術への関心を抱き、文化四年一二月、ドゥーフに対してヨーロッパの砲術・海戦術を問い合わせることを試みたと考えられる[13]。問い合わせとその回答を書き留めた長崎歴史文化博物館所蔵の『阿蘭陀船陸戦大略』には、表題・訳者・絵図を省略するも「「ボイス」大略和解」を収録している。ドゥーフに対する問い合わせとの関連がうかがえる。

二　馬場為八郎の出府と訳業

1　出府の経緯

出府を命じられた事情は名村多吉郎と同様である。『長崎志続編』によれば[14]、文化四年（一八〇七）一〇月七日、馬場為八郎は多吉郎とともに帰郷を命じられ、銀五枚を褒美として与えられたが、一〇月二六日に「尤為八郎儀ハ可留置旨」を言い渡された。為八郎が江戸に留め置かれたのは、フヴォストフが通商の可否の返答を求めて、文化五年（一八〇八）に再び来航する旨を予告していたから、蝦夷地に派遣して応接させるためと考えられる[15]。また、天文方で軍事・地理関係の蘭書を翻訳させる目的もあったはずである。というのは、一一月に、天文方の高橋景保が若年寄堀田正敦の手元にあった幕府所蔵の蘭書「リュスランド」を借り受け、為八郎に翻訳を命じているからである。[16] 一一月以降、為八郎は精力的に蘭書の翻訳に取り組んだ。文化四年の訳述としては、「コウランツトルコ地図書ニ著有之候を和解」、「タルタリヤ風土記蘭書之内阿蘭陀人松前辺ニ乗落し之儀魯西亜ト支那戦争之儀和解書」、「水戦幷火術用法記」、「魯西亜国使聘支那行程日記」があげられる。

文化五年に馬場為八郎は蝦夷地へ派遣された。『長崎志続編』には「二月廿九日、蝦夷地御用ニ付可被差遣旨、於江府蒙命令、三月廿二日江府出立ス」[17]とある。蝦夷地における動向は不明な点が多いが、為八郎は松前奉行河尻肥後守春之とともに行動し、五月以降は宗谷に詰め、松前奉行支配吟味役高橋三平の依頼で樺太図に所見を書き込んだという。[18] 長崎に帰郷した後、オランダ商館長ドゥーフに「一〇〇日間宗谷に滞在していた」[19]と語っているから、八月ごろまで宗谷にいたはずである。天文方の間重富が、文化五年一一月一六日付の間重新に宛てた書簡で、「馬場為八郎儀今日ニ至り帰り不申候。恐くハ病気ニも可有之哉与心配ニ存候」[20]と案じているから、一一月中旬に江戸に到着する旨が伝えられていたと思われる。江戸に戻った後も訳述に従事し、一二月に「支那韃靼」を完成させている。

最後に馬場為八郎の帰郷を見ておこう。『品々御用被下物留』によると、[21] 文化五年一二月一六日、「去卯年蝦夷地御用ニ付当地江呼寄、帰郷之節銀五枚被下候処、御用公之留置、猶又当春蝦夷地江差遣し、そうや辺迄罷越候」という理由で「銀七枚」の褒美を与える伺いが出され、一八日に許可されている。江戸を出立したのは、文化六年（一八〇九）二月二〇日である。[22] ドゥーフの「秘密日記」によれば、[23] 為八郎が長崎に着いたのは四月二〇日で、二二日には蝦夷地の北端の緯度を調べたことなどを語っている。

2　訳　業

「コウランツトルコ地図書ニ著有之候を和解」

東北大学附属図書館所蔵狩野文庫の『異国事情』に収録された訳述で、表題はないが、末尾に「右者コウランツトルコ地図書ニ著有之候を和解仕奉差上候、以上」とあるから、さしあたり右の仮題を付けておく。「卯十一月」「馬場為八郎」とあり、名村多吉郎の帰郷後、ヒュブネルの『新訂増補　時事解説事典』を引き継いで、文化四年（一八〇七）一一月に提出した訳述と見られる。

内容は、まず「亜墨利加、一名新世界、両印度」とあって、コロンブスによるアメリカ大陸の発見とアメリカの名称の由来を述べ、南北アメリカの地名をあげて産物などに言及する。この部分は、すでに石山洋氏によって、AMERIKA の項目の訳述であると指摘されている。(24)ついで、「ニーウヨルク」「ボストン」「亜瑪港《アマカハ》」の訳述が続く。「ニーウヨルク」と「ボストン」の訳述の末尾に、それぞれ「当卯年長崎渡来之商売船者同所之者ニ御座候」、「当卯年四月長崎湊沖江罷越候船ハ同所之者ニ御座候」とある。

文化四年の長崎では、四月にボストン船籍のアメリカ船エクリプス号が水や食料を求めて来航し、長崎奉行が薪水の給与を許可して退去させる事件があった。また、六月に日蘭貿易のためにマウント・ヴァーノン号が来航したが、実はアメリカ傭船で、アメリカの船旗を掲げて来航したために長崎奉行の嫌疑を招く出来事があった。(25)このような長崎の事件・出来事を背景に、名村多吉郎に行わせたロシアの項目に続いて、幕府はアメリカの項目の訳述を馬場為八郎に命じたと思われる。

「タルタリヤ風土記蘭書之内阿蘭陀人松前辺ニ乗落し之儀魯西亜ト支那戦争之儀和解書」

早稲田大学図書館所蔵の『俄羅斯紀聞』第二集第六冊の「輯秘録」に収録された訳述で、末尾に「右者文化四卯年通詞馬場為八郎和解書也」とある。管見では、他に写本はなさそうである。内容は、一六八三年からネルチンスク条約の締結に至る一六八九年までロシアと清の間で戦われた六年戦争[26]について、バイカル湖周辺のセレンギンスクをめぐる攻防を訳述したものである。これが表題の「魯西亜ト支那戦争之儀」にあたる部分である。訳述したのは、露清間の戦争の実態を明らかにすることが、文化魯寇事件を理解する上で役立つと考えられたからだろう。いっぽう、表題の「阿蘭陀人松前辺ニ乗落し之儀」に該当する部分は記されていない。表題から察するに、一六四三年のオランダ人フリースによる蝦夷地周辺の探検航海を取り上げた訳述と思われるが、転写のさいに欠落したものか、未完に終わったものかは判然としない。

「タルタリヤ風土記」に該当する蘭書を探索したところ、ウィツェンの『北・東タルタリア誌』Witsen (Nicolaas), *Noord en Oost Tartaryen.* Amsterdam, 1785. 2 vols. と判明した。文化六年（一八〇九）五月一日付の高橋景保の間重富宛の書簡には、「去春為八郎江曲淵より下け候韃靼紀事之蘭書松田蔵二冊、長崎奉行より佐十郎江相下り、蝦夷地之所和解被仰付候。祭酒ノ存寄之由、同人義此節甚出精致居候[27]」とあって、長崎奉行曲淵甲斐守景露から「韃靼紀事之蘭書」が馬場為八郎に渡されている。この蘭書が『北・東タルタリア誌』だろう。景保は「去春」、すなわち文化五年（一八〇八）の春と記すが、実際は文化四年（一八〇七）のうちに渡されていたと考えられる。北海道大学附属図書館所蔵の複製本を利用して翻訳した箇所を調べてみると、vol. 1のpp. 101–103であることがわかった。景保の書簡に見える通り、『北・東タルタリア誌』は、帰郷する為八郎が返却した後、改めて長崎奉行土屋紀伊守廉直から出府していた馬場佐十郎に下げ渡され、大学頭林述斎の意向もあって「蝦夷地之所」の翻訳を命じられた。この訳述が、文化六年七月、『東北韃靼諸国図誌野作雑記訳説』として呈上されたことはよく知られている(28)。内外の文献をもとに綿密な考証が加えられた内容は、天文方における世界地図の編修に大きく寄与することになった。景保は『北・東タルタリア誌』を「松田蔵」と記すが、福井保氏によれば、当時は紅葉山文庫の所蔵で、明治以後、東京帝国大学図書館に移管され、関東大震災で焼失したという(29)。また、松田清氏は、天保四年（一八三三）ごろに作成された「蛮刊御図書目録」に記載があることから、佐十郎の利用後は天文方の所蔵になっていたと見ている(30)。

「水戦幷火術用法記」

国際日本文化研究センター所蔵の天文方の旧蔵史料である『渋川家文書』第八冊に収録された訳述である。他の写本としては、早稲田大学図書館所蔵の『俄羅斯紀聞』第二集第六冊の「輯秘録」に収録されている。また、板橋区立郷土資料館所蔵所荘吉氏蒐集コレクションには『和蘭水戦火器用法記』と題した単独の写本もあり、他の写本にない「戦艦中之図」と「戦艦全形之図」が描かれている。以下では、比較的良質と思われる『渋川家文書』第八冊に収録された写本に拠って見ていきたい。末尾には「右者和蘭書籍ニ有之、且兼而及承候趣相混、和解仕奉差上候、以上」「卯十二月」「馬場為八郎」とあり、蘭書の訳述に自らの知識を加味してまとめ、文化四年（一八〇七）一二月に幕府に提出したものである。

冒頭では、西洋諸国の砲術・海戦術と戦時における国際慣習を八カ条にわたって説明する。説明は概略的であることから、以下で紹介する西洋諸国の武器類の使用方法を理解する上で、参考となる諸点を列挙したものであろう。この箇所は、蘭書の翻訳ではなく、阿蘭陀通詞としてのいわば業務上の知識と、長崎を出立する前にドゥーフに尋ねて得た回答に基づいてまとめたものと判断される(31)。続いて、「ヒユールペイル」（vuurpijl、火矢）や「ストルムサック」

（storm-sak、榴弾の一種）など九種の武器類を絵図入りで解説する。この絵図と解説は「和蘭書籍ニ有之」に該当する部分と考えられる。依拠した蘭書を調査したところ、ボイスの『新修 学芸百科事典』であることが判明した。静岡県立中央図書館所蔵葵文庫本で翻訳の箇所を確認してみると、例えば「ストルムサック」の解説は vol. 9の p. 749の STORM-SAK の項目を訳したものであり、絵図は CCXLVIII の fig. 1の挿図を写し取ったものとわかる。最後には「操碇之事」と題して大船の碇の使用方法を紹介している。この箇所の典拠は未詳である。

『新修 学芸百科事典』に基づいて武器類を解説したという点では、名村多吉郎の「「ボイス」大略和解」と同様だが、両者に共通する武器類は二種だけであり、「水戦并火術用法記」のほうが丁寧な訳述で、馬場為八郎の知識を加味した説明がなされている。文化四年一二月、幕府はロシア船打払令を出しており、それなりの軍事的対応が必要とされていた。多吉郎の「「ボイス」大略和解」を契機として、幕府は、西洋諸国の軍事技術への関心を高め、為八郎に訳述させたものといえる。

「魯西亜国使聘支那行程日記」

文化六年（一八〇九）に馬場佐十郎が呈上した『帝爵魯西亜国志』の序文に、「文化四年丁卯ノ秋、愚父馬場貞歴公事ヲ以テ都下ニ留在ス一日、官府此編ヲ発下シ、其余篇ヲ以テ訳上スベシト命セラル、即先第一巻中所載支那奉使日記ノ条ヲ訳シテ奉ルトイフ(32)」とある。この「支那奉使日記」に該当する馬場為八郎の訳述が「魯西亜国使聘支那行程日記」で、ローレンツ・ランゲの北京旅行記の翻訳である。すでに岩崎克己氏が、『帝爵魯西亜国志』と同じくいわゆる「リュスランド」の翻訳であること、彰考館文庫所蔵の『魯西亜史翻訳』に「魯西亜国使聘支那行程日記」が収録されていること、為八郎以前に同じ箇所を阿蘭陀通詞吉雄幸作が安永七年（一七七八）に訳していることなどを指摘している。(33) また、松田清氏は、為八郎と佐十郎が翻訳したレイツの『新旧ロシア帝国誌』Reitz (Joh. Frederik), *Oude en nieuwe staat van't Russische of Moskovische keizerryk.* Utrecht, 1744. 2 vols. は、もともとは吉雄幸作の旧蔵本で、その後、朽木昌綱・前野良沢・山村才助といった蘭学者の手を経て、若年寄堀田摂津守正敦が幕府の所蔵本とし、それを、文化四年（一八〇七）一一月二八日、高橋景保が借り受けて、翌二九日、為八郎に下げ渡したことを明らかにした。(34) 為八郎の帰郷後は、改めて佐十郎に下げ渡された。佐十郎がvol. 1にあるロシアの交易事情を翻訳して、注釈を加えたのが『帝爵魯西亜国志』である。

彰考館文庫所蔵の『魯西亜史翻訳』は戦災で焼失しているが、(35) 写本は複数存在する。新村出記念財団重山文庫所蔵の『魯西亜国使聘支那行程記』と題した写本があり、A本としておく。東京大学史料編纂所所蔵の維新史料引継本に『支那韃靼地誌和解　魯支交易志　魯西亜国使聘支那行程日記』と題した写本があり、B本とする。またレザノフ来航関係の記事をまとめた北海道大学附属図書館所蔵の『甲子鄂羅使記』にも収録されており、これをC本とする。さらに、D本として、早稲田大学図書館所蔵の『俄羅斯紀聞』第三集第七冊に「魯西亜国誌」と題して収録されている。いずれの写本も成立を知る年月の記載はないが、『帝爵魯西亜国志』の序文からして、文化四年（一八〇七）一二月以降で、馬場為八郎が蝦夷地に派遣される前に完成したと思われる。D本の冒頭に「馬場貞歴奉旨」とあるから、幕府の命による翻訳であることは明白である。A本は虫損が甚だしく判読できない箇所も多いが、良質の写本と思われるので、他本との異同を指摘しながら、A本に基づいて内容を瞥見しておきたい。

最初に「魯西亜都府ペートルスビユルグ□（虫損）り支那北京までの大□（虫損）図」とあり、他本にない記述だが、絵図そのものは写されていない。ついでロシアが清と交易を始めるに至った経緯を訳述する。この箇所は、D本には「支那聘使章」の表題がある。末尾に「此説原書諸国交易の条下に出つ」とあり、ロシアの交易事情の一部を訳述したものという。そこで、北海道大学附属図書館所蔵本を用いて確認してみると、vol. 1の pp. 250–253の翻訳とわかる。そして「魯西亜国使聘支那行程日記」が続く。これは、松田清氏によって、vol. 1の pp. 278–296にある Dag-register van Laurents Langens reize naar China（ローレンツ・ランゲの中国旅行日記）の翻訳であることが指摘されている。(36) 一八世紀前半の露清関係に大きな足跡を残したランゲは、スウェーデン出身の人物で、ピョートル大帝の命を受け、一七一五年八月一八日にペテルブルクを出発し、北京の康熙帝のもとへと向かった。その目的は、清の依頼によるイギリス人医師の護送とさまざまな中国製品の入手にあったとされ、康熙帝は友好的な態度でランゲを受け入れた。(37) その様子は「魯西亜国使聘支那行程日記」からもうかがえる。なお、馬場為八郎は、ヒュブネルの『新訂増補 時事解説事典』やボイスの『新修 学芸百科事典』などを用いて注釈を加えている。『新旧ロシア帝国誌』の記事のなかから、露清間の交渉に関係する旅行記を取り上げたのは、文化魯寇事件の解決策を考える参考資料になると考えたからだろう。

「支那韃靼」

北東アジアの地誌の訳述で、これまで紹介されたことはない。写本は、東北大学附属図書館所蔵狩野文庫の『異国事情』に収録されたものがあり、仮にA本とする。北海道大学附属図書館所蔵の『甲子鄂羅使記』にも収録されており、これをB本としておく。また、東京大学史料編纂所所蔵の維新史料引継本に『支那韃靼地誌 和解魯文交易志 魯西亜国使聘支那行程日記』と題した写本があり、C本とする。さらに、D本として、早稲田大学図書館所蔵の『俄羅斯紀聞』第二集第六冊の「輯秘録」に収録された写本がある。D本は、他本の一部分を抜粋したものである。

さて、A本の末尾には、「右者ゼヲガラアヒイ之内支那韃靼之分和解仕候、以上」「辰十二月」「馬場為八郎」とあって、文化五年（一八〇八）一二月に「ゼヲガラアヒイ」、すなわちヒュブネルの『一般地理学』の一部を翻訳したものである。いっぽうB本の冒頭には、「文化元年おろしや国之使節レサノット持渡りたる地理書、支那韃靼之分を高橋為八郎和解せし書中之抜書」とある。この記述を信じれば『一般地理学』はレザノフが将来したものとなる。レザノフの『日本滞在日記』を見ると、[38]文化二年（一八〇五）三月一〇日に「奉行と大名に、二つの地球儀と、四枚のロシア帝国の地図とロシア民族について書かれた四冊の本を渡してもらいたい」という記述がある。問題は「四冊の本」が『一般地理学』かどうかだが、以下で述べるように六冊本であるので該当しない。また、阿蘭陀通詞がレザノフから受け取った品物のリストには、[39]「小形天地球」「壱対」と「地図」「四組」「但壱組三枚宛」は確認できるが、書籍は見当たらない。馬場為八郎を「高橋」と誤記しているあたりからしても、B本の冒頭の記述は信ずるにあたらないと判断される。

では、この「ゼヲガラアヒイ」はどこが所蔵していたのであろうか。松田清氏は、文化四年一一月一〇日、天文方の高橋景保が若年寄堀田正敦に松平定信が所蔵する「ゼオガラヒ」の借用を願い出ていることを明らかにし、この定信所蔵本は、五巻六冊本の Hubner (Johann), *Algemeene geographie, of beschryving des geheelen aardryks*. Amsterdam, 1769. 5 vols in 6. であり、後に景保や馬場佐十郎が天文方で使用したことを推定している。[40]一般に「ゼオガラヒー」と称されるヒュブネルの地理書には、一冊本、三巻四冊本、五巻六冊本があったことは、すでに岩崎克己氏によって指摘されている。[41]「支那韃靼」の訳述に用いた「ゼヲガラアヒイ」は何冊本であったか。B本には「此原書第五巻支那記の部ナリ」、A本には「魯西亜韃靼ハ第四巻魯西亜記の部ニ詳なり」との注記がそれぞれある。石山洋氏が作成した「ゼオガラヒー」の構成対照表をもとに判断すると、[42]このような構成をとっているのは五巻六冊本である。以上の検討をふまえれば、利用した「ゼヲガラアヒイ」は、景保が定信から借用した五巻六冊本で、vol. 5にある ASIA の Groat Tartarye と China の翻訳であると判明する。

C本は、冒頭に「乍恐口上之覚」として、北東アジアの地図を掲げ、「此節委敷地図持越不申候ニ付、帰府之上、相調可奉申上候」とある。末尾は、A本と異なって、「右者此節持渡候地理書支那韃靼之分和解仕候、以上」「辰七月」「馬場為八郎」となっている。このことから、蝦夷地に派遣された馬場為八郎は、高橋景保が借用した定信所蔵本を持参して翻訳を進め、七月に蝦夷地でひとまず完成させ、帰府した一二月に改めて提出したことがうかがえる。

A本に基づいて内容を一瞥しておこう。冒頭には「大韃靼、ゴロヲトタリタリイ」とあって北東アジアの地誌を概観する。ついで、「支那韃靼」とあり、中国東北部を中心とした地域について、「其一「レアヲトング」遼東」「此地支那北方長城の辺にありて往古より支那に属す」といったように、地名をあげながら地誌を解説している。また、「ヒユブ子ルス書ニ曰く」との注釈も見られ、『新訂増補 時事解説事典』も参考にしているようである。なお、B本・C本にあってA本にはないが、「高橋公蔵書」を参照した注釈もある。高橋景保が世界地図の編修の参考資料とするために、借用した定信所蔵本を用いて、北東アジアの地名・地誌を訳述するよう馬場為八郎に指示したものだろう。

三 石橋助左衛門の出府と訳業

1 出府の経緯

大通詞石橋助左衛門は、文化四年（一八〇七）一一月一九日に長崎を出立した(43)。名村多吉郎との交代のために、出府を命じられたとみてよいだろう。文化五年（一八〇八）一月に「魯西亜漂船幟并和蘭軍船用法大略」と題した訳述を提出しているから、年頭には江戸に到着していたと思われる。

出府後の石橋助左衛門の動向に関しては、『長崎志続編』には次の記事がある。

一阿蘭陀大通詞石橋助左衛門、於江府蘭書和解被命処、年古キ書ニテ、古文古語交リ、難解旨ニテ、他書ヲ見合訓訳イタシ度、且ツ其筋案内ノ阿蘭陀人ヱ応対無之テハ翻訳難成、在府中全部難計ニ付、当年紅毛船在津中致対談度由申出ニ付、六月帰郷被命、銀七枚被下置、右ニ付道中路費拝借願ニ付願ノ通免許有之(44)

石橋助左衛門が命じられた「蘭書和解」は、『ボスシキーテレイコンスト国字解』として知られる西洋砲術書の翻訳である。蘭書の刊行年が古く、古文・古語が交じった内容であったために翻訳は難航し、他書を検討したり、オランダ人と対談したりするために長崎への帰郷を申し出たところ、六月に許可され、銀七枚を褒美として下されたとする。この記事を、出府中の助左衛門による書留(45)で若干補足すれば、江戸を出立したのは六月三日のことで、帰路は許可を得て日光に参詣した後、中山道経由で京都へ向かっている。そして、道中の費用として「金百両」を拝借しており、「返納之儀者受用銀を以、追々長崎会所江可相納候」と指示されている。長崎に着いたのは七月三日のことである(46)。なお、『長崎志続編』の「紅毛船進港幷雑事之部」には「万国風土相記候書」の翻訳も命じられたとある(47)。「万国風土相記候書」の詳細はわからないが、砲術書だけでなく、地理書の翻訳も命じられていたようである(48)。

再度の出府は、『長崎志続編』の文化六年（一八〇九）一月の記事に、「紅毛大通詞石橋助左衛門、就御用出府、七月御用相済、帰郷被命、御褒美銀七枚被下之(49)」とある。ここでいう「御用」とは、前年一二月から本木庄左衛門とともに、幕府の命でオランダ商館長ドゥーフに行った対外情勢に関する尋問の回答を(50)、江戸に出向いて報告することである。ドゥーフは、石橋助左衛門の再度の出府について「万事について説明するために江戸へ行かねばならない」と述べ、二月二四日に長崎を出立したと「秘密日記」に記している(51)。出府後の助左衛門は、四月二一日に勘定奉行柳生久通の屋敷で、長崎奉行土屋廉直と松山惣右衛門が臨席するなかで尋問の回答を報告し、その後も補足説明などの書面を提出している。[52]その結果、幕府は疑問点などをドゥーフに再度尋問することとなったが、質問項目などは助左衛門に指示されたと思われる。七月に「御用相済」となって、銀七枚を褒美として与えられて帰路に就いた。長崎への到着は九月三日のことである。[53]なお、再度の出府のさい、助左衛門が訳述を命じられた形跡は見られない。

2 訳業

「魯西亜漂船幟幷和蘭軍船用法大略」

『甲子夜話』巻九五に収録されている訳述で、[54]他に写本はないようである。平戸藩の松浦静山が林述斎の蔵書を写したもので、[55]対外政策に関与する述斎[56]が所持していたことから、幕府内部の評議などで利用された可能性も考えられる。冒頭に「戊辰正月石橋助左衛門差出」とあって、文化五年一月に幕府に提出された。

内容は、まず「蛮国軍船名」と題して、「リイニイ」(linie、戦列艦)などオランダで使用されている八種類の大小艦船を取り上げ、帆数や船の長さなどの船体構造、大砲の装備などを簡略に紹介する。末尾に「魯西亜にても同様に有之哉之儀は、阿蘭陀人共及承不申候段申之候」とあるから、ロシア軍艦の戦力を把握する意図で、出府以前に石橋助左衛門がオランダ人に尋ねていたのだろう。ただし、艦船の大砲の装備などの具体的な数字をあげた記述は、なんらかの蘭文の典拠があったと考えられる。[57]続いて「魯西亜漂船幟」として、「魯西亜国王幟」や「魯西亜壱号船幟」などロシアの旗図一二点を掲げ、船旗の種類とその使用方法を解説する。司令官の乗船の有無、軍船と商船の区別などが、船旗によって判断できるといった知識も披露されている。描かれた旗図はドゥーフが、名村多吉郎と馬場為八郎に貸与した諸外国の旗譜をもとにしているのかもしれない。このようなロシアの旗図の知識が必要とされた背景には、ロシア船打払令の布告によってロシア船を識別する必要が生じていたこと、[58]フヴォストフが通商の可否を船旗を用いて回答するよう指示していたことがある[59]。さらに、戦闘時の使者の派遣方法や和睦・降伏の意思の示し方といった戦時における国際慣習、戦闘時の艦隊間の合図や軍艦の操船の特徴といった軍事知識を五カ条にまとめた記事が続く。末尾には「右桁々、阿蘭陀人共より兼て及承候趣書載仕候」とあって、オランダ人から聞いた知識に基づくという。ロシアと交戦状態にある状況で、幕府が知っておきたい戦時国際慣習と軍事知識をまとめたものといえる。

『ボスシキーテレイコンスト国字解』

幕府が命じた西洋砲術書の翻訳として知られるもので、すでに有馬成甫氏による検討があり、その後も所荘吉氏・梶輝行氏・福井保氏らによって言及がなされている[60]。これら諸先学の成果をふまえつつ、訳述の経緯と構成、内容などを見ておきたい。なお、写本による異同はあるが、引用する場合は、京都府立総合資料館所蔵の『火筒放発術国字解』乾・坤の二冊が、第一篇から第四篇とその跋文を記した完本で、かつ比較的良質の写本と思われることから、とりあえずのところ、これに拠っておく。

翻訳した蘭書は、凡例には「今を去事凡一百十四五年前にあらはしたるもの」としかないが、オランダの砲兵中佐のフレドリック・ファン・ゼドリッツが著した砲術書 Fredrich von Zedlitz, *Korte en Bondige Verhandelinge der Bosschieterij Konst*. Amsterdam, 1693. であることが、梶輝行氏によって指摘されている。この蘭書が幕府の所蔵本であったことは、長崎に帰郷する石橋助左衛門が「今般和解被為仰付蛮書ボスシ□□（破損）テレイコンスト写取り候而、御本書者□□（破損）可仕旨被仰渡[61]」として、書写の上で原書を返却するよう命じられているから間違いない。所荘吉氏が推測するように、当初、幕府はこの砲術書の翻訳を本木庄左衛門に命じたが、庄左衛門が自らが所持する新版の砲術書の翻訳を申し出たことから返却させ、改めて助左衛門に訳述を命じたと見られる。幕府が翻訳を命じたのは、文化五年

（一八〇八）五月に書かれた第一篇・第二篇の跋文に「数十日之功を累候」、一〇月に書かれた第三篇の跋文に「当夏於江戸被仰渡候」とあるから、四月だろう。しかし、刊行年が古くて古語が交じった内容であり、かつ専門外の軍事知識なども必要とされたため、翻訳は困難を極めた。とくに砲術・化学用語の古語に苦しんだらしい。そこで、五月、翻訳した第一篇・第二篇を提出した後、他書を検討したり、オランダ人の助力を得るために長崎への帰郷を申し出て許可された。帰郷後、オランダ人に助力を得て翻訳を進めようとしたが、古語はドゥーフとて解しがたいほどで、かつオランダ船の欠航によって砲術士官に尋ねることもできなかった。ただし、第三篇には「此法の事、今在館の蘭人に聞しに」とあるから、オランダ人に尋ねていることは確認できる。このような状況下ではあったが、第三篇を一〇月に、第四篇を文化六年（一八〇九）二月に完成させ、幕府に呈上した。第四篇の跋文によれば「火薬等之製作方、火薬調合之方等」は翻訳できなかったという。

次に内容について、有馬成甫氏の整理を参照しつつ述べれば、以下の通りになる。第一篇と第二篇の間に区分はないが、まず、硝石・硫黄・木炭などの性質と、それらに基づく火薬の調合方法を取り上げる。そして、「モルテイール」（mortier、臼砲）などの絵図を掲げ、各種の砲弾を絵図入りで説明し、その製造方法や火薬の調合方法、さらには戦闘での使用方法などを解説する。第三篇は、大砲の発射方法や鋳造方法、使用される銃台などを解説し、各種の大砲のサイズなどのデータを列挙している。第四篇では、大砲の銃車の説明に始まり、問答形式で砲術の注意点などを列挙し、各種の「バッテレイ」（batterij、砲台）を絵図を掲げて説明する。なかなかに詳細な内容ではあるが、ナポレオン戦争に伴って砲術が日進月歩の進化を遂げている状況下では、「骨董的で実用に適しないもの」と有馬氏は評価を下している。

写本は、筆者が実見したものだけでも一〇部以上ある。四篇からなる訳述を三度に分けて提出した事情もあってか、各篇のみの写本も多い。写本の調査によって得た知見を、以下に述べておく。板橋区立郷土資料館所蔵所荘吉氏蒐集コレクションに『西洋火筒放発論』と題する写本が、また、京都府立総合資料館所蔵に『火筒放発術国字解』と題する写本が存在する。題名は、適切な訳語を見出せずに「ボスシキーテレイコンスト」としただけであるから、後年になってから、このような外題を付した写本が流布したようである。国立歴史民俗博物館所蔵所荘吉「青圃文庫」コレクションの『雨玉国字解』は、第三篇と第四篇を収録するもので、帙には「石橋助左衛門自筆」とあるが、自筆とする根拠は見出せない。また、板橋区立郷土資料館所蔵所荘吉氏蒐集コレクションの『和蘭神器秘録』と題する写本は、松平定信が題簽を書いたと伝えられるが、この根拠も明白ではない。ただし、比較的良質の写本で、付箋で説明を加えた箇所がある。訳述の完成後に、石橋助左衛門が補足を加えた箇所かもしれない。さらに、福岡市博物館所蔵青柳種信関係資料の『ボスシキイテレイコンスト国字解』第一編は、福岡藩士で本居宣長門下の国学者として知られる青柳種信の筆写本である。[62]奥書には「文化七年庚午六月中旬、於長崎五嶋町之藩邸書写之、青柳種満」とあって、長崎警備の勤番中に福岡藩の藩邸で筆写したことがわかる。また、佐賀県立図書館寄託鍋島家文庫の『ポスシキイテレイコンスト国字解』は、「此ポスシキイテレイコンスト全部二冊、密借得以書写之、秘蔵之者也、文化七庚午年九月二日、蛟江嶺昌」の奥書がある。訳述後、かなり早い時期から、長崎警備を担当する佐賀藩・福岡藩などに注目され、筆写されていたことが指摘できる。

翻訳にあたって、幕府がドゥーフに協力を依頼していることが重要である。すなわち、文化五年一〇月、第三篇の訳述とともに幕府に提出されたドゥーフの回答書を見ると、[63]「就御用蛮書ホスシキイテレイコンスト和解石橋助左衛門江被仰付候間、対談仕相調候様先達而以御書付被仰渡」、「阿蘭陀船入津之上者、炮術等相心得候者共も乗渡り可申候間、業法火器製作等新規相伝之筋も有之候ハヽ、是又談合候様被仰渡」とあって、幕府は、石橋助左衛門と対談して翻訳に協力すること、オランダ船が入港したら、砲術の使用方法や大砲の製作方法などについて乗船している砲術士官と話し合いたいことを依頼している。「新規相伝之筋も有之」というから、最新の砲術にも関心を寄せていたことがうかがえる。しかし、「古語古文を以て書載有之、其上火術之儀者元来不学」というドゥーフでは協力も限られており、オランダ船の欠航で砲術士官との相談の件は「来秋入津之上、相調子申上候様可仕候」と約束するまでだった。

第四篇の訳述を進めていた文化六年一月ごろと推測されるが、石橋助左衛門がドゥーフに訳述の疑問点を相談したさい、そのやりとりを書き留めた「乍恐口上之覚」という史料がある。(64) これによれば、助左衛門が「当秋阿蘭陀船入津之上、石火矢打乗渡り候ハ、相分り可申哉」と尋ねたところ、ドゥーフは「例年乗渡り候石火矢打共ニ而者相分申間敷哉、自然術士渡来いたし候ハ、翻訳可致旨物語仕候」と述べ、例年乗船している「石火矢打」ではわからないであろうが、「術士」すなわち砲術士官が渡来すれば翻訳できるだろうと答えた。そこで、助左衛門は「右術士者、若御用有之節者連渡り候儀相成候哉」と、砲術士官を招聘できるかを持ちかけた。これに対して、ドゥーフは「御用之儀ニ候ハ、乗渡可申候、乍然不容易事ニ候得者、外品同様之振り合ニ而被仰付候而者承り不申」と述べ、命じられれば努力するが容易ではないと回答している。助左衛門が、西洋砲術書の翻訳の延長線上に、オランダ人士官の招聘を打診していることが注目される。実用性のある軍事力を構築するためには、オランダ人士官の指導を必要とするという判断は、同じ時期に浮上しつつあった幕府の洋式軍艦導入計画に包摂され、砲術士官・船大工・船長・按針役などの招聘をドゥーフに依頼することにつながってゆく。(65)

四　本木庄左衛門の出府と訳業

1　出府の経緯

大通詞見習本木庄左衛門の出府の経緯は、本木家の由緒書に以下のように記されている。

仝五辰年阿蘭陀献上物附添相勤候節、御用有之、江戸表エ居残被仰付、阿蘭陀炮術之書和解被仰付、右翻訳出来差上御用相済候付、六月御暇之義奉願候処、御用之品モ有之候ニ付、当分之内江戸表罷在候様堀田摂津守殿ヨリ曲淵甲斐守ヲ以被仰渡、其上、浅草天文台エ引移、於仝所万国地図和解幷和蘭陀軍艦図解被仰付、其外御用之節等無滞相勤候間、御暇之義奉願候処、御免之御沙汰無御座内、仝年八月長崎表エエゲレス船渡来仕、右一件横文字等於江戸表御糺方和解被仰付、仝年九月被召出、品々重御用モ相達候ニ付、為御褒美白銀弐拾枚被下置候間、松平伊豆守殿ヨリ柳生主膳正ヲ以被仰渡、御暇被下置、仝年十二月帰郷仕、(66)

右の由緒書の記述を他の史料で補足しながら見ていこう。本木庄左衛門は、文化五年（一八〇八）の春、参府休年の献上品付添のために出府した。一月一五日に長崎を出発し、(67)献上品は二月二九日に江戸で差し出されている。(68)そして、三月二二日に同道した大通詞加福喜蔵が江戸を出立しているから、(69)砲術書の翻訳を命じられたのは三月のことである。居残りを命じられた背景には、三月に馬場為八郎が蝦夷地に派遣されたことで、石橋助左衛門一人では手薄になると考えられたからだろう。

砲術書の翻訳は、五月に『砲術備要』と題して幕府に献上され、六月に「御暇」を願ったが、若年寄堀田正敦より長崎奉行曲淵景露を通じ、引き続き江戸に留まって、天文方で「万国地図和解幷和蘭陀軍艦図解」を命じられた。前者はアロースミスが作成した海図の訳述、後者は洋式軍艦の船体図を編訳した「軍艦図解」として知られている。阿蘭陀通詞として天文方に詰めることが明記されている点に注目したい。一連の訳述は、九月八日に幕府から褒賞され、褒美として銀二〇枚を与えられたことが『品々御用被下物留』に見えている。(70) さらに、九月二日から四日にかけて、勘定奉行柳生久通の屋敷でフェートン号事件に関するオランダ商館長ドゥーフの蘭文書簡の翻訳作業を行い、その後、長崎に帰郷してドゥーフに対して対外情勢に関する尋問を行うよう命じられた。(71) そして、九月二四日に勘定奉行に「御暇」の挨拶を行って、江戸を出立している。京都への到着は一〇月二二日で、「道中筋ゟ相病候」というように帰路は病を患ったらしい。(72) 結局、長崎に到着したのは一二月七日である。(73)

なお、本木庄左衛門が江戸で行った訳述には、幕府の命による以外のものもある。『西洋新製海程測験器集説』(74) は、航海用ログの使用方法をボイスの『新修 学芸百科事典』に基づいて訳述したものである。また、出府中に蘭書に見られる記事を訳述した『江都客中訳説雑記』のなかには、平戸藩の家老の依頼で『新修 学芸百科事典』の犀の項目を抄訳した部分が見られるという。(75)

2 訳業

『砲術備要』

幕府が命じた最初の西洋砲術書の翻訳として著名なもので、その概要は有馬成甫氏・渡辺庫輔氏・所荘吉氏・福井保氏らによって詳細に明らかにされている。(76) これら諸先学の研究をふまえつつ、若干の新たな知見を加えて、内容、写本、訳述の経緯などを確認しておきたい。『品々御用被下物留』によれば、(77) 本木庄左衛門が所持する「火砲之儀認候蘭書」「二冊」「ホシスキイテレイコンスト申書物也」を翻訳したもので、「右和解四冊在留中相認、曲渕甲斐守を以上ル」とあって、四巻にまとめて長崎奉行曲淵景露に提出された。国立公文書館内閣文庫所蔵『砲術備要』四冊は、昌平坂学問所の旧蔵本であるものの、献上本のようには思えないが、ひとまずこれに基づいて内容を概観しておこう。

凡例には原書となる蘭書が記載されており、所荘吉氏によって、トルレンの砲術書 Gerrit van der Torren, *Nieuwe richt der Bosschieterije Konst.* Amsterdam, 1751. であることが明らかにされている。凡例で「其篇目ノ序次ニ拘ラス、姑ク書中定用切近ノ要タルヿヲ抜キテ訳述シテ呈上ス」というように抄訳で、他書やオランダ人から得た知識も付したとする。また、庄左衛門自身が砲術を専門としないだけに、解しえない箇所も多く、「炮術専業家井上某公」に教授を乞い、諸書を借用することもあったという。内容は、目次に従えば、砲術の発端、砲術家への訓戒、大砲の図、砲術に関する問答、発射方法の問答、火薬の分量とその製法、火攻めの武器類、硝石の製法となる。全体を通じて、絵図が豊富に掲げられている。

他の写本としては、板橋区立郷土資料館所蔵所荘吉氏蒐集コレクションに『砲術備要』乾・坤があり、大槻玄沢の序文を付す。序文には「一日私カニ茂質ト会シテ、其篇校讐加功ノヿヲ謀ル」、「文化五年戊辰仲夏二十又八日、盤水陳人述」とあって、本木庄左衛門は訳述に際して玄沢の助力を得ており、文化五年（一八〇八）五月には完成していたことがわかる。国立歴史民俗博物館所蔵所荘吉「青圃文庫」コレクションの『西洋炮術備要』は、裏表紙の見返しに「文化八年歳在辛未春写于崎陽旅舎安倍龍平士魚」とあって、福岡藩の蘭学者安部龍平の筆写本と見られる(78)。佐賀県立図書館寄託鍋島家文庫の『砲術備要』四冊は、文化七年（一八一〇）に蛟江嶺昌が作成した写本を二度にわたって転写したものである。また、筆者は未見だが、鹿児島大学附属図書館所蔵玉里文庫の『砲術備要』四冊は、「従御公辺秘蔵仕候様被仰渡、他向江者差出不申候得共、御国筋御備向御用弁ニも相成候ニ付(79)」として、庄左衛門が薩摩藩に内々に献呈した写本とされる(80)。さらに、「官秘」としつつも、庄左衛門が平戸藩の松浦静山に献呈していたことが

『甲子夜話』に見えている。(81) 長崎警備に関わる諸藩には、かなり早い時期から写本として流布していたらしい。影響力があったことは、佐藤信淵が批判を加えて刊行しようとしていたこと、嘉永五年（一八五二）に姫路の布川通璞が『海岸砲術備要』と改題して刊行したことからもうかがえる。刊本は、玄沢の序文を「銃砲起源考」として独立させ、通璞による中国の火器の沿革とあわせて附録一巻としたもので、あわせて五冊からなる。

本木庄左衛門自筆の草稿の類や参考資料も伝わっている。板橋区立郷土資料館所蔵所荘吉氏蒐集コレクションの『新撰　発熕明鑑目録』は、目録部分の翻訳で、庄左衛門が抄訳する部分を選定するために作成したものだろう。いっぽう、凡例にいう「炮術専業家井上某公」との交流を裏付けるのが国立歴史民俗博物館所蔵所荘吉「青圃文庫」コレクションの『遠西軍器略考』上・下である。西洋諸国の軍事品について、絵図を掲げて、名称をカタカナとオランダ語で併記し、その用途を訳述したものである。砲術の理解に不可欠な数学用語の解説なども含まれている。冒頭には朱書きで、

此原書文化五辰三月、御鉄砲方御先手井上左太夫様ヨリ借シ与ヘラレシユヘ写シ置ク、同年五月御天文方高橋作左衛門様方ニテアトラス拝見、右ノアトラスノ末葉ニ軍器ノ図一葉有之、元ト此ノ一葉ヨリ模写シタルモノユヘ、高橋公江借用之義願候処、上江御伺御聞済ニ相成、拝借被仰付候、引合セ候処、図ノ内落ルモノ有之ニ付、尚見合セ拾ヒ寄セテ、此書中ニ書入、名目等横文字書入置、但右アトラスハ父仁太夫時代和解被仰付、庄左衛門自筆ニテ全紙ニ和解認メ有之、不思議ニ十六七年ノ後、再ヒ右ノ御書ヲ拝見イタス、

とある。「原書」は鉄砲方井上左太夫から借用したが、天文方が所蔵する「アトラス」の末尾にある「軍器ノ図」を模写したものであることがわかったため、高橋景保に願い出て「アトラス」を借用して、欠落した絵図やオランダ語名を加えたという。この「アトラス」は、一六・一七年前に父本木仁太夫が幕府から翻訳を命じられたというから、

静岡県立中央図書館所蔵葵文庫に蕃書調所旧蔵本として伝来する『世界四大洲新地図帳』J. Covens en C. Mortier, *Nieuwe atlas, inhoudende de vier gedeeltens der waereld*. Amsterdam, ca.1780. 2 vols. である。[82] 確認してみると、vol. 2にあるCARTE très Commode aux GENS de GUERRE, INGENIEURS et CANONNIERS（戦争に関わる技術者と砲術師の人々にとても便利な絵図）と題した絵図が原典である。この蘭書は、「丙辰天台」の書き込みがあり、寛政八年（一七九六）には天文方の所蔵になっていたと考えられている。なお、仁太夫が行った翻訳は、松平定信の命によって行われたもので、寛政二年（一七九二）に『阿蘭陀全世界地図書訳』として献上されている。

さて、長崎歴史文化博物館所蔵渡辺文庫の『大砲要略凡例』は、外題に「凡例草案」とあるように凡例部分の草稿である。訳述の経緯については、

正栄今茲文化戊辰ノ春、和蘭恒例貢献ノ方物ヲ齎シテ江府ニ到ル一日、鎮台曲淵公正栄ヲ召シテ、和蘭鏤版砲術ノ一書ヲ示サレ、コレヲ読ンテ訳呈センヿヲ命セラル、謹テ命ヲ奉シ、正栄亦嘗テ此類書一本ヲ蔵ス、取テ以テ参考ニ供センヿヲ言上ス、他日又召シテ曰、既ニ属スル所ノ官本ハ返上シ、持リ其家蔵ノ一書ヲ訳シテ進呈スヘシト再命アリ、

とある。[83] すなわち、長崎奉行曲淵景露は、当初、幕府が所蔵する砲術書の翻訳を命じたが、本木庄左衛門が別の砲術書を所持していたことから、幕府の所蔵本を返却させ、庄左衛門自身が所持する砲術書を翻訳するよう命じたという。所荘吉氏が指摘するように、その後、長崎奉行曲淵景露は返却された幕府の所蔵本の翻訳を石橋助左衛門に命じたのだろう。

なお、『大砲要略凡例』には、「大砲要略」「炮術備要」など七つの題名案が記されている。さらに、長崎歴史文化博物館所蔵『和蘭砲術書和解』二冊は、大槻玄沢の序文を含み、最終段階の草稿本と考えられる。また、どちらも筆

者は未見であるが、シーボルト記念館所蔵泉屋家文書に蘭文の断簡が、神戸市立博物館所蔵本木家文書にも草稿本の一部が、それぞれ残されているようである(84)。

「軍艦図解」

幕府の命で本木庄左衛門が行った洋式軍艦の船体図の編訳である。すでに長崎県立図書館所蔵だった写本をもとにした刊本があり、解説も付されている(85)。まずは刊本によって内容を見ておこう。冒頭には「軍艦図解考例」がおかれている。原典を説明した上で、船舶の必要性、船舶の分類と呼称、航海の方法、船舶の構造などを略述する。ついで、オランダの軍艦、フランスの戦列艦やガレーの全体や断面などの船体図を精密な描写で掲出し、船体構造や装備を訳述して注釈する。最後におかれた「水戦軍令大略記聞」は、ヨーロッパの海戦術とその慣習の解説である。

「軍艦図解」は、續一郎氏によって、船体図の原典と編訳の経緯が明らかにされている(86)。續氏の研究をふまえながら、若干の私見を述べておきたい。成立は「文化五年戊辰之夏」とあるから、文化五年（一八〇八）六月までには完成していた。本木庄左衛門が褒賞を受けたさいの記事に「払郎察軍艦之図」「右和解いたし扣共二通折本ニ仕立、図も如本書認、高橋作左衛門を以出(87)」とあるから、天文方の高橋景保のもとで訳述が進められ、折本仕立てで献上されたことがわかる。この献上本の所在は不明だが、續氏によれば、「西洋軍艦図解」と題して紅葉山文庫に収蔵され、後に蕃書調所に移管されたという。長崎歴史文化博物館所蔵『軍艦図解考例』は、庄左衛門の自筆による草稿本である。巻頭には「東都客中軍艦図解考例抜稿」とあって、「軍艦図解考例」と「水戦軍令大略紀聞」がおかれている。いっぽう、巻末から「東都客中軍艦図解原文横文字抜翠和解草稿」が始まり、原典の船体図にあるオランダ語・フランス語とその和訳を掲出しており、庄左衛門の訳述の様子を知ることができる。ただし、船体図などの絵図は省略されている。その他、写本としては、神戸市立博物館所蔵「仏蘭西軍艦全図」、東京都立中央図書館所蔵近藤記念海事財団文庫「軍艦図解」などが知られている。

「軍艦図解」の原典は四枚の図画からなる。オランダの軍艦図の原典は、ユトレヒトのコルネリス・クリッペル書店がオランダの造船技術書を典拠として刊行した一枚刷の船体図、フランスの戦列艦やガレーの船体図は、フランス語の原典に基づくとされる。その詳細は、續一郎氏の研究を参照されたい。原典の所蔵者は、草稿本である長崎歴史文化博物館所蔵『軍艦図解考例』に「此諸図ハ同僚某ナルモノ蔵スル所」とある。續氏は、この「同僚」が阿蘭陀通詞吉雄権之助である可能性を示唆し、後に本草学者の伊藤圭介によって同じ原典の翻訳が行われたことを指摘している。續氏の指摘をふまえて、勝盛典子氏は、名古屋市東山植物園伊藤圭介記念室所蔵の「船舶構造図」が、庄左衛門が編訳に使用したオランダの軍艦図の原典と見ている[88]。また、松田清氏は、天文方の蔵書目録である「蛮刊御図書目録」にウィトセンが著した造船技術書 Witsen (Nicolaes), *Aeloude en hedendaegsche scheeps-bouw en bestier*. Amsterdam, 1671. があること、その目次を高橋景保が「古今海船製備全書目録和解」として翻訳していることをあげ、ウィトセンの造船技術書が「軍艦図解」の編訳に利用された可能性に言及している[89]。天文方で洋式軍艦に関心が向けられていたことが注目される。「軍艦図解考例」に見られる船舶の知識は、ウィトセンの造船技術書によるものかもしれない。なお、「水戦軍令大略記聞」は、特定の蘭書に基づく訳述ではなく、阿蘭陀通詞が理解していた戦時国際慣習を集大成したものである[90]。

本木庄左衛門が、薩摩藩に「軍艦図解」を献呈したさい、「外国之船造り方寸法等も有之、右之仕法を以何レか御国筋御備船御仕立方等之義兼而御勘弁ニも相成[91]」と述べているように、洋式軍艦の建造を念頭においた訳述と位置付けられる。献上された「軍艦図解」の精密な船体図は、幕府の洋式軍艦への関心を大いに高めさせたに違いない。

「軍艦図解」の訳述を契機として、幕府は洋式軍艦導入計画を企てることとなる。(92)

「万国地図和解」

先に示した本木家の由緒書によれば、本木庄左衛門は天文方で「万国地図和解」を行ったという。「万国地図和解」と題した庄左衛門の訳述は現在に伝わらないが、イギリス人アロースミスが作成した海図の訳述と推測されている。(93)このアロースミス図は、天文方の高橋景保のもとで作成が進められていた「新訂 万国全図」の主要資料で、『北夷考証』のなかで景保をして「古今舶来諸地図中コレヨリ精ナルハナク、又新製ナルハナシ」(94)と絶賛せしめた海図である。天文方がアロースミス図を入手した経緯については、景保は「庄左衛門差出候ヱンゲルス図」(95)といい、儒者山田聯は『北裔備攷』のなかで「文化元年魯西亜国ノ使節「レサノット」等入貢ノ日ニアタリテ齎シ到レルトコロニシテ、我和蘭訳司本木某私ニ請得テコレヲ進呈スル処ノ物ナリ」(96)と述べている。これらの記述から、庄左衛門が、文化元年(一八〇四)にロシア使節レザノフを乗せたナデジェダ号が将来したアロースミス図を入手し、後に幕府に呈上したと理解されている。アロースミス図の研究史とその内容については船越昭生氏の労作があり、また最近では、二宮陸雄氏が「新訂 万国全図」の作成に利用されたアロースミス図を紹介・検討している。(97)アロースミス図の詳細はこれらの研究に委ね、ここでは庄左衛門が入手した経緯とその訳述の可能性についてのみ検討しておきたい。

本木庄左衛門がアロースミス図を入手した経緯について、横山伊徳氏は、日蘭貿易の積荷の送り状に阿蘭陀通詞宛の「世界地図帳」があることなどを根拠に、ロシア側から与えられたのではなく、一八〇四年に来航したオランダ船マリア・スザンナ号がもたらし、レザノフが来航したさいにはすでに庄左衛門が所持していたとする見解を提示している。(98)しかし、入手の経緯に関する横山氏の見解は成り立たない。最近翻訳された、ナデジェダ号艦長クルーゼン

シュテルンの部下レヴェンシュテルンの日記を見ると、

フリデリーツィはだいぶ前に、一人の日本の役人にコップを、通詞の一人にアロウスミス〔イギリスの地図作成者〕の世界地図を贈っていた。その通詞はこっそり彼に日本の春画の巻物を持ってきた。(99)

という記述がある。ここに見える「通詞の一人」は庄左衛門とみて間違いないだろう。アロースミス図は、ナデジェダ号の士官であったフリデリーツィが、日本の物品と交換するために庄左衛門に提供したものだったのである。文化五年（一八〇八）に幕府に呈上された経緯については、『品々御用被下物留』に、

輿地之図一枚

是者去ル子年、魯西亜人長崎江渡来之節、阿蘭陀人江呉候を庄左衛門貰ひ候由、奉行江者差出兼候趣ニ相聞、内々作左衛門迄差出候付、其段摂津守殿江申上、御一覧之上、此節地図御用之見合ニ相成候図故、天文方役所江留置候様、急度なく作左衛門江被仰渡、御褒美之員数者此図も上り候心持ニ而被下候事、(100)

という記事がある。アロースミス図が禁制を犯して入手したものであったことから、庄左衛門はレザノフ来航のさいにオランダ人が入手したものを貰ったと虚偽の説明をしている。かくして、アロースミス図は高橋景保に差し出され、さらに若年寄堀田正敦に呈上され、世界地図の編修に役立つという判断によって、天文方に留め置かれることになったのである。

右の記事を見る限りにおいては、訳述を行ったかはわからないが、由緒書には「万国地図和解」とあるから、本木庄左衛門の手によってなんらかの訳述がなされたのだろう。おそらくは、地名を訳述したものと考えられる。アロースミス図は英語で書かれているから、地名とはいえ、英語の訳述を行ったことは注目されてよい。秋月俊幸氏は、儒者山田聯が『北裔備攷』に数多くの北辺地図を収録できた背景として、主君である堀田正敦によって、外国地図の翻

訳図が天文方に備えられ、利用できたという状況を指摘している。[101] 阿蘭陀通詞の訳述によって舶来した世界地図の利用が可能となったわけで、馬場佐十郎が果たした役割はよく知られているが、庄左衛門らの訳述の成果も少なくなかっただろう。[102]『北裔備攷』の「諳厄里亜国撰海上全図所見蝦夷四境全図」[103]や『北夷考証』の「諳厄里亜国新訂我安永九年庚子製図」[104]は、一島に描かれた樺太とその周辺図であるが、そこに一部とはいえ、庄左衛門がアロースミス図を訳述した「万国地図和解」の姿を見ることができる。

おわりに

以上、文化四年（一八〇七）から翌文化五年（一八〇八）における、阿蘭陀通詞名村多吉郎・馬場為八郎・石橋助左衛門・本木庄左衛門の出府の経緯を確認し、幕府が命じた軍事・地理関係の訳述について書誌的考察を行ってみた。最後に、文化期における阿蘭陀通詞の出府と訳業に関して、文化八年（一八一一）の天文方における蛮書和解御用の創設を展望しつつ、以下のことを述べておきたい。

幕府が文化四年七月に名村多吉郎と馬場為八郎の出府を命じたのは、「蝦夷地御用」というように、フヴォストフ文書を翻訳させ、蝦夷地に派遣してロシア船の応接をさせるためであった。寛政一〇年（一七九八）に楢林重兵衛を出府させて蝦夷地に派遣したことにならったものであろう。[105] 翻訳が終わり、蝦夷地派遣が翌年に見送られると、一〇月に多吉郎と為八郎は帰郷を許された。この状況で、為八郎の帰郷を引き留め、石橋助左衛門の出府を促す画策をしたのは、天文方の高橋景保と考えられる。松田清氏は、起請文の草稿に基づいて、天文方に「暦作測量御用」「地図御用」および「蛮書和解之御用」の三つの業務があったことを指摘している。[106]「蛮書和解之御用」は文化八年に付加された業務であるから、文化四年の時点では「暦作測量御用」と「地図御用」の業務を担っていたこととなる。景保の父高橋至時以来、「暦作測量御用」においては蘭書が活用されるようになっていた。景保は、天文方における蘭書の活用を「地図御用」にまで拡大しようとしたのだろう。それゆえ、景保は、一一月に若年寄堀田摂津守正敦を通じて「リュスランド」と「ゼオガラヒー」を入手し、為八郎に下げ渡したのである。

高橋景保は、文化四年一二月四日に大学頭林述斎から若年寄堀田正敦を通じて「蛮書を以地図等仕立可申旨(107)」を命じられ、「地図御用」における蘭書の活用は、幕府の政策的意図のもとにおかれることとなった。また、「地図御用」に関係して、蘭書に基づいたロシアの歴史・地理の訳述は、幕府が対外政策を進めていく上で重要な参考資料となりうる。一連の動きが速やかに展開したのは、蝦夷地問題を担当する堀田正敦が、若年寄として天文方を管掌する立場にあったからに他ならない。文化五年三月には「江戸表ニテ書物等為手伝呼寄度(108)」として馬場佐十郎の出府が決まり、この若き有能な阿蘭陀通詞を得て、以後、天文方には阿蘭陀通詞が常駐し、「地図御用」のための地理関係の蘭書の翻訳がさらに進展する。このような状況を、天文方の間重富は、文化六年（一八〇九）六月二七日付の足立左内に宛てた書簡のなかで、「蘭学の事医家へ取り可申筈之所、先達而内々申上候ニ付、地図ニ因て蘭学ハ天文方ニかゝり申候(109)」と言っている。もっとも、天文方が阿蘭陀通詞を取り込もうとする動きは、長崎からは警戒されていたようである(110)。

いっぽう、文化魯寇事件においてロシアと軍事的対峙を迫られていた幕府は、出府した阿蘭陀通詞に軍事関係の蘭書の翻訳も行わせている。名村多吉郎と馬場為八郎によって行われた事典類の翻訳による武器類の紹介に始まり、石橋助左衛門と本木庄左衛門には本格的な西洋砲術書の翻訳が命じられた。これらの訳述は、本来的には天文方の業務と関係はないが、「軍艦図解」の訳述の経緯などからすると、高橋景保は軍事の分野にも積極的に関与を深めていったものと思われる。なお、オランダ商館長ドゥーフの「公務日記」を見ると[111]、一八〇七年三月三日（文化四年一月二五日）に、「江戸の幕府から奉行のもとに、出島には兵術に関する書物もあるかどうか、オランダ人に尋ねるようにとの指令が来た、と。私はないと答え、もしあれば、奉行の用に立てるだろうにと言った」と記している。幕府は、阿蘭陀通詞に出府を命じる以前から、軍事関係の蘭書を入手して翻訳させることを考えていたらしい。と同時に、幕府の所蔵する軍事関係の蘭書がほとんどなかった様子がうかがえる。一八一〇年と一八一四年の日蘭貿易の注文帳が残されているが、両年とも長崎奉行が軍事関係の蘭書を注文しているのは[112]、関心もさることながら、所蔵本の不足を補うためだろう。そしてまた、砲術書の翻訳は、専門的な用語・知識が不可欠であり、阿蘭陀通詞とて困難を極めるものだった。このあたりが、以後、文化期に軍事関係の蘭書の翻訳が進展しなかった理由と見られる。

片桐一男氏が指摘するように、天文方に詰めた阿蘭陀通詞は、身分的には長崎奉行の配下におかれていた[113]。軍事・地理の分野を問わず、在府の長崎奉行を通じて翻訳を命じられ、蘭書が下げ渡されているのはこのためである。利用された蘭書は、個々に検討した通りだが、その多くが一八世紀半ばの刊行で、内容が最新のものでなかったことには注意が必要である。石橋助左衛門と本木庄左衛門が、ドゥーフ尋問を行うまで一七七六年のアメリカの独立を知らなかったことは、「ゼオガラヒー」に基づく地理知識の限界でもある[114]。軍事知識においても、ナポレオン戦争のもとで長足の進歩を遂げている状況を知りえたわけではなかった。フランス革命とナポレオン戦争に伴う混乱でオランダ船はたびたび欠航し、最新の蘭書がもたらされなかった状況では致し方のないことでもある。

また、出府した阿蘭陀通詞は、訳述において事典類を縦横に活用している。なかでも、ボイスの『新修 学芸百科事典』は、精密な挿図と要を得た説明ゆえに、軍事関係の訳述に利用された[115]。関係して注目したいのが、高橋景保の旧蔵書の『ボイス和解』である。中山作三郎・本木庄左衛門・馬場為八郎の阿蘭陀通詞三名が、ボイスの『新修 学芸百科事典』の主要項目をアルファベット順に翻訳したもので、A・B・C・D項目の四冊からなり、A項目の翻訳は文化五年九月に提出されている。翻訳は景保の依頼で行われたと考えられる。景保が、出府した阿蘭陀通詞の訳述を通じて、百科事典の利用価値の高さと訳述の必要性を認識したのだろう。文化八年に創設された蛮書和解御用の業務は、ショメールの百科事典の網羅的な翻訳である。『ボイス和解』の存在から、天文方における百科事典の翻訳という構想は、文化五年の時点で、すでに景保のなかにあったのである。

註

(1) 片桐一男『阿蘭陀通詞の研究』（吉川弘文館、一九八五年）。
(2) 木村直樹『〈通訳〉たちの幕末維新』（吉川弘文館、二〇一二年）。
(3) 八百啓介「蘭学における「コンストカビネット」について」（『洋学史研究』第二六号、二〇〇九年）、同「『厚生新編』における心的疾病」（『北九州市立大学文学部紀要』第七八号、二〇〇九年）、同「世界史としての蘭学研究の可能性」（洋学史学会研究年報『洋学』第二一号、二〇一四年）、上野晶子「『厚生新編』の成立と「蒲桃酒」の項目について」（洋学史学会研究年報『洋学』第一七号、二〇〇九年）、同「宇田川榕庵の西洋食文化研究」（『洋学史研究』第二六号、二〇〇九年）、同「江戸幕府の編纂事業における「厚生新編」と蘭学の「公学」化」（松方冬子編『日蘭関係史をよみとく』上巻、臨川書店、二〇一五年）。
(4) 森永種夫校訂『続長崎実録大成』（長崎文献叢書第一集第四巻）（長崎文献社、一九七四年）四二六頁。
(5) 日蘭学会編・日蘭交渉史研究会訳注『長崎オランダ商館日記』三（雄松堂出版、一九九一年）、五二一～五三三頁。
(6) 内閣文庫所蔵史籍叢刊特刊第二『視聴草』第六巻（汲古書院、一九八五年）、七七、七九頁。
(7) 本書第二部第一章「フヴォストフ文書をめぐる日蘭交渉」を参照。
(8) 前掲『続長崎実録大成』四二八頁。
(9) 日蘭学会編・日蘭交渉史研究会訳注『長崎オランダ商館日記』四（雄松堂出版、一九九二年）、一八〇、一八七～一八八頁。
(10) 有坂隆道「享和期における麻田流天学家の活動をめぐって―『星学手簡』の紹介―」（有坂隆道編『日本洋学史の研究』創元社、一九六八年）三二八頁。

(11) 永積洋子「輸入蘭書概観」(平成七～九年度科学研究費研究成果報告書『一八世紀の蘭書注文とその流布』研究代表者永積洋子、一九九八年)五～六頁を参照。
(12)『近藤正齋全集』第三(国書刊行会、一九〇六年)、二四八頁。なお、「十二冊」とあるが、他書と間違えたのか、あるいは単なる誤記なのかは未詳である。
(13) 梶輝行「文化四年の日蘭軍事交流の諸相」(『銃砲史研究』第二九六号、一九九八年)七～一七頁、同「近世後期の日本における洋式兵学の導入」(松木武彦・宇田川武久編『戦いのシステムと対外戦略』〔人類にとって戦いとは二〕東洋書林、一九九九年)一三八～一四五頁を参照。
(14) 前掲『続長崎実録大成』四二八頁。
(15) 本書第二部第四章「幕府の戦時国際慣習への関心」を参照。
(16) 松田清『洋学の書誌的研究』(臨川書店、一九九八年)三八一～三八四頁を参照。
(17) 前掲『続長崎実録大成』四三〇頁。
(18) 谷澤尚一「解説」(洞富雄・谷澤尚一編注『東韃地方紀行他』平凡社、一九八八年)二五五～二五九頁を参照。なお、「唐太サガリイン図」(国立公文書館所蔵内閣文庫)、「蝦夷ソウヤ図」(国立公文書館所蔵内閣文庫)、「奥州南部三厩浦図」(国立公文書館所蔵内閣文庫)は馬場為八郎が蝦夷地派遣のさいに関与した地図である。
(19) 前掲『長崎オランダ商館日記』四、二九三頁。
(20) 上原久・小野文雄・広瀬秀雄編『天文暦学諸家書簡集』(講談社、一九八一年)一五八頁。
(21) 内閣文庫所蔵史籍叢刊第二九巻『品々御用被下物留』(汲古書院、一九八三年)六一二～六一三頁。
(22) 前掲『続長崎実録大成』四三五頁。
(23) 前掲『長崎オランダ商館日記』四、二九三～二九四頁。
(24) 石山洋「大地理師ヒュブネルをめぐって」(『上野図書館紀要』第三巻、一九五七年)五二～五三頁を参照。
(25) 前掲『長崎オランダ商館日記』三、一七～二九、三四～四〇頁。
(26) 吉田金一『近代露清関係史』(近藤出版社、一九七四年)七一～八九頁を参照。
(27) 前掲『天文暦学諸家書簡集』九四～九五頁。

(28) 前掲、片桐『阿蘭陀通詞の研究』三八四〜三八五頁、松田『洋学の書誌的研究』三八五頁、秋月俊幸『日本北辺の探検と地図の歴史』（北海道大学図書刊行会、一九九九年）二八一〜二八五頁を参照。
(29) 福井保『江戸幕府編纂物』解説編（雄松堂出版、一九八三年）、三三五頁を参照。
(30) 前掲、松田『洋学の書誌的研究』四一六〜四二〇頁を参照。
(31) 本書第二部第四章「幕府の戦時国際慣習への関心」を参照。
(32) 『帝爵魯西亜国志』上（国立公文書館所蔵内閣文庫）。
(33) 岩崎克己「「ベシケレイヒング・ハン・ルュスランド」の流伝と翻訳（二）」（『書物展望』第一一巻第一二号、一九四一年）六〜七頁を参照。
(34) 前掲、松田『洋学の書誌的研究』三八一〜三八四頁を参照。
(35) 『彰考館図書目録』（八潮書店、一九七七年）八二六頁を参照。
(36) 前掲、松田『洋学の書誌的研究』三八四頁を参照。
(37) 澁谷浩一「露清関係とローレンツ・ランゲ―キャフタ条約締結に向けて―」（『東洋学報』第七二巻第三・四号、一九九一年）二九〜三四頁を参照。
(38) 大島幹雄訳、レザーノフ『日本滞在日記』（岩波書店、二〇〇〇年）三三二頁。
(39) 織田毅「中山文庫「魯西亜滞船中日記」（四）」（『鳴滝紀要』第二一号、二〇一一年）一四〇頁。
(40) 前掲、松田『洋学の書誌的研究』三八一〜三八三頁を参照。
(41) 岩崎克己「「ゼオガラヒー」の渡来とその影響」（『書物展望』第一〇巻第一二号、一九四〇年）二三〜二六頁を参照。
(42) 前掲、石山「大地理師ヒュブネルをめぐって」四五〜四六頁を参照。
(43) 前掲『続長崎実録大成』四二八頁。
(44) 同右、四三一頁。
(45) 『〔石橋助左衛門江戸出府関連資料〕』（シーボルト記念館所蔵泉屋家文書）。『〔書付断簡〕』（シーボルト記念館所蔵泉屋家文書）。両史料とも破損の多い断簡で、シーボルト記念館の整理によって、右のような別々の仮題が付けられているが、本来は一体の史料であったと思われる。

(46) 前掲『長崎オランダ商館日記』三、一四四頁。
(47) 前掲『続長崎実録大成』一七〇頁。
(48) 前掲、福井『江戸幕府編纂物』解説編、三六二頁には、石橋助左衛門の伝本が現存しない訳述として、文化一〇年に成立した『万国和解』をあげている。「万国風土相記候書」は、この『万国和解』と関係する訳述であろうか。
(49) 前掲『続長崎実録大成』四三五頁。
(50) 佐藤昌介『洋学史論考』(思文閣出版、一九九三年)六八〜八七頁を参照。
(51) 前掲『長崎オランダ商館日記』四、二八四、二九二頁。
(52) 『御尋之儀ニ付御内密奉申上候書付』(長崎歴史文化博物館所蔵青方文庫)。
(53) 前掲『長崎オランダ商館日記』四、二九九頁。
(54) 中村幸彦・中野三敏校訂『甲子夜話』六(平凡社、一九七八年)、二八九〜二九三頁。
(55) 岩下哲典「江戸時代における白旗認識と「ペリーの白旗」」(『青山史学』第二一号、二〇〇三年)七三〜七四頁を参照。
(56) 藤田覚『近世後期政治史と対外関係』(東京大学出版会、二〇〇五年)二八七〜三〇八頁を参照。
(57) 文化六年八月に本木庄左衛門が大槻玄沢に宛てた書簡の草稿である「秘稿 江都磐水江遺候控」(一関市博物館所蔵)の末尾には、西洋の大小艦船の船体構造や装備を記した蘭文のメモがある。その中には、「Linie Schip. groot oorlog schip. ter langte van 170. a 190. voet, voerende bovende 60 stukken canon van 24. 18. en 12. pond kogels.」といった記述があり、これは「魯西亜漂船幟幷和蘭軍船用法大略」の「リイニイ」の項目の記述とほぼ同様である。なんらかの蘭文の典拠があったと推定しておきたい。なお、「秘稿 江都磐水江遺候控」は、相馬美貴子「本木庄左衛門「秘稿 江都磐水江遺候控」」(『一関市博物館研究報告』第四号、二〇〇一年)に全文が写真版で掲載されている。
(58) 梶嶋政司「フェートン号事件と長崎警備」(『九州文化史研究所紀要』第五〇号、二〇〇七年)九七頁によれば、文化五年二月、長崎警備を担当する諸藩でも打ち払いの対象とされたロシア船を識別することが課題となり、長崎奉行は阿蘭陀通詞に命じてロシアの船旗を取り調べさせて絵図を提出させている。
(59) 本書第二部第四章「幕府の戦時国際慣習への関心」を参照。
(60) 有馬成甫「文化四年エトロフに於ける日露衝突事件とその国防に及ぼせる影響(下)」(『軍事史研究』第二巻第六号、一九三七

年）五四～五八頁、所荘吉「西洋兵学書翻訳の発端」（『銃砲史研究』第六七号、一九七五年）五～七頁、同「『砲術備要』序録にみる玄沢の考証」（洋学史研究会編『大槻玄沢の研究』思文閣出版、一九九一年）二六八～二七〇頁、梶輝行「近世後期日蘭貿易における西洋軍事品目の輸入実態」（『銃砲史研究』第二八五号、一九九七年）七頁、前掲、同「文化四年の日蘭軍事交流の諸相」六頁、福井『江戸幕府編纂物』解説編、三二六～三二九頁を参照。

(61) 前掲『〔書付断簡〕』。

(62) 麻生善三「国学」（『福岡県史』通史編・福岡藩文化（上）、西日本文化協会、一九九三年）二七三～二九五頁を参照。

(63) 『御用蛮書ホスシキイテレイコンスト和解』（長崎歴史文化博物館所蔵）。

(64) 前掲『御尋之儀ニ付御内密奉申上候書付』。

(65) 本書第二部第三章「幕府の洋式軍艦導入計画」を参照。

(66) 「長崎通詞由緒書」（長崎県史編纂委員会編『長崎県史』史料編第四、吉川弘文館、一九六五年）八三〇頁。

(67) 前掲『長崎オランダ商館日記』三、一二四頁。

(68) 黒板勝美編『新訂増補　国史大系・続徳川実紀』第一篇（吉川弘文館、一九三三年）、五九八頁。なお、「入貢の蘭人御覧あり」として、オランダ商館長の拝礼があったように記されているが誤りである。

(69) 片桐一男校訂『阿蘭陀宿海老屋の研究』史料篇（思文閣出版、一九九八年）、八二頁。

(70) 前掲『品々御用被下物留』五八八～五九〇頁。

(71) 本書第三部第一章「大槻玄沢と幕府の対外政策」を参照。

(72) 前掲『阿蘭陀宿海老屋の研究』史料篇、八二～八三頁。

(73) 前掲『天文暦学諸家書簡集』二六一頁。

(74) 『西洋新製海程測験器集説』（長崎歴史文化博物館所蔵渡辺文庫）。

(75) 神戸市立博物館編『日蘭交流のかけ橋』（神戸市スポーツ教育公社、一九九八年）二〇四～二〇五頁を参照。

(76) 前掲、有馬「文化四年ヱトロフに於ける日露衝突事件とその国防に及ぼせる影響（下）」五八～六〇頁、渡辺庫輔『崎陽論攷』（親和銀行済美会、一九六四年）一七二～一七五頁、前掲、所「西洋兵学書翻訳の発端」七～九頁、同「『砲術備要』序録にみる玄沢の考証」二六八～二七七頁、同「『砲術備要』にまつわる逸聞」（『銃砲史研究』第八五号、一九七六年）二八～三四頁、前掲、

福井『江戸幕府編纂物』解説編、三二〇〜三二三頁を参照。
(77) 前掲『品々御用被下物留』五八九〜五九〇頁。
(78) 井上忠「蘭学」(『福岡県史』通史編・福岡藩文化(上)、西日本文化協会、一九九三年)三六〇〜三六二頁を参照。
(79) 『願書 未八月』(長崎歴史文化博物館所蔵渡辺文庫)。
(80) 井田好治「本木正栄訳述『砲術備要』と大槻玄沢および薩摩藩との関係について」(『蘭学資料研究会研究報告』第一六〇号〈復刻版〉、一九六四年)二四五〜二四七頁を参照。
(81) 中村幸彦・中野三敏校訂『甲子夜話』五(平凡社、一九七八年)、一六四頁。
(82) 日蘭学会編『江戸幕府旧蔵蘭書総合目録』(日蘭学会、一九八〇年)四二頁、前掲『日蘭交流のかけ橋』二一〇頁、松田清・冨井洋一・冨田良雄編『静岡県立中央図書館葵文庫所蔵『世界四大洲新地図帳』目録』(平成一七年度科学研究費共同研究成果報告書、研究代表者松田清・冨井洋一、二〇〇五年)一、三五頁を参照。
(83) 凡例の引用した部分は、最終段階の草稿本である『和蘭砲術書和解』一(長崎歴史文化博物館所蔵)では、「今茲文化戊辰ノ春、正栄和蘭恒例貢献ノ方物ヲ齎シテ江府ニ到ル一日、崎鎮正栄ヲ召テ曰ク、你カ家和蘭鏤版砲術ノ書ヲ蔵スト聞ケリ、即今其要ヲ訳シテ呈上スベシトナリ、謹テ命ヲ奉シ」と改変されている。
(84) 中西啓「泉屋家文書について」(『鳴滝紀要』第一〇号、二〇〇〇年)一〇〇頁、神戸市立博物館編『神戸市立博物館館蔵品目録』美術の部一三・文書V(神戸市立博物館、一九九七年)、五頁を参照。
(85) 「軍艦図解」(『日本科学古典全書』第一二巻、朝日新聞社、一九四三年)七七一〜八〇八頁。
(86) 續一郎「本木正栄訳述「軍艦図解」と伊藤圭介訳「萬宝叢書軍艦篇訳稿」について」(『蘭学資料研究会研究報告』第三〇七号〈復刻版〉、一九七六年)一一七〜一三三頁を参照。
(87) 前掲『品々御用被下物留』五九〇頁。
(88) 勝盛典子「「軍艦図解」と「ヒポクラテス像」」(神戸市立博物館『博物館だより』第六七号、二〇〇〇年)六〜七頁を参照。
(89) 前掲、松田『洋学の書誌的研究』三八四〜三八五頁を参照。
(90) 本書第二部第四章「幕府の戦時国際慣習への関心」を参照。
(91) 『〔本木庄左衛門書状扣〕』(長崎歴史文化博物館所蔵渡辺文庫)。

(92) 本書第二部第三章「幕府の洋式軍艦導入計画」を参照。
(93) 海野一隆「漂流民津太夫らの帰国と地図の伝来」（有坂隆道編『日本洋学史の研究』Ⅳ、創元社、一九七七年）一一三～一一九頁、船越昭生『鎖国日本にきた「康煕図」の地理学史的研究』（法政大学出版局、一九八六年）一八四～一八五頁を参照。
(94) 「北夷考証」（秋葉実編『北方史史料集成』第一巻、北海道出版企画センター、一九九一年）三一八頁。
(95) 前掲『天文暦学諸家書簡集』一〇三頁。
(96) 「北裔備攷」（秋葉実編『北方史史料集成』第一巻、北海道出版企画センター、一九九一年）三七六頁。
(97) 前掲、船越『鎖国日本にきた「康煕図」の地理学史的研究』一四九～一九二頁、二宮陸雄『高橋景保と「新訂万国全図」』（北海道出版企画センター、二〇〇七年）九〇～一三四頁を参照。
(98) 横山伊徳「江戸期における北方空間認識と外国資料」（石上英一編『日本の時代史』三〇〔歴史と素材〕、吉川弘文館、二〇〇四年）二〇六～二〇八頁を参照。
(99) 生田美智子・鈴木佐和樹・ブデャコワ・エレナ訳「抄訳『世界周航――イワン・クルゼンシテルンと共に』」（生田美智子『外交儀礼から見た幕末日露文化交流史』ミネルヴァ書房、二〇〇八年）三〇四頁。
(100) 前掲『品々御用被下物留』五九〇頁。
(101) 前掲、秋月『日本北辺の探検と地図の歴史』二六九頁を参照。
(102) 前掲「北裔備攷」三四六頁には、「原図「アンゲリヤ」人ノ所書ヲ以テコ、ニ模写シ、訳司馬場為八郎ナル者コレヲ訳スル所ナリ。訳文中ニ言フ」という記述があり、馬場為八郎にも地図の訳述があったことが確認される。
(103) 前掲「北裔備攷」三七八頁。
(104) 前掲「北夷考証」三二二、三二八頁。
(105) 前掲、木村『〈通訳〉たちの幕末維新』三三～三六頁を参照。ただし、寛政三年のイギリス船アルゴノート号来航のさいに本木仁太夫を小倉に派遣した例があるように、異国船来航の応接として長崎の阿蘭陀通詞を現地に派遣することは、従来も行われていた。前掲「長崎通詞由緒書」八二九頁。
(106) 前掲、松田『洋学の書誌的研究』四一二～四一三頁を参照。
(107) 「天文方代々記」（大崎正次編『天文方関係史料』大崎正次、一九七一年）四〇頁。

(108) 前掲『続長崎実録大成』四三〇頁。
(109) 前掲『天文暦学諸家書簡集』一五三～一五四頁。
(110) 前掲、木村『〈通訳〉たちの幕末維新』四二～四三頁を参照。
(111) 前掲『長崎オランダ商館日記』三、九～一〇頁。
(112) 前掲、永積「輸入蘭書概観」一〇～一一頁を参照。
(113) 前掲、片桐『阿蘭陀通詞の研究』四〇九頁を参照。
(114) 前掲、佐藤『洋学史論考』七七～七九頁を参照。
(115) 『ボイス和解』(武田科学振興財団杏雨書屋所蔵)。

第三章　幕府の洋式軍艦導入計画

はじめに

オランダ商館長ドゥーフの「秘密日記」を見ると、一八〇九年九月二〇日（文化六年八月一一日）の条に、長崎奉行曲淵甲斐守景露が、阿蘭陀通詞本木庄左衛門を通じてドゥーフに対し、オランダ船フーデ・トラウ号の士官二名を、海事や長崎の海上防衛のために残留させることを要請している記事がある。この件は、長崎奉行が熱望するところで、交渉は何度も執拗に行われたが、結局、船の士官のことは権限外であるとして、ドゥーフは丁重にこの要請を断っている。(1)

相馬美貴子氏が、文化六年八月に阿蘭陀通詞本木庄左衛門が大槻玄沢に宛てた書簡の草稿を写真版で紹介されている。(2)「秘稿　江都磐水江遣候控」と題したもので、日本人の手によって洋式軍艦を建造し、オランダ人士官を雇って遠洋航海を行うことなどを、玄沢に建言した内容となっている。ドゥーフの「秘密日記」の記事とあわせて考えれば、長崎ではオランダ人士官の指導を得て洋式軍艦を導入する計画があったことが理解される。

文化三年（一八〇六）から翌年にかけてはロシア軍艦による蝦夷地襲撃が発生し、文化五年（一八〇八）には長崎でフェートン号事件が勃発した。いずれも、幕府の軍事力の不備が明白となった事件である。文化六年といえば、その直後にあたる。実現を見なかったとはいえ、オランダ人士官を雇って洋式軍艦を導入するという計画は、「開国」

後の長崎海軍伝習を先取りするような構想であり、対外的危機に直面して軍事力の強化に迫られた幕府の対応として、大いに注目すべきであろう。しかし、この計画に関する研究は皆無に等しい。そこで、本章では、未紹介の史料も用いながら、文化期における幕府の洋式軍艦導入計画を明らかにすることを目的とする。フェートン号事件後に進められていた長崎警備改革との関連に留意しつつ、この計画の顛末を検討することで、当時の対外関係と幕府の対応のなかに位置付けてみたい。

一　文化期の対外情勢

文化元年（一八〇四）九月、ロシア使節レザノフは、ラクスマンの持ち帰った信牌を持参して長崎に来航し、国交と通商を求めた。しかし、文化二年（一八〇五）三月、幕府は新規に通信・通商の関係を開くことは祖法によって認められないと回答し、その要求を全面的に拒絶し、レザノフは失意のうちに帰国することとなった。このことが原因となって、文化三年（一八〇六）九月、レザノフの命を受けたフヴォストフは、ロシア軍艦ユノナ号を率いて樺太を襲撃した。文化四年（一八〇七）四月には、ダヴィドフ率いるアヴォシ号とともに択捉島のナイホに向かい、番所を焼いて番人を捕虜として連行し、ついでシャナを襲撃して南部・津軽両藩の警備兵を敗走させた。五月には再び樺太を襲撃し、さらに六月にかけて礼文島・利尻島付近で幕府や松前藩の船を襲った。ロシアの武力行使に対して、幕府は東北諸藩に蝦夷地出兵を命じるなど軍事的対峙を迫られた。この事件は文化魯寇事件と呼ばれ、外国による襲撃と日本の敗北という事態に国内は動揺した。

いっぽう、文化五年（一八〇八）八月には、長崎でフェートン号事件が勃発した。ナポレオン戦争下におけるイギリスとオランダの対立を背景に、ペリュー率いるイギリス軍艦フェートン号は、オランダ船の拿捕を企て、偽りのオランダ国旗を掲げて長崎に侵入した。商館員を人質にとって、オランダ船がいないことがわかると食糧や水を要求した。長崎奉行松平図書頭康英は、フェートン号の焼き討ちを命じたが、長崎警備の当番年であった佐賀藩が警備兵を大幅に減らしていたために、食糧や水を送って出港を促すこととなった。結局、フェートン号は出港したが、責任を痛感した長崎奉行は、長崎警備の不備な点を指摘する遺書を残して切腹した。

この文化魯寇事件とフェートン号事件は、いずれも幕府に深刻な危機感を抱かせ、軍事力の不備を痛感させた出来事である。両事件を洋式軍艦導入計画の背景として捉えるとき、幕府が当時の対外情勢をどのように認識していたかが重要だろう。さらに、洋式軍艦の導入にあたってはオランダの援助が不可欠であり、幕府の対外情勢の認識もオランダからの情報に依存する以上、当時の日蘭関係のあり方にも眼を向ける必要がある。

まず、日蘭関係のあり方から見ていこう(3)。フランス革命の余波を受けたオランダは、一七九五年、バタヴィア共和国の成立によってフランスの衛星国となり、一八〇六年にはルイ・ナポレオンがオランダ王に就任した。フランスの影響下におかれたオランダは、イギリスと敵対関係となった。そのため、イギリス軍艦によってオランダ船が拿捕される危険性が生じ、一七九七年以降、日蘭貿易はアメリカ船など中立国傭船を利用して行われたが、戦乱の影響で十分な積荷を確保することは難しく、欠航も少なくなかった。日蘭貿易は、寛政二年（一七九〇）の「半減商売」によって貿易額を削減され、一八世紀末には出島の大火や東インド会社の解散もあったから、長崎オランダ商館の経営は危機的状況に陥った。商館長ドゥーフにとって最大の課題は、日蘭貿易を存続し、商館の経営を立て直すことにあったのである。それゆえ、オランダにとって不利な情報を隠蔽したり、あるいは虚偽の報告をしたりすることも見られた。そして、この時期の日蘭関係のあり方で重要なのが、対外的危機に直面するなかで、幕府が情報提供や翻訳などの役割を長崎オランダ商館に期待するようになったことである。ドゥーフは、レザノフ来航に際して、その来航を事前に予告するとともに、幕府のレザノフへの回答である教諭書などのオランダ語訳を長崎奉行の求めによって援助した(4)。また、文化魯寇事件に際しては、フランス語で書かれたフヴォストフ文書をオランダ語訳するよう、また関連する情報や意見があれば報告するよう幕府から求められている(5)。このような経験を通じて、幕府はオランダの重要性を認識し、ドゥーフの情報提供や翻訳などが対外政策に影響を与えるようになった。

次に、幕府の対外情勢の認識を検討したい。幕府は、ロシアが蝦夷地を襲撃した意図は通商要求にあると認識していたようだが(6)、一連の武力行使がロシア政府の命令に基づくものなのかは疑っていた。そこで、文化四年八月、幕府は、蝦夷地襲撃がロシア皇帝の命令で行われたものか否かについて、オランダ本国で調査するようドゥーフに依頼した(7)。しかし、翌年はオランダ船の欠航もあって、調査結果が幕府に伝えられることはなかった。そして、文化五年八月にフェートン号事件が勃発する。事件後、イギリスとオランダの抗争に日本が巻き込まれたという批判に接したドゥーフは、長崎奉行曲淵景露の到着によって事情聴取が始まると、責任を回避すべく意見書を提出した。そのなかで、前年にオランダ語訳したフヴォストフ文書と関連付けながら、フェートン号は、オランダ船の拿捕を目的として来航したのではなく、ロシアの手先として長崎の防備を偵察するために来航したものだとし、イギリスとロシアは同盟関係にあり、それに基づいて日本を侵略する意図があると主張した(8)。この英露同盟に基づく日本侵略計画は、もちろん架空のものだが、大槻玄沢が『捕影問答』のなかで同様の見解を示していたため、衝撃を受けた幕府は、事の真相を確かめるべく、ドゥーフに対して対外情勢に関する尋問を行うこととした。この尋問は、阿蘭陀通詞石橋助左衛門と本木庄左衛門に誓詞を出させた上で、文化五年一二月から極秘裡のうちに行われた。この尋問に対する回答においても、ドゥーフは、イギリスとロシアは同盟関係にあるので、ヨーロッパの戦乱が終結すれば両国が示し合わせて日本に侵攻してくる恐れがあると警告している。本来は全く関係のない文化魯寇事件とフェートン号事件は、ドゥーフが主張した英露同盟に基づく日本侵略計画によって結びつけられ、これが幕府に深刻な危機感を抱かせる対外情勢の認識となっていたのである。

二　洋式兵学への関心

文化魯寇事件において軍事力の不備を痛感した幕府は、ヨーロッパの砲術・海戦術といった洋式兵学に関心を抱くようになった。この点に関して、ドゥーフへの問い合わせと阿蘭陀通詞による蘭書の翻訳から検討したい。

文化四年（一八〇七）一二月九日、幕府はロシア船打払令を発令し、「向後何れの浦方にても、おろしや船と見請候はゝ、厳重に打払ひ、近付候においては召捕又は打捨」と命じた。[9] 発令の背景には、軍事的劣勢とその批判に接した幕府にとって、威光・武威の回復が政治上の重要課題であったことが指摘されている。[10] もっとも、幕府は打ち払いの実行については慎重で、実際に発動される機会はなかった。[11] しかし、発令された時点では、幕府は、ロシアとのさらなる軍事的衝突を想定していたようで、長崎奉行を通じてドゥーフにヨーロッパの砲術・海戦術を問い合わせている。その質問内容と回答を、日蘭双方の史料から検討した梶輝行氏の研究に拠って見ておきたい。[12] ドゥーフとの対談は文化四年一二月二四日に行われ、回答は絵図を交えて幕府に提出された。質問内容は、林子平の『海国兵談』を下敷きとしたもので、海戦の仕方、カノン砲とモルティール砲の使い分け、各種砲弾の特質、砲撃を防御する方法に大別される。梶氏の指摘によれば、幕府は大船を所持しないがゆえに、関船程度の小船で効果があげられる戦術に注目しているという。大船・小船の別はともかく、幕府が海戦術に関心を示している点が重要である。

ドゥーフへの問い合わせに前後して、幕府は、出府を命じていた阿蘭陀通詞からもヨーロッパの海戦術に関する情報を提出させている(13)。まずは阿蘭陀通詞の出府の経緯を確認しておこう。幕府は、文化魯寇事件の勃発を受けて、文化四年七月、大通詞名村多吉郎と小通詞格馬場為八郎を出府させ、蝦夷地御用に従事させた。一〇月には多吉郎に長崎への帰郷を許したが、代わって一一月に大通詞石橋助左衛門に出府を命じた。そして、文化五年(一八〇八)二月、為八郎が蝦夷地に派遣されるに伴い、稽古通詞馬場佐十郎が長崎から呼び寄せられた。

文化四年一二月、馬場為八郎は蘭書の記述に自分の知識を加味して「水戦并火術用法記(14)」を著した。内容を見てみると、ヨーロッパの海戦術を説明した上で、「ガラナアト」(granaat、榴弾)など九種類の武器を絵図入りで解説し、「操碇之事」と題して大船の碇の使用方法を紹介している。いっぽう、石橋助左衛門は、文化五年一月にオランダ人から聞いていた知識をもとに「魯西亜漂舶幟并和蘭軍船用法大略(15)」を著した。内容は、「蛮国軍船名」と題して「フレガット」(fregat、フリゲート)や「コットル」(kotter、カッター)などオランダで使用されている大小艦船の種類と船体構造、装備を簡略に紹介し、「魯西亜漂舶幟」としてロシアの旗図の一覧を掲げ、ヨーロッパの海戦術とその慣習を解説したものである。「水戦并火術用法記」と「魯西亜漂舶幟并和蘭軍船用法大略」は、いずれも海上におけるロシアとの交戦を想定して、幕府が編訳を命じたものと考えられる。

さらに阿蘭陀通詞の動向を見てみよう(16)。文化五年の春、大通詞見習本木庄左衛門が参府休年の献上品付添のために出府すると、幕府はそのまま江戸へ居残って砲術書を翻訳することを命じた。当初、長崎奉行曲淵景露が庄左衛門に命じたのは、幕府の所蔵本であるFredrich von Zedlitz, *Korte en Bondige Verhandelinge der Bosschieterij Konst.* Amsterdam, 1693. であった。だが、本木家には新版の砲術書であるGerrit van der Torren, *Nieuwe richt der Bosschieterije Konst.* Amsterdam, 1751. があったことから、こちらの翻訳を申し出て幕府から許可された。庄左衛門は必要な部分を選んで抄訳し、五月ごろに『砲術備要』と題して幕府に献上した。いっぽう、幕府の所蔵本の翻訳は石橋助左衛門に命じられたが、古文・古語の交じった砲術書であるために作業は難航した。助左衛門はドゥーフの助力を得るために長崎への帰郷を許されたが、それでも翻訳は困難を極め、文化六年（一八〇九）二月に『ボスシキーテレイコンスト国字解』と題した未完の訳本とするのが精一杯であった。ともあれ、幕府は軍事関係の蘭書を阿蘭陀通詞に翻訳させることで、洋式兵学の導入をはかろうとしたのである。

さて、本木庄左衛門は、文化五年六月に「御暇」を願ったが、若年寄堀田摂津守正敦より長崎奉行曲淵景露を通じ、引き続き江戸に留まって、天文方で「万国地図和解幷和蘭陀軍艦図解」を担当することを命じられた(17)。ここでいう「和蘭陀軍艦図解」は、洋式軍艦の船体図を編訳したもので、『軍艦図解』(18)として知られている。幕府が編訳を命じたのは、ヨーロッパの砲術・海戦術への関心の延長線上に、洋式軍艦の導入を模索するようになったことを示している。内容を見てみると、冒頭に「軍艦図解考例」がおかれ、編訳するに至った経緯を説明した上で、船舶の必要性、船舶の分類と呼称、航海の方法、船舶の構造などを略述する。そして、フランスの戦列艦やガレー、小型艦船について、それらの全体や断面などの船体図を精密な描写で掲出し、船体構造や装備を訳述して注釈する。原図は、ユトレヒトのコルネリス・クリッツベル書店がオランダの造船技術書を典拠として刊行した一枚刷の船体図などで(19)、注釈にあたっては他書も参考にしたという。末尾には「水戦軍令大略記聞」と題して、ヨーロッパの海戦術とその慣習が解説されている。成立は、「文化五年戊辰之夏」と記載があるから、六月までには完成していたと思われ、九月八日に庄左衛門が『軍艦図解』の訳述を幕府から褒賞されている(20)。庄左衛門が、「外国之船造り方寸法等も有之、右之仕法を以何レか御国筋御備船御仕立方等之義兼而御勘弁ニも相成(21)」と述べるように、洋式軍艦の建造を念頭においた訳述である。献上された『軍艦図解』の精密な船体図は、幕府の洋式軍艦への関心を大いに高めたに違いない。

三　長崎警備改革の方向性

フェートン号事件が勃発したのは、『軍艦図解』が献上された直後の文化五年（一八〇八）八月一五日のことである。事件後の九月三日に長崎奉行曲淵景露が長崎に到着し、早速、長崎警備を担当していた佐賀藩やフェートン号に抑留されたオランダ人、オランダ商館長ドゥーフに対する事情聴取が行われた。これに並行して、長崎奉行は、現下の喫緊の課題として長崎警備改革に取り組んだ。フェートン号事件後に行われた改革は、佐賀・福岡両藩の警備手順・規模の見直し、長崎港の台場の整備・増強、オランダ船入港の臨検方法の変更、地役人による警備体制の構築など多岐にわたる。松尾晋一氏によれば、長崎警備改革による大きな変更点は、第一に長崎市中の住民の安全を確保する手筈が整えられたことであり、第二に来航した不審な異国船を長崎港に入港させない措置をとったことにあるという(22)。この指摘をふまえて、改革の方向性を確認しておきたい。

第一の変更点は、佐賀・福岡両藩の増兵が行われるまでの間、長崎の防備は住民の手で行わざるをえないという事情があり、非常時の役割分担や避難場所の確保など、長崎地役人を中心とする港内・市中の警備体制が構築された。長崎地役人による警備体制は、フェートン号事件の直前に、ロシア船来航のさいの対応策として制度化されていたが、事件後に見直しが加えられて、規模は格段に拡充され、動員と配置、指揮系統なども明確化された。初代の長崎鉄砲方に任命された高木道之助を中心に、長崎地役人の間では砲術の研究と訓練が盛んとなり、高島流砲術が形成される前提を生み出した(23)。

第二の変更点は、女神と男神の間を鉄鎖と船で締め切って港内への侵入を防ぎ、沖は蔭ノ尾と高鉾島の間で締め切って異国船を閉じ込め、砲撃で破壊し、あるいは焼き払うという戦術で、ドゥーフより示唆されたものである。従来の七カ所の台場では、水面からの位置が低くて砲撃に支障があるため、女神・すずれ・神崎・高鉾・蔭ノ尾の丘陵に新台場を設置した(24)。さらに、四、五艘以上で異国船が来襲した場合の措置として、神崎・高鉾・長刀岩・魚見岳に増台場を増築して、古台場・新台場・増台場の石火矢と大筒の総数は三倍以上に増加した(25)。一連の措置に伴ってオランダ船の入港手続きも改革され(26)、異国船でないことを確認できるまでは入港させない方針で港外での臨検に重点がおかれた。

では、長崎奉行曲淵景露はどのような現状認識をもって、長崎警備改革を進めていたのか。佐賀藩に残された史料である『長崎之事手覚(27)』を紹介したい。『長崎之事手覚』は、末尾に「右者長崎奉行曲淵甲斐守殿ゟ御沙汰之手覚也」とあって、長崎奉行の意向と指示が書き留められており、記載内容から文化六年（一八〇九）の早い時期に記されたものと推定される。

長崎奉行は、「一刻も早其御手当相整居候は而ハ御国家之御浮沈ニ相懸」という強い危機意識のもとで、イギリス軍艦の再度の襲来は必定と考えていた。新たな警備体制を確立するにあたって、文化魯寇事件において蝦夷地を襲撃したロシア軍艦の戦法など、西洋諸国の軍事行動の特徴を強く意識している点に注目したい。

西洋諸国の軍艦は、

　魯西亜其外蛮船ゟ襲来候軍法ハ、湊内までも不意ニ乗込、石火矢其外之火術を以俄ニ打立、忽海上雲霧之中ニ居るか、始から船形も不相見様ニいたし、其内ゟ火矢・石火矢等にて遠近之船幷海辺之在家其外焼払、直ニ沖目江乗離れ遠眼鏡を以忍ニ実を窺ひ、又も乗込乱妨いたし、神変自在之働いたし候由

といったように、海上では進退自在の行動を取り、上陸することなく砲撃してくると長崎奉行は見ていた。また、六

○人ほどの乗員からなるロシア軍艦の攻撃を津軽藩の三〇〇人の軍勢が防ぎきれなかったこと、わずか三人のロシア人によって津軽藩の軍船が乗っ取られたこと、ロシア人は甲冑を使用せずに鳥銃で迅速に攻撃を仕掛けてくること、蝦夷地ではロシア船からの砲撃を防ぐために海岸に矢留を築いていることなどを指摘している。

では、長崎警備をどのように改革すべきか。西洋諸国が迅速な軍事行動をとる以上、「御城下より之出勢ハ勿論、諫早・深堀之人数にても中々急速之間ニ合申間鋪」として佐賀城下や長崎近隣の諫早・深堀からの出兵では間に合わず、「不断大勢被遣置候事ハ莫大之御物入」として長崎に多くの兵を詰めさせておくことも出費の面から難しいとする。そこで、まずは多人数を動員するのではなく、「石火矢大筒等之達人、其外武勇之精兵を撰上ケ」というように、精兵主義の採用を指示している。次に「長崎御備之儀も火術等之仕与専要」として砲術の重要性を強調する。実効性のない甲冑の用意や旗指物の準備などは不要とし、その費用を「防禦之夷具・軍船等之御入用」とすることを求め、とくに台場に「矢留」を設置する重要性を指摘している。そして、

実々業合之所至而ハ公儀ニも御安堵無之、先達而筑州江軍船製作等之儀御問合相成、其外土井様より御尋之御ヶ条も有之、此御方江も頓而御問合も可有之、就而者右之御手当者勿論、万端旧格之通ニ而者不相済候儀と相見候事、

とあって、この方向性で幕府も安心しているわけではないという。福岡藩への軍船製作の確認や老中土井大炊頭利厚からの照会事項もあり、佐賀藩にも近く指示があろうから、ここに示した方向性は当然のこととして、従来の長崎警備にとらわれない改革が必要だとしている。

以上のことから、長崎奉行曲淵景露は、蝦夷地襲撃のロシア軍艦の戦法などをふまえ、砲術と軍艦の重要性を認識しており、精兵主義に基づく実効性のある長崎警備体制を構築しようとしていたことがわかる。また、西洋諸国の迅

速な軍事行動への対応は、費用対効果の面で佐賀・福岡両藩に任せるのは難しいとしており、このあたりが長崎地役人を警備体制に組み込む方向性を生み出していったと考えられる。

四　洋式軍艦建造への着手

ここでは、長崎奉行曲淵景露の主導で進められた長崎警備改革のなかで、洋式軍艦の建造にも取り組んでいたことを明らかにしたい。

ドゥーフの「公務日記」の一八〇九年一月二三日（文化五年一二月八日）の条には、

数日来、船大工がオランダの様式のスループ型帆船一隻を、奉行のために製作中であった。そしてそれを時々見にいってもらえないかと、奉行は私に要望した。

私はそれを断わり切れなかったので、たびたび足を運んだ。(28)

とあって、文化五年一二月に長崎奉行の命令で、小型の洋式軍艦であるスループの建造に着手していたことが判明する。このスループの建造については、『唐人番日記』に、

一　出嶋前ニ而バッテイラ造早舟壱艘造立、十一月十七日ゟ取掛リ十二月末出来、船号飛行丸と唱へ候様御触有
　　但長サ四間半、かひ八挺立、(29)

といった記事があり、一一月一七日より建造が始まって一二月末に完成した「バッテイラ造」の船足の速い小船で、長さ「四間半」、八挺の櫂をもち、飛行丸と命名されたことがわかる。飛行丸の用途については、長崎奉行曲淵景露のもとで作成された『異国船渡来之節御備大意御書付』に、

一　飛行丸之義者鯨船同様小船ニ而候得共、船底造方等致勘弁候船ニ付、外船々ニ見合候而者船足早く候得者、異船渡来之節若哉バッテイラニ而湊内ニ乗入候ハヽ、飛行丸ハ不及申鯨船を以夫々役人早速乗出シバッテイラ打砕可申候、依而右等之手当致、其外海上急用為備此度飛行丸新規打立申付候事ニ候間、波止場役共方ニ預り置急場之弁理宜敷場所江平日囲置、船具等ハ取片付置御備御用之外相用申間敷候、尤時々手入等心を用ひ修理等之節者申立見分を請可加修理事(30)

と記されている。ここから、小船だが、「船底造方等致勘弁候船」であるため船足が速く、異国船から降ろされたバッテイラが港内に侵入したさいに、そのバッテイラを破壊する目的で新規に建造したことがわかる。フェートン号事件のさいにバッテイラに港内に侵入されたことをうけての対応と判断される。

『軍艦図解』は、大型の洋式軍艦を主に解説するものの、スループを「脚船の小なるものを云、長崎にて小「バッテイラ」、又花「バッテイラ」とも云」と説明しており、「小脚船」の簡略な上面図・側面図・断面図も尺度を入れて掲出している。(31) 小型のスループの建造に際しては、『軍艦図解』を参考としたであろうことは想像に難くない。幕府へ献上されたものの写しを、長崎奉行曲淵景露が長崎に下向するさいに持参したと思われる。『唐人番日記』にいう「四間半」の長さは、『軍艦図解』に見える「小脚船」の図面の長さにほぼ一致するし、『異国船渡来之節御備大意御書付』にいう「船底造方等致勘弁候船」とは、『軍艦図解』で説明される和船にないキールの存在をうかがわせている。

安達裕之氏の研究によって、スループの建造は、天保一一年（一八四〇）に佐賀藩が長崎でオランダ人の船大工に造らせたのが最初で、これを手本として幕府が嘉永二年（一八四九）に浦賀で最初の洋式軍艦となる蒼隼丸を建造したことが明らかになっている。(32) その約四十年前に幕府が長崎でスループの建造に着手していたことは、注目されるべき事実である。もちろん、『軍艦図解』の簡略な船体図程度で日本人の船大工が技術的に建造できるのか、建造できたとしてもどこまで洋式軍艦の体をなしていたのかは、検討の余地があろう。ここでは、飛行丸が『軍艦図解』に基づいて長崎で建造された最初の小型の洋式軍艦である可能性を指摘するにとどめておきたい。

いっぽう江戸では、航洋を前提とする大型の軍艦の建造に関心があったようである。幕府は、文化五年一一月二九日付で「荷船之外五百石以上あたけ造之船松浦大村抔ニ而持備候歟、製作之仕方伝来候歟、取調ニ相成儀候ハ、可申上旨被仰下候御書取」(33)を長崎奉行曲淵景露に送って指示を出している。これを受けて長崎奉行は、一二月二三日、大村藩に対して以下のように命じた。

荷船之外五百石以上あたけ造之船、前々ゟ御制禁ニ候得共古来相用候兵船御持伝候歟、又者船者無之候而も製作方伝来候者も有之候哉承度候間、早々相糺、右船今に持伝も有之候ハ、麁絵図面に致し、製作伝来候者有之候ハ、委細相認可被差出候、(34)

大村藩は船はなく、製作方法を知る者もないと回答したが、文化六年（一八〇九）二月、久留米藩にも同様の命令を出しており、(35)広く九州諸藩に安宅船の製作方法を尋ねたことがわかる。九州諸藩が長崎奉行に提出した安宅船の絵図面などが、「軍船絵図類」(36)と総称される一連の絵図類のなかに残されている。「軍船絵図類」は、「巳三月七日、奥平大膳大夫家来船大工棟梁友井惣左衛門書付幷絵図一枚」、「巳三月十七日五嶋大和守より差出候軍船来図之写弐枚」、「獅子王丸御船製作方絵図七枚之内」、「松平薩摩守より差出候あたけ造船平絵図、弐枚之内」などとする三〇点近い絵図類で、文化六年に中津藩・五島藩・薩摩藩などから安宅船の絵図面と製作方法の回答があり、提出された絵図類のほとんどが江戸に送付されたことが確認できる。大船建造の禁以前に製作された安宅船への関心は、以下に述べる大型の洋式軍艦の建造を企図することと無縁ではあるまい。

阿蘭陀通詞本木庄左衛門は、『軍艦図解』を献上した後も江戸に留め置かれたが、フェートン号事件が勃発すると、事件の真相を究明すべく、長崎に戻ってドゥーフに尋問を行うことを幕府から命じられた。ドゥーフへの尋問は、石橋助左衛門とともに、文化五年一二月二七日から始められた。このなかで、幕府の「海岸防備之事、尚外国筋江対し御手当ニも相成候心得、内存承り度候事」という質問に対して、ドゥーフは、

右者追々御内密申上候通、魯西亜と伊祇(祇)利須一致之国ニ候得者、両雄相党し可申哉ニ被存候得者、いつれニも海岸防備之御手当可然事ニ被存候、随而者第一砲術軍艦等不慮の御備者有御座度、我々式におゐても希ひ候事ニ候、(37)

と述べ、英露同盟に基づく脅威があるので、砲術と軍艦を導入した海防体制の整備が必要であると答えている。このドゥーフの進言は、幕府に運用を含めた洋式軍艦の導入を決意させたものと察せられる。

長崎警備改革においても、長崎奉行曲淵景露のもとで、異国船を港内に入れるのではなく、港外で撃退するという長崎警備の方針転換が進められていた。(38) 航洋を前提とする大型の洋式軍艦の導入は、この方針転換とも符合するものである。しかしながら、『軍艦図解』の船体図や安宅船の絵図類を設計の参考にしても、日本人の船大工が建造できるとは到底思えない。文化六年一月二一日、長崎奉行は、ドゥーフに船舶の武装の仕方、戦艦の建造方法、海上における銃弾の防ぎ方を問い合わせた。(39) しかしながら、軍務に属したことのないドゥーフは、「体験したことがない」「何も知らず、それにつき申し上げることができない」などとして、きちんとした回答はできなかった。日本人の船大工だけで大型の洋式軍艦を建造することは不可能だったのである。

五　オランダ人士官・技術者の招聘をめぐって

そこで、幕府は、オランダ人士官・技術者を招聘して、大型の洋式軍艦を建造し、運用しようとした。以下の史料(40)は、これに関係するものである。従来知られていない史料なので、全文を掲げて検討しておきたい。

五月朔日

柳生主膳正様江持参、周三郎兵衛殿を以差上候、

かひたん存意愚意之大略

一、阿蘭陀事者年来嚮化之国ニ而、昔古ゟ通商御免被為成置候処、御国法等茂能く相守、其上御用等被仰付候節者出精相勤候事故、阿蘭陀斗り者于今おゐても通商御免被為成置候、既ニ近来外国船渡来商売相願候得共御赦免無之候、然候処御国ニおゐて阿蘭陀事ニ付、近来如何之風聞有之密々承糺候処、かひたん実意を以相答候、依之此度術士共御用被仰付候間、此旨かひたん咬𠺕吧江罷越、ゼ子ラルとも江内密申聞、来秋渡来之船より大船製作方相心得候船大工三人、火術幷炮術士弐人、船師壱人、按針役弐人、水夫頭弐人是ハ水夫共之諸業を司申候、右何れも其筋切者なるを御国江被召置候儀茂可及熟談候、此を以て御国之御寵愛已前ニ被為復候基おのすから可相弁と申様之御文意ニ而可然哉此儀申上候儀、恐至極奉存候得共、兼々御国御寵愛薄く相成様ニ思ひ込居候処、此節如何之風聞も承り、弥以敵国より申触し候悪説故ニ、御国之御寵愛薄く相成候事と一図ニ疑惑仕候哉考察仕候、右様之御主意ニ候ハ、来秋連渡り可申候、乍然不容易事故治定難申候、尤書面より者口達ニ而商売以前ニ被復候与申候方者弥丈夫ニ有之候、其節者諸入用等茂頭役より相弁可申哉ニ被存候此儀当節御沙汰を承知仕度と申儀ニ者無之、御内意を相含演述いたし度と申意ニ者御座候得共、甚以心得違ひニ而不正之儀ニ可被為思召之事、兼々恐入候儀ニ奉存候、乍然前々茂奉申上候通り、遠隔風土之異る所よりして人情も多々異なり候儀も有之、既に彼邦常用之詞ニ音物を請、其礼を申述る小序□□、是より茂返礼可致と申常用詞も御座候、乍恐是等之儀ハ可然被為聞召分

被下度奉存候、且又かひたん物語仕候共、容易ニ可申上筋とは不奉存候得共、此一ヶ条ニ而彼か胸中邪正之差別幷術士共呼寄方之儀ニハ、かひたん心のおよひ出精可仕と申候底意も相分り、扨又此は御尋之御ヶ条之内、彼長崎江滞留いたし度存念ニも有之哉と御沙汰之趣等も、悉く此ヶ条ニ而御恐懼茂可被為遣哉ニ奉存候ニ付、乍恐奉申上候

右之趣申聞候ニ付、其儀者甚心得違決而不相成事ニ候、しかし御文意之趣者含ニも相成候事故、演述斗りニ而者聞違ひも可有之哉、一通り大意書面ニ認見せ候様、尚又諸入用之儀茂一同承り度段申聞候処、右銀高之儀者不知案内之事故難申出旨申之候得共、強而相尋候者誠ニ含迄ニ候故、凡積り推察を申聞候様申之候処、御文意之大略一同書面ニ綴り見せ候故、熟見仕候処、即前件申上候文意之通ニ御座候ニ付、後証之ためニも相成可申哉と写し取置申候、

入用銀凡積り

一、船大工　三人

一ヶ月分　但、壱人前銀六百目程宛

一、火術幷炮術師　二人

一ヶ月分　但、壱人前銀壱貫目程宛

一、舶師　一人

一ヶ月　但、壱人前銀壱貫五百目程

一、按針役　二人

一ヶ月　但、壱人前（銀脱カ）五百目程宛

一、水夫頭　二人

一ヶ月　但、壱人前銀四百目程宛

右之外、賄方入用相掛申候、勿論右書面之銀高増減等治定難申上候由ニ御座候、

以上の史料は、合冊された他の史料から文化六年（一八〇九）の作成と判断され、冒頭の記述から五月一日に用人を通じて勘定奉行柳生主膳正久通に提出されたことがわかる。大型の洋式軍艦の導入について、商館長ドゥーフと対談したときの様子を阿蘭陀通詞がまとめた内容となっている。対談した阿蘭陀通詞は本木庄左衛門と石橋助左衛門の両名と考えられる。助左衛門は、先に行われたドゥーフへの対外情勢に関する尋問の結果を報告するために再び出府を命じられ、二月二四日に長崎を出発して四月に江戸に到着しているから、助左衛門が勘定奉行に提出したはずである。助左衛門は、幕府により命じられた『ボスシキーテレイコンスト国字解』の翻訳にあたってドゥーフに助力を求めたさい、オランダ人の砲術士官を招聘できないかドゥーフに打診していた(41)。その延長線上に、大型の洋式軍艦を建造・運用すべくオランダ人士官・技術者の招聘について対談したと考えられる。対談が行われたのは、ドゥーフの「公務日記」や「秘密日記」に記述は見られないが、文化六年二月のことと推測される。

冒頭では、幕府のオランダ観が示されている。オランダは、仁政を慕う国なので昔から通商が許可され、その後も国法をよく守って、幕府から御用などを命じられれば出精して務めてきた。だから、現在まで通商が許可されてきたし、近年ロシアが通商を求めてきたが許可されなかった。また、最近行われた対外情勢に関する尋問ではドゥーフは誠実な回答をしているという。このようなオランダの評判を述べた上で、幕府は「術士共御用」と称して、船大工三名、砲術士官二名、船長一名、按針役二名、水夫頭二名を、翌年の秋に来航するオランダ船で連れ渡ることを要望し、ドゥーフに対して、今年バタヴィアに帰還して東インド総督と内密に相談するよう指示している。すなわち、オランダ人士官・技術者を日本に招聘して、その指導を受けながら、日本人の手で洋式軍艦の建造と操練を行う計画である。計画は、「火術并炮術士」の招聘から軍事目的であり、建造する洋式船は「大船製作方」とあるように大型の洋式軍艦を意図していた点が重要である。

この計画に関して、ドゥーフは「此を以て御国之御寵愛已前ニ被為復候基おのすから可相弁と申様之御文意ニ而可然哉」と発言している。割注による阿蘭陀通詞の説明によれば、ドゥーフはかねてから幕府の「御寵愛」が薄くなったと思い込んでいたが、最近行われた尋問でイギリスが言い触らした悪い噂を聞き、ますます幕府の「御寵愛」が薄くなったと疑っているようだという。先に行われたドゥーフ尋問の回答を見ると、寛政二年（一七九〇）の「半減商売」による貿易額の削減は、諸外国で「御当国之御恩遇薄く相成候所より被仰出候儀と流布」していると、ドゥーフは述べている(42)。ドゥーフの発言は、オランダ人士官・技術者を連れ渡れば、「半減商売」以前の貿易額に戻してくれるのかという意味だろう。このような趣旨ならば、来年の秋に連れ渡るという。容易なことではないので実現できるかは断言できないが、「半減商売」以前の貿易額に戻すということは口頭で確実に伝えるし、そうすれば諸費用は東インド総督のほうで考慮するだろうと言っている。

この発言に関して、阿蘭陀通詞は割注で次のように幕府へ説明する。ドゥーフの発言は、幕府の要望に応じたいというのではなく、内々の意図を含めて口頭で東インド総督に伝えたいという意味だが、考え違いによる誤解があるようで申し訳ない。しかし、相手に利益を与えれば、それ以上の利益を返すべきだというオランダの格言があるように、なんらかの見返りが必要となることを考慮してもらいたい。ただ、この発言で、ドゥーフの心中や招聘には尽力したい意思はわかるし、長崎に留まり続けたいわけではなさそうである。結局、阿蘭陀通詞は、ドゥーフの発言を「甚心得違決而不相成事」と否定している。ドゥーフは、いわばギブ・アンド・テイクならば、オランダ人士官・技術者の招聘に乗り気だったようだが、幕府は「半減商売」以前の貿易額に戻す意思はなかったらしい。

阿蘭陀通詞は、ドゥーフに、口頭での伝達では聞き違いにもつながりかねないので、幕府の要望の大意を書面でまとめてほしいこと、また、招聘にかかる諸費用を教えてもらいたいことを依頼した。ドゥーフは諸費用はよくわからないとしたが、強いて尋ねられて回答した月給の見積もりが末尾に掲げられている。そして、幕府の要望の大意は、阿蘭陀通詞の確認の上で書面にまとめられた。この書面に関して、本木庄左衛門が「後証之ためニも相成可申哉と写し取置」いたと考えられる蘭文史料が現在に伝わっている。[43]この蘭文史料は、オランダ人士官・技術者の月給の見積もりを冒頭に掲げ、計画は書簡ではなくバタヴィアに戻って伝達することとし、将軍の命令として、

商館長ドゥーフは、今年バタヴィアに行き、まず最初に、すべての日本におけるオランダの評判を口頭で東インド総督に伝えなければならない。そして次に、東インド総督にしかるべく将軍の要望を話さなければならない。

船長一人、按針役二名、水夫頭二名、上手に船を建造できる船大工三名、能力を身につけた砲術士官二名を、日本に三、四年留め置いて、教授にあたらせることをである。

といった内容などがまとめられている。こうして、オランダ人士官・技術者の招聘を実現するために、あとはオランダ船の来航を待つこととなった。

六　洋式軍艦導入計画の頓挫

文化六年（一八〇九）六月一八日、オランダ船フーデ・トラウ号が長崎に入港した。僚船レベッカ号もまた、新任のオランダ商館長であるクロイトホーフを乗せて同時にバタヴィアを出港していたが、後にわかることであるが、航海中にイギリス軍艦に拿捕されて広東に送られていた。ドゥーフは引き続き商館長を務めざるをえなくなり、ここに、ドゥーフがバタヴィアに帰還してオランダ人士官・技術者の招聘を話し合うことは不可能となった。

とはいえ、長崎警備改革で警備の一翼を担うようになった長崎地役人の間では、大型の洋式軍艦への関心はきわめ

て強かった。七月一一日に、長崎代官の弟で砲術方を務めていた高木道之助は、フーデ・トラウ号への乗船を求め、船長フォールマンに対して大砲に関するさまざまな質問を行った。[44] そして、七月二一日に、幕府の船手頭が数人の船大工を引き連れてフーデ・トラウ号の内部を見学している。[45]

そこで、バタヴィアから招聘するかわりに、フーデ・トラウ号のオランダ人士官二名を長崎に残留させるという計画が、長崎奉行曲淵景露のもとで浮上した。ドゥーフの「秘密日記」によれば、[46] この計画は、阿蘭陀通詞本木庄左衛門を通じて交渉が行われ、目的は「海事および長崎の海上の防衛について指導するため」という。八月一一日には、庄左衛門は出島台場を預かる町年寄高島四郎兵衛とともに、「奉行がこのことを熱心に要望している」として交渉に訪れたが、船の士官のことは権限外であるとして、ドゥーフは丁重にこの要請を断った。その後も、「若し二名の士官を割愛することが不可能であるなら、両人のうち一人でも」として執拗に交渉が続けられたが、ドゥーフは船長フォールマンと協議した上で、八月二七日に長崎奉行に対して最終的に拒否の回答を行った。ここに、オランダ人士官を残留させる計画もまた頓挫した。船の士官のことは権限外という理由だが、ドゥーフにしてみれば、貿易額の増加の見返りがなければ協力したくなかったのだろう。

本木庄左衛門が、大槻玄沢に大型の洋式軍艦の導入を建言したのは、まさにこの状況下であった。庄左衛門と玄沢の関係は、庄左衛門の父良永が玄沢の長崎遊学を援助して以来のもので、玄沢は庄左衛門が訳述した『砲術備要』に序文を寄せるなど親交が深かった。[47] 庄左衛門は、頓挫してしまった計画を、若年寄堀田正敦の庇護下にある玄沢を通じて、幕閣に働きかけることでなおも実現を期待したのだろう。文化六年八月に玄沢に宛てた書簡の草稿である「秘稿　江都磐水江遺候控」[48] から、庄左衛門の意見を見ておきたい。[49]

本木庄左衛門は、オランダから「中形の阿蘭陀船一艘」を入手した上で、優秀な「船頭幷按針役・銃手・船大工、其外小役水夫」を呼び寄せて「五六ヶ年も我国に被召置」、軍艦の操練を教授させるとともに、その指導を受けながら日本人の手で軍艦を建造することを主張する。日本人の船大工だけでは建造できない現状をふまえ、まずは軍艦をオランダから入手しようと考えたのだろう。そして、ただ操練をしていただけでは無駄なので、「松前箱館産昆布、煎海鼠・干鮑、其外和産の反物、諸雑物」を軍艦に積み込み、中国の福建や広東まで航海して貿易を行い、これを繰り返せば「日本人等遠洋航海術は自然に習ひ取可申」という。さらには、日本で建造した軍艦も同道させ、しだいに日本人だけによる遠洋航海を目指すとする。問題点については、日本人の海外渡航の禁止は「御議定も御製立」することを求め、福建や広東に出向くのであれば現状の長崎貿易の障害にはならないとし、総じてこの計画は「一切雑物はかりニて交易出来仕、格別之御国益ニ相成可申」ものだという。また、日本で建造した軍艦は、異国船との識別のために「中黒の標」を付けさせ、「西洋の軍艦の如く平常は交易ニ被相用、非常之時は軍備の要ニ被仰付」ものとする。年を経るごとに軍艦が増えれば、蝦夷地への産物の輸送などに利用できるし、オランダ船が欠航した場合も広東で「異朝之風説」を入手できるといい、さらに「二艘三艘と勢を揃へ」て広東に出向けば「我国之御威勢万国に響き可申」といった効果もあるとする。

本木庄左衛門は、なぜ軍艦の導入に拘るのだろうか。一つは、ドゥーフが吹聴していた英露同盟に基づく日本侵略計画に関して、「空妄之虚談ニも不被察」と述べる危機感があり、「異船追討の御備」として軍艦に注目したに他ならない。そしてもう一つは、日蘭貿易の不振がある。貿易額の削減の経緯を説明し、とりわけ寛政二年（一七九〇）の「半減商売」によって「阿蘭陀商売年々及衰微」となった状況を述べている。この長崎の窮状を、対外的危機にかこつけ、軍艦の導入とその運用で打破しようという狙いが見てとれる。

さらに、本木庄左衛門はドゥーフの思惑をふまえた交渉方法を提案している。ドゥーフは、東インド総督からイギリスとの戦争を遂行するために必要な多量の銅を送り返すよう要請を受け、文化六年八月一六日、貿易額を「半減商売」以前に戻し、輸出銅の増額を希望する嘆願書を長崎奉行に提出していた(50)。これを逆手にとって、翌年の江戸参府のさいに、貿易額の緩和と段階的な輸出銅の増額を条件に交渉すればよいという。また、計画を進める上で、ドゥーフはバタヴィアに帰還することが必要となる。ドゥーフは「出生之子供」である道富丈吉の将来を案じているから、丈吉を通詞などに取り立てれば安心し、ひいては「一命を拗ちかひたん相働候儀者必然之道理」になるという。

大型の洋式軍艦の建造とその具体的な運用、さらにドゥーフとの交渉方法を視野に入れた壮大な計画である。先述した士官の残留は長崎地役人が強く求めていた。本木庄左衛門の計画も、長崎の利益に結びつくとしている以上、長崎地役人が軍艦の運用を担うことを前提にしていると判断できる。庄左衛門の建言を大槻玄沢がどう受けとめたのか、さらには幕閣への働きかけがあったのかはわからない。文化六年九月、出島の諸色売込人が所持するオランダ船の雛形が「御用」として江戸に送られ、その褒美として銀一〇枚を下す旨、石橋助左衛門を介して諸色売込人に通達されている(51)。この江戸に送られたオランダ船の雛形は、大型の洋式軍艦の導入と関連があると見られるから、文化六年九月ごろまでは導入計画が存続していたらしい。

しかし、その後、長崎でも江戸でも目立った動きが見られなくなることからすれば、本木庄左衛門の建言は取り上げられず、幕府は最終的に洋式軍艦導入計画を断念したものと判断される。そもそも、仮にドゥーフが計画に協力的であっても、イギリスとオランダの抗争が続く状態では、バタヴィアからオランダ人士官・技術者を日本に派遣することは、どう見ても不可能だっただろう。そして、文化七年(一八一〇)以降は、定期のオランダ船でさえ長崎に来航できず、欠航が連年にわたって続くことになる。

幕府が計画を断念した背景には、幕府内部で航洋を前提とする大型の洋式軍艦の導入に否定的な意見があったことが考えられる。ここでは次の点を指摘しておきたい。幕府儒者見習であった古賀侗庵は、文化六年成立の著作『極論時事封事』の第四策で、[52]ロシアに備えるべく洋式軍艦の導入と海軍の創設を説き、「則有二蘭船在一、請得二取以為レ法、猶有レ未二詳晢一、莫レ如下利二誘蘭人一而問中其法上」と述べて、オランダ人の招聘を主張している。[53]侗庵は、対外政策に関与する幕府儒者の立場にあり、大槻玄沢との親交もあったことから、[54]どこかで計画の概要を聞いていたのかもしれない。注目すべきは、主張に関連して大船建造の禁を取り上げている点である。侗庵は、大船建造の禁は、徳川家光がキリスト教の禁止の観点から海外に渡航できる船を禁じたものであるとし、現在ではこれを墨守して外国に笑われるより、むしろ洋式軍艦を導入して水戦を身につけたほうが家光も喜ぶだろうと述べる。大船建造の禁を航洋船の禁止令として理解したのは『極論時事封事』が嚆矢とされるが、[55]侗庵がこのような理解を示すのは、大型の洋式軍艦の導入をめぐって、幕府内部に大船建造の禁を持ち出して反対する意見があったことを示唆しているのではないか。

おわりに

以上の考察をまとめてみたい。幕府は、文化魯寇事件に伴うロシアとの軍事的対峙、とりわけロシア船打払令の発令を契機に、商館長ドゥーフへの問い合わせと阿蘭陀通詞による蘭書の翻訳を命じ、ヨーロッパの砲術・海戦術の知識を得た。フェートン号事件後、ドゥーフが吹聴した英露同盟に基づく日本侵略計画に危機感を抱いた幕府は、長崎警備改革の方向性のなかで洋式軍艦の建造を模索するようになり、バッテイラ造りの小型の軍艦を建造し、さらには大型の軍艦にも関心を寄せた。幕府は、オランダ人士官・技術者を招聘して大型の洋式軍艦の建造と操練を行うことを計画し、バタヴィアに帰還して相談するようドゥーフに打診した。ドゥーフは招聘と引き替えに貿易額の増加を期待したが、幕府にそのような意思はなかった。そして、商館長の交代ができなかったことから、計画は頓挫した。長崎地役人の間では、長崎の軍事・経済に利益をもたらすとの判断から、洋式軍艦の導入と運用に積極的であった。そこで、代案として来航していたオランダ船の士官の残留を求めたが、ドゥーフに拒絶された。ドゥーフと幕府との交渉の中心的役割を果たした阿蘭陀通詞本木庄左衛門は、大槻玄沢に建言することでなおも導入の実現を目指したが、取り上げられず、結局、幕府は洋式軍艦導入計画を断念するに至った。

幕府が洋式船の導入を計画したこと自体は、目新しいものではない。田沼時代には、長崎への廻銅船に利用する洋式船を建造するために、船大工や水夫らをバタヴィアから呼び寄せようとしたことがあり[56]、寛政の改革でも、蝦夷地の見分やアイヌとの御救交易などに利用するために、「紅毛船製の船つくりかた」を長崎奉行に照会したこともあった[57]。ただし、いずれの計画でも洋式船の用途は海運への利用を意図したのに対して、文化期の計画ではロシア・イギリスとの軍事的対峙を背景に大型の軍艦の導入を意図したことが大きな相違点である。また、それまでの計画では問題とならなかったが、文化期の計画では大船建造の禁を航洋船の禁止令と理解する批判が登場した。これは、ロシアとの交渉を通じて、従来の対外関係が固定的にとらえられ、「鎖国祖法観」が確立していくなかで[58]、日本人の海外渡航の禁止もまた強く意識され、航洋船が禁止されていると理解されるようになったからである[59]。こうして見てみると、文化期における幕府の洋式軍艦導入計画は、当時の対外的危機と幕府の対応を象徴する出来事だったと位置付けることができるだろう。

註

（1）日蘭学会編・日蘭交渉史研究会訳注『長崎オランダ商館日記』四（雄松堂出版、一九九二年）、二九四〜二九九頁。

（2）相馬美貴子「本木庄左衛門「秘稿　江都磐水江遺候控」」（『一関市博物館研究報告』第四号、二〇〇一年）。

（3）　以下、一九世紀初めの日蘭関係と幕府の対外認識については、次のような研究を念頭においている。齋藤阿具『ヅーフと日本』（広文館、一九二二年）、金井圓『日蘭交渉史の研究』（思文閣出版、一九八六年）、佐藤昌介『洋学史論考』（思文閣出版、一九九三年）、永積洋子「一八～一九世紀はじめの日本におけるオランダ語学力の向上とロシア問題」（『東洋学報』第七八巻第四号、一九九七年）、藤田覚『近世後期政治史と対外関係』（東京大学出版会、二〇〇五年）、石田千尋『日蘭貿易の構造と展開』（吉川弘文館、二〇〇九年）、横山伊徳『開国前夜の世界』（日本近世の歴史五）（吉川弘文館、二〇一三年）。

（4）　松本英治「レザノフ来航とオランダ商館長ドゥーフ」（『洋学史研究』第二三号、二〇〇六年）三六～三八頁を参照。

（5）　本書第二部第一章「フヴォストフ文書をめぐる日蘭交渉」を参照。

（6）　有泉和子「フヴォストフ・ダヴィドフ事件と日本の見方」（『ロシア語ロシア文学研究』第三六号、二〇〇四年）一二一～一二四頁を参照。

（7）　本書第二部第一章「フヴォストフ文書をめぐる日蘭交渉」を参照。

（8）　本書第三部第一章「大槻玄沢と幕府の対外政策」を参照。

（9）　『通航一覧』第七（国書刊行会、一九一三年）、三六八頁。

（10）　前掲、藤田『近世後期政治史と対外関係』六三～七三、九三～一〇〇頁を参照。

（11）　同右、二一五～二二一頁、有泉和子「政治的に利用された事件解決―ゴロヴニン等の逮捕理由と釈放理由の矛盾―」（『東北アジア研究シリーズ』第七号〈開国以前の日露関係〉、二〇〇六年）六六～六九頁を参照。

（12）　梶輝行「文化四年の日蘭軍事交流の諸相」（『銃砲史研究』第二九六号、一九九八年）七～二一頁、同「近世後期の日本における洋式兵学の導入」（松木武彦・宇田川武久編『戦いのシステムと対外戦略』〈人類にとって戦いとは二〉東洋書林、一九九九年）一三八～一四五頁を参照。

（13）　本書第二部第二章「阿蘭陀通詞の出府と訳業」を参照。

（14）　『渋川家文書』第八冊所収「水戦并火術用法記」（国際日本文化研究センター所蔵）。天文方の旧蔵史料である。松田清『洋学の書誌的研究』（臨川書店、一九九八年）三八四、六四八頁を参照。

（15）　中村幸彦・中野三敏校訂『甲子夜話』六（平凡社、一九七八年）、二八九～二九三頁。林述斎の蔵書を松浦静山が写して収録したものである。岩下哲典「江戸時代における白旗認識と「ペリーの白旗」」（『青山史学』第二一号、二〇〇三年）七三～七四頁を参照。

(16) 有馬成甫「文化四年ヱトロフに於ける日露衝突事件とその国防に及ぼせる影響（下）」（『軍事史研究』第二巻第六号、一九三七年）五四〜六〇頁、福井保『江戸幕府編纂物』解説編（雄松堂出版、一九八三年）、三二〇〜三二三、三二六〜三二九頁、所荘吉「『砲術備要』序録にみる玄沢の考証」（洋学史研究会編『大槻玄沢の研究』思文閣出版、一九九一年）二六八〜二七〇頁を参照。

(17) 「長崎通詞由緒書」（長崎県史編纂委員会編『長崎県史』史料編第四、吉川弘文館、一九六五年）八三〇頁。

(18) 「軍艦図解」（『日本科学古典全書』第一二巻、朝日新聞社、一九四三年）七八三〜八〇八頁。

(19) 續一郎「本木正栄訳述「軍艦図解」と伊藤圭介訳「萬宝叢書軍艦篇訳稿」について」（『蘭学資料研究会研究報告』第三〇七号〈復刻版〉、一九七六年）一二二三〜一二二五頁、前掲、松田『洋学の書誌的研究』三八五、六九八頁を参照。

(20) 内閣文庫所蔵史籍叢刊第二九巻『品々御用被下物留』（汲古書院、一九八三年）五八九頁。

(21) 『〔本木庄左衛門書状扣〕』（長崎歴史文化博物館所蔵渡辺文庫）。

(22) 松尾晋一「港町長崎の危機管理――転換点としてのフェートン号事件」（『アジア遊学』第一三二号、二〇一〇年）二三六〜二三七頁、同『江戸幕府と国防』（講談社、二〇一三年）一八二〜一八三頁を参照。

(23) 梶輝行「文化・文政期の長崎警衛と西洋砲術」（『日蘭学会会誌』第一八巻第二号、一九九四年）八〜二二頁を参照。

(24) 梶嶋政司「文化期長崎における異国船取扱法」（『九州文化史研究所紀要』第五一号、二〇〇八年）三七〜三九頁を参照。

(25) 梶原良則「寛政〜文化期の長崎警備とフェートン号事件」（『福岡大学人文論叢』第三七巻第一号、二〇〇五年）二二一〜三三頁を参照。

(26) 片桐一男『開かれた鎖国』（講談社、一九九七年）五一〜六六頁を参照。

(27) 『長崎之事手覚』（佐賀県立図書館寄託鍋島家文庫）。

(28) 日蘭学会編・日蘭交渉史研究会訳注『長崎オランダ商館日記』三（雄松堂出版、一九九一年）、一七二〜一七三頁。『倉田氏日記』（九州大学記録資料館九州文化史資料部門所蔵松木文庫）にも、「同十七日ゟ出嶋門番於橋外バッテイラ造早舟造立、紅毛人折節見廻指図罷出候得者、嶋内修り掛ゟ立合候様御達」とあって、一一月一七日から「バッテイラ造早舟」の建造が始まり、ドゥーフが見廻りと指図を命じられたことが確認できる。

(29) 「唐人番日記　参」（『長崎市立博物館報』第四三号、二〇〇三年）四九頁。引用にあたって読点を補った。

（30）片桐一男校訂『鎖国時代対外応接関係史料』（近藤出版社、一九七二年）一七八頁。
（31）前掲「軍艦図解」七八七、八〇三～八〇六頁。
（32）安達裕之『異様の船』（平凡社、一九九五年）二〇一～二六七頁を参照。
（33）『御奉書御書附類目録』（長崎歴史文化博物館所蔵）。
（34）大村史談会編『九葉実録』第三冊（大村史談会、一九九六年）、一七〇頁。引用にあたって読点を補った。
（35）江越弘人・浦川和男校訂『異国船渡来雑記』（長崎文献社、二〇〇九年）二四二頁。
（36）「軍船絵図類」（長崎歴史文化博物館所蔵）。同史料の存在については、安達裕之氏と浦川和男氏のご教示による。
（37）『婆心秘稿』第二冊所収「御穏密《（ママ）》御用ニ付かひたん問答之次第申上候書付」（静嘉堂文庫所蔵大槻文庫）。
（38）前掲、松尾「港町長崎の危機管理――転換点としてのフェートン号事件」二三六頁、同『江戸幕府と国防』一八二頁を参照。
（39）前掲『長崎オランダ商館日記』四、二八七～二八八頁。
（40）『御尋之儀ニ付御内密奉申上候書付』（長崎歴史文化博物館所蔵青方文庫）。
（41）本書第二部第二章「阿蘭陀通詞の出府と訳業」を参照。
（42）前掲「御穏密《（ママ）》御用ニ付かひたん問答之次第申上候書付」。
（43）『〔幕府軍艦建造要員派遣依頼一件〕』（神戸市立博物館所蔵本木家文書）。同史料の閲覧と複写については、学芸員勝盛典子氏のご高配を得た。
（44）前掲『長崎オランダ商館日記』三、二一三～二一四頁。
（45）同右、二一六～二一七頁。
（46）前掲『長崎オランダ商館日記』四、二九四～二九九頁。
（47）前掲、所「『砲術備要』序録にみる玄沢の考証」二六七～二六八頁を参照。
（48）佐藤昌介「大槻玄沢小伝」（洋学史研究会編『大槻玄沢の研究』思文閣出版、一九九一年）二六～三一頁を参照。
（49）「秘稿　江都磐水江遣候控」（一関市博物館所蔵）。
（50）『婆心秘稿』第三冊所収「八月十六日かひたん御奉行所江持参いたし候横文字和解并右ニ付候添書」（静嘉堂文庫所蔵大槻文庫）。
（51）「阿蘭陀船雛形江戸御用ニ差上候ニ付申渡書」（神戸市立博物館所蔵川島家文書）。同史料に該当する雛形模型も現在に伝わっている。とすれば、雛形模型は後に不要となって、江戸から諸色売込人である川島家に返却されたのであろう。

(52) 「極論時事封事」(瀧本誠一編『日本経済叢書』巻一七、日本経済叢書刊行会、一九一五年)一七六～一七七頁。なお、『極論時事封事』は、古賀精里の著作とされてきたが、古賀侗庵の自筆稿本『擬極論時事封事』と同一内容であり、侗庵の著作とすべきことが指摘されている。前田勉『近世日本の儒学と兵学』(ぺりかん社、一九九六年)四二〇頁を参照。

(53) 梅澤秀夫「近世後期の朱子学と海防論」(『年報・近代日本研究』第三号〔幕末・維新の日本〕、一九八一年)七四～八一頁を参照。

(54) 前掲、前田『近世日本の儒学と兵学』三九七～三九八頁、眞壁仁『徳川後期の学問と政治』(名古屋大学出版会、二〇〇七年)二五六～二五八頁を参照。

(55) 前掲、安達『異様の船』六一～六二、一六〇頁を参照。

(56) 沼田次郎「田沼時代とイザーク・ティチング」(『日本歴史』三八〇号、一九八〇年)一〇一～一〇五頁を参照。

(57) 前掲、安達『異様の船』一二四～一三八頁を参照。

(58) 前掲、藤田『近世後期政治史と対外関係』三～五二頁を参照。

(59) 前掲、安達『異様の船』七七、一六〇頁を参照。

第四章　幕府の戦時国際慣習への関心

はじめに

嘉永六年（一八五三）六月三日、ペリー率いる四隻からなるアメリカ艦隊が浦賀沖に姿を現した。浦賀奉行所与力であった中島三郎助らは、阿蘭陀通詞堀達之助・立石得十郎とともに、来航の趣旨を問うべく御用船でアメリカ艦隊の方へと向かった。そのさい、阿蘭陀通詞たちは、サスケハナ号の中檣に「ウインブル」の旗が掲げられているのを見て、この旗は「外国之法」では「主役之者乗組居候標章」であるとして、四隻のなかで迷うことなくサスケハナ号に乗り付けたという(1)。阿蘭陀通詞は、旗艦という「外国之法」を知っていたのである。このことについて、井上勝生氏は、幕末における万国公法の受容を検討するなかで、「オランダ通詞の国際知識を示す、注目される事実である」と述べている(2)。

では、阿蘭陀通詞は、旗艦といった西洋諸国の国際慣習を、いつ、どのような経緯で知ったのだろうか。もちろん、江戸時代を通じて長崎ではオランダ船の入港手続きのさいに旗合せが行われているように(3)、船旗の意味などの理解は阿蘭陀通詞にとって必須の業務知識だったともいえる。そして、一八世紀後半以降、対外的危機が深化していくなかで、度重なる異国船の応接に直面し、あるいは蘭書の訳述やオランダ人からの聴取などを通じて、西洋諸国の国際慣習の理解を深めていったであろうことは想像に難くない。その端緒を明らかにするのは容易ではないが、重要な契機の一つとして、文化三年（一八〇六）から翌年にかけて発生したロシア軍艦による蝦夷地襲撃事件、いわゆる文化魯寇事件への幕府の対応に注目してみたい。

文化魯寇事件は、ロシアとの軍事的衝突であり、その結果、幕府の軍事力の不備が明白となった出来事である。幕府は、これを契機に洋式兵学に大きな関心をもち、オランダ商館長ドゥーフに問い合わせを行い、阿蘭陀通詞に蘭書を訳述させるなどの軍事的な対応をとっている。それらを通じて幕府が知りえた情報のなかには、武器・戦術といった軍事技術に加えて、交戦状態にある国が知っておくべき西洋諸国の国際慣習も含まれている。本章では、このような文化魯寇事件を契機とする幕府の戦時国際慣習への関心を検討したい。なお、戦時国際慣習といってもその内容は多岐にわたるが、さしあたり船旗の使用方法、軍使の応対や捕虜の取り扱いなどを念頭においている。言い換えれば、本章でいう戦時国際慣習とは、当時の日本人がほとんど理解していなかった西洋諸国の戦争のルールという意味で使用していることを、あらかじめお断りしておく。

関連する先行研究としては、ドゥーフに対する砲術・海戦術の問い合わせを検討した梶輝行氏の研究[4]、江戸時代における白旗認識の端緒として注目した岩下哲典氏の研究[5]、ゴローウニン事件における白旗の使用を紹介した平川新氏の研究[6]があるが、幕府が知りえていた戦時国際慣習の全体像は明らかではない。本章では、先行研究をふまえつつ、まず、文化期に幕府が知りえていた戦時国際慣習を、ドゥーフに対する問い合わせと阿蘭陀通詞に命じた訳述から具体的に紹介したい。その上で、幕府の戦時国際慣習への関心と理解を検討することを課題とする。

一　ドゥーフが伝えた戦時国際慣習

まずは、背景となる対外情勢を簡潔に確認しておこう。文化元年（一八〇四）九月、ロシア使節レザノフは、ラクスマンの持ち帰った信牌を持参して長崎に来航し、国交と通商を求めた。しかし、文化二年（一八〇五）三月、幕府は新規に通信・通商の関係を開くことは祖法によって認められないと回答し、その要求を全面的に拒絶し、レザノフは失意のうちに帰国することとなった。このことが原因となって、文化三年（一八〇六）九月、レザノフの命を受けたフヴォストフは、ロシア軍艦ユノナ号を率いて樺太のクシュンコタンなどを襲撃し、露文で記された銅板文字などを残して立ち去った。文化四年（一八〇七）四月には、ダヴィドフ率いるアヴォシ号とともに択捉島のナイホに向かい、番所を焼いて番人らを捕虜として連行し、ついでシャナを襲撃して南部・津軽両藩の警備兵を敗走させた。五月に箱館奉行羽太安芸守正養は東北諸藩に蝦夷地出兵を命じたが、再び樺太が襲撃され、さらに六月にかけて礼文島・利尻島付近で幕府や松前藩の船が襲われた。六月に捕虜として連行された番人らは利尻島で釈放されたが、そのさい、フヴォストフはさらなる武力行使を予告する松前奉行宛の露文および仏文の書簡を手渡していた。幕府は、若年寄堀田摂津守正敦らを蝦夷地に派遣するなどの対応を迫られた。外国による襲撃と日本の敗北という事態に人心は動揺し、幕府を批判する言説も登場する状況であった。

幕府は、対応の一環として、文化四年七月三日、長崎の阿蘭陀通詞に出府を命じ、蝦夷地御用に従事させることとした。出府を命じられた大通詞名村多吉郎と小通詞馬場為八郎は、オランダ商館長ドゥーフのもとを訪れた。ドゥーフの「公務日記」によれば(7)、多吉郎と為八郎は、諸外国の旗譜とロシア地図の借用を求め、交戦状態にあるロシア船に出向いて交渉する方法を尋ねている。旗譜はロシア船を識別し、地図はロシア船の行動状況を把握するためであろう。交渉方法に関して、ドゥーフは「ロシア人と話したいなら、船に少数の人を乗り組ませ、その舳先に白旗を掲げて行くべきであり、そうすればロシア人は疑いなく彼らと会談するであろう」と回答している。岩下哲典氏が指摘するように、[8]白旗の使用方法を日本側に説明している点が注目される。ところで、岩下氏は言及されていないが、この「公務日記」の記事に対応する日本側史料が存在するので紹介したい。以下、引用史料においては、説明の便宜上、各箇条の冒頭に丸数字を付した。

丁卯七月三日写置、文化四年、

此時甲比丹「トウフ」より彼国軍令とて左の五章を鎮台に奉る、予先ニ之を訳して臆乗に載す、今亦茲に録する事、左の如し、

一①、日本人欲レ請二和於魯西亜船一、則宜下建二一白簱於ワールトイフ一日本小舟使中歩卒二人若三人往上焉、彼将レ許レ之、則比二我使之還一彼亦送二其人於我一而質焉、不レ然則否也

一②、魯西亜人使二於日本一、則当下建二一白簱於スコイト彼国小舟中一使中トロンペットル角手之兼二行人一者及トロンメルスラーケル鼓員同上来上矣、我召二其人於陣一、則宜下以二ハントドック此訳二手巾一掩二其目一而使中其不上レ能レ覩二陣中形勢一矣、引而至二将軍之面前一而後、解二其ハントドック一也或曰、不レ平則用二赤旗一、平則用二白旗一云

一③、方接レ戦時彼若伏二旗於船中一、則請レ降也、故応下カヒタン猶レ曰二部将一及ヲフシーレン猶レ曰二軍吏一脱レ剣不二敢敵一収二兵器一而無上レ放二大銃一、然則我勿レ伐レ彼

一④、彼無レ殺レ禽、是其法也、故我亦勿レ殺二執者一、雖レ然彼若変レ法而殺二我之為レ禽者一、則我亦殺レ彼而可

一⑤、若得レ執二彼人一、則宜下囚二之遠地一而謹守レ之示レ之以中詐偽上、勿丁敢使丙近二我陣一而窺乙我軍情甲焉

右五章者蓋異域軍令也、歳丁卯魯西亜襲二我東隅蝦夷一、故崎陽鎮台館某使三訳士名村馬場二氏之二蝦夷一、二氏将レ発、蘭人以二左行文字一以聞二鎮台館一矣、予時在二崎陽一、得三窃閲二斯文一、乃翻訳以備二後図一云爾[9]

これを見ると、ドゥーフの回答は、「公務日記」の記述よりもはるかに詳細な内容であったことが判明する。前文と後文の記述から、ドゥーフが認めた五カ条からなる蘭文が、長崎奉行曲淵和泉守景露に提出されたこともわかる。その漢文訳が、ここに引用したものである。内容を見てみよう。

①は日本人がロシア船に和睦を申し出る場合の方法である。小船に白旗を立て二、三名の歩兵を使者として向かわせればよいとする。しばらくしたら、使者を帰させるので質せばよく、もし帰してこない場合は拒否であるとしている。

②はロシア人が日本側に使者を派遣する場合の方法である。ロシア人は小船に白旗を立て、喇叭や太鼓の奏者を使者として送ってくる。その使者を陣に連れてくるときは、布で目を覆って陣中の様子を見せないようにして、将官の面前に至ってから布をはずすとしている。また、和睦しない場合は赤旗を、和睦する場合は白旗を用いるともしている。

③は降伏の意思の示し方とその際の注意点の説明である。戦闘のとき、もし船中の旗を降ろせば降伏を請うているという。それゆえ、艦長や士官は剣をはずして敵に抵抗せず、大砲を撃ってくることもないので、ロシア人に危害を加えてはならないとする。

④は捕虜の取り扱いの説明である。ロシア人が日本人の捕虜を殺害することはない。これは法であるという。だから、日本人がロシア人を捕らえても殺害してはならない。もし法を破って、ロシア人が日本人の捕虜を殺害するようなことがあれば、日本人もロシア人の捕虜を殺害してもよいという。

⑤も捕虜の取り扱いの説明で、ロシア人を捕らえたときは、なるべく陣から離れた遠地で捕囚しておかないと、陣中の様子などを探索されてしまうとしている。

以上から、使者の派遣の方法、和睦や降伏の意思の示し方、捕虜の取り扱いといった戦時国際慣習を、ドゥーフが丁寧に説明していたことがわかる。

翌八月にも、阿蘭陀通詞が西洋諸国の海戦・陸戦術をまとめている。末尾には「右者私共兼而阿蘭陀人共より及承心覚候趣荒増奉申上候」とあって、オランダ人から聞いて覚えていることの概略だという。阿蘭陀通詞の名前は記されていないが、先のドゥーフの回答の内容とあまり関連が見られないから、名村多吉郎と馬場為八郎以外の長崎にいた阿蘭陀通詞が、長崎奉行の求めに応じて提出したものと思われる。全部で九カ条からなるが、戦時国際慣習に関係する五カ条を以下に引用したい。その他の箇条は、軍船の乗り組み人数、使用される砲弾、軍船の指揮者、海戦の概略などを簡潔に書き留めたものである。

一①、戦ひハ昼夜の差別なく候へ共、多くハ昼戦ひ申候、尤夜中不意ニ押寄候事も有之候へ共、軍を始メ候には相図として玉なしに石火矢を放、フルートフラク与名付候赤色の簱を引上ケ申候、退陣の節ハアフマルス与申役名のものトロンヘツトを吹、右フルートフラクを引下ケ候を相図として帰陣致候事、

一②、大将分之者を討取候ものハ、其手柄ニより昇進申付候、都而討取候死体ハ其儘海中ニ打捨申候、尤陸戦之節ハ大なる穴を堀埋メ申候、又生捕に相成候ものハ、平和之上双方より取替ニ致し候事も有之、其取替之次第、たとへハ騎馬武者ハ騎馬武者与替り、歩卒ハ歩卒与替り申候如、此方騎士不有合、彼方ニ者騎士有之候節者、此方ニへ（ママ）候歩卒五人を以騎士壱人替り申候、徒士なれハ歩卒三人に替り申候様成次第有之、又価を出し取戻し候儀も有之候へ共、首を取て功名ニ相成候抔与申儀者無之候事、

一、③ウイットフラク与名付候白色之旗を引候時ハ降参を乞候相図ニ而候、尤敗軍ニおよひ逃去、或ハ自殺致候事も有之候事、

一、④勝負付すして和睦に及ひ候時ハ、互ひニ使者を以申談之上、押領之所々幷奪取候船其外雑具等ニ至迄差返して平和仕候事、

一、⑤右之外、陸戦も右に准し、格別相替候儀も無御座、尤軍法等委敷儀ハ相分り不申候、(10)

①では、戦闘を始めるときは空砲を放ち、赤旗を引き上げ、戦闘を終了させるときはトランペットを吹き、赤旗を引き下げるとしている。

②では、戦死者は海に捨て、捕虜は和平が成立した後に交換するという。捕虜の交換は同じ階級の者同士で行うといい、それが不可能な場合は、高い階級の者一名と低い階級の者複数名を交換し、場合によって金銭を払って取り戻すこともあるとする。

③では、白旗を広げるときは降伏を求めているとする。

④では、和睦をするときは互いに使者を派遣し、占領地や略奪した船・品物をすべて返却した後に和平が成立するという。

⑤では、陸戦の場合もこれに準じるが、軍法などはわからないと述べている。

以上の内容は、阿蘭陀通詞がいわば業務知識としてオランダ人から聞いていた戦時国際慣習とみてよいだろう。阿蘭陀通詞は、戦闘の開始と終了の合図、捕虜の交換の仕方、和睦や降伏の意思の示し方といった戦時国際慣習については、以前から理解していたことがわかる。

文化四年一二月、幕府はロシア船打払令を発令した。幕府は、打ち払いの実行については慎重で、実際に発動され

る機会はなかったが、[11]発令の時点では、ロシアとのさらなる軍事的衝突を想定し、長崎奉行松平図書頭康英を通じてドゥーフに西洋諸国の砲術・海戦術を問い合わせを行っている。その質問内容と回答を、日蘭双方の史料から検討した梶輝行氏の研究に拠って見ておきたい。[12]長崎奉行は、文化四年一二月二四日、支配勘定中村継次郎らを派遣し、大通詞中山作三郎・小通詞本木庄左衛門ら五名の阿蘭陀通詞を介してドゥーフに質問を行った。幕府の質問内容は、海戦の仕方、カノン砲とモルティール砲の使い分け、各種砲弾の特質、砲撃を防御する方法に大別される。回答のなかでドゥーフは国際慣習にも言及している。ドゥーフの「秘密日記」によれば、[13]「海上における戦争の方法」の質問に対し、海戦で相手が降伏する場合は、軍艦の「船尾に翻っていた旗が引き下ろされ」るとし、その後、拿捕するために小船で乗り付けたときは、「乗組員を逮捕して船から連れ去るのであるが、彼らを苦しめようとはしない」と回答している。すなわち、降伏するときは船尾の旗を引き下ろすこと、降伏した乗組員に危害を加えてはならないことの二点を説明している。対応する日本側史料においても、「敵船及敗軍降をよひ候時者、艪ニ立てる旗を引卸シ申候」[14]といったように述べられている。このようにして、ドゥーフの一連の回答を通じて、阿蘭陀通詞、そして幕府は、戦時国際慣習への理解を深めていったのである。

二　阿蘭陀通詞の訳述に見る戦時国際慣習

オランダ商館長ドゥーフへの問い合わせに前後して、幕府は、出府を命じていた阿蘭陀通詞からも西洋諸国の海戦術に関する情報を提出させている。その後も、幕府の命により、出府した阿蘭陀通詞によって蘭書の翻訳による砲術・海戦術の研究が行われた。このような文化四年（一八〇七）から翌年にかけての阿蘭陀通詞の訳述のなかに、戦時国際慣習がどのように示されているかを見てみたい。ここで取り上げる阿蘭陀通詞の訳述は、（1）馬場為八郎「水戦幷火術用法記」、（2）石橋助左衛門「魯西亜漂舶幟幷和蘭軍船用法大略」、（3）本木庄左衛門「水戦軍令大略記聞」の三点である。

まずは、長崎の阿蘭陀通詞の出府の経緯と（1）（2）（3）の訳述の関係を確認しておこう。[15]幕府は、文化魯寇事件の勃発を受けて、文化四年七月、大通詞名村多吉郎と小通詞格馬場為八郎を出府させ、蝦夷地御用に従事させた。一〇月には多吉郎に長崎への帰郷を許したが、代わって一一月に大通詞石橋助左衛門に出府を命じた。文化四年一二月に為八郎が訳述したのが（1）、文化五年（一八〇八）一月に助左衛門が訳述したのが（2）である。その後、幕府は文化五年二月に為八郎に蝦夷地派遣を命じ、その代わりとして稽古通詞馬場佐十郎が長崎から呼び寄せられた。また、大通詞見習本木庄左衛門が参府休年の献上品付添のために出府すると、そのまま江戸に居残らせ、幕府は助左衛門と庄左衛門に砲術書を翻訳することを命じた。翻訳が難航したことから、助左衛門はドゥーフの助力を得るために長崎への帰郷を許された。いっぽう翻訳を完成させた庄左衛門は長崎への帰郷を申し出たが許されず、引き続き天文方で『軍艦図解』を編訳することを命じられた。文化五年六月ごろに成立した『軍艦図解』に収録されたのが（3）である。

（1）馬場為八郎「水戦幷火術用法記」[16]

内容は、西洋諸国の砲術・海戦術を説明した上で、「ガラナアト」（granaat、榴弾）など九種類の武器を絵図入りで解説し、「操碇之事」と題して大船の碇の使用方法を紹介している。末尾には「右者和蘭書籍ニ有之、且兼而及承候趣相混、和解仕奉差上候」とあり、為八郎が蘭書の記述に自らの知識を加味してまとめ、文化四年一二月、幕府に提出したものである。砲術・海戦術の説明は八カ条からなるが、一カ条目と七カ条目に国際慣習に関連する次のような記述がある。

一、①海軍備之義、大将艦を中央に備へ、前後左右ニ副将或ハ諸軍之船取囲ミ守護仕候、軍を始候にはブルードフラク《血旗の義》を引上け、玉なしの大熕を放ち相図仕、双方押寄彀に相成候得者、大熕を放ち攻合申候、大熕放方之義ハ、船中一方之列熕を放終り候得者船を廻し、又一方を放ち、其間に空熕に火薬をこめ申候、

一、②戦ハ昼夜之差別無之候得共、多くハ昼戦ひ申候、尤夜中不意ニ押寄候義も有之候、軍を始候相図ハ前に記候通ニ御座候、退陣にはトロンペット《喇叭の類》を吹き、ブルードフラク与申赤旗を引下け帰陣仕候、尤降参を乞候歟、又ハ和睦におよひ候時ハ、ウイットフラク《白旗の義》を引上け使者を以て申談候、すへて白旗を引上け候者和平の相図ニ而御座候、

①では、戦闘を始めるときは、赤旗を引き上げて空砲で合図を行うことが説明されている。

②では、戦闘を終わらせるときは、トランペットを吹いて赤旗を引き下げること、降伏を申し出たり、和睦をしたいときは、白旗を引き上げて使者を派遣すること、白旗は和平の合図であることが説明されている。

一読して、先に見た阿蘭陀通詞としての業務知識とドゥーフの回答に基づいた記述であることがわかる。

(2) 石橋助左衛門「魯西亜漂船幟幷和蘭軍船用法大略」[17]

『甲子夜話』に収録されており、松浦静山が林述斎の蔵書を写したものである[18]。文化五年一月に幕府に提出された。内容は、まず「蛮国軍船名」と題して「フレガット」(fregat、フリゲート)や「コットル」(kotter、カッター)などオランダで使用されている大小艦船の種類と船体構造、装備を簡略に紹介する。末尾に「魯西亜にても同様に有之哉之

儀は、阿蘭陀人共及承不申候段申之候」とあるから、ロシア軍艦の戦力を把握する意図で、出府以前に助左衛門がオランダ人に尋ねていたのだろう。続いて「魯西亜漂舶幟」として、「魯西亜国王幟」などロシアの旗図一二点を掲げ、その説明をしている。例えば、「魯西亜壱号船幟」の説明には「此幟、中檣に建あるは惣大将の本船と知るなり」とあり、旗艦の知識が披露されている。また、「専水戦相図に用ゆるなり」として、作戦の合図に用いる船旗の説明や、「此幟、軍船にも用ゆるなり」「此二幟、商船に用ゆるなり」として、船旗によって軍船と商船の区別がつくことなども説明されている。末尾には「前に記し候国王幟幷壱号船幟の外は、都て艪に建候幟を以て目的に仕候。尤相図の旗は建所定なく、所々に相用ひ申候」とあり、船旗を立てる場所にも触れている。船旗の種類とその使用方法を解説している点が注目される。ロシアの旗図はドゥーフが貸与した諸外国の旗譜をもとにしているのかもしれない。さらに続いて、国際慣習と海戦術を五カ条にまとめた記事がある。末尾には「右桁々、阿蘭陀人共より兼て及承候趣書載仕候」とあって、オランダ人から聞いていた知識をもとにしたという。軍艦の操船について述べた五カ条目をのぞいて、以下に引用してみる。

一、①艪の旗を引下げ候時は降参を乞候しるし。其時は先攻口を弛め、小船より役掛りの者三四人も□□敵船に乗移り、士卒の帯剣悉く請取、人質として船頭幷役掛りのもの連帰り、其外何事によらず此方の下知に随ふものなり。

一、②小船に白幟を建、喇叭或は太鞁など打鼙《(ママ)》漕来る時は、和睦を乞候歟、又は使者来ると知るなり。

一、③赤幟を引上げ候時は戦ひを始るの相図にて、又赤幟を引下げ白幟を引上げ候時は和平の相図と知るなり。

一、④海軍駆引等は壱号船より裁配いたし、相図の旗を以て諸船に知らせをなし、素より敵陣に悟られざる様兼て相図を定め、一統に示し合置なり。

①では、艪の旗を下げるときは降伏を求めており、その場合は攻撃を緩めて、小船を使って相手の船に乗り込み、軍兵を武装解除して、艦長らを人質として連行するという。そして、降伏を求めた船はすべての命令に従わなければならないという。

②では、小船に白旗を掲げ、喇叭や太鼓などを鳴らして漕ぎ寄せてきた場合は、和睦を求めるか、使者を派遣するときだという。

③では、赤旗を引き上げるときは戦闘を始める合図で、赤旗を引き下げて白旗を引き上げるときは和平を求める合図だとする。

④は艦隊の軍船相互の連絡手段の説明である。戦闘の駆け引きでは、旗艦より船旗を用いて他の船に合図し、その合図は敵に知られないように決めておくという。

①の降伏を申し出た艦長らを人質にするという点や、④の艦隊の軍船相互の連絡手段は船旗を用いるという点などは、今まで紹介してきた史料には見られない内容である。

（3）本木庄左衛門「水戦軍令大略記聞」[19]

庄左衛門が編訳した『軍艦図解』の一部を構成するものである。『軍艦図解』の成立は「文化五年戊辰之夏」とあるから、六月ごろまでには完成していたと考えられる。『軍艦図解』の冒頭には「軍艦図解考例」がおかれ、編訳するに至った経緯を説明した上で、船舶の必要性、船舶の分類と呼称、航海の方法、船舶の構造などを略述する。続いてフランスの戦列艦やガレーの全体や断面などの船体図を精密な描写で掲出し、船体構造や装備を訳述して注釈する。このような内容は幕府の注目するところとなり、以後、幕府は洋式軍艦の導入を計画することになった[20]。さて、最後に八カ条からなる「水戦軍令大略記聞」がおかれている。

水戦軍令大略記聞

一①海軍双方将に戦んとするときは、先づ大銃弾丸を装せざる空砲を放ち、船中備ふる所の赤旗を綱にて引き揚ぐ。退軍の時は、喇叭を吹て太鼓を鳴し、其旗を引き下るを相図とす。

一②水戦船十二艘を備るを一隊とす。これを名けて「フロート」と云。毎隊巨艦一艘あり、これを「アドミラール」と名く。小軍は半隊六艘をも用ふ。此を法として二隊五隊八九隊にもいたる。

一③大軍に及ては、敵味方互に船数二百四十艘を仕出す。これ各廿隊づゝなり。諸卒は皆船の上段に出張して戦を事とす。一人も船底に隠るゝものあれば軍法に行ふ。

一④双方勝負決せず、和睦に及ぶときは、互に使者を遣し、熟談和議して押領の地、生捕の諸軍士、並に其奪取りたる雑具に至るまで、相互に返弁して和平に及ぶなり。但既に敵方にて生捕を殺すときは、和議と〻のへたり共、味方にても同く殺すを軍法の例式となすなり。

一⑤敵船敗軍して降を乞ふときは、白旗を引揚ぐ。味方これを見て後は、敢て防害をなさゞるを式例とす。但軍士等を其船に遣し、船将を我船に移し、乗組の諸卒を生捕り、恣に諸兵器等を奪取る。このとき味方無勢にて到るとも、敵兵聊かこれを避け斥け違背することなきを法式とす。尤其空船は我兵乗取るなり。

一⑥味方より敵船に近き、軍用を弁ぜんとすることあり。此時は脚船に兵士両三人乗り、白旗を建て〻行くなり。已に其船端に至りて接話するに、敵軍若し本船に上るべしといはゞ、先其敵方の者我脚船に下り乗るべしと云べし。然し肯んじて此に乗り来らば、我亦一人彼敵船に上りて用弁すべし。其用事、弁じて脚船に帰らざる内は、右の如く一人居代りをとるべし。

一⑦我陸地に在り、若し人敵船より上陸し来り、軟言を吐き柔語を以て応接することあり。これ必ず謀計なりと知り、速に其人を駆つて逐ひ払ふべし。

一⑧敵船より我陸陣へ使者を送るときは、彼れ小船に乗て白旗をたて、喇叭を吹き、或は太鼓を鳴し来るを式法とす。其使者上陸し、軍将の麾下に伴ひ行くときは、其使者各棉布を以て、其眼を覆ひ扎定すべし。其至る処に伴ひてこの覆巾を脱せしむ。これ往返ともに味方の地理要害を見せしめざるが為なり。

右軍令の大法なるべし。唯是僅に彼略説を得たるを以て訳述する所なり。聊か彼海軍の式例を見るに足ると云べし。

①は戦闘の開始と終了の説明である。開始するときは空砲を放って赤旗を引き上げるとし、終了するときは喇叭を吹いて太鼓を鳴らして赤旗を引き下げるとする。
②は艦隊の説明である。一二艘で一隊を組み、これを「フロート」(vloot、艦隊)といい、各隊には巨艦一艘があって、これを「アドミラール」(admiraalsship、旗艦)という。一隊の半分の六艘で行動することもあり、数隊から一〇隊近くで行動することもあるという。
③は海戦の説明である。大軍ともなれば敵味方各二〇隊で行動し、総数二四〇艘に及ぶときもある。兵士は船上で戦闘に参加し、船底に隠れる者は処罰されるという。
④は和睦の方法の説明である。勝負が決まらず和睦に及ぶときは、互いに使者を派遣して交渉し、占領地や捕虜、略奪した品物などを互いに返還した上で、和平が成立するという。ただし、敵方が捕虜を殺害している場合は、こちらも捕虜を殺害してよいのが軍法だとする。
⑤は降伏の方法の説明である。敵方が降伏を求めるときは白旗を引き上げるので、戦闘を止めなければならない。

そして、使者を敵船に派遣して、艦長をこちらの船に移して、兵士は捕虜とし、兵器なども奪い取ってよい。このとき、こちらは無勢となっても、敵兵は抵抗してはならないのが規則である。そして、兵士のいなくなった敵船は乗っ取ってよいとする。

⑥はこちらが敵船に使者を派遣して交渉を行うときの説明である。その場合は、小船に三名の兵士を乗せ、白旗を立てて行く。敵船に乗り付けて話しかけ、乗船を許したならば、まず敵兵一名をこちらの小船に乗り移させ、その後にこちらの一名が敵船に乗船して交渉を行うという。そして、交渉が終わるまでは敵兵一名を人質として小船に留め置くとする。

⑦は敵兵が上陸してきた場合の注意点である。こちらが陸地にある場合、敵船から敵兵が上陸し、策を弄して話しかけてくるときがある。このような場合は謀計と判断して、すぐに敵兵を追い払うべきであるとする。

⑧は敵船がこちらの陸地の陣地に使者を派遣して交渉を求めてくるときの説明である。その場合は、小船に白旗を立てて、喇叭を吹いて太鼓を鳴らしてやってくる。使者が上陸して将官のもとに行くときは、使者の目を布で覆ってこちらの地形や陣中の様子を見させないようにし、将官の前に至ってから布をはずすとする。

以上の内容を見るに、海軍力が皆無に等しい幕府の現状をふまえ、陸地の日本側と海上のロシア側が交戦した状況を想定し、そのさいに必要となる軍事知識と国際慣習をまとめたものといえる。末尾の記述に「略説」にすぎないとあるが、今までに紹介してきたドゥーフの回答の内容や阿蘭陀通詞の訳述の成果を「軍令」としてまとめたとみられ、いわば文化期において阿蘭陀通詞が理解していた戦時における国際慣習の集大成といえよう。

三　幕府の戦時国際慣習への関心と理解

文化期において幕府が知りえていた戦時国際慣習を、ドゥーフに対して行った問い合わせと阿蘭陀通詞に命じた訳述から見てきたが、幕府の関心が、とりわけロシアとの交渉方法と船旗の使用方法に向けられていることが重要である。このような幕府の関心のあり方の背景として、フヴォストフ文書との関係に注目したい。フヴォストフ文書とは、①文化三年九月にフヴォストフが樺太を襲撃したさいに残していった露文の銅板文字と書簡、および②文化四年六月にフヴォストフが利尻島で釈放した捕虜に手渡した松前奉行宛の露文・仏文の書簡をいい、ロシアの蝦夷地襲撃の意図を知る手がかりとして幕府は解読に努めた。

①のフヴォストフ文書は、文化四年（一八〇七）六月に江戸へ届けられ、大黒屋光太夫に読ませることなどを試みたが、露文であるがゆえに内容の把握は難航し、七月に写しを長崎に送ってオランダ商館長ドゥーフに解読を依頼することとなった[21]。注目されたのは描かれた船旗である。『視聴草』が伝えるところによれば[22]、「この船印を建て異国船へ来る時ハ私也、この船印を建て来りなハ合戦とおもふなり、されハこの二ツの間を分別して来るへし」という解釈をする者がいたが、「もし解し違ひありて和睦とおもふ所に、鉄炮なとを打かけらるゝ時は解しけるものゝ難儀になる」との理由で、ドゥーフに解読させることになったという。ドゥーフは、ロシア語を解さなかったから、内容を把握できなかったのだが、描かれている船旗について「地白ニ十文字之籏者ヲロシヤ国官船或者軍船ニ茂相用、赤青白之横嶋者商船籏印ニ御座候[23]」と述べ、一つは官船・軍艦が掲げるもので、もう一つは商船が掲げるものであることを指摘している。幕府の船旗への関心は、このあたりに端を発するものだろう。

②のフヴォストフ文書は、露文の紙面の裏にフヴォストフが捕虜の源七に命じて口述筆記させた片仮名訳が付されており、八月に出府していた阿蘭陀通詞によって、九月にはドゥーフによって、それぞれ仏文の書簡をもとにした翻訳が作成された(24)。その内容は、通商要求を拒否されたがゆえの武力行使であるとの趣旨だった。ロシアの蝦夷地襲撃の意図がひとまず判明したこととなる。箱館奉行羽太安芸守正養の説明によると、釈放される前に源七が「返簡は何地へ届くべきや」と尋ねたところ、フヴォストフは「来春カラフト、ウルツフ、ヱトロフの内へ来るべければ、彼三嶋の内へ出すべし、又通商の願ひ叶はゞ上白中青下紅の旗をたてよ、叶はずば白地に黒く十文字附たる旗を立べし」と答え、書簡には合図の旗の雛形が添付されていたという(25)。通商許可の場合に求められた「上白中青下紅の旗」は商船に用いる船旗で、不許可の場合に求められた「白地に黒く十文字附たる旗」は軍艦に用いる船旗である(26)。幕府の船旗についての関心は、いっそう深まったに相違ない。

また、翌春に回答を受け取るために樺太・得撫島・択捉島に来航すると伝えられたことから、幕府内部ではその対応策が評議された。文化四年一二月に幕府はロシア船打払令を発令していたが、そのわずか一カ月後の文化五年（一八〇八）一月、松前奉行の河尻肥後守春之と荒尾但馬守成章は、文化五年に限って、樺太・択捉島・国後島・宗谷の四カ所は打ち払いの実行を猶予する措置を、老中青山下野守忠裕にうかがって認められた(27)。返答を求めるロシア船の来航を想定しての措置である。このような状況で、幕府の関心は、交戦状態の国とどのようにすれば話し合いができるのかという点にあったと考えられる。文化五年二月二九日、幕府は阿蘭陀通詞馬場為八郎に蝦夷地派遣を命じた(28)。為八郎の蝦夷地派遣は、返答を求めて来航するロシア船に出向いて交渉させることにあった。為八郎がドゥーフへの質問や蘭書の訳述を通じて戦時国際慣習の理解に積極的に努めていたのは、現場にあってロシアと交渉する阿蘭陀通詞にとって切実な問題だったからである。

次に、幕府が戦時国際慣習を理解していたのかについて検討したい。ドゥーフの回答の内容は、長崎奉行を通じて幕府に提出されたものであるから、長崎奉行や勘定奉行をはじめ、老中・若年寄ら幕府の要路の役人は目にしていたはずである。阿蘭陀通詞の訳述についても同様だろう。「水戦軍令大略記聞」を収録する『軍艦図解』は天文方で編訳されたものであるし、「水戦幷火術用法記」も天文方の旧蔵史料として残されているから、天文方の関係者も知っていたことは疑いない。また、幕府の対外政策の諮問を受ける立場にある林述斎が(29)、「魯西亜漂船幟幷和蘭軍船用法大略」を所持していたことをふまえると、幕府内部の評議において阿蘭陀通詞の訳述が利用された可能性も考えられる。

では、対外交渉の現場ではどうであっただろうか。岩下哲典氏は、軍使の不可侵を意味する白旗の使用方法を、天保一五年（一八四四）の時点で浦賀奉行所の関係者が理解していたことを明らかにしている(30)。また、平川新氏は、リコルドの手記に見られる白旗の使用例を例示し、文化期には白旗を交渉旗とする認識が定着していたことを指摘している(31)。ここでは、文化期において、船旗の意味や使用方法などの戦時国際慣習が対外交渉の現場に浸透していたことを、ゴローウニン事件の展開のなかに見てみたい。

文化八年（一八一一）六月、千島列島を測量中であったディアナ号艦長ゴローウニンら八名のロシア人が国後島で捕縛され、その後、箱館・松前で二年三カ月にわたって抑留された。箱館における抑留中、幕府役人がゴローウニンに対して、執拗なまでにフヴォストフ文書の意味するところを問い質している。その様子を、ゴローウニンは次のように語っている。

城内では、はじめフヴォストフの証書と勲章について質問した。これに対して我われは昨日通訳に伝えたのと同じ説明をした。この件について日本側は更に、書面の末尾に描かれている旗は何を意味するか、何故にそこに

描いてあるか、と訊ねた。これに対し我が方は、

「その一は軍旗と称するもので皇帝の軍艦に掲げる。他のは交易船に掲げる交易用の旗である。しかしそれらが何故にそこに描いてあるかは、我われには分かりかねる。思うに、フヴォストフはロシアの艦船には軍艦と交易船の二種類があり、その見分け方を日本側に教えるために描いたのではないか」

と答えた。

しかし日本側ではそうは考えず、二つの旗はいずれも皇帝の軍艦の旗であるが、一つは敵対の意図をもって来航するときに掲げ、他は交易が目的のときに掲げるのではないか、と訊ねた。我われはヨーロッパでは軍艦は決して交易しないと断言した。

次いで日本側は、何故にフヴォストフは軍旗を掲げて日本の陸岸に接近したかと訊ねた。

我われは答えた。

「彼は自分の行動が政府に通報されるおそれのない場所にいたので、したいことは何でもできたのだ。我が皇帝陛下の親臨の場でしか掲揚できない旗でさえ掲げることができたでしょう」

しかし、この不用意な返事をしたために、その旗はどんな形をしているか、大きさはどれくらいか、旗には何が描いてあるか、どんな場合にその旗を掲げるのか、とか、皇帝は度々軍艦を訪れるのか等々と約二時間ばかりも質問攻めに会った。(32)

フヴォストフ文書に描かれた船旗について、幕府役人がかなり突っ込んだ質問をしている様子がうかがえよう。(33)そして、船旗によって、通商を意図する交易船か戦闘を目的とする軍艦かが見分けられること、どのような人がどのような目的で乗船しているかがわかること、といった戦時国際慣習を幕府役人が理解していた状況も確認できる。

さて、ディアナ号副艦長リコルドは、文化九年（一八一二）八月、国後島に来航してゴローウニンらの釈放を求め、拒絶されると翌年に再び来航する旨を伝えた。そして、ゴローウニンらの安否を知るために国後島沖で観世丸を拿捕し、乗り合わせていた高田屋嘉兵衛らを抑留した。これを機に幕府は、フヴォストフらの行為が政府とは無関係であるとするロシア高官の弁明書を提出すれば、それを謝罪とみなしてゴローウニンらを釈放する方針を決めた。[34] 文化一〇年（一八一三）五月に国後島に来航したリコルドは、嘉兵衛を介して幕府役人と交渉し、その方針を受諾した。かくてリコルドは、幕府の要求するオホーツク港長官ミニツキーの弁明書を用意して箱館に向かい、九月にゴローウニンらの釈放交渉に臨み、事件は解決に向かうこととなった。

リコルドの手記を読むと、箱館で釈放交渉に臨むときの様子として、

・水を運んで来た小舟が、箱館から出したゴロウニン艦長の手紙を持って来た。手紙には、わが艦が箱館港に姿を現すと山上に白い旗を揚げること、（中略）等を通知していた。

・それから間もなく二艘の小舟が本艦めがけて漕いで来るのを認めた。うち一艘は白い旗を掲げ、提灯を二つ立てて、わが善良で熱意の人高田屋嘉兵衛がそれに乗って来艦した。

・その翌日の朝、白い旗を掲げた小舟が市から漕ぎ出して来るのが見えた（本艦でも艦尾の軍艦旗とともに前檣には常に白い旗を掲げていた）。

・しばらくして私は二名の士官と、通訳と、十名の武装した水兵を従えて奉行の儀礼艇に乗り込んだ。船尾には日本の旗の間にロシアの軍艦旗を、船首には交渉用の白旗を立てて、好奇の目を輝かした民衆の乗った数百艘の小舟を従えて陸岸に向かった。

・私は白旗を持った下士官に上陸を命じ、次いで武装した護衛兵と、軍旗を持った下士官を上陸させ、それらの後

から私自身が上陸し、後ろに士官たちが続いた。
・私は儀礼艇に乗り、交渉用の白旗を揚げて、これまで二度日本の両高官と会見した家へ向かった。(35)
といった記述が散見する。交渉に赴くさまざまな場面でロシア側と日本側の双方が白旗を使用しており、白旗が意味するところを日本側もよく理解し、そして実践していたことがわかる。

以上のことから、対外交渉の現場に関わる幕府役人の間でも、船旗の意味や使用方法などの戦時国際慣習はかなり浸透していたと言えるだろう。(36)

イギリス捕鯨船による常陸大津浜と薩摩宝島の上陸・略奪事件を機に、文政七年（一八二四）七月、天文方の高橋景保は、異国船は捕鯨船であるから打ち払いによる威嚇で来航を防止できる旨の上書を提出した。翌年に発令される異国船打払令が幕府内部で評議される契機となった上書であるが、(37)そのなかで景保は次のように述べている。

凡て欧羅巴之法にては、海辺所々に、大筒台備へ有之、其国通商往来之国々相定居、其国之船近寄候得ば、互に合図之幟合せ仕候て湊に入候。其余通信不仕国之船、地方近く相見え候得ば、其最寄之台場より玉込無之空筒を放し候。来舶之者是を見候て、船を寄せ間敷処なるを知り候て、其処を去り候事通例に御座候由。(38)

ここでは、来航を許可している船の場合は旗合せを行ってから入港させ、許可していない船の場合は近くの台場から空砲で警告して追い返すのが「欧羅巴之法」だという。これは、船旗によって入港を許可する船を識別し、戦闘開始のさいには空砲で合図するという戦時国際慣習に基づく説明である。戦時国際慣習は、「欧羅巴之法」すなわち国際法として認識され、それを打ち払いの根拠にしている点が重要だろう。(39)

おわりに

以上、文化期における幕府の戦時国際慣習への関心を検討してみた。文化魯寇事件に伴うロシアとの交戦状態を背景に、幕府は、オランダ商館長ドゥーフの回答と阿蘭陀通詞の訳述を通じて、戦闘の開始と終了の合図、使者の派遣方法、和睦や降伏の意思の示し方、捕虜の取り扱い、船旗の使用方法などといった西洋諸国における戦時国際慣習を知るに至った。幕府が戦時国際慣習に関心を抱く直接の契機は、フヴォフトフ文書との関連で、描かれた船旗の意味するところを把握し、ロシア船に出向いて交渉する方法を理解しておくことが求められたからである。そして、このような戦時国際慣習を対外交渉の現場にある幕府役人が理解していたことも示せたかと思う。

国際法は成文化された条約と不文の国際慣習とによって構成される(40)。このような西洋諸国が生み出した国際法が、幕末の日本においては「万国公法」として注目され、受容されていったことはよく知られている。本章で紹介した戦時国際慣習は、国際法の一部を構成するものといえよう。その意味において、文化期における幕府の戦時国際慣習への関心は、いわば国際法との出会いというべきものではないか。国際法との出会いという観点では、文化期においては次のような事実も指摘できる。

ロシアと清の間でネルチンスク条約が締結される過程を訳述した『二国会盟録』は、レザノフ来航を目にして危機感を抱いた元阿蘭陀通詞の志筑忠雄が、病床にあったがゆえに蘭書を口訳して、それを福岡藩の蘭学者安部龍平が筆記することで、文化三年(一八〇六)に成立したものである。幕末においては、国境確定を求めてロシア使節プチャーチンが来航したさい、応接にあたった勘定奉行川路左衛門尉聖謨が参照していたことが知られている。忠雄は、国際法を「信義ノコト」と訳し、国際法に基づく条約交渉の難しさ、それがゆえに幕府に求められる交渉力を、訳述によって伝えたかったと見られている。(41)

また、ゴローウニンとともに捕縛・抑留されたディアナ号の士官ムールは、文化九年（一八一二）四月、松前奉行小笠原伊勢守長幸と荒尾但馬守成章に上書を提出した。この上書は『模烏児獄中上表』として知られ、内容はディアナ号の航海、蝦夷地襲撃後のフヴォストフらの行動、ゴローウニンらの松前脱走、ロシアの対外政策など多岐にわたっており、抑留中に通訳にあたった村上貞助が翻訳して幕府に提出された。貞助は、不明な箇所などはムールに質して説明を加えており、そのなかには「欧羅巴之法ニ而、同盟之国ニ者、何方へも役人壱両人ツヽ、相互ニ差遣置候事ニ御座候由」(42)として、「欧羅巴之法」すなわち国際法では相互に領事を駐在させることなどを述べている。

幕末・明治初期における「万国公法」の受容に関する研究は数多いが、「開国」以前にも目を向けて論じた研究は乏しい。(43)もちろん、「万国公法」の受容と理解は、「開国」に伴って西洋国際社会の秩序に余儀なく編入されたことを受けて発生する問題ではある。だが、本章で明らかにした通り、「開国」以前においても、幕府が西洋諸国における戦時国際慣習に関心を寄せていたこと、対外交渉の現場にある幕府役人は戦時国際慣習に理解があったことには注意が必要だろう。近年、「開国」に際して対外交渉にあたった幕府役人の能力の高さが評価されているが、(44)その能力の背景には、一八世紀後半に始まる対外的危機とその対応のなかで身につけていった戦時国際慣習の理解などがあったのではないだろうか。

註

（1）『大日本古文書　幕末外国関係文書』一（東京帝国大学、一九一〇年）、八〜九頁。

（2）井上勝生「「万国公法」と幕末の国際関係」（田中彰編『日本の近世』第一八巻〔近代国家への志向〕、中央公論社、一九九四年）六九頁。同『開国と幕末変革』（日本の歴史一八）（講談社、二〇〇二年）一七七〜一七八頁では、「ラクスマン、レザノフ、ゴロウニン、フェートン号と、長崎を中心とするさまざまな事件を経験し、法的な主権についても知っていた可能性が高いと思われる」との見通しを述べられている。

（3）片桐一男『開かれた鎖国』（講談社、一九九七年）四八〜四九頁を参照。

（4）梶輝行「文化四年の日蘭軍事交流の諸相」（『銃砲史研究』第二九六号、一九九八年）、同「近世後期の日本における洋式兵学の導入」（松木武彦・宇田川武久編『戦いのシステムと対外戦略』〈人類にとって戦いとは二〉東洋書林、一九九九年）。

（5）岩下哲典「江戸時代における白旗認識と「ペリーの白旗」」（『青山史学』第二一号、二〇〇三年）。

（6）平川新『開国への道』（全集日本の歴史一二）（小学館、二〇〇八年）。

（7）日蘭学会編・日蘭交渉史研究会訳注『長崎オランダ商館日記』三（雄松堂出版、一九九一年）、五二〜五三頁。

（8）前掲、岩下「江戸時代における白旗認識と「ペリーの白旗」」七〇〜七一頁を参照。

（9）『観火録附録』乾（函館市中央図書館所蔵）。返り点は、原史料に記載されているものに引用者が加筆・訂正を加えた。

（10）『阿蘭陀船陸戦大略』（長崎歴史文化博物館所蔵）。

（11）藤田覚『近世後期政治史と対外関係』（東京大学出版会、二〇〇五年）二二五〜二二一頁、有泉和子「政治的に利用された事件解決―ゴロヴニン等の逮捕理由と釈放理由の矛盾―」（『東北アジア研究シリーズ』第七号〈開国以前の日露関係〉、二〇〇六年）六六〜六九頁を参照。

（12）前掲、梶「文化四年の日蘭軍事交流の諸相」七〜二一頁、同「近世後期の日本における洋式兵学の導入」一三八〜一四五頁を参照。

（13）日蘭学会編・日蘭交渉史研究会訳注『長崎オランダ商館日記』四（雄松堂出版、一九九二年）、一八三〜一八四頁。

（14）前掲、梶「近世後期の日本における洋式兵学の導入」一五五頁。原史料は、『阿蘭陀かぴたん江御尋之一件』（国立歴史民俗博物館所蔵所荘吉「青圃文庫」コレクション）である。

（15）本書第二部第二章「阿蘭陀通詞の出府と訳業」を参照。

（16）『渋川家文書』第八冊所収「水戦幷火術用法記」（国際日本文化研究センター所蔵）。天文方の旧蔵史料である。松田清『洋学の書誌的研究』（臨川書店、一九九八年）三八四、六四八頁を参照。

(17) 中村幸彦・中野三敏校訂『甲子夜話』六（平凡社、一九七八年）、二八九〜二九三頁。
(18) 前掲、岩下「江戸時代における白旗認識と「ペリーの白旗」」七三〜七四頁を参照。
(19) 「軍艦図解」（『日本科学古典全書』第一二巻、朝日新聞社、一九四三年）八〇七〜八〇八頁。
(20) 本書第二部第三章「幕府の洋式軍艦導入計画」を参照。
(21) 本書第二部第一章「フヴォストフ文書をめぐる日蘭交渉」を参照。
(22) 内閣文庫所蔵史籍叢刊特刊第二『視聴草』第六巻（汲古書院、一九八五年）、八〇頁。
(23) 『蝦夷地江魯西亜船来津ニ付かひたん江御問合被為成候御書面幷かひたんよ内密申上候書付』（長崎大学附属図書館経済学部分館所蔵武藤文庫）。
(24) 本書第二部第一章「フヴォストフ文書をめぐる日蘭交渉」を参照。
(25) 「休明光記」（『新撰　北海道史』第五巻史料一〈復刻版〉、清文堂出版、一九九一年）五〇五頁。
(26) 郡山良光『幕末日露関係史研究』（国書刊行会、一九八〇年）二〇七〜二〇八頁を参照。
(27) 前掲、藤田『近世後期政治史と対外関係』二一七頁を参照。
(28) 本書第二部第二章「阿蘭陀通詞の出府と訳業」を参照。
(29) 前掲、藤田『近世後期政治史と対外関係』二八七〜三〇八頁を参照。
(30) 岩下哲典「ペリーの白旗書簡と浦賀奉行所における白旗認識をめぐる史料について」（『神奈川県立歴史博物館総合研究報告〈総合研究――開国と異文化の交流〉』、二〇〇五年）二〇〜二三頁、同『江戸の海外情報ネットワーク』（吉川弘文館、二〇〇六年）一三一〜一四〇頁を参照。
(31) 前掲、平川『開国への道』一五八〜一六〇頁を参照。
(32) 徳力真太郎訳、ゴロウニン『日本俘虜実記』上（講談社、一九八四年）、一七八〜一八〇頁。
(33) 安津素彦『国旗の歴史』（桜楓社、一九七八年）一一五〜一一八頁を参照。
(34) 前掲、藤田『近世後期政治史と対外関係』一三九〜一五七頁を参照。
(35) 徳力真太郎訳、ゴロウニン『ロシア士官の見た徳川日本』（講談社、一九八五年）二八五、二八六、二九二、三〇四、三〇五、三二〇頁。

(36) ただし、白旗の使用方法については、ドゥーフの回答や阿蘭陀通詞の訳述の以前から、対外交渉の現場にいた幕府役人のなかには知っている者もいたようである。南部藩砲術師の大村治五平が記した『私残記』によれば、文化四年四月、択捉島のシャナがロシア軍艦に襲撃されたさい、箱館奉行所調役下役の関谷茂八郎は、ロシア側は何か用件があるのではないかとして「誰ぞ海岸江罷出、長旗之先江白物を付振リ廻し見せ候ハハ、夫を見候而定而其所江寄リ可申也。必此方より鉄炮を討申間敷候」と述べ、支配人川口陽介に「旗之先へ白木綿を結付振廻候」といったことをさせている。西洋諸国における戦時国際慣習としてすでに知っていたのか、あるいは日本の兵学に基づく慣習などがあったのか、検討する余地があるだろう。森荘已池編『私残記』(中央公論社、一九七七年)二六四〜二六五頁。また、筆者の口頭報告「一九世紀はじめの日露関係と長崎オランダ商館」(東北アジア地域研究シンポジウム、二〇〇五年三月一二日、於東北大学東北アジア研究センター)において、白旗の使用方法などの戦時国際慣習に言及したところ、菊池勇夫氏から、南部藩士石川熊太の『久奈尻勤番中日誌』(岩手県立図書館所蔵)に、ラショワ島のアイヌの「咄合」として「かツせん致ニハ白籏、コウヱキ願なれば赤籏立候趣」といった記事が見られるとのコメントをいただいた。白旗と赤旗の理解は逆であろうが、興味深い記事である。なお、菊池氏のコメントは、シンポジウムの報告書である『東北アジア研究シリーズ』第七号〔開国以前の日露関係〕(二〇〇六年)、一九三〜一九五頁に掲載されている。

(37) 前掲、藤田『近世後期政治史と対外関係』二三九頁、同「異国船打払令と海外情勢認識」(藤田覚編『近世法の再検討』山川出版社、二〇〇五年)二〇八〜二一〇九頁を参照。

(38) 徳富猪一郎『近世日本国民史』文政天保時代(民友社、一九三五年)、三七六〜三七七頁。

(39) 三谷博『ペリー来航』(吉川弘文館、二〇〇三年)三三〜三四頁を参照。

(40) 田畑茂二郎『国際法』(岩波書店、二〇〇八年)二六四頁を参照。

(41) 鳥井裕美子「『鎖国論』・『二国会盟録』に見る志筑忠雄の国際認識」(志筑忠雄没後二〇〇年記念国際シンポジウム実行委員会編『蘭学のフロンティア――志筑忠雄の世界』長崎文献社、二〇〇七年)八九〜九〇頁を参照。

(42) 岩下哲典・松本英治「明海大学図書館所蔵『模烏児獄中上表』上下について(上)」(『明海大学教養論文集』第一一号、一九九九年)六八頁。原史料は、『模烏児獄中上表』(明海大学図書館所蔵)である。

(43) このような研究状況ではあるが、近年、ペリーが浦賀に来航したさい、日本側に白旗を渡したとされる「白旗書簡」をめぐる論争のなかで、「開国」以前の白旗の理解などが検討されたことは注目されよう。ただ、この論争から筆者が学んだことも多いが、いささか白旗に限定された議論のように感じている。本章では、文化期における一連の事例を、白旗の理解や使用の端緒として論じるのではなく、「開国」以前における幕府による戦時国際慣習の関心・理解という視点で検討してみたつもりである。なお、「白旗書簡」をめぐる論争については、岸俊光『ペリーの白旗』（毎日新聞社、二〇〇二年）を参照されたい。

(44) 例えば、前掲、三谷『ペリー来航』、井上『開国と幕末変革』、井上勝生『幕末・維新』〔シリーズ日本近現代史①〕（岩波書店、二〇〇六年）、加藤祐三『幕末外交と開国』（筑摩書房、二〇〇四年）、岩下哲典『予告されていたペリー来航と幕末情報戦争』（洋泉社、二〇〇六年）、麓慎一『開国と条約締結』（吉川弘文館、二〇一四年）などといった近年の研究成果を念頭においている。

第三部　幕府の対外政策と長崎の地域社会

第一章　大槻玄沢と幕府の対外政策

はじめに

周知のように大槻玄沢は、江戸の蘭学界の巨匠として、寛政期から文化期にかけて蘭学の発達と普及に大きく貢献した人物である(1)。江戸詰の仙台藩医であり、蘭学塾芝蘭堂を開いて多くの俊才を育てた。玄沢の学問的業績は、医学のみならず、本草学・地理学・語学など多岐にわたっている。幕府が文化八年（一八一一）に天文方に蛮書和解御用を創設すると、玄沢は馬場佐十郎とともに登用され、『厚生新編』の名で知られるショメールの百科事典の翻訳にたずさわった。蛮書和解御用の創設は、蘭学の公学化を意味する出来事として位置付けられている(2)。

大槻玄沢が幕府の対外政策に影響力をもったことについては、佐藤昌介氏(3)や吉田厚子氏(4)の研究がある。玄沢が幕府の対外政策と関わりをもつ契機は、文化元年（一八〇四）、ロシア使節レザノフに伴われて仙台藩漂流民が帰国すると、藩命をうけて漂流民から聞き取りを行い、『環海異聞』を編纂したことにあった。その編纂過程で玄沢は、伊達家出身の堅田藩主で、幼少の仙台藩主伊達周宗を後見していた若年寄堀田摂津守正敦の知遇を得て、親交を深めたとされる。幕府の要職にあった正敦は、対外的危機に直面する状況下にあって、蘭学者として豊富な海外知識をもつ玄沢を高く評価し、玄沢は正敦の庇護下に幕府の対外政策と関わりを深めていくこととなった。

本章では、文化期に大槻玄沢が執筆した『嘆詠餘話』『捕影問答』『寒燈推語』の三つの著作を取り上げ、玄沢と幕府の対外政策の関わりを検討する。『嘆詠餘話』と『寒燈推語』は、本章において初めて紹介する玄沢の著作である。三つの著作は、それぞれの執筆事情があり、個別に課題を設定して検討するが、長崎で常態化している虚偽報告や情報操作を問題視し、幕府に対応を促している点では共通し、いずれも堀田正敦を通じて幕府に献策されたと見られる。先行研究で指摘されることのなかった視点として、長崎における情報操作の実態や対応策としての江戸での翻訳機関の設立構想に注目して論じてみたい。

一 『嘆詠餘話』と五島漂着船事件

1 問題の所在

『嘆詠餘話』は、来航・漂着した異国船の国籍や帰国した漂流民の漂流先が長崎で偽られているという事実を指摘して批判を加え、幕府のとるべき対応策を論じた著作である。『通航一覧』の編纂にも利用され、「安南国部」「阿蘭陀国部」「諳厄利亜国部」「安悶島部」「海防部」の典拠として引用されている[5]。著者については、『通航一覧』の編纂者が「この書撰者の名をあらはさされは、予といふもその誰なるかを知るへからす」と注記しているから、『通航一覧』が編纂された嘉永期から知られていなかったようである[6]。

かつて筆者は、『通航一覧』所収の『嘆詠餘話』の記事に拠りながら、福岡藩の蘭学者青木興勝の事績を検討したことがある[7]。当時は著者不明の著作と理解していたが、その後、改めて内容と書誌の検討を行ったところ、『嘆詠餘話』が従来知られていない大槻玄沢の著作であると確信を得るに至った。本節の第一の目的は、執筆の背景となった享和元年(一八〇一)の五島漂着船事件をふまえながら、『嘆詠餘話』の内容と書誌を検討し、玄沢の著作として確定することにある。そして第二の目的として、『嘆詠餘話』における玄沢の主張と文化期における幕府の対外政策の関連について論じてみたい。

2　五島漂着船事件の概要

まず、『嘆詠餘話』の執筆の背景となった享和元年の五島漂着船事件の概要を確認しておきたい。『長崎志続編』が伝える事件の概要は、以下の通りである(8)。

享和元年九月二日、五島列島の黒瀬浦に一艘の異国船が漂着した。取り調べてみると乗組員は九名おり、難風にあって漂着したので薪水を得て出航したいとのことであった。長崎奉行成瀬因幡守正定は、薪水の給与と出航を許可したが、出航できない場合は長崎まで曳航するようにと指示を出した。結局、漂着船は出航できず、一〇月五日に伊王島近辺まで曳航し、佐賀藩・大村藩の番船が警固するなか鼠島の前に停泊させた。長崎奉行は検使を送って吟味を命じた。漂着船の乗組員は異国人男女七名と中国人二名であり、風波を避けるために木鉢浦に移動させたうえで大村藩に警固をさせた。一〇月一〇日に乗組員を奉行所に呼び出して尋問したところ、漂着船はセレベス島のマカッサルの船で三四名を乗せてティモールに向かい、そこでアンボン行きを希望する一〇名を乗せて出航したが、嵐に巻き込まれ漂流し、九名だけが生存して五島列島に漂着したという。その後、損傷が激しい漂着船から九名を上陸させて、異国人七名は出島の町人部屋に、中国人二名は唐人屋敷の乙名部屋にそれぞれ収容した。長崎奉行は江戸に指示を仰いだ上で、異国人七名は翌年のオランダ船で、中国人二名は翌々年の唐船で送還させた。残された漂着船およびその積荷などは、すべて売却したとする。

この五島漂着船事件については、徳永宏氏(9)と金井圓氏(10)の研究がある。徳永氏は、阿蘭陀通詞の手による未刊史料に基づきながら事件の経緯を検討し、異国船が漂着した場合の対応において阿蘭陀通詞が果たす役割が大きいことを指摘している。また、金井氏は、事件の対応を書き記したオランダ商館長ワルデナールの「秘密日記」の記事から、漂着船の乗組員の国籍が誤魔化されて処理された経緯を明らかにしている。金井氏が明らかにするところは、まさに『嘆詠餘話』が問題提起している点でもある。「秘密日記」の記事によれば、一八〇一年一一月一一日（享和元年一〇月七日）から奉行所で尋問が行われるまでの間に、ワルデナールと阿蘭陀通詞の間で以下のようなやりとりがあった。(11)

一一月一二日、長崎奉行成瀬正定から尋問に協力するよう求められ、漂着船の船上に赴いたワルデナールが死去した船長の名前を乗組員に尋ねたところ、「長いポルトガル流の名前」であったが、同席していた阿蘭陀通詞石橋助左衛門から聞き取ることを妨げられた。ワルデナールは、この漂着船がマカオ仕立てのポルトガル船であると気付いた。翌日、助左衛門は「書面中に彼らがマカオから来たことを記さないならば奉行も喜ぶであろう」と言い、マカオから来たことがわかると死罪に処せられるので、尋問記録からマカオの地名を抹消するように依頼した。さらに一四日には、阿蘭陀通詞五名がやって来て、ワルデナールは明日に二度目の尋問を奉行所で行うので協力するよう命じられた。そのさいに阿蘭陀通詞は、長崎奉行の家老の依頼として、尋問のときに「異国人らがマカオと言う場合にはマカッサルと言って貰いたい、ルソンの代りにはボルネオあるいはボルネオのルソンと言って貰いたい」と要望した。ワルデナールは虚偽は言えないとして断ったが、阿蘭陀通詞馬場為八郎から、マカオやルソンから来たと言えば死罪になるといった言葉など、いくつかのマレー語の表現を尋ねられた。翌日、奉行所に赴いたワルデナールは、尋問の様子を「私に尋ねるよう依頼された質問はきわめて簡単なことであり、異国人たちは有利な回答を口頭で教えられていて、彼らもまたそれに対して、昨日私に上記の通詞たちが言ったような返事をした」と書き記している。

以上から、五島列島への漂着船は来航を禁止されているマカオ仕立てのポルトガル船であったが、真相がわかれば乗組員は死罪となることから、対応にあたった阿蘭陀通詞はマカオやルソンといった地名が報告の書面に現れないよう画策していたことがわかる。(12) かくして、『長崎志続編』の記事にあるように、書面上はマカオではなくマカッサルの船とされて処理されたのである。人道的な対応とも評価できるが、対外交渉の現場である長崎において、事なかれ主義に基づく対応がなされている事例として注目される。

3　『嘆詠餘話』の内容

次に『嘆詠餘話』の内容を要約して紹介しておこう。以下、引用する場合は、便宜上、儒学者古賀侗庵自筆の『俄羅斯紀聞』第二集第八冊に収録された早稲田大学図書館所蔵本に拠っておく。

まず最初に享和元年の五島漂着船事件を取り上げ、漂着船の乗組員のなかに来航を厳禁されているルソン出身の者がいたが、ルソン出身と記せば厳しい取り調べが必要となるので、その国籍を阿蘭陀通詞がボルネオのルソンといったように誤魔化して幕府への「書上」を作成している事実を指摘する。その事実を指摘した福岡藩の蘭学者青木興勝は、阿蘭陀通詞の不興をかって国元に差し戻されたという。

ついで一六世紀以来、ルソンがスペインの貿易と布教の拠点であったことを述べ、禁教政策が展開していくなかで渡航・来航と居住者との接触が厳禁されたとし、これはポルトガルの拠点であるマカオの場合も同様であるとする。

いっぽう、オランダとイギリスは、慶長五年（一六〇〇）のリーフデ号漂着を機に関係が始まり、徳川家康から朱印状が与えられたことを説明する。イギリスは貿易不振で撤退したが、オランダは、ヤン・ヨーステンがポルトガル・スペインの動向や諸外国の国情などを報告することを幕府に約束し、これが発端となって、風説書の提出が現在に至っているとする。対外情勢の報告の義務と引き換えに、オランダはヨーロッパで唯一対日貿易を認められているという認識を示す。

かくして、中国とオランダ以外は来航を禁じられて現在に至っており、来航した異国船や帰国した漂流民は、禁教の観点からルソンやマカオなどに立ち寄っていないか、厳しく取り調べることになっているとする。ところが、厳しい取り調べの煩雑さから、現状では、キリスト教の布教を目的とした来航船や海外でキリスト教の信者となった漂流民でなければ、居留したルソンやマカオといった地名には触れないで事を済ませるのが、阿蘭陀通詞の「仕癖仕来り」となっているという。

さらに、来航・漂着した異国船の国籍や帰国した漂流民の漂流先を偽ることは、五島漂着船事件に限らないことを例証する。寛政七年（一七九五）にアンナンから帰国した仙台藩漂流民、寛政一一年（一七九九）に広東から帰国した津軽藩漂流民の場合においても見られたとする。送還する唐船の船主は、漂流民がマカオに立ち寄っていたことが長崎で明らかになると面倒に巻き込まれるので、漂流民に対してその事実を口止めさせているという。このような現状を批判し、漂流民の帰国は対外情勢を知る絶好の機会であるから、漂流先とその様子を幕府は詳細に聞きただすべきだと論じる。そして、来航船に関しても、寛政期において各地に来航したイギリス船の事例をあげ、長崎に来航するアメリカ船・ベンガル船・ボストン船と称するものはすべてイギリス船ではないかという疑問を提示する。このような異国船の国籍は、来航船の様子や船印などがわかっていれば明確に判明するものであり、世界地理や対外情勢を把握した上での対応が必要であるとする。

長崎の対外交渉の現場で起きている事なかれ主義による虚偽報告や情報操作の実態を問題提起し、来航・漂着した異国船の国籍や帰国した漂流民の漂流先を、世界地理の知識に基づいて正しく把握する必要性を幕府に知らしめることに、『嘆詠餘話』の執筆の意図があると判断できる。そして、今後のとるべき対応として、幕府に蘭書の翻訳機関の設置を提言することにもう一つの執筆の意図があると見られる。

オランダの役割について、風説書による対外情勢の報告を重視するとともに、世界地理や天文学などの蘭書を将来する効用を力説する。西洋諸国が天文・地理などの諸学術において優れていると説いたうえで、清では理藩院が外国語の教授や外交文書の翻訳などを行っていると指摘し、これにならって対外問題を管轄する幕府の翻訳機関を設置することを提言する。

翻訳機関では、まずは阿蘭陀通詞に公用の手透きに翻訳をさせるが、江戸で蘭学が発展しつつある状況をふまえて、阿蘭陀通詞以外にも蘭学者を登用し、分担を決めて翻訳を行わせるとする。翻訳の分野としては、地理・天文・医学・軍事・測量など多岐にわたるが、世界地理書の翻訳をとくに重視しており、『職方外記』などの漢訳洋書を超える訳業を目指すべきとする。翻訳機関における蘭学者の登用にあたっては人物を見極めることが肝要であるといい、蘭学者のなかには新奇の説を唱えて世の中を惑わす不心得な者もいるので、それは取り締まるべきという。このような翻訳機関ができれば、世界地理や対外情勢の理解と認識も深まり、来航・漂着した異国船の国籍や帰国した漂流民の漂流先が幕府に偽られて報告されることはなくなると結論付けている。

なお、末尾には「丁卯の晩秋」と記されているので、『嘆詠餘話』の成立は文化四年（一八〇七）九月であることがわかる。

4　『嘆詠餘話』の書誌

『嘆詠餘話』の著者を明らかにする手がかりとして、儒学者斎藤拙堂の『鐵研齋輶軒書目』の「嘆詠餘話」の項目を見てみたい。

嘆咏餘話一巻　撰人名闕

巻末自署二知非齋一、不レ知二何人一、其所二以名レ書者、亦不レ知二何謂一、但其論二英吉斯一頗詳、偶閲二書肆一得レ之、輙挿二於架上一。(13)

斎藤拙堂が書肆から入手した『嘆詠餘話』には、末尾に「知非齋」と記載されていたという。拙堂はどのような人物か知らないとしているが、「知非齋」とは文化四年ごろから大槻玄沢が使用していた書斎号である。(14)『嘆詠餘話』では、寛政七年にアンナンから帰国した仙台藩漂流民を論じる記述のなかで「仙台の本船」という表現を使っている。「本船」と記すのは、著者が仙台藩の関係者であることをうかがわせる。周知のように大槻玄沢は仙台藩医である。また、『嘆詠餘話』は蘭書の翻訳機関の設置を主張しているのだから、その著者としては世界地理や対外情勢にかなり詳しい指導的な立場にある蘭学者の姿が思い浮かぶ。内容から見ても、『嘆詠餘話』を玄沢の著作と判断して問題ないだろう。

大槻玄沢の詩文を収録した『磐水漫草』のなかに、享和三年（一八〇三）に漢文で書かれた「地悶磁盆考」と題する一文がある。(15)五島列島への漂着船の積荷であった磁気の盆を得た「柴氏」なる人物が、玄沢に見せてティモールの方位を尋ねたことに対する回答である。玄沢は世界地図に基づいてその位置を明らかにし、この磁気の盆はティモールやアンボンの諸島のどこかで製作されたものだろうとしている。このあたりが玄沢の五島漂着船事件への関心の発端だろう。『磐水先生著述書目』には「地悶《チモル》漂船口供並人物器械図」と題する編著が掲げられており、(16)五島漂着船事件の関係資料を収集するなかで国籍の誤魔化しに気付いたと思われる。また、寛政九年、玄沢はアンナンから帰国した仙台藩漂流民の取り調べにも立ち会っており、『漂南聞略』と題する記録を撰述している。(17)その過程で漂流民がマカオに立ち寄っていたことを知ったのだろう。

写本は『補訂版 国書総目録』の「嘆詠余話」の項目に五本が掲げられている。(18)その他を含めて筆者が実見した写本は、儒学者古賀侗庵自筆の『俄羅斯紀聞』第二集第八冊に収録された早稲田大学図書館所蔵本、明治一一年（一八七八）に「五□《(虫損)》久文蔵本」を謄写した国立公文書館所蔵内閣文庫本、桑名松平家の蔵本を謄写した『知幾録』と題する東京大学史料編纂所所蔵本、佐賀藩旧蔵の佐賀県立図書館寄託鍋島家文庫本、表紙に「及魚園叢書」と記されている西尾市岩瀬文庫所蔵本である。これらの写本を比較するに、本文には誤記や脱落などの相違が若干ある。

東京大学史料編纂所所蔵本、佐賀県立図書館寄託鍋島家文庫本、西尾市岩瀬文庫所蔵本は、大槻玄沢の著作として知られる『伊祇利須疑問』と合冊されていることに注目したい。次節で明らかにするように、『伊祇利須疑問』は、長崎に来航するアメリカ傭船はイギリス船ではないかという疑問を提示したもので、修正・増補がなされて『捕影問答』前篇を構成し、フェートン号事件に関連して幕府の対外情勢認識に強い影響力を与えた。『伊祇利須疑問』は、来航船の国籍への疑問を論じているという点で『嘆詠餘話』の主題と共通し、末尾の「丁卯暮秋下浣」の記述から文化四年九月下旬の成立で、『嘆詠餘話』の成立と同時期である。東京大学史料編纂所所蔵本は松平定信の旧蔵本の謄写だろう。文化四年には文化魯寇事件の対応に関する意見書を提出するなど、定信が幕府の対外政策に深く関与していたことを考えると、(19)『嘆詠餘話』は『伊祇利須疑問』とともに、成稿後、玄沢の庇護者であった若年寄堀田摂津守正敦に提出され、定信をはじめとする対外政策に関わる幕府内部の関係者の間で回覧されたと思われる。

5　大槻玄沢の主張と幕府の対外政策

『嘆詠餘話』を大槻玄沢の著作と見るとき、玄沢の主張と文化期における幕府の対外政策はどのように関連するのか。ここでは、以下の点を指摘しておきたい。

『嘆詠餘話』において大槻玄沢は、来航・漂着した異国船の国籍や帰国した漂流民の漂流先が偽られて幕府に報告されている実態を批判している。このような玄沢の主張との関連で注目したいのは、大学頭林述斎が『嘆詠餘話』の成稿に先立って、同様の趣旨を幕府に意見書として提出していることである。文化四年七月一日に提出された意見書を、以下に引用してみたい。

長崎表通辞共仕癖にて、都て唐、和蘭之外、異国船水木を乞候ために湊入有之候節は、若御制禁之国にて御座候得者、其実之名をは不申、御制禁に無之国名を程能取付申立候事之由、或は又、一向いつれの国共、分りかたきなとゝ申紛はし申候事も有之候由、右之通前々仕来候処、先年筑前之聞役、諸蛮国之事弁へ候もの詰合候て、通辞申候とは、其国号違ひ候段、何心なく申候得は、通辞共承之大に憤り、其時之奉行江内々何と申出候哉、奉行より筑前江相達、右聞役国元へ差戻し、外之者を引替に相成候由、右之趣古賀弥助咄にて承之候、依之相考候処、此後オロシヤ属国又は交通之国を以、此方を伺ひ候ため水木乞候なとゝ名付、泊船可仕も難計、其節実々之国名を申さす、仕癖之通り仕候ては御大切之事に候間、篤と長崎奉行へ御沙汰有之、水木を乞候計之事、たとひ御制禁之国にても不苦訳を御立有之、以後急度実々之国名を申出候様に、厚く被仰渡度事と奉存候、昨日昌平坂において風と承り候処、長崎奉行出立も間近に相成候由に付、取急き此段申上候、以上、(20)

林述斎は、阿蘭陀通詞は「御制禁之国」の船が長崎に来航すると、その国籍を不明としたり、誤魔化したりして適当に報告するのが「仕癖」になっていると指摘する。そして、国籍の誤魔化しを指摘した福岡藩の長崎聞役が阿蘭陀通詞と長崎奉行の圧力を受けて交代させられたとする。以上は、昌平坂学問所の儒学者古賀精里から聞いた話であるという。このような現状では、ロシアの属国などが日本の国情を探りに来航しても、本当の国籍がわからないまま対処することになるので、長崎奉行に命じて、「御制禁之国」であっても薪水給与を求めるだけの寄航ならば許可し、来航船の国籍を偽ることがないようにすべきだと主張している。

意見書が提出されたきっかけは、文化四年四月、長崎にアメリカ船エクリプス号が来航したことにあると見られる。オケインを船長とするエクリプス号は、ボストンを出航した船で、広東での交易後、薪水が不足して長崎に寄港した。長崎奉行は、オランダ商館長ドゥーフと阿蘭陀通詞に国籍と来航目的を確認させた上で、エクリプス号に薪水を給与し、早々に退去させた。薪水給与を求めたアメリカ船として、長崎で処理されたことは、ドゥーフの「公務日記」に記述があり、(21)阿蘭陀通詞の訳文などは『通航一覧』に収録されている。(22)しかし、実のところは、露米会社の契約船で、来航目的は薪水給与を口実とする私貿易にあった。エクリプス号は、ロシアの国旗を掲げて入港したため、ドゥーフから日本の憤激を招くと注意を受け、来航後、オケインは商品を甲板上に陳列し、番船の乗組員を招き入れて販売を試みたという。(23)このような状況を阿蘭陀通詞が知らなかったとは考えにくい。国籍と来航目的を追究することなく、うやむやに処理したというのが実状であろう。

林述斎の五島漂着船事件の理解は、多少の誤解も含まれるが、来航船の国籍が対外交渉の現場である長崎で阿蘭陀通詞によって偽られているという主張は、大槻玄沢の主張にまさにつながる。述斎の意見書によって、幕府内部では長崎における事なかれ主義が問題視されたに相違ない。このような状況を知った玄沢が、自発的に、あるいは述斎もしくは若年寄堀田正敦から求められて執筆したのが『嘆詠餘話』であると位置付けられる。そして、述斎や玄沢の主張は、阿蘭陀通詞の虚偽報告や情報操作を抑制するための対応策として、次節で明らかにするように、長崎で作成された阿蘭陀通詞の訳文に、原文となる蘭文を添付して江戸に送る措置につながったと考えられる。

また、『嘆詠餘話』において大槻玄沢は、国籍や漂流先が偽られて報告されるのは幕府が世界地理や対外情勢を把握していないためであると指摘し、対応策として幕府の管轄下に蘭書の翻訳機関を設置することを提言している。文化八年（一八一一）に天文方に蛮書和解御用が設置された後、玄沢が堀田正敦に意見書を提出して、その機能を拡充すべく天文方から独立した翻訳機関を設置するよう求めていたことは、文化八、九年ごろの執筆と考えられる『蘭訳梯航』後附の第二書[24]、および文化一〇年（一八一三）の執筆と考えられる『寒燈漫筆』[25]の存在から知られていた。『嘆詠餘話』の記述から、幕府の管轄下に翻訳機関を設置する構想は、すでに文化四年の時点で玄沢が抱いていたことが新たに判明する。このことは洋学史の上できわめて重要な事実だろう。

と同時に、このような大槻玄沢の提言の一部を、すぐさま幕府が実行に移していることにも注目したい。文化魯寇事件への対応として蝦夷地に派遣されていた若年寄堀田正敦が江戸に戻るのが、文化四年一〇月のことである[26]。九月に成稿した『嘆詠餘話』は、正敦の帰府を待って玄沢から提出されたと思われる。その後、正敦は、山村才助が所持していたレイツの『新旧ロシア帝国誌』Reitz (Joh. Frederik), *Oude en nieuwe staat van't Russische of Moskovische keizerryk.* Utrecht, 1744. 2 vols. を幕府の所蔵本とし、また松平定信が所蔵するヒュブネルの『一般地理学』Hubner (Johann), *Algemeene geographie, of beschryving des geheelen aardryks.* Amsterdam, 1769. 5 vols in 6. を借り受け、いずれも一一月に天文方の高橋景保を通じて、出府させていた阿蘭陀通詞馬場為八郎に下げ渡している[27]。為八郎は両書の翻訳を進めて「魯西亜国使聘支那行程日記」や「支那韃靼」を幕府に呈上し、その後の翻訳作業は馬場佐十郎へと引き継がれていく[28]。このように世界地理書を入手して阿蘭陀通詞に翻訳を命じたのは、『嘆詠餘話』で蘭書の翻訳機関を設置するに際し、「当分外国異域の事とも御吟味御評議の端となるは、皆和蘭将来の書籍の訳説・地海全図等に依りて明め決定し玉ふ事多きにあらすや、猶其要用の書冊は有来之通詞ともを初め、其差当る公用の透々に専ら彼要書を和解せしめ」と提言していることを、すぐさま実行に移したと評価できる。

6　小括

享和元年の五島漂着船事件において、阿蘭陀通詞が漂着船の国籍を誤魔化していたことを確認した上で、そのような事なかれ主義による虚偽報告や情報操作が長崎で常態化している点を批判し、対応策として幕府に蘭書の翻訳機関の設置を提言した『嘆詠餘話』について検討を加えた。『嘆詠餘話』が従来知られていない大槻玄沢の著作であること、玄沢の庇護者である若年寄堀田正敦に提出されたと推定されること、玄沢の指摘は林述斎も問題視するように幕府の課題となっていたこと、正敦が世界地理書を入手して出府を命じていた阿蘭陀通詞に翻訳させたように幕府は主張の一部をすぐに実行したこと、などを明らかにできた。

二　『捕影問答』とフェートン号事件

1　問題の所在

『捕影問答』は、アジア・ヨーロッパにおけるオランダの衰退を指摘し、長崎に来航するアメリカ傭船はイギリス船ではないかという疑問を提示して、覇権を握りつつあったイギリスの脅威に警鐘を鳴らした大槻玄沢の著作として知られている。玄沢の庇護者であった若年寄堀田摂津守正敦に提出されたと推定されており、執筆の動機は幕府の対外政策に提言することにあった。

『捕影問答』が幕府の対外政策に大きな影響を与えたことは、すでに林田佳美氏[29]・生田澄江氏[30]・佐藤昌介氏[31]が、大槻玄沢が編集した『婆心秘稿』の収録史料に基づいた研究で明らかにしている。その要点をまとめれば、以下の通りである。

フェートン号事件後、幕府は、『捕影問答』における玄沢の提言を受けて、長崎奉行曲淵甲斐守景露に命じて対外情勢の真相を明らかにすべくオランダ商館長ドゥーフを尋問することとなった。ドゥーフへの尋問は、阿蘭陀通詞本木庄左衛門と石橋助左衛門に命じて、文化五年（一八〇八）一二月二七日から計五日にわたって秘密裡に行われた。尋問内容は、『捕影問答』を下敷きとしたもので、オランダ本国の政情、アジアのオランダ植民地の現状、長崎に入港するアメリカ傭船への疑惑、英露同盟とその対応策などである。ドゥーフの回答は幕府に報告された後、玄沢に示された。玄沢はドゥーフの回答にさらなる意見を付して幕府に呈上し、それに基づいて文化六年（一八〇九）に再度ドゥーフへの尋問が行われた。二度にわたる尋問の結果、幕府は、アメリカの独立を知り、長崎に来航するアメリカ傭船はイギリス船ではないかという玄沢が提示した疑問は解消したが、アジア・ヨーロッパにおけるオランダの衰退とイギリスの優位を知り、イギリスとロシアが同盟関係にあるという玄沢の指摘を、ドゥーフが積極的に肯定したことから、いっそう対外的危機感を強めた。幕府は、ドゥーフの回答に満足の意を示し、文化七年（一八一〇）に江戸参府に出向いたドゥーフに褒詞を与えた。

以上の諸先学の見解に大筋では異論はないが、ドゥーフ尋問を実施するに至った経緯のなかで、『捕影問答』における大槻玄沢の意見が幕府の対外政策にどのような影響を与えていたのかについては、なお検討の余地が残されている。その検討は自ずと、フェートン号事件の勃発を受け、幕府がどのように対応したのかを明らかにすることでもある。また、『捕影問答』の執筆背景には、長崎での情報操作によって対外情勢が正しく幕府に報告されていないという玄沢の現状認識がある。本節では、長崎における情報操作にも目を向けながら、幕府の対応を論じてみたい。

2 『捕影問答』と対外的背景

一八世紀末から一九世紀初めは、世界情勢の変動を受け、日蘭関係にとって大きな転換期であった。フランス革命とそれに続くナポレオン戦争の影響で、オランダ本国の政情は変転した。フランス革命の影響を受けたオランダ本国では、総督ウィレム五世はイギリスに亡命し、一七九五年、バタヴィア共和国が成立してフランスの衛星国となった。こうしたヨーロッパの戦乱はアジアにも波及し、フランスの影響下におかれたオランダはイギリスと交戦状態となった。イギリス軍艦による拿捕を避けるため、日蘭貿易は、寛政九年（一七九七）以降、アメリカを主とする中立国傭船を利用して行われた。それであっても積荷の確保は不十分であり、日蘭貿易は危機的状況に陥ったのである。

初めて来航したアメリカ傭船は、寛政九年のスチュワート船長が率いるイライザ号であった。前年のオランダ船は欠航しており、二年ぶりの来航は長崎で歓喜の声をもって迎えられた。しかし、積荷のきわめて少ない小型船であるばかりか、見慣れぬ黒人の船員とオランダ語を喋らない士官の姿に、阿蘭陀通詞や長崎奉行は一転して動揺した。オランダ商館長ヘンミーは、イギリスとの戦争により中立国傭船を利用せざるをえなかったことに理解を求め、「半減商売」の改善を長崎奉行平賀式部少輔貞愛に請願した。(32) 結果として幕府は、「半減商売」を修正し、期限付きながら、二艘の来航船と輸出銅の増額を認めることとした。(33) 長崎奉行は、幕府に対して日蘭貿易の危機と長崎の苦境を訴えたと思われるが、余計な疑念を生み出す中立国傭船の来航を説明することはなかっただろう。以後、「半減商売」の緩和を勝ち取った長崎において、中立国傭船の来航は公然の秘密とされたのである。

いっぽう、アメリカ傭船の来航は、私貿易を企む個人貿易船の来航を触発し、状況をいっそう複雑化させた。田保橋潔氏と横山伊徳氏の研究に拠りながら、(34) その経緯を見ておきたい。寛政九年に、スチュワートは長崎奉行から個人貿易品をもって来航することを認められていたという。寛政一〇年(一七九八)には再びアメリカ傭船イライザ号として来航したが、寛政一二年(一八〇〇)には、東インド総督との傭船契約とは無関係に、エンペラー・オブ・ジャパン号で長崎に来航した。このときは、イライザ号が座礁したさいの負債を返還するために、オランダ商館長ワルデナールの脇荷物として売却された。さらにスチュワートは、享和三年(一八〇三)にナガサキ号で長崎に来航し、続けてスチュワートとのつながりをもつトリー率いるイギリス船フリーデリック号も来航した。来航意図が私貿易とわかると、長崎奉行は、江戸にうかがうことなく、両船に退去を命じた。ここに長崎奉行も、中立国傭船の存在が個人貿易船の来航を促していると認識し、以後、中立国傭船を利用することがないようワルデナールと新たなオランダ商館長ドゥーフに厳命した。

アメリカ傭船の利用の事実は、一〇年近くの間、風説書で幕府に説明されることはなかった。享和元年までの風説書に来航船の国籍の記載は一切なく、享和二年(一八〇二)になって「咬𠺕吧表江居合候船」[35]で来たと報じられた。享和三年に中立国傭船を長崎奉行から叱責されたことをうけて、文化元年(一八〇四)の風説書では「自国之船」で来たと報じ、暗に「自国之船」以外で来航した過去をほのめかしている。文化三年(一八〇六)にはアメリカ傭船とブレーメン傭船が来航したが、風説書では「自国之船」と虚偽を記載した[36]。文化四年(一八〇七)にマウント・ヴァーノン号がアメリカ国旗を掲げたまま長崎に来航して騒動を起こすに至って、初めて「弐艘之内壱艘アメリカ船借請渡来仕候[37]」とアメリカ傭船の利用を風説書で報じた。松方冬子氏の研究によれば[38]、通常の風説書は、オランダ商館長が知りえた情報を阿蘭陀通詞と協議して取捨選択し、場合によっては長崎奉行の意思も反映させて作成されるものであり、いわば江戸の幕府に伝えてよいと長崎で判断した情報だという。長崎奉行と阿蘭陀通詞にしてみれば、中立国傭船の利用は、幕府の態度を硬化させ、日蘭貿易に悪影響をもたらすと懸念されたから、江戸に伝えたくない情報だったのである。

個人貿易船の国籍も、阿蘭陀通詞によって誤魔化されていた。ワルデナールの「秘密日記」によれば(39)、享和三年に来航したフリーデリック号を臨検したさい、トリーは「ベンガルのカルカッタから来たイギリス人である」と明言した。しかし、阿蘭陀通詞は、イギリスという国名やカルカッタという地名を無視し、フランス人であると検使に説明した。来航船は「弁柄国」の船で、「仏郎察人拾六人、弁柄人六拾五人、唐人三人」が乗船しているとして処理されたのである(40)。また、文化四年に来航したエクリプス号の国籍をめぐっても、同様の誤魔化しがあったであろうことは、前節に述べた通りである。

長崎では、阿蘭陀通詞が中心となって情報操作が行われ、来航船の国籍を偽ることが横行した。そこには、貿易都市である長崎の地域社会の利害関係に基づいて行動する阿蘭陀通詞の姿が見て取れる。阿蘭陀通詞は、自立的な性格をもつ長崎地役人であり、日蘭貿易の利益に吸着する存在であった(41)。それゆえ、風説書の作成にあたっては、貿易の不安定要素となるアメリカ傭船の利用を記さないよう努めた。また、異国船の本当の国籍が判明すれば、幕府を刺激し、結果として長崎の利益を損なうことを恐れた。異国船の国籍は正確にしないほうが都合がよかったのである。

いっぽう、長崎で情報操作が行われたとはいえ、船の概観や船員の話す言語などは隠しようもないから、対外問題に関心をもつ識者の間では、オランダはイギリスに制圧され、来航船はイギリス船ではないかとの疑念を生み出していった。最初に指摘したのは、享和元年（一八〇一）の本多利明『蝦夷之道知辺』とされる(42)。また、長崎遊学中にアメリカ傭船に接した青木興勝は、文化元年の『答問十策』において、再三にわたって長崎に来航するスチュワートをイギリスの間者と断じている(43)。

以上のような対外的背景のもと、大槻玄沢によって執筆されたのが『捕影問答』前篇・後篇である。すでに『日本思想大系』のなかで、国立国会図書館憲政資料室寄託箕作阮甫・麟祥関係文書の『婆心秘稿』に収録されたものを底本として活字化されている。(44)また、静嘉堂文庫所蔵大槻文庫の玄沢自筆の『婆心秘稿』は第一冊が欠本となっているが、近年、その第一冊を構成していたと考えられる玄沢の自筆草稿の著作が発見され、(45)天理大学附属天理図書館の所蔵となり、神崎順一氏によって翻刻・紹介がなされた。(46)玄沢自筆の『婆心秘稿』第一冊は、『捕影問答』前篇・後篇、『捕影問答』の成稿過程に関わる『伊祇利須疑問』と『問目草案』、フヴォストフ文書を考察した『丁卯秘韞』によって構成され、国立公文書館所蔵内閣文庫の『婆心秘稿』第一冊は本来の姿を明治期に筆写した写本と判断されている。

まず、『捕影問答』前篇・後篇、『伊祇利須疑問』、『問目草案』の関係を見ておこう。『捕影問答』前篇は「文化丁卯の夏」、『伊祇利須疑問』は「丁卯暮秋下浣」との記載がそれぞれ末尾にあることから、『捕影問答』前篇の成立後、要約版として書き改められたのが『伊祇利須疑問』であると佐藤昌介氏によって説明されてきた。(47)しかし、この説明には疑問の余地がある。自筆草稿を比較してみると、『伊祇利須疑問』で誤って記された地名や年代は、『捕影問答』前篇で訂正が加えられているのである。『伊祇利須疑問』が先に成立し、その後に加除・修正が施され、さらに論拠となる公私文書を加えて『捕影問答』前篇が成稿されたように思われる。『捕影問答』前篇の根幹が文化四年夏に執筆されたと考えても、後篇が成稿する文化五年九月半ばまでに大幅に手が加えられたのは間違いない。なお、自筆草稿では、すべて「伊秪利須」と表記されているが、本章では「伊祇利須」に改めたことをお断りしておく。いっぽう、『捕影問答』後篇は、内容からして文化五年八月のフェートン号事件勃発後に執筆を始め、「秋長月十三夜の前の宵」、すなわち九月一三日に書き上げられたものである。『問目草案』は「捕影問答後篇、末条抄録」と内題があるように、『捕影問答』後篇の加除・修正を反映させ、末尾が「下略」で終わっている抄録である。

次に『捕影問答』の内容の要点を見てみたい。

前篇は、寛政九年から文化四年における長崎への来航船について、地名や船の様子などから個々に検証を加える。その上で、オランダが利用するアメリカ傭船はすべてイギリス船であり、享和三年に私貿易を求めて来航したナガサキ号とフリーデリック号、文化四年に薪水給与を求めて来航したエクリプス号もイギリス船ではないか、という疑問を提示する。オランダ総督がイギリスにいる事実やイギリスによるオランダ植民地の奪取など、大槻玄沢が知りえた情報を手がかりに、オランダを屈服させたイギリスは、長崎オランダ商館を奪取せんがためにオランダ船の名目でイギリス船を派遣しており、オランダも自国の衰退を知られることは恥辱であると考え、この事実を隠しているのではないか、というわけである。アメリカ傭船への疑問は、当時、アメリカの独立が知られていなかったために生じた玄沢の誤解であるが、限られた情報源からイギリスの動向に注目した点に意義がある。そして、ロシアとイギリスは結託して日本との通商を望んでおり、蝦夷地で紛争状態にあるロシアのみならず、イギリスへの警戒が必要であることを論じている。

後篇は、文化五年八月に勃発したフェートン号事件をうけて、前篇で提示した疑問が現実化したと受け止めた大槻玄沢が、フェートン号の来航とオランダ商館長ドゥーフの説明への疑念を指摘するとともに、今後の幕府がとるべき処置として、阿蘭陀通詞一、二名を選んで、ドゥーフを尋問して真相を明らかにすることを提案し、尋問項目を列挙したものである。

フェートン号事件後の幕府の対応を考えるにあたり、『捕影問答』の記述で注目したいのは、長崎来航船の国籍への疑惑に続く次の指摘である。

通辞輩ハ本務に暇なく、多くハ地理考究の事にも及ひかたしと見へ、御停止の国の外ハ、偏に和蘭の申口を其時々和解し、上マツる迄かと思ハる。又、上ミに立ち玉ふ方々〱ハ、他事と違ひ、外国異方の地理、方角、所在、遠近等の事ハ、不案内ニ在らせられ、彼御制禁の呂宋《ルソン》、阿媽港《アマカワ》、ぽるとぎす・ろうま・なといへる国〳〵の名さへ耳に触れされハ、其他ハ更に心にと丶められすに過き行き玉ふ事と思ハる丶也。(48)

ここで大槻玄沢が問題としているのは、本務に追われて世界地理に不案内な阿蘭陀通詞が、来航を禁止されている地名・国名以外は疑いもせず、オランダ人の言い分をそのまま翻訳して幕府に報告しているという点であり、また、幕府役人も世界地理に不案内であり、キリスト教に関係する国々以外は気にもとめていないという点である。長崎での阿蘭陀通詞の翻訳姿勢を批判し、幕府の要路が対外情勢を正しく理解しておく必要性を説いていることが重要である。

3　江戸における蘭文文書の再翻訳

文化五年八月一五日、ペリュー率いるイギリス軍艦フェートン号が、偽りのオランダ国旗を掲げて長崎に侵入した。その目的は、ナポレオン戦争下におけるイギリスのマカオ占領計画の一環として、オランダ船の有無を偵察することにあったとされる。(49)商館員二名を人質にして、オランダ船がいないことがわかると食糧や水などを要求した。長崎奉行松平図書頭康英はフェートン号の焼き討ちを命じたが、長崎警備の当番年にあたっていた佐賀藩が警備人数を大幅に減らしていたこともあって、結局、オランダ商館長ドゥーフの助言に従って食糧や水などを与えて出港を促すこととした。八月一七日にフェートン号は出港したが、その夜、長崎奉行は長崎警備の不備な点を指摘する遺書を残して切腹した。

フェートン号事件後の幕府の対応を、ドゥーフ尋問を命じられた阿蘭陀通詞本木庄左衛門の筆記にかかる『於江府被仰渡候横文字和解幷御答書』と『上　長崎帰着之上発端申上候封書』(50)を紹介しながら検討したい。庄左衛門は、文化五年二月、参府休年の献上品付添のために出府し、その後も軍事・地理関係の蘭書の翻訳を幕府から命じられ、江戸に留め置かれていた。[51]『於江府被仰渡候横文字和解幷御答書』には九月二日から四日までの記事が、『上　長崎帰着之上発端申上候封書』には九月七日から二四日までの記事が記されている。

『於江府被仰渡候横文字和解幷御答書』には、ドゥーフがフェートン号の来航目的を説明した二通の蘭文の報告書について、本木庄左衛門が江戸で再翻訳を命じられた経緯が記されている。九月二日、勘定奉行柳生主膳正久通の屋敷に呼び出された庄左衛門は、フェートン号事件の勃発を知らされるとともに、関連する対外情勢を尋ねられた。そして、「横文字弐通被為成御渡、急速ニ和解仕差上候様土井大炊頭様より被仰渡候旨被仰付候、尤主意和文等ニ不相拘正訳仕差上候様精々被為仰付候」とあって、老中土井大炊頭利厚の命として、二通の蘭文の報告書を大至急かつ原文に忠実に翻訳することを命じられた。

この二通の報告書がどのようなものか、ドゥーフの「秘密日記」から確認しておこう。一通は、一八〇八年一〇月五日（文化五年八月一六日）、食糧・水などの提供と引き替えに人質とされていた商館員ホーゼマンとスヒンメルが解放され、両名からフェートン号の様子を聞いた状況下でドゥーフが書いたものである。阿蘭陀通詞から「できるだけ短い期間のうちに簡単な報告を、しかも江戸において理解されるほどに明瞭な報告をするように」と求められたドゥーフは、フェートン号の出港地や乗組員の人数などを報告し、来航の目的を「イギリス船長は、オランダ船を拿捕するために来たのだ、と言いました」と説明した。[52]翌日、長崎奉行松平康英は、なおも港内に停泊しているフェートン号の焼き討ちを計画し、ドゥーフに意見を求めた。ドゥーフが警備人数の不足などを理由に出港を促すことを助言すると、長崎奉行は助言を受け入れ、そのことを書面にまとめるよう指示した。さらに「イギリス船が当地に来航した理由はほかにも何かありうるのではないか、それはたんにオランダ船を求めてだけのことかどうか」と尋ね、その回答も書面に含めるよう命じた。これがもう一通の報告書である。ドゥーフは「上記イギリス船が当地に来航した理由はオランダ船を征服するためだと申し上げましたが、署名者はあえてそれと確定いたしません、と言うのは、敵の言葉や話したことは決して信用することはできないからです」と説明している。(53) 二通の蘭文の報告書は、ただちに阿蘭陀通詞によって翻訳され、(54) 原文となる蘭文とともに江戸に送られたのである。

さて、翻訳を命じられた本木庄左衛門はそのまま勘定奉行柳生久通の屋敷で九月二日の夜を徹して作業を進め、翌日に登城して将軍徳川家斉に召し出され、完成した訳文を提出した。四日には再び勘定奉行の屋敷に呼び出され、「長崎表之和解与主意相叶候旨被仰出候由ニ而、御前ニおゐて御安気被為遊候段被仰渡候」というように、提出した訳文が長崎の訳文と主旨が一致していることに将軍は安心していると伝えられた。

以上の経緯で注目すべきは、すでに長崎で阿蘭陀通詞によって訳文が作成されているにも関わらず、再度江戸で本木庄左衛門に訳文を作成させ、幕府が比較を試みている点である。幕府がドゥーフの説明に疑念を抱き、また長崎で阿蘭陀通詞が情報操作を行っていないかを懸念したためと考えられる。

文化期には、長崎で作成された阿蘭陀通詞の訳文に原文となる蘭文を添付して江戸に送ることが義務づけられていたと思われる。ドゥーフの「秘密日記」にはいくつかの事例が見られるが、その一例をあげて検討してみたい。

フェートン号事件後、「イギリス人は、ただオランダ船を探すためにだけ当地に来たのだと言っているのだから、奉行の切腹の原因はオランダ人である」という噂を耳にしたドゥーフは、「将来においてわれわれにとって不利になりかねない」と思い、「イギリス船来航の原因は（最近の情報によると）イギリスと同盟を結んでおり、今や日本の戦争相手でもあるロシア人のせいである」と主張することを思いついた。(55) ドゥーフは、長崎奉行曲淵景露の到着によって事情聴取が進められるなか、この主張を意見書にまとめた。一八〇八年一〇月三〇日（文化五年九月一一日）、これを長崎奉行に提出しようと阿蘭陀通詞に提示したときの様子を、ドゥーフは「秘密日記」に次のように書き留めている。

大通詞たちが〔通詞〕目付と一緒にまた私のもとに来て、私の文章をよく読んで見たが、しかし、私がそれをそのままにして置けば、第一にそれは日本風でないし、第二にそれは江戸にいる、少ししかオランダ語の解らない日本人には理解されにくいし、それに彼ら自身もその内容を大部分あまりよく把握できず、それ故翻訳もしにくい、それ故、彼らが草案を作った上で、同じことをそのように書いて欲しい、と提案した。(56)

この記述から、意見書の蘭文が江戸に送られること、江戸で再度翻訳される可能性があることがわかる。阿蘭陀通詞は、不十分な語学力しかない江戸の人々が誤って翻訳・理解することを懸念しており、それゆえ自分たちが作成した易しいオランダ語の草案に基づいて意見書を書いてほしいとドゥーフに依頼しているのである。江戸の翻訳と異同が生じれば誤訳と判断されかねない。寛政三年（一七九一）には、「半減商売」令をオランダ商館長ロンベルフとシャッセに伝達するにあたって、「焼却」の訳語が脱落していたという理由で、吉雄幸作ら阿蘭陀通詞が処分された誤訳事件(57)があったから、誤訳と糾弾されることをとりわけ恐れていたのだろう。結局、ドゥーフは、語彙と構文以外は自分が書いた意見書と異ならないことから、阿蘭陀通詞の提示する草案を清書して長崎奉行に提出した。意見書の内容は「秘密日記」に記されており(58)、長崎ではただちに阿蘭陀通詞によって訳文が作成された(59)。

長崎で阿蘭陀通詞が訳文を作成したにも関わらず、原文となる蘭文を添付させ、江戸で再度の翻訳を試みるということは、幕府が長崎の訳文に疑念を抱いているからに他ならない。誤訳の有無を確認するという点もあろうが、幕府の目的とするところは、事なかれ主義による虚偽報告や情報操作など、長崎で常態化している阿蘭陀通詞の意図的な翻訳姿勢を糺そうとする点にあったと考えられる。もちろん、蘭学の発展に伴って江戸でも蘭文を翻訳することが、ある程度可能になっていたことが背景にある。
　文化二年（一八〇五）、レザノフに渡す教諭書などをオランダ語訳したさい、阿蘭陀通詞は「かならずや江戸で高官たちの命令で、幕府にいてすこしオランダ語のわかる医者たちによってふたたび翻訳されるはずである」[60]と語っている。また、文化一〇年（一八一三）、大槻玄沢が「異文御用取調役所」の創設を建白したさい、「異国御用のことにつき、時々故《も》卜の法眼桂川某なとへ内旨ありて、横文和解ありし様にも聞たる事有」[61]と記しており、奥医師の桂川甫周に翻訳を行わせることもあったようである。すべての蘭文を江戸で再度翻訳したとは思えないが、江戸で翻訳して確認する可能性があると阿蘭陀通詞に思わせ、虚偽報告や情報操作を抑止することに幕府のねらいがあったと考えられる。

4　『捕影問答』とドゥーフ尋問

　ここでは、『上　長崎帰着之上発端申上候封書』に拠りながら、本木庄左衛門がドゥーフ尋問を命じられた経緯を検討したい。文化五年九月八日、庄左衛門は大学頭林述斎に呼び出され、打ち明けられたことを以下のように書き留めている。

八ツ時過頃、林大学頭様江参上仕候処、御目被渡御側近く被召候上、御物咄之体ニ而被仰聞候者、此度異国船長崎表来津之始末甚疑敷、先ツ異国人共和蘭人江対し不法致候と申事ニ候得共、和蘭人を名代として日本江対し不敬之□□思召之段、且当国ニおゐて和蘭人江手向ひ候を見なから□□□間敷、しかれハ此方より防き遣候節者、異国人者日本江対し不敬不致候覚悟ニ候得共、日本江手向ひ致候ゆへに、無拠日本江敵対致すとて事を発すの端とも可察哉、尚亦水薪等之事計ニ而蘭人を擒に致候儀ニも有之間敷哉、右人質と致候ものを船中ニ而責候儀者、日本之御手当筋北国等之振合を聞候而様子を窺ひ候事ニ茂可有之哉、其儀者蘭人茂双方ニ恐れをなし容易ニ者申間敷、扨又蘭人茂近年別而国衰へ、無拠ヱケレス国ニ組シ候儀ニ者有之間敷哉、諸商館茂追々奪ひ被取候得者、迚茂□来間□□間敷哉、自然者咬𠺕吧茂最早押領被致候ニハ無之哉、阿蘭陀本国ニ茂近来国王も無之由抔漂民之説も被及御聞候儀も有之由、若哉近来渡来いたすアメリカ□申ものも、内実者ヱケリス人と無□最合ひ候而之事ニも有之哉、和蘭人其国之衰微自国之恥を申候事故、掩飾して容易ニ者申聞間敷、併右様之儀此末年々有之候而者、迚茂入津無覚束候得者、たとひ当時蘭人資財之貯有之候とも終には尽キ可申候得者、此方より御□候ニも可相成、しかれ者蘭人痛心之折故、得与説得いた□□内蜜(密)彼邦之筋合御聴被為成□、殊ニ毎々ヱケレス人参候事不容易事故、極□御聞被□、左候得者当国ニおゐて茂御手当ニも被為拘候事ニ而、至而大切□儀付、格別御奉公筋ニ茂相成候間相含心掛候様、勿論他ニ沙汰仕間敷旨、何となく御物咄之体ニ而被仰聞候（後略）、

まずもって注目されるのは、幕府の対外政策について諮問を受ける立場にある林述斎が[62]、フェートン号事件の対応に関与していることである。述斎は、文化四年七月に阿蘭陀通詞が長崎への来航船の国籍を偽ることがあると批判する意見書を提出しており[63]、長崎への来航船に疑念を抱くと同時に、阿蘭陀通詞による意図的な翻訳姿勢を問題視していた。後に大槻玄沢はドゥーフ尋問の蘭文文書を述斎から借用しているように[64]、外交文書を林家が管掌することもあってか、事件の対応にあたっては主導的立場にあったようである。

事件勃発直後の対外情勢認識がわかる点でも興味深い。引用箇所は、虫損によって判読できないところも多いが、林述斎が、①フェートン号は、敵対するオランダを目当てとした来航したのか、それとも日本に敵対する意図をもって来航したのか、②オランダ人を人質にしたのは、薪水を得るためだけではなく、日本の海防態勢などを問いただすためではないか、③各地の商館を奪われるなどオランダは衰退しており、イギリスに従属させられているのではない

か、④長崎に渡来するアメリカ傭船は、実際はイギリスが派遣しているものではないか、といった疑問を抱いていたことがわかる。そして、述斎は、幕府としても放置しておけないので、衰退を自国の恥と考え、誤魔化した説明をするオランダ人を問いただすことを本木庄左衛門に打診している。

③と④の林述斎の対外情勢認識は、大槻玄沢の『伊祇利須疑問』の見解に基づいている。例えば、述斎の「阿蘭陀本国ニ茂近来国王も無之由抔漂民之説も被及御聞候儀も有之由」といった発言は、『伊祇利須疑問』の「本国の王都「ハーガの王プリンス」といふ由ハ、先達而より伊祇利須に擒(擒)にいたし置けるといふ事ハ、甲子魯西亜船護送の漂客等か伝聞し来る所も同し」[65]という指摘を受けてのものである。松平定信の旧蔵本があることからしても、若年寄堀田正敦が『伊祇利須疑問』を幕府の要路に提示していたと考えられ、フェートン号事件後の対応にあたって、玄沢の指摘が幕府に強い影響を与えていたことが明らかとなる。

九月九日、林述斎は本木庄左衛門を再び呼び出し、昨日の話は近く「御内密御用」として命じるので、「格別大切ニ出精」するよう伝えている。その命が正式に下ったのは九月一六日のことである。勘定奉行柳生久通の屋敷に呼び出された庄左衛門は、勘定奉行から「今般御用之筋有之、御穏密被仰渡候趣、乍恐御老中様より被為仰渡候旨」を聞かされ、ドゥーフに対する尋問項目と留意点を口頭で指示された。これに対して、庄左衛門は、長崎への帰郷は長途であることを理由に、指示の取り違えを防ぐ意味で「御書面ニ而茂被下置候ハ、難有奉存候」と申し出て受け入れられた。そして九月二〇日、庄左衛門は勘定奉行の屋敷に呼び出され、「御書付弐通」を渡された。

一通は、九月一六日に口頭で読み聞かされていたもので、以下の通りである。

申含之覚

紅毛本国之成行追々相衰、本国者ヱケレスに奪れ紅毛国王もヱケレス江擒ニ相成居、いまた咬𠺕吧斗ハ先ツ持こらへ居候哉ニ相聞候処、是迄有体不申段不埒之様ニ者候得共、有体申立日本通商を止られ候様相成候而者本国江対し不忠ニ相当、且者日本江本国之恥を顕し候も歎敷存、先ツ可成程者品能申成居候事ニも可有之哉、併実々右之通ニ成行キ候而者是迄之通商永続可致事ニも有之間敷、且者欺れ居候も外国江之聞もいかゝニ付、実事之様子相分り候様いたし度義ニ候間、右之成行極蜜（密）ニかひたん江手段を尽し相尋可申、尤容易之儀にて打明可申義ニ者有之間敷候間、偽ニかひたん江随身之体ニいたし成、謀計を以成とも弁舌を尽、実事を申聞候様尋問可致、右者誠ニ不軽至而穏蜜（密）之御用筋ニ付、余人者勿論親子・兄弟・通詞仲間たりとも決而他言致間敷旨、能々申含候様御老中方より御沙汰之旨、摂津守殿蜜（密）々被仰含候間申渡候事ニ而、右体不軽御用筋預御撰候儀、冥加至極之儀ニ付、才力を尽し可申儀尤ニ候、右同御用外通詞とも之内今壱人曲渕甲斐守ゟ可申渡候間、其者江者内蜜（密）及相談候様可致、右之趣者甲斐守江茂申越置候間、無程長崎表江帰郷之上、甲斐守江直々自分とも申含候趣申達、同人差図を請相□候様可致候、申含候趣書面ニも認取かね候余情之趣者、猶其方ゟ口上ニ而甲斐守江可申達事、

辰九月十六日

九月一三日に成稿を見た『捕影問答』は、ただちに若年寄堀田正敦に呈上されたと考えられる。幕府は『捕影問答』前篇における大槻玄沢の指摘に基づいて、オランダ本国はイギリスに奪われ、オランダ国王もイギリスに囚われており、かろうじてバタヴィアを確保しているという対外情勢認識のもと、ドゥーフは、日本との通商が停止されることを懸念し、オランダ本国の恥を隠そうとして真実を語らないとみている。しかし、このような状況では、今後の通商を認めるわけにはいかないし、オランダに欺かれていると外国に思われかねないので、長崎に帰郷して長崎奉行曲淵景露の指示のもと、もう一人の阿蘭陀通詞とともに、真相をドゥーフに問いただして報告するよう命じている。

これは、『捕影問答』後篇で玄沢が提案している幕府の対応策である。尋問にあたっては、ドゥーフが容易に真実を

語るとは思えないので、種々の手段を講じるとともに、隠密の御用ゆえに親族や他の阿蘭陀通詞には他言してはならないと命じている。若年寄堀田正敦が、『捕影問答』に基づいた対応を幕府内部で提案し、ドゥーフ尋問を行う指示を引き出したとみてよいだろう。

もう一通は、九月二〇日付のもので、以下の通りである。

申含之覚

此度内蜜（密）申渡候紅毛成行之様子相探、実事相分り候而茂有体申立候而者、兼而長崎奉行江申立置候趣等も有之候へ者、右江齟齬いたし、右之御察度請候而者恐入候儀与相心得、兼而申立置候趣与符合致候様取繕申立候様ニ而者、何之詮茂無之儀ニ付、右体之当り障等一向ニ不相拘、此度申渡候御用筋相弁し候儀を専一之事与相心得、誠此度之御用筋者重キ儀ニ而別段之事ニ候間、兼而申立置候趣与相違いたし事有之候共、決而御察度者無之事ニ付、右等之儀ニ聊斟酌不致有之儘ニ申立候義第一之御奉公与可相心得、此段者不申聞候共、右申聞候通相心得可申事ニ者候得共、万一心得違ひニ而者不軽御用筋江対シ恐入候次第ニ付、為念猶此段申諭置候、且右御用ニ付而者帰郷之上、長崎奉行ゟ他言致間敷旨等之誓詞可申付事ニ付、此段も相心得可罷在事、

辰九月廿日

ここで幕府は、ドゥーフ尋問によって真相がわかっても、以前に長崎奉行に報告していた内容と齟齬することを恐れ、整合させようと取り繕ってしまったのでは意味がないと本木庄左衛門に指示している。幕府は、長崎における阿蘭陀通詞の情報操作を問題視しているわけで、そのようなことをするなと庄左衛門に釘をさしているのである。そして、たとえ以前の報告と相違があっても処分などはしないので、真相を明らかにすることが最大の奉公であると説明している。また、重ねて隠密の御用であることを強調し、他言無用の誓詞を差し出させるという。

尋問項目は、九月二一日に林述斎から以下のような書面で指示された。

覚

和蘭古今盛衰大略之事、
　附各地之商館等追々他国に奪レ候哉之事、
一、近年船之制も変し亜墨利加船と唱へ候にハ意味も可有之哉之事、
一、漢又利亜人乗組渡来之事も有之由、夫にハ訳合も可有之哉之事、
一、漢又利亜と敵国に成り候訳幷に昔と今と戦争形勢之事、
一、俄羅斯・漢又利亜ハ通好ニ候所、近年俄羅斯ハ使節を以通商を願ひ、漢又利亜ハ折にふれ屹となく通商を求メ候趣等、必両国申合之手段有之事、
一、先年俄羅斯互市を乞、且ハ物を献せんとて和蘭ニ托し候事有之候所相違不申由、俄羅斯国にて其沙汰有之候事、
一、今般入津之漢又利亜人共和蘭人を捕へ詰問候事有之由、其詰問ノ条々之事、
一、右之外、海岸防備之事等も彼仕向に応し手当も可有之事ニ候間、甲必丹考候事も候ハヽ可申聞、且此後洋中にて通船を妨候時ハ渡来も難儀可致哉、本邦ニおゐて洋産之品々持渡り不申候迚も敢て差支無之候へとも、年来嚮化之国ゆへ打捨も置かたく候ニ付、仔細も相尋候条、いさゝかも掩飾無之有体ニ可申聞候事、

ドゥーフへの尋問項目は、①オランダの盛衰の大略、各地の商館が他国に奪われている状況、②アメリカ傭船来航への疑問、③イギリス人乗組員の来航理由、④イギリスと敵対する理由と戦争の推移、⑤ロシアとイギリスの同盟関係、⑥レザノフの献貢品の依頼、⑦人質とされた商館員への詰問内容、⑧海防を整備するにあたっての意見、今後の

来航船への妨害の予想状況、である。⑥・⑧は幕府内部で発案された尋問項目であろうが、それ以外はすべて『捕影問答』後篇で大槻玄沢が提示しているものである。

5 小括

『捕影問答』とフェートン号事件前後における幕府の対応との関係は、以下のようにまとめられる。文化四年九月に執筆された『伊祇利須疑問』は、若年寄堀田正敦に提出されたと見られ、幕府内部で注目を集めるところとなった。文化五年八月にフェートン号事件が勃発すると、対応を主導する立場にいた林述斎の対外情勢認識にも強い影響を与えていた。ドゥーフ尋問の構想は、述斎の発言から幕府内部にも存在し、具体的な尋問項目を策定するよう正敦もしくは述斎から大槻玄沢に指示がなされたと考えられる。これを受けて大槻玄沢は、ただちに『伊祇利須疑問』を修正・増補して『捕影問答』前篇とし、フェートン号事件の勃発で生じた新たな疑念とドゥーフへの尋問項目を『捕影問答』後篇にまとめて提出した。幕府は本木庄左衛門にドゥーフ尋問の指示を出し、問題視していた意図的な情報操作を行わないよう厳命した。尋問項目は『捕影問答』後篇をもとに幕府内部で検討し、述斎から庄左衛門に指示がなされ、ドゥーフ尋問が行われる段取りとなった。

三 『寒燈推語』とナポレオン戦争

1 問題の所在

一八世紀末から一九世紀初めは、フランス革命、続くナポレオン戦争の影響で、オランダ本国の政情はめまぐるしく変わった。オランダは、一七九五年にバタヴィア共和国が成立してフランスの衛星国となり、一八〇六年にはフランス皇帝ナポレオン・ボナパルテの弟ルイ・ナポレオンがオランダ国王に就任し、さらに一八一〇年にはフランスに併合されるに至った。ところで、フランスの支配下におかれたオランダの政情を、幕府は知っていたのであろうか。オランダ商館長ドゥーフは幕府に隠し通そうとしたこと、いっぽうで幕府はゴローウニン事件の展開のなかでロシア経由の情報により知りえたことは、すでに岩下哲典氏が指摘するところである(66)。また、最近の横山伊徳氏の著書は、世界史的視野にたって一九世紀の対外関係を描いており、ナポレオン戦争下の日本の対外関係についても示唆に富む視点を提示している(67)。

このような研究成果を深める一つの事例として、大槻玄沢の『寒燈推語』という著作を紹介したい。『寒燈推語』は、玄沢が文化一〇年（一八一三）に執筆したもので、オランダがフランスの支配下におかれていることを、バタヴィアで刊行された新聞に基づいて論証した著作である。本節では、『寒燈推語』の書誌と内容を紹介した上で、ナポレオン戦争下のオランダの政情に関して、玄沢がどのような情報に基づいて分析を進めたのかを検討するとともに、情報源のあり方や玄沢の執筆意図にも迫ってみたい。

2　『寒燈推語』の書誌

大槻玄沢の編著として知られる『婆心秘稿』は、玄沢の著作である『捕影問答』をはじめ、おもに文化期の対外関係の公私文書を収録したもので、玄沢の対外認識を知りうる編著として注目されてきた。第二冊から第五冊の計四冊からなる静嘉堂文庫所蔵大槻文庫本が玄沢自筆とされている。第一冊が欠本となっているが、近年、第一冊を構成していた『捕影問答』などの玄沢自筆の著作が発見され、天理大学附属天理図書館に所蔵されるに至った。『婆心秘稿』の伝存する写本は、箕作阮甫の筆写による国立国会図書館憲政資料室寄託箕作阮甫・麟祥関係文書本、明治期に筆写された国立公文書館所蔵内閣文庫本などが知られているが、いずれも静嘉堂文庫所蔵大槻文庫本の第三冊までの内容を転写した写本である。管見の限り、第四冊・第五冊については、静嘉堂文庫所蔵大槻文庫本以外に写本はないようである。

静嘉堂文庫所蔵大槻文庫本『婆心秘稿』第五冊の最初に、「此編ハ我文化八辛未の年にあたるパタヒアの仮府《コロニアル》各処風説《コウラント》紀事といふ書なり」で始まる、ナポレオン戦争下にオランダがフランスの支配に組み込まれている事実を明らかにした著作が収録されている。題名および著者は記されていないが、筆跡は大槻玄沢の自筆であり、本文の一部には加除修正のあとが施されていることから、玄沢の著作と判断される。本文に続いて、「千八百十一年四月廿六日刊行」の新聞記事の訳文、「文化九壬申帰朝良左衛門覚書抜萃」と題した記事が付されている。本文とあわせて、およそ二十丁ほどからなる。

この大槻玄沢の著作は、早稲田大学図書館所蔵の儒学者古賀侗庵自筆の『俄羅斯紀聞』第二集第三冊にも収録されている。冒頭には「寒燈推語」と記されており、ここに題名が判明する。奥書には「乙亥秋七月十六日謄写致、侗庵支離子識」とあって、文化一二年（一八一五）に玄沢から写本を借りた侗庵が筆写したと思われる。『俄羅斯紀聞』には「捕影問答」など玄沢の他の著作も収録されており、玄沢と侗庵の親交から見ても[68]不自然ではない。

他に写本は、『古典籍総合目録』に記載された金沢大学附属図書館所蔵北条文庫本がある[69]。北条文庫は、第四高等学校長などを務めた北条時敬氏の旧蔵書である[70]。奥書には「乙亥秋七月十六日謄写、侗庵支離子識」とあって、早稲田大学図書館所蔵本を転写したことがわかる。他の特徴として、「五郎治招状」「文化癸酉辺報」がさらに付されているが、これらもまた『俄羅斯紀聞』に収録されているものである。なお、筆写した人物を知る手がかりはない。

『寒燈推語』の成立は、本文に「今歳酉の来船」との記述があって、内容とあわせて判断すれば、文化一〇年である。また、題名の「寒燈」の意味からすれば、旧暦の冬である一〇月から一二月の間に成立したと判断される。

3　『寒燈推語』の内容

次に『寒燈推語』の内容を要約して紹介したい。以下、引用する場合は、大槻玄沢自筆の静嘉堂文庫所蔵大槻文庫本に拠っておく。

『寒燈推語』は、冒頭が「此編ハ我文化八辛未の年にあたるパタヒアの仮府《コロニアル》各処風説紀事《コウラント》といふ書なり」と始まるように、一八一一年にバタヴィアで刊行された新聞について、大槻玄沢が考察を加えたものである。玄沢は、バタヴィアがオランダ領東インドの拠点であることを説明したうえで、新聞とは「諸国の船便より知れたる事、本国筋より申来りしを、何に寄らす月次日並を以て雑集し、活字刷《かつじばん》印になせるもの」で、これによって諸国のさまざまな情報を知ることができると述べている。

考察の対象となる新聞記事は、「千八百十一年四月廿六日刊行」のもので、阿蘭陀通詞吉雄権之助が「酉九月」、すなわち文化一〇年九月に翻訳した訳文が末尾に掲げられている。この訳文は、一八一一年四月一七日に東インド総督ダーンデルスが、「近々敵アンゲリヤ国名人此地に来るよし」として、イギリス軍のバタヴィア総攻撃を前に、敵であるイギリス軍に東インド総督の管理下にある貨物・武器などが奪われた場合を想定して、オランダ領東インドの文武官や住民に布告したものである。その内容は、住民は敵より不要な貨物や武器を与えられても受け取らないこと、文武官は敵の指示を受けて貨物の運送をしたり、敵に貨物を売却したりしないこと、貨物を見つけたら直ちに差し押さえて報告すること、米穀を売却して敵の食糧とならないようにすること、敵と結びつく者に貨物を売却して敵を利するようにしないこと、などである。なお、玄沢は訳文の原文となる新聞も入手しており、他の記事も通覧している。また、「千八百十一年三月八日ヤーハ刊行」の新聞記事に基づくロシアとトルコの戦争の抄訳も掲げられているが、これは玄沢の手による訳文だろう。

大槻玄沢は、「近来聞及ひし爪哇《ヤーハ》総督ダーンデルスの事、所々に見へたれハ、左に愚考を交へて解釈をなせり」として、新聞記事の所々に名前が見られるダーンデルスの官職名に注目する。吉雄権之助の訳文では、「払郎察《フランス》国王の命と為して咬嚠吧及総印度奉行ヘルマン・ウイルレム・ダアンデルス、今ここに示す所の趣を皆謹て承るへし」とあるが、原文となる新聞と比較を試みた玄沢は「約略の和解」であると指摘する。ダーンデルスは多くの官職を兼任しており、原文に基づいて正確に訳せば、

名誉抜群傑出ヘルマン ウイルレム名ダーンデルス。姓和蘭政務官。兼他国職任諸官各処政議司。及払郎察《フランス》帝爵大王ノ軍備国事治務総官。並ニ東方印弟亜《インジア》所領ノ総都督。本国王治ノ海陸防備軍令頭目。

であるという。この官職名について、玄沢は「疑ふへきハ払郎察ハ王爵の国なり、ここに帝爵国を冠り称するハいかかなるにや」と述べ、フランス王が神聖ローマ皇帝から「帝号」を奪って皇帝を名乗っていることに注目し、さらに、「ダーンデルスも払郎察より任せられし官職にて、和蘭ハ彼か麾下の国となりしにはあらすや」との疑問を提示する。

そして、一八世紀後半以降のオランダの政情の変化を、ヨーロッパ情勢と関連付けて、以下のように説明する。

・古来よりオランダはネーデルラント七州によって構成され、その総督らからなる「スターテン・ゼ子ラール」と、全体を統括する国王である「プリンス・ハン・オラニイ」による政治体制がとられてきた。

・一七七六年ごろ、総督らと国王の対立が起こり、オランダ国内は分裂状態になった。その原因は、国王がイギリスと結んで権力の拡張をはかろうとしたことにある。

・一七八〇年よりイギリスとの戦争が起こったが、一七八二年に和睦を結んだ。和睦後も、総督らは国王の邪心を疑ったので対立は続き、一七八六年に国王は親戚筋を頼ってプロイセンに逃れた。
・一七八七年、オランダはプロイセンの軍事介入を受け、国王が復位することとなった。従わない総督らは追討され、フランスに逃れた。
・一七九五年、総督らはフランスの助力を得てオランダに侵入し、敗れた国王は親戚筋を頼ってイギリスに亡命した。それ以来、総督らはフランスと同盟を結び、オランダはイギリスと軍事的に敵対することになった。
・一八〇一年、一時的にイギリスとの和平が実現したが、その後、イギリスがアジアにおけるオランダの拠点を侵略したため、再び戦争状態となった。
・一八〇四年から翌年にかけて、フランスとオランダはプロイセン・オーストリアに戦争を挑んだ。勝利をおさめたフランスは、神聖ローマ皇帝の領地も手に入れた。
・一八〇七年ごろ、フランス国王の兄弟が新たにオランダ国王となった。このことは、文化五年（一八〇八）のフェートン号事件のさい、イギリス船の船長が語った話である。

さらに、フランス国王の兄弟がオランダ国王になったこと、ダーンデルスが東インド総督になったことは、文化五年にフェートン号の船長が語って初めて知りえた情報だが、新聞記事の考察と符合すると述べる。その上で、大槻玄沢は、

当時の和蘭国ハ払郎察国王より其国王を封し、全く附属ともいふへき国ニなりしとも思ハれ、又魯西亜人いふ和蘭ハ既に払郎察ニ国を奪れしと申ふらすかとも知らる、内実ハ全く彼所有となせしか、

と述べ、現在のオランダはフランスの属国となっており、ロシア人がオランダはフランスに国を奪われたと言ってい

ることからも裏付けられると結論する。かくして、オランダはイギリスに拠点を奪われ、国内の対立もあって衰微したため、「自ら払郎察の有となり、自立の勢ハ失ひしか」という状況だが、「遠き東方の外国なとへハ深く秘し置事なるへし」として、日本には秘密にしているという。最後に「今歳酉の来船の容子貨物の品々にても、この疑を起せる愚案なり」とあり、今年、長崎に来航したオランダ船の様子や積荷からしても、疑念は深まると述べる。

末尾に付された「文化九壬申帰朝良左衛門覚書抜萃」は、文化九年（一八一二）にシベリアから送還された中川五郎治の取り調べ記録である『五郎治申上荒増』のヨーロッパ情勢に関する記述に、「按ニ」として大槻玄沢が評文を施したものである。五郎治が語るヨーロッパ情勢の大略は、フランスの勢力が拡大し、イギリス・ロシアとの戦争が続いているが、その原因はフランス国王が「ヱムペラトル」、すなわち皇帝になろうとしたためであり、戦争の結果、ロシアは和睦してフランス国王の皇帝就任に同意したが、イギリスは承服していないという。これについて玄沢は、ダーンデルスの官職名に「払郎察帝爵国」とあることと符合するなどと評文で述べている。

4　オランダの政情の分析

『寒燈推語』において、大槻玄沢はどのような情報に基づいてオランダの政情を分析しようとしたのか。分析に用いた情報と理解が深まっていく過程に留意しつつ検討したい。

文化四年（一八〇七）のころ、大槻玄沢は『伊祇利須疑問』において、レザノフに伴われて帰国した仙台藩漂流民を取り調べたさいに知ったオランダ国王がイギリスにいるという情報などをもとに、オランダはイギリスに屈服させられているのではないか、長崎に来航するアメリカ傭船はイギリスが派遣した船ではないか、と疑っていた。文化五年（一八〇八）八月にフェートン号事件が勃発すると、幕府は、玄沢が『捕影問答』で提示した疑問を、オランダ商館長ドゥーフに問いただすこととした。文化五年一二月から行われたドゥーフ尋問の回答を得て、幕府と玄沢は、オランダの政情やアメリカの独立などの最新の世界情勢を初めて知ることになったのである。[71]

ここで、一八世紀後半以降のオランダ本国の政情の変化について確認しておこう。[72]一七七六年にアメリカ独立戦争が始まると、オランダはアメリカを支援する立場をとった。これに起因して、一七八〇年に第四次英蘭戦争が勃発し、オランダが敗北するとウィレム五世の責任が問われることとなった。このころからイギリス寄りの立場をとる総督ウィレム五世とそれに反感をもつ愛国者派の対立が表面化した。勢いづいた愛国者派が蜂起すると、一七八六年にウィレム五世は義兄のヴィルヘルム二世を頼ってプロイセンに避難した。一七八七年、プロイセンによるオランダへの軍事介入が行われ、ウィレム五世は復位し、掃討された愛国者派はフランスに逃れた。フランス革命が勃発すると、オランダは一七九五年にフランス革命軍の侵攻を受け、ウィレム五世はイギリスに亡命し、帰国した愛国者派によってバタヴィア共和国が建国された。バタヴィア共和国はフランスの衛星国であり、フランスの軍事行動への協力を余儀なくされ、イギリスを中心とする対仏大同盟と敵対することとなった。一八〇二年のアミアンの和約で一時的な和平は実現するが、翌年には破棄され、再びイギリスとは戦争状態となる。一八〇四年に皇帝に就任したナポレオンは、翌年にオーストリア・ロシアをアウステルリッツの三帝会戦で破り、ライン同盟を結成させ、神聖ローマ帝国を崩壊に追い込んだ。そして、一八〇六年にナポレオンは弟のルイをオランダ国王に就任させ、オランダを支配下においたのである。

以上の経緯を『寒燈推語』は略述しているわけだが、その情報源は、文化六年（一八〇九）一月、ドゥーフ尋問の回答を阿蘭陀通詞が翻訳した『御穏（ママ）密御用ニ付横文字文意申上候書付』[73]である。紹介と検討を行った佐藤昌介氏によって[74]、ネーデルラント七州の代表からなる連邦議会の構成と総督オラニエ公の関係の理解が難しく阿蘭陀通詞の誤解や誤訳があること、オランダの政情の変化についてはドゥーフの主観的な説明が見られること、などが指摘されている。このような『御穏密《ママ》御用ニ付横文字文意申上候書付』の記述に依拠したため、『寒燈推語』では、連邦議会にあたる「スターテン・ゼ子ラール」を「政務総督」「総督の七主」と、「プリンス・ハン・オラニイ」を「惣国王」と記述するなどの誤解が生じている。結局のところ、一八〇六年に至る経緯については、執筆した文化一〇年にあっても、問いただしたドゥーフが語ること以外に大槻玄沢は情報を得ていなかったと見られる。

ところで、『御穏密《ママ》御用ニ付横文字文意申上候書付』には、「当今払郎察国王の兄弟を、阿蘭陀国王の代りに立るとの説」として、フェートン号の船長が語った情報が記されており、『寒燈推語』でも指摘されている。この情報は、長崎では阿蘭陀通詞によって衝撃的に受け止められ、これまで黙していたドゥーフも、文化六年の風説書では養子としてオランダ国王に迎えられたと脚色して報告せざるをえなかった。[75]ただし、玄沢は当初、この情報にさほど関心を示さなかったようでもある。文化六年の時点では、オランダの国内の混乱により衰微している状況は理解するも、玄沢の関心はもっぱらイギリスに向けられており、フランスとの関係を正確に理解するには至っていなかったと思われる。

大槻玄沢がフランスの関係に注目するようになったきっかけは、文化八年（一八一一）以降のゴローウニン事件の展開のなかで、ロシア経由でもたらされた情報にあった。[76]『寒燈推語』に「文化九壬申帰朝良左衛門覚書抜萃粋」として付された『五郎治中上荒増』は、抑留先のシベリアから帰国した中川五郎治を、幕府が文化九年に取り調べたさいの記録である。これを読んだ玄沢は、フランス国王が皇帝となってヨーロッパを席巻している情勢を知り、フランス国王の兄弟がオランダ国王になったのは、オランダがフランスの支配下に組み込まれているためではないか、との疑念を抱くに至ったと思われる。また、ゴローウニンとともに捕縛されたロシア人ムール少尉が文化九年に陳述した『模烏児獄中上表』[77]を玄沢は入手して閲読し、ナポレオンの台頭に関する記述の一部分を『莫児話説初篇』と題して転写している。『模烏児獄中上表』にはナポレオンがオランダを併合する経緯も記されている。『寒燈推語』で「魯西亜人いふ和蘭ハ既に払郎察ニ国を奪れしと申ふらす」と述べているのは、『模烏児獄中上表』を読んでの指摘だろう。

しかし、『寒燈推語』では、ナポレオンという人物名があげられることはなく、フランスに併合されたとまでは述べていない。ダーンデルスの官職名の検討からは併合の事実までは明らかにできず、『模烏児獄中上表』の一部分しか転写できなかったこともあってナポレオンの検証には及ばなかったのだろう。このことは、限られた情報源による分析の限界でもあった。

5　新聞という情報源

『寒燈推語』において、大槻玄沢が分析にあたって新たな情報源として用いたのが新聞である。ここでは、新聞が玄沢の手にもたらされた経緯を確認し、文化期において新聞という情報源が果たした役割について論じてみたい。

大槻玄沢が入手した一八一一年にバタヴィアで発刊された新聞は、文化一〇年に四年ぶりに長崎に来航したシャルロッタ号かマリア号のいずれかがもたらしたものである。実のところ二艘の船はイギリス船で、一八一一年にバタヴィアを占領下においたジャワ副総督ラッフルズが、日本との貿易を計画し、出島にある長崎オランダ商館を接収しようとしたものであった(78)。オランダ商館長ドゥーフは、五人の阿蘭陀通詞を呼び出して真相を打ち明け、協議した結果、日本側にはバタヴィアの占領を秘し、二艘の船はベンガルからの傭船であるとして通常通りの取引を行うこととした。かくして、シャルロッタ号とマリア号は、通常のオランダ船と同様に扱われ、日本側との間で貿易業務と取引が行われたのである。

バタヴィアの占領は極秘事項であったから、新聞はドゥーフが日本側に提供したものではない。おそらくは、積荷などに梱包用として使用された古新聞だったのではないかと推察される[79]。新聞記事を翻訳した吉雄権之助は、真相を知る阿蘭陀通詞ではなく、イギリス軍のバタヴィア総攻撃を前にした東インド総督ダーンデルスの布告文を読んで、来航している船に疑念を抱き、私的に訳文を作成したのだろう。大槻玄沢は、その新聞と訳文を、権之助あるいは長崎の関係者を通じて入手したと考えられる。ダーンデルスの布告文は、一八一一年の時点でバタヴィアがイギリス軍の総攻撃の前に陥落寸前であることを予感させている。予感以上の根拠はないので、『寒燈推語』で論じてはいないが、「今歳酉の来船の容子貨物の品々にても、この疑を起せる愚案なり」と末尾に述べるように、玄沢は来航した船がイギリス船である可能性を疑っていたに相違ない。

大槻玄沢は、文化四年に執筆した『捕影問答』前篇において「自国の衰ひし恥辱を外国江明すニ忍ひす。先なるたけハと蔽ふ心なるへし[80]」と述べ、ドゥーフは自国の衰退といった不都合なことは決して語らないと見ており、風説書をはじめとするオランダ人の情報提供の限界をわかっていた。また、ヒュブネルの『一般地理学』や『新訂増補 時事解説事典』などの世界地理書の翻訳によって世界情勢を把握しようにも、ドゥーフ尋問までアメリカの独立を知りえなかったように、一八世紀半ばに刊行された世界地理書から得た知識では最新の世界情勢はわかりようもなかった。かかる状況を打開する新たな情報源として、『寒燈推語』で玄沢が活用したのが新聞なのである。

新聞は、日本に知らせたくない情報も掲載されており、また活字で印刷されたものであるから、情報提供者による情報操作ができないという特徴をもつ。それゆえ、文化期には、オランダ人が幕府に提供する情報の根拠として新聞を利用することもあり、また逆に幕府がオランダ人の提供する情報の根拠として新聞を求めることもあった。前者の事例としては、文化元年（一八〇四）にレザノフの来航をオランダが事前予告するにあたってハーレム新聞に記載された記事を添付したことがあり[81]、後者の事例としては、文化一〇年にバタヴィアの現状を知る根拠として幕府がヨーロッパの新聞を求めたことがある。[82]アヘン戦争を機に提出されるようになった別段風説書の情報源が新聞や雑誌の記事にあったことは指摘されているが[83]、文化期においても新聞が活用されていることは注目されてよい。

6　小　括

大槻玄沢は、『寒燈推語』を著して、バタヴィアで刊行された新聞に記された東インド総督ダーンデルスの官職名に注目して、フランス皇帝から任命されていることを指摘し、オランダがフランスの支配下におかれている事実を論証した。『寒燈推語』は、オランダ商館長ドゥーフが語ったこと、語らなかったことについて、イギリス・ロシア経由の情報によって疑念をもち、新聞という新たな情報源に基づいて分析を加え、ナポレオン戦争下にフランスの属国と化したオランダの政情を実証的に指摘した著作と評価できる。

おわりに

寛政期から文化期における長崎では、不都合な海外情報の秘匿や虚偽報告を行うオランダ商館長の態度に加え、阿蘭陀通詞による翻訳過程における情報操作などが常態化していた。このような問題が生じる背景には、幕府が長崎を統制しえていない状況がある。[84]長崎で作成された阿蘭陀通詞の訳文に、原文となる蘭文を添付して江戸に送る措置をとったり、あるいは長崎の阿蘭陀通詞を出府させて、外交文書の翻訳を行わせたりするのは、幕府の阿蘭陀通詞の統制策と位置付けられる。そして、大槻玄沢が『捕影問答』を通じて幕府に伝えたかったのは、虚偽報告や情報操作を排して、対外情勢の真相を把握すべきことであった。

『嘆詠餘話』において、大槻玄沢が、長崎における虚偽報告や情報操作は、幕府が翻訳機関を設置すれば止むだろうと言っている理由を考えておきたい。理由の一つは、世界地理書の翻訳事業が進展すれば、幕府役人の世界地理や対外情勢の理解や認識が深まり、虚偽報告や情報操作を見抜けるようになるということである。さらなる理由として玄沢は、江戸に翻訳機関を設置することは、外交文書の翻訳などが長崎の阿蘭陀通詞によって独占されている現状を打破してゆくと考えていたのではないか。『嘆詠餘話』で玄沢は、清では理藩院が外国語の教授や外交文書の翻訳などを行っていることをあげ、「右様の局を我邦にも建て玉ひ、異国の事を予め吟味せしめ、それ〳〵の取扱、此役所ニ而主らしむる様になし玉ひ、常に外国の事を知るを国家の一政要事となし玉はん事も然んか」と述べ、翻訳機関では蘭書の翻訳だけでなく、さまざまな外交事務を行うことを想定している。

文化七年（一八一〇）、天文方の高橋景保は、馬場佐十郎の協力を得て「新訂 万国全図」を完成する。この組み合わせに大槻玄沢の参加を得て、文化八年（一八一一）、天文方に蛮書和解御用が設置され、蘭学の公学化が実現した。ただし、玄沢は「ショメール和解御用」という現状に満足していたわけではない(85)。設置後の文化一〇年（一八一三）、玄沢は『寒燈漫筆』を執筆して若年寄堀田正敦に提出し、語学力抜群の佐十郎を幕臣として中心にすえ、外交文書の翻訳や来航船への対応、漂流民の取り調べなどの外交事務を行う「異文御用取調役所」を江戸に設置することを重ねて主張している(86)。長崎や松前で得た海外情報を比較し、江戸で実証的に分析を加えるという『寒燈推語』の執筆姿勢は、『寒燈漫筆』にいう「異文御用取調役所」のなすべき外交業務の例として、玄沢が自ら実践したものと評価できるだろう。

もちろん「異文御用取調役所」の設置という大槻玄沢の主張はただちに実現したわけではないが、天保期には風説書に原文を添付して江戸に送る措置がとられ(87)、弘化期にはオランダ国王の開国勧告の親書が天文方で翻訳されている(88)。

文化期以降の幕府の対外政策のあり方は、外交文書の翻訳をはじめとする長崎の阿蘭陀通詞が有する特権を、江戸の天文方が奪っていく過程ととらえることが可能であり、その延長線上に蕃書調所の創設を見通すことができるだろう。天保期以降、幕府は海外からの情報・知識の受容と翻訳において、長崎の裁量権を狭めて江戸への集中を模索するようになると指摘されているが(89)、そのような外交姿勢は、文化期における大槻玄沢の主張に起点を求められるのではないだろうか。

註

(1) 大槻玄沢に関する研究は枚挙に暇がないが、さしあたり、吉田厚子「大槻玄沢参考文献目録」(洋学史研究会編『大槻玄沢の研究』思文閣出版、一九九一年)を参照されたい。
(2) 沼田次郎『洋学』(吉川弘文館、一九八九年)一六〇頁を参照。
(3) 佐藤昌介『洋学史の研究』(中央公論社、一九八〇年)、同「大槻玄沢小伝」(洋学史研究会編『大槻玄沢の研究』思文閣出版、一九九一年)、同『洋学史論考』(思文閣出版、一九九三年)。
(4) 吉田厚子「大槻玄沢『環海異聞』と北方問題」(『日蘭学会会誌』第一四巻第二号、一九九〇年)、同「大槻玄沢の蝦夷地御用と北方研究」(洋学史学会研究年報『洋学』二、八坂書房、一九九四年)。
(5) 『通航一覧』第四(国書刊行会、一九一三年)、五六四〜五六五頁、『通航一覧』第六(国書刊行会、一九一三年)、二五二、三四三、三六二〜三六四頁、『通航一覧』第八(国書刊行会、一九一三年)、二四四〜二四五、四四七〜四四九頁。
(6) 前掲『通航一覧』第八、四四八頁。なお、『通航一覧』の編纂については、木崎弘美『近世外交史料と国際関係』(吉川弘文館、二〇〇五年)一三〇〜一三三、一五六〜一五八頁を参照。
(7) 本書第一部第二章「蘭学者青木興勝の長崎遊学と対外認識」を参照。
(8) 森永種夫校訂『続長崎実録大成』(長崎文献叢書第一集第四巻)(長崎文献社、一九七四年)二九九〜三〇一頁。
(9) 徳永宏「中山文庫の異国船漂着関係資料について(三)―享和元年の事例を中心に―」(『鳴滝紀要』第一四号、二〇〇四年)。
(10) 金井圓「安悶(アンボン)の漂民」(『日本歴史』第五四一号、一九九三年)。

(11) 日蘭学会編・日蘭交渉史研究会訳注『長崎オランダ商館日記』四（雄松堂出版、一九九二年）、三三二〜三三七頁。
(12) ただし、当初、長崎奉行は、西国諸藩に対して、来航を禁じられているルソン仕立ての漂着船らしいと説明していた。享和元年九月一四日に、長崎奉行成瀬正定が西国一四藩の長崎聞役を呼び出して渡した書付には、「呂宋国より近国江為商売罷渡、逢難風致漂着之趣ニ相決候由、右膳ゟ註進申来候、依之弥呂宋国之船ニ候へ者、御制禁国ニ候間繋留不置、早々出帆為致候様可被取計」と説明されている。「泰国院様御年譜地取」（佐賀県立図書館編『佐賀県近世史料』第一編第九巻、佐賀県立図書館、二〇〇一年）五三一頁。
(13) 「鐵研齋輶軒書目」（『文明源流叢書』第三、国書刊行会、一九一四年）四八九〜四九〇頁。
(14) 吉田厚子「玄沢の称号・書斎号（堂号）一覧」（洋学史研究会編『大槻玄沢の研究』思文閣出版、一九九一年）三六八頁を参照。
(15) 「磐水漫草」（大槻茂雄編『磐水存響』坤〈復刻版〉、一九九一年、思文閣出版）三九二〜三九三頁。
(16) 杉本つとむ「翻刻・磐水先生著述書目」（『早稲田大学図書館紀要』第一六号、一九七五年）二九頁。
(17) 前掲、吉田「大槻玄沢『環海異聞』と北方問題」三六頁を参照。
(18) 『補訂版 国書総目録』第五巻（岩波書店、一九九〇年）、五九〇頁を参照。
(19) 藤田覚『近世後期政治史と対外関係』（東京大学出版会、二〇〇五年）七九〜一〇一頁を参照。
(20) 前掲『通航一覧』第八、四四七頁。前掲、藤田『近世後期政治史と対外関係』六二〜六三、二九八〜二九九頁において、対外政策に関する林述斎の意見として検討されている。
(21) 日蘭学会編・日蘭交渉史研究会訳注『長崎オランダ商館日記』三（雄松堂出版、一九九一年）、一七〜二八頁。
(22) 前掲『通航一覧』第八、二三七〜二四一頁。
(23) 田保橋潔『増訂 近代日本外国関係史』（刀江書院、一九四三年）三一一〜三一二頁、横山伊徳『開国前夜の世界』（日本近世の歴史五）（吉川弘文館、二〇一三年）一四五〜一四六頁を参照。
(24) 「蘭訳梯航 後附二」（大槻茂雄編『磐水存響』乾〈復刻版〉、思文閣出版、一九九一年）二九一〜三〇二頁。新村出『新村出全集』第六巻（筑摩書房、一九七三年）、二六四頁を参照。
(25) 『婆心秘稿』第五冊所収「寒燈漫筆」（静嘉堂文庫所蔵大槻文庫）。前掲、佐藤『洋学史論考』一〇四〜一一〇頁を参照。
(26) 『通航一覧』第七（国書刊行会、一九一三年）、三四三頁。

(27) 松田清『洋学の書誌的研究』（臨川書店、一九九八年）三八〇～三八七頁を参照。
(28) 本書第二部第二章「阿蘭陀通詞の出府と訳業」を参照。
(29) 林田佳美「蘭商館長ドゥーフ尋問のもたらした情報と大槻玄沢の外交論」（聖心女子大学大学院機関誌『文学・史学』第一一集、一九八九年）。
(30) 生田澄江「『捕影問答』にみる大槻玄沢の対外認識」（『法政史論』第一八号、一九九一年）。
(31) 前掲、佐藤『洋学史論考』。
(32) 金井圓『日蘭交渉史の研究』（思文閣出版、一九八六年）二三六～二六五頁を参照。
(33) 前掲、横山『開国前夜の世界』八三頁を参照。
(34) 前掲、田保橋『増訂　近代日本外国関係史』三〇五～三一〇頁、横山『開国前夜の世界』八四～八八、一二六～一二九頁を参照。
(35) 日蘭学会・法政蘭学研究会編『和蘭風説書集成』下巻（吉川弘文館、一九七九年）、一〇九頁。
(36) 同右、一一五、一一九頁。
(37) 同右、一二二頁。ただし、もう一艘がデンマーク傭船であることは風説書に記されていない。
(38) 松方冬子『オランダ風説書と近世日本』（東京大学出版会、二〇〇七年）一三一～一四八頁、同『オランダ風説書』（中央公論新社、二〇一〇年）一六～三一頁を参照。
(39) 前掲『長崎オランダ商館日記』四、七六～八二頁。
(40) 前掲「泰国院様御年譜地取」六六五頁。
(41) 貿易都市としての長崎の理解については、若松正志「近世中期における貿易都市長崎の特質」（『日本史研究』第四一五号、一九九七年）、赤瀬浩『「株式会社」長崎出島』（講談社、二〇〇五年）、本馬貞夫『貿易都市長崎の研究』（九州大学出版会、二〇〇九年）、長崎地役人の自立的な性格については、赤瀬浩「長崎の地役人と乙名」（歴史学研究会編『港町に生きる』〔港町の世界史三〕青木書店、二〇〇六年）、添田仁「近世中後期長崎における都市運営と地役人」（『ヒストリア』第一九九号、二〇〇六年）、戸森麻衣子「長崎地役人」（森下徹編『武士の周縁に生きる』〔身分的周縁と近世社会七〕吉川弘文館、二〇〇七年）などの研究に大きな示唆を受けている。また、最近発表された松井洋子「出島とかかわる人々」（松方冬子編『日蘭関係史をよみとく』上巻、臨川書店、二〇一五年）は、長崎オランダ商館の存続と貿易の継続が市中の人々の生活を支えていたとし、商館と市中の人々は「相互の存在を不可欠とする依存と共生の関係」にあったと位置付けている。
(42) 井野邊茂雄『新訂 維新前史の研究』(中文館書店、一九四二年)二六八頁を参照。
(43) 本書第一部第二章「蘭学者青木興勝の長崎遊学と対外認識」を参照。
(44) 「捕影問答」(沼田次郎・松村明・佐藤昌介校注『洋学』上〈日本思想大系六四〉、岩波書店、一九七六年)。
(45) 片桐一男「大槻玄沢『捕影問答』直筆草稿発見の速報」(『日蘭学会通信』通巻九三号、二〇〇〇年)三~四頁を参照。
(46) 現在、自筆草稿として『捕影問答』前篇・後篇、『伊祇利須疑問』、『問目草案』、『丁卯秘韞』が天理大学附属天理図書館の所蔵となり、以下のような翻刻紹介がある。神崎順一「翻刻 大槻玄沢著『捕影問答』(一)・(二)」(『ビブリア』第一二八・一二九号、二〇〇七・二〇〇八年)、同「翻刻 大槻玄沢著『伊祇利須疑問 草稿』」(『ビブリア』第一三六号、二〇一一年)。
(47) 佐藤昌介「解説・捕影問答」(沼田次郎・松村明・佐藤昌介校注『洋学』上〈日本思想大系六四〉、岩波書店、一九七六年)六〇〇頁を参照。本章の旧稿となる松本英治「大槻玄沢『嘆詠餘話』と五島漂着船事件」(『日本歴史』第七六〇号、二〇一一年)、同「大槻玄沢『捕影問答』とフェートン号事件」(『洋学史研究』第二八号、二〇一一年)においては、『伊祇利須疑問』を『捕影問答』の要約版として述べているが、再検討の上、以下のように修正を加えた。
(48) 前掲、神崎「翻刻大槻玄沢著『捕影問答』(二)」八六頁。自筆草稿のため、大槻玄沢による加筆・削除などの修正が数多くなされている。以下の引用に際しては、玄沢の修正を反映させたことをお断りしておく。
(49) 宮地正人『幕末維新期の社会的政治史研究』(岩波書店、一九九九年)一~二三頁を参照。
(50) 『於江府被仰渡候横文字和解幷御答書』(神戸市立博物館所蔵本木家文書)。『上 長崎帰着之上発端申上候封書』(神戸市立博物館所蔵本木家文書)。両史料とも、ドゥーフ尋問を命じられた本木庄左衛門が、文化五年一二月に長崎に帰郷した後、長崎奉行曲淵景露に提出したものであり、本章で引用するものは、本木家旧蔵であるから庄左衛門の控えである。以下の引用に際しては、虫損などによる判読不能は□□や[　　]で示し、平出・闕字は無視したことをお断りしておく。なお、両史料の閲覧と複写については、学芸員勝盛典子氏のご高配を得た。
(51) 本書第二部第二章「阿蘭陀通詞の出府と訳業」を参照。
(52) 前掲『長崎オランダ商館日記』四、二一一~二一二頁。
(53) 同右、二一三~二一七頁。

(54)　前掲『通航一覧』第六、四二九〜四三一頁。
(55)　前掲『長崎オランダ商館日記』四、二二四〜二二五頁。
(56)　同右、二三〇頁。
(57)　鳥井裕美子「一八〇〇年前後の日蘭交渉―『本木蘭文』を中心に―」(神戸市立博物館編『日蘭交流のかけ橋』神戸市スポーツ教育公社、一九九八年)一六七〜一六八頁、木村直樹『幕藩制国家と東アジア世界』(吉川弘文館、二〇〇九年)二三六〜二三七頁を参照。なお、最近発表されたイサベル・田中・ファンダーレン「オランダ通詞と「誤訳事件」―寛政の「半減商売令」をめぐって―」(松方冬子編『日蘭関係史をよみとく』上巻、臨川書店、二〇一五年)では、「誤訳事件」の顛末を日蘭双方の史料から明らかにし、幕府の長崎支配強化の端緒として位置付けている。
(58)　前掲『長崎オランダ商館日記』四、二三一〜二三四頁。
(59)　『文化五年ヱケレス船渡来簱合阿蘭陀人両人人質ニ召捕候付御調子かひたん其外より差出候口書幷御吟味之写』(佐賀県立図書館寄託鍋島家文庫)。武藤長蔵『日英交通史之研究』(復刻版)(同朋舎出版、一九七八年)三四二〜三六〇頁に全文が翻刻されている。
(60)　前掲『長崎オランダ商館日記』四、一七五頁。帰国に際してレザノフは、幕府の教諭書や長崎奉行の申渡書などのオランダ語訳を求めた。長崎奉行は日本文に忠実なオランダ語訳を阿蘭陀通詞に命じ、翻訳作業はドゥーフの添削を受けながら慎重に進められた。寛政三年の誤訳事件を長崎奉行が強く意識していたためであろう。松本英治「レザノフ来航とオランダ商館長ドゥーフ」(『洋学史研究』第二三号、二〇〇六年)三六〜三八頁を参照。
(61)　前掲「寒燈漫筆」。前掲、佐藤『洋学史論考』一一〇〜一一八頁に全文が翻刻されている。
(62)　前掲、藤田『近世後期政治史と対外関係』二八七〜三〇八頁を参照。
(63)　前掲『通航一覧』第八、四四七頁。
(64)　『婆心秘稿』第二冊所収「於江府表御尋之儀ニ付かひたん問答之次第横文字ニ書取申出候書面写」(静嘉堂文庫所蔵大槻文庫)は、文化六年一〇月にドゥーフを再尋問したさいの蘭文文書であるが、表紙に「文化七庚午三月八日、林家ゟ被為見写取」とあって、大槻玄沢が林述斎から借用して写したことがわかる。なお、前掲、木崎『近世外交史料と国際関係』一三九〜一四〇頁によれば、林家は慶応期に至るまで外交文書の掌握に強い影響力をもっていた。

(65) 前掲、神崎「翻刻 大槻玄沢著『伊祇利須疑問 草稿』」一〇七頁。

(66) 岩下哲典『江戸のナポレオン伝説』（中央公論新社、一九九九年）、同『江戸の海外情報ネットワーク』（吉川弘文館、二〇〇六年）。

(67) 前掲、横山『開国前夜の世界』。

(68) 前田勉『近世日本の儒学と兵学』（ぺりかん社、一九九六年）三九七～三九八頁、眞壁仁『徳川後期の学問と政治』（名古屋大学出版会、二〇〇七年）二五六～二五八、五七三頁を参照。

(69) 国文学研究資料館編『古典籍総合目録』第一巻（岩波書店、一九九〇年）、二〇八頁を参照。

(70) 『北条文庫目録』（金沢大学附属図書館、一九七六年）二頁を参照。

(71) 前掲、佐藤『洋学史論考』六六～八〇頁を参照。

(72) 佐藤弘幸「オランダの海外進出と共和国の凋落」（森田安一編『スイス・ベネルクス史』〔新版世界各国史一四〕山川出版社、一九九八年）二九七～三〇四頁を参照。

(73) 『婆心秘稿』第二冊所収「御穏（ママ）密御用ニ付横文字文意中上候書付」（静嘉堂文庫所蔵大槻文庫）。

(74) 前掲、佐藤『洋学史論考』七一～七七頁を参照。

(75) 前掲『和蘭風説書集成』下巻、一二七頁。

(76) 本書第三部第三章「ゴローウニン事件と天文方」を参照。

(77) 『北槎集録』第十冊所収「莫児話説初篇」（早稲田大学図書館所蔵洋学文庫）。「原本早々返すへしと任れて、半ハにも及すして先ツ原主へ戻す、全写他日を期す」と末尾に記した一部分の写本である。

(78) 齋藤阿具『ヅーフと日本』（広文館、一九二二年）一一九～一五四頁、前掲、田保橋『増訂 近代日本外国関係史』二五五～二六八頁を参照。

(79) ドゥーフの「秘密日記」によれば、「梱包には、古いものにせよ、また新しいものにせよ一切新聞紙を使用しないように」という指示が出されている。ドゥーフは、梱包の新聞紙によって日本に知らせたくない情報が伝わることを懸念していた。日蘭学会編・日蘭交渉史研究会訳注『長崎オランダ商館日記』五（雄松堂出版、一九九四年）、三五五頁。

(80) 前掲、神崎「翻刻 大槻玄沢著『捕影問答』（一）」八七頁。

(81) 本書第一部第三章「レザノフ来航予告情報と長崎奉行」を参照。
(82) 本書第三部第二章「ラッフルズの出島接収計画と長崎奉行」を参照。
(83) 前掲、松方『オランダ風説書と近世日本』二一〇～二一三頁を参照。
(84) 対外政策において幕府が長崎を統制しえていない状況については、前掲、松方『オランダ風説書と近世日本』、木村『幕藩制国家と東アジア世界』などの研究に大きな示唆を受けている。
(85) 沼田次郎「蛮書和解御用創始の経緯をめぐって」（『日本歴史』第五二四号、一九九二年）によれば、蛮書和解御用の創設事情はかなり複雑だったと思われる。現時点の筆者は明快に説明する視点を持ち合わせていないが、蛮書和解御用の創設当初の業務はあくまでも「ショメール和解御用」だったこと、創設に関わった堀田正敦・高橋景保・渋江長伯・大槻玄沢・馬場佐十郎にそれぞれの思惑があったこと、の二点を整理して考えることが重要と考えている。中村士「蛮書和解御用の創設とその後の天文方」（『東洋研究』第一八六号、二〇一二年）は、蛮書和解御用の創設経緯の起点として、『磐水事略』にいう景保の建議を重視し、外交事務の管轄に狙いがあったとするが、そもそも景保の建議に関する史料は現在のところ知られておらず、筆者としては首肯しかねる点がある。本章で明らかにしたように、蘭書の翻訳機関の設立構想は文化四年の『嘆詠餘話』における玄沢の主張に求められ、玄沢は最初から蘭書のみならず外交事務の管轄を視野に入れていた。それゆえ玄沢は、「ショメール和解御用」を命ぜられた後も、文化八・九年ごろの『蘭訳梯航』後附の第二書、および文化一〇年の『寒燈漫筆』において、天文方からの独立と外交事務の管轄を堀田正敦に求めているのである。玄沢の立場と主張をふまえて、蛮書和解御用の創設事情をとらえる必要があろう。なお、最近発表された上野晶子「江戸幕府の編纂事業における「厚生新編」と蘭学の「公学」化」（松方冬子編『日蘭関係史をよみとく』上巻、臨川書店、二〇一五年）は、対外的危機を背景とした蛮書和解御用の設立と実用的知識の翻訳である『厚生新編』の成立を区別して理解することを提唱し、玄沢は前者を「建前」、後者を「本音」として蘭学の公学化を狙ったとの見解を示している。
(86) 前掲、佐藤『洋学史論考』一〇四～一一〇頁を参照。
(87) 勝海舟全集刊行会編『開国起源』Ⅳ（勝海舟全集一八）（講談社、一九七五年）、六六四～六六六頁。
(88) 前掲、佐藤『洋学史の研究』三〇〇～三一九頁を参照。
(89) 松方冬子「近世後期「長崎口」からの「西洋近代」情報・知識の受容と翻訳」（『歴史学研究』第八四六号、二〇〇八年）七五頁を参照。

第二章　ラッフルズの出島接収計画と長崎奉行

はじめに

文化一〇年（一八一三）六月二八日、オランダの国旗を掲げた二艘の船シャルロッタ号とマリア号が長崎に入港した。文化六年（一八〇九）以来、四年ぶりのオランダ船の来航に長崎市中は歓喜の声をあげたが、実のところ、来航した二艘の船はジャワ副総督ラッフルズが派遣したイギリス船であった。一八一一年にバタヴィアを占領下においたラッフルズは、日本との貿易を計画し、前オランダ商館長ワルデナールらを派遣して出島にある長崎オランダ商館を接収しようとしたのである。これに対して、オランダ商館長ドゥーフは、ラッフルズに服従する義務はないとして接収を拒否し、五人の阿蘭陀通詞を呼び出して真相を打ち明けた。阿蘭陀通詞との協議の結果、日本側にはバタヴィアがイギリスに占領されたことを秘し、来航した二艘の船はアメリカ人士官が指揮するベンガルからの傭船であるとして通常通りの取引を行うこととした。ワルデナールに対しては、イギリス船とわかれば日本人は二艘の船を焼き討ちにするだろうと脅かし、このことを承服させた。かくして、シャルロッタ号とマリア号は、通常のオランダ船と同様に扱われ、日本側との間で貿易業務と取引が行われた。取引から生じた利潤は、長崎オランダ商館が抱えていた負債の補塡にあてられた。翌文化一一年（一八一四）にも、ラッフルズは、再び同じ意図をもって、ワルデナールらを乗せたシャルロッタ号を派遣したが、このときもドゥーフは同様の対応をとって接収を拒み、出島を死守することに成功した。

このラッフルズの出島接収計画の顚末は、戦前の段階で齋藤阿具・田保橋潔・信夫清三郎の各氏による研究が明らかにするところである。(1)現在では、齋藤氏が研究にあたって依拠したドゥーフの「秘密日記」や回想録は邦訳されており、(2)また、ラッフルズの出島接収計画に関する蘭文・英文の書簡や報告書なども外国人研究者によって史料集として刊行されている。(3)

諸先学の研究のなかでも、オランダ側史料に基づいて出島におけるドゥーフの対応を検討し、その対応を機智に富んだ行動と位置付けた齋藤阿具氏の研究は、今なお高く評価されるものであろう。齋藤氏は「此事件に関して本邦には一切記録なきこと是なり」として、バタヴィアを占領下においたイギリスが派遣した船であることは、ドゥーフと協議を行った五人の阿蘭陀通詞を除いて、日本側の知るところではなく、それゆえ記録も残らなかったとする。(4)この見解は通説といってもよいが、日本側はイギリス船の来航に疑念すらもたなかったのであろうか。この点に関して、田保橋潔氏は、「乗員が悉く英国人たる事は、市中に於て公然の秘密であったと信ずべき理由があるから、其風説が奉行の耳に達しない筈はない」として、長崎奉行はなんらかの事情は知っていたはずであり、知っていたにも関わらず、「事勿れ主義」をとっていたとし、「通詞外交」の弊害を指摘する。(5)注目すべき見解であるが、田保橋氏は根拠となる史料を掲げているわけではないから、長崎奉行が真相を知っていたのか否かは明らかではない。

最近、文化一〇年に長崎奉行を務めていた遠山左衛門尉景晋の日記が刊行された。日記を読むと、イギリス船の来航後における「紅毛内探」といった記事に目がとまる。(6)「紅毛内探」というからには、オランダ人の動向になんらかの疑いを抱いて、その調査を内々に命じたと考えられるが、どのような疑念をもっていたのか、どのような報告が得られたのかは日記に記されていない。

ところが、この「紅毛内探」の報告書に該当する史料が存在する。阿蘭陀通詞本木庄左衛門の手になる『御内密御尋之儀ニ付御答申上候書付』(7)と題した史料である。本章では、遠山景晋の日記から「紅毛内探」が行われた経緯を確認した上で、日記からうかがえない「紅毛内探」の実態について、『御内密御尋之儀ニ付御答申上候書付』を紹介しながら明らかにしたい。長崎奉行はどのような疑念を抱き、阿蘭陀通詞はどのような回答をしたのか。「紅毛内探」が行われた背景を含めて論じることで、ラッフルズの出島接収計画を日本側は全く知らなかったとする通説的な理解を再検討してみたい。

一 イギリス船の来航と「紅毛内探」

文化一〇年(一八一三)の長崎奉行遠山景晋の日記では、イギリス船シャルロッタ号とマリア号の来航の記事は六月二七日に「白帆注進」があったことに始まる。検使を派遣して入港手続きが進められ、「兼而約束之旗」を立てていること、二艘の船から「返簡」を受け取ったこと、来航船は「紅毛商買之趣」であることなどが検使から報告された。翌二八日には、二艘の船を「神崎外」に碇泊させ、「質人」を下船させたことを受けて、「弥相違無之」と判断した遠山景晋は「御役所初諸方詰方」を引き取らせている。夜に戻った検使から詳細な報告を受けた遠山は、乗船していた「かひたん格」の人物には少々疑念をもったようで、阿蘭陀通詞に命じて委細を明らかにするよう指示し、「已前罷渡候かひたんハかひたん調役、今一人者新かひたん」と報告させている。(8)一連の入港手続きは、検問書類の回答と人質の受領、さらに秘密信号旗による旗合せといったフェートン号事件後に改定された手順に従って行われており、(9)長崎奉行はオランダ船と認識して入港させたことが理解される。

ドゥーフの「秘密日記」によれば、(10)オランダ商館長ドゥーフがイギリス船であることを知ったのは一八一三年七月二五日（文化一〇年六月二八日）のことである。下船したワルデナールから、バタヴィアがイギリスの占領下におかれたこと、来航船はイギリス船であること、出島の商館を接収する目的で来航したことなどを知らされた。ドゥーフは、石橋助左衛門・中山作三郎・名村多吉郎・本木庄左衛門・馬場為八郎の五人の阿蘭陀通詞を呼び出して真相を打ち明けた。阿蘭陀通詞との協議の結果、日本側が真相を知れば戦乱と責任問題が発生し、さらなる悲劇を引き起こすと考え、バタヴィアがイギリスに占領されたことを秘し、来航した二艘の船はアメリカ人士官が指揮するベンガルからの傭船であるとして通常通りの取引を行うこととした。そして、その趣旨に基づいて、ドゥーフは長崎奉行に提出する風説書の内容を阿蘭陀通詞に伝えた。

遠山景晋の日記では、六月二九日に以下のような風説書をめぐる記事がある。

今暁風説書下書差出候処、三ヶ年欠年之訳合并へんから舟借用乗渡候訳合事、麁候間今一応相尋、委敷別紙出候様通詞江申付、且二艘乗渡候共、商買申付無子細見合セ、并借船ニ而候儀も、先例等見合セ取調、惣呈書并申上書・御用状・風説書・横文字和解等取揃、夜ニ入四時頃、刻付ニ而差立申候、(11)

風説書の下書を内覧した長崎奉行遠山景晋は、オランダ船が三年間にわたって欠航した理由とベンガル船を借用した経緯を今一度確認して別紙で報告するよう阿蘭陀通詞に申し付け、(12)二艘の来航と傭船の来航が問題ないことを確認し、オランダ船入港の報告を風説書などの書類とともに刻付の宿次で江戸に宛てて送付したことがわかる。送付した風説書は五カ条からなるが、(13)核心ともいえる内容をもつのは二カ条目で、以下のように記されている。

一去る巳年申上候通ヱゲレス国とフランス国阿蘭陀国は戦争弥相募り候得共印度辺は平和申候、且又去る午年以来来朝不仕候次第は、本国筋戦争に付敵船為防船々本国表江出張仕咬𠺕吧表江船居合不申、既当年迄も有合之船無之候に付弁柄船弐艘共借請乗渡申候、将又去る亥年帰国仕候カピタン、ウエルレム・ワルデナル当年乗渡候儀は色々取調候儀も有之候に付、今般ゼネラルゟ調役申付渡来仕候、尤右ワルデナル儀は当年直に帰国仕候積に御座候、随而本国筋戦争相募り打続三ヶ年咬𠺕吧仕出し相成兼来船及欠闕候に付而は御当国之様子も難相分、自然在留之カピタン、ヘンデレキ・ドウフ身分異変之儀も難計、右等之節は代りとして新カピタン、アントウニイ・アフラハム・カツサア在番為仕候ため連渡候得共、新渡之者に御座候得は此節柄諸事行届兼候に付、為後見ワルデナル儀は乗渡候儀に御座候、

ここにおいて、ヨーロッパの戦争によりバタヴィアから船を動員したため三年間にわたってオランダ船が欠航したこと、今年も船がなかったためベンガル船を借用したこと、ドゥーフに異変があったときの代わりとして新商館長カッサを乗船させてきたこと、新任のカッサでは諸事に行き届きかねないところがあるのでワルデナールが後見人として付き添ってきたことなどが述べられている。

続く三カ条目では、

一去る巳年格別旬季を急ぎ咬𠺕吧出帆之船御当地着岸不仕次第は、唐国於地方ヱゲレス敵船に出遭其船被奪取、乗組之者カピタンを始何れも広東表ヱゲレス商館江差送り、同所ゟ咬𠺕吧表江乗組之阿蘭陀人共は差返申候、

とあり、文化六年（一八〇九）、新商館長クロイトホーフを乗せたレベッカ号が長崎に向かう途中、イギリス軍艦に拿捕され、新商館長と乗組員は広東経由でバタヴィアに送還されたため、長崎に到着しなかったことを述べている。

以上のような内容をもつ風説書が江戸への正式報告であるわけだが、来航船がイギリス船である真相は一切秘匿されていた。ドゥーフは、阿蘭陀通詞から聞いた話として「奉行および彼に所属しているすべてのものは、非常に喜んでおり、そして何の疑いも懐いていない(14)」と書き記しているから、とくに疑惑は生じなかったようである。

かくして、シャルロッタ号とマリア号は通常のオランダ船と同様に扱われ、日本側との間で貿易業務と取引が始められた。遠山景晋の日記の八月二三日の条では「昼過ゟ出島江罷越、かひたん三人見申候、無替儀、諸事例之通」(15)と記されており、日記の記述を見る限りでは長崎奉行が異変を感じていた様子はうかがえない。

次に「紅毛内探」をめぐる記事を、長崎奉行遠山景晋の日記から確認しておきたい。八月四日の条には、「七月廿三日出町便到来、象之事此上申上不相届前、江戸ニ而伺済候趣申来、且自書ニ而、紅毛内探之一件申来」(16)とあって、献上された象の扱いとともに、江戸から「紅毛内探」を行うよう指示があったことがわかる。「自書」は誰の自書か判然としないが、日記の他の記事から見て勘定奉行柳生主膳正久通の可能性が高いだろう。六月二九日に長崎奉行が送ったオランダ船入港の報告は、八月八日の条に「六月拾九日《(ママ)》紅毛入津之呈書、十五日ニ届候由、右之返事申来」(17)とあるから、七月一五日には江戸に届いており、四年ぶりのオランダ船来航の報に接した幕府が、オランダ人の様子を内々に調査する必要性を感じて指示を出したと見られる。日記の記述を読み進めると、八月六日には「作右衛門・介次《(ママ)》右衛門江、紅毛内探之事直申含」、七日には「茂伝之丞・庄左衛門へ、紅毛内探之事直ニ申含」、八日には「作三郎、紅毛内探之事直申含」とある(18)。すなわち、江戸からの指示を受けた長崎奉行は、長崎代官高木作右衛門と阿蘭陀通詞の石橋助次右衛門・茂伝之丞・本木庄左衛門・中山作三郎の計五名に対して、「紅毛内探」を直々に命じたことがわかる。

「紅毛内探」の指示内容や報告内容などは日記に記されていないが、九月一九日の条の「申送条々」と題する長崎奉行牧野大和守成傑との引継ぎ記事において、「新かひたん之事、其外紅毛風聞書、当月八日便江戸江遣ス事」(19)とあるから、九月八日には「紅毛内探」の報告が江戸に宛てて送付されていたことがわかる。さらに一一月五日の条には、江戸に戻った遠山景晋が帰着の報告を行うために登城したさいの記事として、「紅毛人之一件、隠密書先達而差越候趣ニ而相分り、御安心之御様子具ニ被仰聞[20]」とあるから、江戸に送られた「紅毛内探」の報告内容を見て幕府は安心したらしい。長崎奉行遠山景晋の日記から判明する「紅毛内探」をめぐる経緯は以上である。

二 「紅毛内探」の報告書の検討

ここでは、阿蘭陀通詞本木家の旧蔵である『御内密御尋之儀ニ付御答申上候書付』を紹介し、その内容を検討してみたい。『御内密御尋之儀ニ付御答申上候書付』は、「紅毛内探」を命じられた阿蘭陀通詞本木庄左衛門が長崎奉行遠山景晋に提出した書付の草稿にあたる。庄左衛門は、出来事の真相を知る五人の阿蘭陀通詞のなかの一人であり、文化一〇年（一八一三）の年番大通詞[21]を務めていた。表紙には「文化十年酉八月七日遠山左衛門尉様於御居間御直達、同十三日再御逢、同十五日此書面御扣共二通り差上ル」とあって、遠山景晋の日記の八月七日の条で庄左衛門が「紅毛内探」を直々に命じられたことと符合し、一三日に再度の面談の上、報告書として一五日に長崎奉行に提出されたこともわかる。全体は、九カ条からなる長崎奉行の質問と庄左衛門の回答を中心に、前文と後文で構成されている。草稿ゆえに庄左衛門の回答は加除修正の箇所も多い。「紅毛内探」を命じられた他の四名からも報告書の類が長崎奉行に提出されたのかどうかはわからないが、年番大通詞の地位にあり、フェートン号事件後のドゥーフ尋問といった隠密御用に関わってきた庄左衛門[22]の報告書を、江戸の幕府が重要視したであろうことは間違いない。

まず前文では、三年間にわたるオランダ船の欠航で長崎市中は疲弊し、日蘭貿易の停止が現実味を帯びる状況下にあって、「蘭船渡来、土地安栄」を神仏に祈っていたとし、オランダ船が四年ぶりに来航したことで長崎市中が歓喜の声をあげた状況を述べている。その上で、「紅毛内探」が命じられた事情を、近来之渡絶ニ引競候而者船来之模様出来過候なと疑惑を生シ、奇怪之風説をも申触候にや、自然与御上聞ニ茂相響、御隠密御尋之条々拝聴仕、御上ニ奉掛御労煩候事共、恐至極ニ奉存候、

と記し、オランダ船の欠航が続いた状況からすると、今年の来航は出来過ぎではないかとの疑惑が生まれ、奇怪の風説が幕府の耳に達したがゆえのことと述べている。

次に九カ条からなる長崎奉行の質問と本木庄左衛門の回答を検討したい。『御内密御尋之儀ニ付御答申上候書付』では、一つの質問とそれに対する回答の順序で記載されているが、ここでは説明の都合上、まず九カ条からなる長崎奉行の質問を、冒頭に番号を付して以下に一括して掲げたい。

一、①此度渡来之紅毛船乗組人数、前ニ見合候而者多人数ニ候者何故ニ候哉、
一、②船頭・按針役等ニ言語通し兼候者も有之趣ニ候、何国之者ニ候哉、
一、③水主共ニも風俗替り候も有之哉ニ相聞候、右訳合出所等之事、
一、④紅毛本国ふらんすニ侵取れ、しやかたら持こらゑ居候程も難計由、風説有之候事、
一、⑤此度之荷物名目者紅毛ニ而、内実者へんから又者余国之仕出し物ニ而者無之候哉之事、
一、⑥右荷物品物之様子、前々とは品組替り候様子ニも沙汰有之、何国之産物ニ候哉之事、
一、⑦へんからハ自立之国ニ候哉、又者何レ之属国ニ候哉、
一、⑧新かひたん乗渡候儀、在留かひたん身分変事等有之節之ため渡来之趣ニ候得共、是迄かひたん死去等有之候而も代り乗渡候儀無之振合も見へ候処、此度ニ限り右之含ニ而乗渡候者如何之子細ニ候哉、
一、⑨紅毛ハゑけれすニ擽取れ、既に広東ニ有之紅毛商館をゑけれすゟ乱妨いたし、又者海中ニ而ゑけれす船ニ奪取られ候趣相聞へ、松平図書頭在勤中参り候舟もゑけれす船之由、紅毛へ商売之儀相頼承知不致候得者、日本

渡海を妨候と風説も有之候、右ゑけれす船江手寄不申候而者荷物仕入も出来兼、渡海之妨も有之、無拠ゑけれす江手寄り乗渡候儀ニも無之哉、

まずは長崎奉行の質問項目を確認しておこう。

①は、来航船に乗船している人数が以前に比べて多い理由を尋ねている。

②は、船長や航海士などにはオランダ語が通じない者もいると聞いているが、どこの出身かと尋ねている。

③は、水夫の容姿が替わっていると聞いているが、その理由と出身地を尋ねている。

④は、オランダ本国はフランスに侵略され、バタヴィアの確保も難しいという情報に対する意見を求めている。

⑤は、来航船の荷物は名目上はオランダの持ち渡りであるが、内実はベンガルや他国の荷物ではないかと尋ねている。

⑥は、荷物や品物の様子が以前とは異なっていると聞いているが、どこの産物であるかと尋ねている。

⑦は、ベンガルは独立国か、それともどこかの属国かを尋ねている。

⑧は、新商館長は、長崎に在留する商館長に異変があったときのために渡来したというが、これまで商館長が死亡しているときでも新商館長が渡来するとは限らず、今回に限って新商館長が渡来したのはどのような事情によるのかを尋ねている。

⑨は、次のような疑問を呈している。オランダはイギリスの侵略を受け、広東のオランダ商館はイギリスに攻撃され、航海中にオランダ船はイギリス船に拿捕されるとも聞いている。フェートン号事件もイギリス船が起こしたということだ。イギリスは対日貿易に参入できるようオランダに圧力をかけており、日本への渡航を妨害するとの情報もある。イギリス船に頼らなければ、荷物の仕入れもできず、渡航も妨害されるので、仕方なくイギリスを頼って来航

しているのではないかと問い糾している。

一読して、ラッフルズの出島接収計画を見抜く質問であることに驚かされる。オランダ本国はフランスに侵略され、イギリスとの抗争からバタヴィアの確保も困難であるという対外情勢認識をもっていたこと、それゆえにベンガルからの傭船、積荷や乗船員の様子、新商館長の渡来などが多くの疑問を生じさせていたこと、などが理解される。①・②・③・⑥は、来航船の様子を見聞しないとできない質問項目であるから、現地にある長崎奉行が疑問を提示したものとみてよい。一方で、④・⑤・⑨といった対外情勢に関する質問項目は、なんらかの指示が江戸から出されていたと考えられる。以上の質問項目を見るに、シャルロッタ号とマリア号の来航とそれに対するドゥーフの説明に、長崎奉行が相当の疑問をもっていたことは明白である。とりわけ、⑨の質問は、イギリス船がオランダ船に成り代わって来航しているのではないかという疑問であり、まさに長崎奉行がシャルロッタ号とマリア号の正体を見抜いていたといえるだろう。

それでは、本木庄左衛門の回答の要点を紹介しておきたい。

①に対しては、乗船人数は「水夫之強弱」により船長が判断するものであり、今年はベンガル船を借用したので「水夫之者共いつれも弁柄辺出産之者ニ而一体手弱く相見申候」という事情により、水夫の乗船人数が増えたようだと答えている。

②に対しては、ベンガル・アメリカ・フランスの出身であるとし、ベンガル船を借用したためであると答えている。

③に対しては、水夫はベンガル周辺やセイロン・マラッカなどの出身なので、オランダ人と異なり、「面体色黒く鬼奴《クロボウ》体之者」であるとしている。

④に対しては、まず「本国ふらんすニ侵取れ候儀ニ者無之」とした上で、ヨーロッパの戦争においてフランスとオ

ランダは同盟してイギリス・ロシアと戦っており、以前の風説書でフランス国王の実弟が養子としてオランダ国王になったと報じていることからわかるように、フランスは「格別同盟之国」であると回答している。いっぽう、バタヴィアの動向については、ヨーロッパの戦争に伴い、オランダ本国との交通の遮断、諸商館への攻撃、航海中の拿捕など心配な状況が続いていたが、今年の風説書で「印度辺及平和候」と報じていることから考えると、ヨーロッパの戦争の激化に伴って、敵方はインド周辺から兵力をヨーロッパに移動させているという。さらに、バタヴィアは要害堅固の都市であること、今年は二艘の船がバタヴィアから出航していることを判断理由にあげ、「咬𠺕吧之儀持こゑ、此節平穏ニ相成候儀与奉存候」と回答している。

⑤に対しては、「咬𠺕吧ゟ仕出候ニ者相違も無御座」と断言して、他国からの出船であれば、注文品を持ち渡ることもできないし、そもそも出島のオランダ人は認めないとする。また、来航船からは入港のさいに人質を出していること、拝借銀は輸入品の売却によって返納していることをあげ、他国からの出船・荷物であればこのようなことはできないとしている。さらにフェートン号事件後に、入港にあたって秘密信号旗の制度を導入したことをあげ、来航船は印封してバタヴィアに送られた秘密信号旗を掲げており、他国からの出船ではありえないと回答している。

⑥に対しては、オランダ人は自国の貨物のみを持ち渡るのではなく、交易に交易を重ね、各国からバタヴィアに集められた貨物で日本との貿易を行っているとする。今年の貿易品のうち、着物・薬種の類は品位は以前と変わらないが、鮫はシャム、その他はインド周辺、他にフランス・デンマーク・アメリカの船から諸貨物を取り寄せたと聞いている。反物類もそれに準じ、毛織物類はヨーロッパの戦争ゆえに交易を重ねたものなので品位が劣り、猩猩緋や大羅紗も品位の劣る品が含まれると回答している。

⑦に対しては、ベンガルはムガル帝国の領地で独立した大国であるとし、海辺にヨーロッパ諸国の商館があり、今

年のベンガル船はフランス商館があるポンディシェリから来航したと答えている。

⑧に対しては、「往古ゟかひたん身分変事有之候而者早速乗渡」という原則があり、商館長が五年交替となっても同様だという。寛政一〇年（一七九八）にヘンミーが江戸参府の旅中で死去したさいは、その年に帰帆するオランダ船でバタヴィアに報告しようとしたが、長崎港内での座礁によって伝えられなかった。それゆえ、バタヴィアではヘンミーの死去を知らなかったため、寛政一一年（一七九九）に新商館長の渡来はなく、寛政一二年（一八〇〇）になって新商館長ワルデナールが渡来したという経緯があったが、「外ニかひたん死去等有之候而も代り乗渡候儀無之振合者相見へ不申候」とする。今回の場合は、文化六年（一八〇九）に新商館長を乗せたオランダ船が長崎に到着せず、その後の三年にわたる欠航もあり、「万一在留かひたん身分変事」に備えて新商館長が渡来したと回答している。さらに、「新かひたんハ阿蘭陀人ニ無之」という噂があるが、サマラングの商館で勤務していたオランダ人に間違いないという。このことは、文化五年（一八〇八）に石橋助左衛門とともに「御隠密御用」を命じられたさい、翌年、助左衛門が呈上した「印度之阿蘭陀商館属官名簿」のなかに名前が見えるので、「素より阿蘭陀人属官之者ニ相違無御座候」と述べている。

⑨に対しては、オランダはフランスと同盟してイギリス・ロシアと戦争しており、「ゑけれすニ擄取られ候儀とも相見不申」とする。広東のオランダ商館がイギリスの攻撃を受けたというのは唐商が言いふらした噂ではないかとし、フェートン号事件後、商館長が唐商に依頼して広東のオランダ商館に書簡を送ったが、翌年、開封されずにそのまま戻されたということがあり、それゆえこのような「偽話」が出たのではないかと述べる。イギリス船による拿捕は、今年の風説書に記されているように文化六年のオランダ船が航海中に拿捕され、乗船していた新商館長らが広東経由でバタヴィアに送還された事例がある。イギリスが対日貿易に参入できるようオランダに頼んでいるのかはわからな

いが、オランダ船の日本渡航を妨害していた事実は「一両年前迄」はあるという。そして、

阿蘭陀本国者払郎察与同盟仕、咬𠺕吧之地は于今持こらへ別条無之節者、何故を以敵国之ゑけれすニ手寄り可申哉、入津以来種々ニ心を配り、かひたん始阿蘭陀人共相探申候得共、今以取留候儀も無御座候、

と述べ、オランダの様子を探ってみたが、敵国であるイギリスを頼っているような気配はないと回答している。

以上の本木庄左衛門の回答は、長崎奉行の質問に対して、その疑惑をすべて打ち消す説明がなされている。いずれの回答も幕府が知りえている出来事や風説書に記された情報をあれこれと結びつけた牽強付会の説明である。庄左衛門は、バタヴィアがイギリスの占領下におかれたこと、来航船はイギリス船であること、出島の商館を接収する目的で来航したことをすべて知っている人物である。ラッフルズの出島接収計画の真相を語れば自らの責任を問われる以上、当然ではあるが、幕府に対して必死に隠そう、誤魔化そうとしたことがわかる。

後文においては、以上の回答は伝聞や推察に基づくところもあると断った上で、「此節三ヶ年欠闕之末、来船之模様出来過之儀風聞仕候儀」について長文にわたって説明している。すなわち、前文でも触れていた三年間にわたってオランダ船は欠航し、今年になって来航したのは出来過ぎではないかとの疑惑に対する本木庄左衛門の見解である。文化六年、イギリス船の拿捕によって、小型船一艘しかオランダ船が長崎に来航できず、わずかな積荷しか持ち渡ることができなかった。そのさい、ドゥーフは再三にわたって願書を長崎奉行に提出して、要求が認められなければバラストとして石を積み込むと主張することで、最終的に四〇万斤の輸出銅を確保した。庄左衛門は、この経緯はバタヴィアにも伝わっているとする。それゆえ、「右之訳合ニ依り、若向後荷物無数乗渡候節者、又々国之恥辱与相弁候哉、分而近年戦争ニ付而者、存通り咬𠺕吧表ニ貨物者不相集、無拠三ヶ年欠闕仕候儀ニ者無之哉」と述べ、バタヴィアでは、戦争により積荷を十分に確保できない状況でオランダ船を長崎に向かわせることは、重ねての恥辱になると

考え、見合わせていたのではないかと主張する。今年、日本で借りている負債を返済しても余裕があるほどの十分な積荷をそろえてきたのは、会稽の恥をすすぐ心情によるものとする。今年の来航が出来過ぎだというのは、このようなオランダ人の心情がわかっていない者が言っていることだという。

本木庄左衛門の説明は、三年間の欠航後、豊富な積荷をもつ二艘の船が来航したことに対する疑惑を打ち消すためのものであるが、全くの詭弁である。そもそも、文化六年にドゥーフが積荷以上の輸出銅の確保に尽力したのは、バタヴィアからの緊急の要請をうけてのことである。そのさい、ドゥーフは、輸出銅を確保できなければ石を積み込むとうそぶいて、「私は銅を三度要求しましたので、四度目に求めることはしません。それは私の上役たち、バタビア政庁の名誉を大いに傷つけることになるからです」と長崎奉行に訴え出た[23]。また、文化九年（一八一二）、ドゥーフは三年間の欠航の理由の一つとして、「政庁はおそらくあえて小型船を派遣しないのでしょう」と長崎奉行に申し出ている[24]。両者を無理やりこじつけたのが庄左衛門の説明である。庄左衛門がこのような説明をするのは、ドゥーフは敵であるラッフルズが派遣したイギリス船に対して輸出銅を渡したくないという事情があり、文化六年にはあれほど輸出銅の増額を願い出たのに、今年、輸出銅の増額を求めないことが、幕府になおさら大きな疑念をもたせると考えたから[25]、このような詭弁を弄したと思われる。

『御内密御尋之儀ニ付御答申上候書付』の末尾には、「紅毛内探」の回答の提出後の記載と見られる以下の記事が付記されている。

鏤板ニ相仕立候欧羅巴州巷説記及見候□□（虫損）、御内分奉差上候様被仰付奉畏候、早速かひたん□□□（虫損）なく相尋候処、右者近年本国筋戦争相募、右様相仕立候巷説記者咬𠺕吧表ニにも差越不申旨申聞、内々吟味仕候得共見当り不申候、依之此段以書付奉申上候、以上、

酉八月　　　　　　　　　　　　　本木庄左衛門　印

すなわち、幕府の抱いた疑惑を解明する根拠として長崎奉行はヨーロッパの新聞を求めていたことがわかる。文化期には、伝えられた海外情報の根拠として、活字で印刷されたヨーロッパの新聞が利用されることがあり、幕府も注目するところだった。(26) ヨーロッパの新聞を求めたのは、江戸からの指示によるものかもしれない。もちろん、幕府に隠し通そうとする本木庄左衛門は、ドゥーフに確認して、内々にも探してみたがなかったと答えている。

三　「紅毛内探」の背景と意義

一八世紀末以降、フランス革命とナポレオン戦争のなかで、オランダ本国の政体はめまぐるしく変わった。一七九五年にバタヴィア共和国が成立してフランスの衛星国となり、一八〇六年にはナポレオン・ボナパルテの弟ルイがオランダ王に就任した。さらに一八一〇年にはオランダ本国はフランスに併合された。こうしたヨーロッパの変動はアジアにも波及し、フランスの影響下におかれたオランダはイギリスと戦争状態となった。イギリス軍艦による拿捕を避けるため、日蘭貿易は、寛政九年（一七九七）以降、アメリカなど中立国傭船を利用せざるをえず、積荷を十分に確保することも難しかった。(27) バタヴィアでは、ナポレオンによって任命された東インド総督ダーンデルスのもとで防衛に努めていたが、イギリスは一八一一年にジャワ島に遠征軍を派遣してバタヴィアを攻略し、東インド全島を支配下においた。

このような対外情勢の変動と日蘭貿易のあり方をふまえて、次の二点から「紅毛内探」の背景と意義を考えてみたい。『御内密御尋之儀ニ付御答申上候書付』において、本木庄左衛門は、三年間にわたってオランダ船の欠航が続いた状況からすると、文化一〇年（一八一三）の来航は出来過ぎではないかとの疑惑が生じ、幕府の耳に達して「紅毛内探」が行われたとする。なぜこのような疑惑が生じたのかを検討するのが第一の点である。また、『御内密御尋之儀ニ付御答申上候書付』の検討から、幕府は、オランダ本国はフランスに侵略され、バタヴィアの確保も難しいと認識し、イギリス船がオランダ船に成り代わって来航しているのではないかと疑っていた。このような幕府の疑念がいかにして生じたのかを検討するのが第二の点である。

第一の点であるが、文化一〇年に至るオランダ船の来航状況を改めて確認しておこう。文化四年（一八〇七）に二艘の中立国傭船が来航した後、文化五年（一八〇八）は欠航、この年にはフェートン号事件が起こっている。文化六年（一八〇九）は新商館長を乗せた一艘がイギリス軍艦に拿捕され、積荷の少ない小型船一艘のみが来航した。文化七年（一八一〇）からは三年間にわたって欠航していた。日蘭貿易はまさに途絶寸前の状況にあり、このことは貿易都市である長崎を苦境に陥れると同時に、幕府財政の観点からも長崎貿易の利潤の減少が問題視されたのである。(28)

三年間の欠航を受けて、幕府は勘定吟味役松山惣右衛門を長崎に派遣して対応にあたらせた。惣右衛門の長崎到着は、文化一〇年一月のことで、二艘の来航船との取引を見届けて、九月まで長崎に滞在している。長崎奉行遠山景晋の日記には、「此度惣右衛門被参候ニ付而之趣意、当地相続方幷当節之商買出割進ミ方等、一同熟談取調申聞候様」と長崎会所調役と年番町年寄に派遣の趣旨を述べている。(29)ドゥーフは「公務日記」に、

上使松山様が当地に派遣された目的は、もし今年われわれの船が来なかったら、長崎の役人たちやまた住民たちを中国貿易だけで成り立たせる方法を協議することであり、万一オランダ船が一隻でも来たら例外なことと考えねばならない、ということであると聞いた。(30)

と記しており、惣右衛門の派遣目的は、日蘭貿易の断絶を前提として、貿易都市である長崎が存続するあり方を協議

することにあったとわかる。文化一〇年に長崎貿易の仕法改革が行われ、日蘭貿易はないものとして、代わりに別船として唐船一艘の来航を認める方針のもと、六月、赤字を繰り返す長崎会所に歳入・歳出計画を提出させた(31)。なお、長崎奉行遠山景晋は、江戸への帰路で長崎に赴任する勘定方村田林右衛門に会ったさい、

此度窺済之主法者勿論、諸事余り穿鑿過不申様ニ致し、当年得ト見候而、悪敷と見定候事ハ格別、年々様々ニ主法ヲ動シ候而者、人気落付申間敷間、勘弁可有之との存寄者申含遣候(32)、

と語っているように、長崎の反発を生むとの観点から急激な仕法改革に疑問を投げかけていたようである。

松井洋子氏は、長崎オランダ商館と長崎市中の人々は、社会的にも経済的にも「依存と共生の関係」にあったと評価している(33)。それだけに、日蘭貿易の断絶を前提にした幕府の仕法改革は、阿蘭陀通詞をはじめ長崎市中の人々に大きな衝撃を与えた。本木庄左衛門以下の阿蘭陀通詞は、五カ月にわたって毎月七日間、大徳寺でオランダ船の入港の祈禱を行っている(34)。ドゥーフが「もし今年船が入港していなかったら、春から当地に滞在している上使の松山惣右衛門様は、われわれを不用で役にたたないものとして、中国のジャンク船で送還させただろう(35)」と語るほど、日蘭貿易の断絶は現実味を帯びていたのである。それゆえ、長崎でも江戸でも、三年間の欠航後、豊富な積荷をもつ二艘の船が来航したことは、出来過ぎではないかとの不審感をもって受け止められたのである。庄左衛門にしてみれば、自らの責任問題と日蘭貿易の断絶を恐れて、疑惑を必死に打ち消そうとしたと理解される。

第二の点であるが、享和三年（一八〇三）の時点で、来航した小型船が不十分な積荷しかもたらさなかったことから、長崎では「おそらく敵はすでにバタビアを占領したのではないか」と疑われていた(36)。また、大槻玄沢は、文化四年（一八〇七）に執筆した『捕影問答』前篇のなかで(37)、イギリスがアジアのオランダ植民地を奪取している状況を説明した上で、「其勢を以て、日本の商舶ハ我と催合べしなど、難題し、肯んセさるをも強てこれを共にし、或ハ蘭船

に紛らかし、他の地名抔を称して長崎へ来津セしかと思ふなり」と述べ、イギリスの強要によりオランダ船と称してイギリス船が長崎に来航する可能性を幕府に指摘していた。文化五年（一八〇八）のフェートン号事件後、幕府は本木庄左衛門と石橋助左衛門に命じてドゥーフを尋問した。(38)その一連の回答によって、幕府は、バタヴィアはオランダによって確保されていることを確認した。と同時に、ヨーロッパとアジアでオランダの勢力が衰退している現状もまた理解するところとなった。そして、文化六年（一八〇九）にイギリス軍艦による来航船の拿捕があり、翌年から三年間の欠航後、豊富な積荷をもつ船が来航したわけであるから、バタヴィアを占領下においたイギリスが来航船を派遣したのではと幕府が疑うのは、不自然なことではなかった。

いっぽう、幕府が、オランダ本国がフランスに侵略されているとの疑念を抱いていることは注目に値する。この疑念のそもそもの発端は、文化五年のフェートン号事件のさい、船員が「フランス皇帝陛下の弟がオランダ国王になっている」と阿蘭陀通詞に語ったことにあった。(39)隠しきれないと判断したドゥーフは、文化六年の風説書でルイが養子としてオランダ国王になったと脚色して幕府に報じた。(40)その後、三年間の欠航によって、ドゥーフでさえ一八一〇年に起きたフランスによる併合は知らなかった。「私はイギリス人がジャワを占領したことは、まったく容易に信じたが、フランスのオランダ併合は、簡単に信じられなかった」と回想するように、(41)文化一〇年の来航船により初めて知ったことなのである。

では、なぜ幕府はドゥーフでさえ知りえないことを知っていたのか。オランダ船が三年間にわたって欠航している状況下に起こっていたのが、ゴローウニン事件である。文化八年（一八一一）五月、国後島で捕縛されたディアナ号艦長ゴローウニンら八名は、文化一〇年九月、高田屋嘉兵衛との捕虜交換によって釈放されるまで、二年以上にわたって松前・箱館に抑留された。文化九年（一八一二）四月、ゴローウニンらが脱獄を試みたさい、部下であったムール少尉は行動をともにせず、獄中からロシアの国情などに関する詳細な陳述書を書いて松前奉行に提出した。これを村上貞助が翻訳したのが『模烏児獄中上表』で、松前奉行荒尾但馬守成章が帰府のさいに持参し、九月に原文を添えて江戸城で老中松平伊豆守信明に提出された[42]。『模烏児獄中上表』の後半では、フランス革命とそれに続くナポレオン戦争の経緯が詳述されており、フランスに併合されるに至るオランダ本国の状況が説明されている[43]。貞助は注記で「初払郎察王之弟を立て国王と仕候処、右弟義払郎察王之存寄と違候事を取計候ニ付、払郎察王立服（腹）仕、初ニ半国を取揚、其後終ニ全国取揚之由ニ御座候」と記し、ルイを廃してオランダ本国がフランスに併合されたことを指摘している。

また、脱獄を試みる以前のことであろうが、『日本俘虜実記』によると[44]、ゴローウニンは、オランダが「独立国としての存在を失いフランスの一州となったこと」を日本側に暴露していたと述べている。日本側は「こちらの言を信用していない様子」だったが、ムールが「アムステルダムをフランスの第三の都市とする」というナポレオンの布告文をロシアの新聞に見つけ、日本側に説明したところ、「非常な熱意をもってこの文章の翻訳に着手し、訳了すると首都へ送った」という。幕府は、松前に抑留されていたゴローウニンとムールから得た情報をもとに、オランダ本国はフランスの支配下にあるとの認識をもったのである。

さらに、『日本俘虜実記』には、文化一〇年八月ごろ、日本側との間で以下のようなやりとりがあったことが記されている[45]。オランダ船の来航を知らされたゴローウニンは、バタヴィアがイギリスに占領されているのではないかとの疑問を日本側に提示し、「ロシア側が確言したところでは、バタヴィアはイギリスによって占領されたと言うが、オランダ人もそれを認めるか」と問い詰めることを提案した。それに対して、日本側は「私の勧告を受け入れ」、ゴローウニンは「首都に送るためそれを書面に書いてやった」とする。そして、「オランダ側は結局虚偽を認め」、日本側は「船と貨物を、追って沙汰のあるまで抑留するよう命令を発した」という。

以上の『日本俘虜実記』に見られるやりとりをもとに、長崎と松前で得た情報を幕府が比較・分析していたとする岩下哲典氏の指摘は注目に値する。(46) もちろん、ドゥーフが『日本回想録』のなかで、ゴローウニンが捕縛後に起きたバタヴィア占領の事実を知るわけがないし、船や積荷が抑留された事実などは存在しないとして、全面的に否定しているように、(47)『日本俘虜実記』の記述には明らかな誤解や作為が含まれている。ただし、幕府が長崎への来航船に疑念をもっていたわけであるから、それを松前のゴローウニンに照会したことがあっても不思議はない。いっぽう、幕府が松前から得られた情報の真偽を長崎で確認しようとしたのが、「紅毛内探」であったと位置付けることができる。幕府は、ドゥーフは自国の恥になるような不都合な事実を決して語らないとみていた。(48) それゆえに、ドゥーフを問い詰めるのではなく、阿蘭陀通詞らによって内々に調査させるという方法をとったのである。

おわりに

以上、文化一〇年（一八一三）、ラッフルズが出島のオランダ商館の接収を企てて二艘のイギリス船を派遣したさい、長崎奉行遠山景晋が幕府の指示をうけて行った「紅毛内探」について、阿蘭陀通詞本木庄左衛門の回答である『御内密御尋之儀ニ付御答申上候書付』を紹介しながら検討してみた。幕府は、松前で抑留されていたゴローウニンやムールから得た情報などをもとに、三年間にわたるオランダ船の欠航の理由を分析し、二艘の来航船に疑いの目を向け、「紅毛内探」を命じたこと、長崎奉行は、来航船の乗組員と積荷に不審感をもち、オランダ本国がフランスの支配下にあり、バタヴィアはイギリスに占領され、来航船はイギリスが派遣した船ではないかと疑っていたこと、来航船の真相を知る庄左衛門は、長崎奉行の疑念をすべて否定すべく、幕府が知りえている出来事や風説書に記された情報をもとに牽強付会の回答を行ったこと、を明らかにできた。

「紅毛内探」における質問項目からして、二艘の来航船がバタヴィアを占領下においたイギリスが派遣したものであると、長崎奉行遠山景晋が疑っていたことは明白である。では、長崎奉行は本木庄左衛門の回答に納得して、疑念を払拭したのであろうか。長崎奉行にしてみれば、目前の来航船がイギリス船であるとわかれば、自身の責任問題であり、その焼き打ちを命じなければならない。結果として、長崎は戦火にまみれ、日蘭貿易の断絶を招くことが想像される。ならば、オランダ船と同様の貿易業務と取引が行われている以上、事なかれ主義をとり、幕府への報告としては庄左衛門の回答を是認するより他になかったはずである。長崎奉行遠山景晋は、来航船の正体に確信をもっていたからこそ、真相に関わる質問項目を庄左衛門と協議の上で設定し、回答においてはそのすべてを庄左衛門に否定させることで、江戸への報告としたのではないだろうか。

通説では、ラッフルズの出島接収計画は五人の阿蘭陀通詞以外に日本側は知らなかったされるが、長崎奉行は来航船の正体を見抜いていたというのが本章の結論である。ドゥーフは、「長崎奉行は、もし彼に知らされたなら、決してこれを秘密にしようとはしなかっただろう」と回想しているが[49]、長崎奉行は出来事の真相を知っており、知っているがゆえに事なかれ主義の観点から幕府に虚偽報告を行っていたのである。

註

（1）齋藤阿具「英人の出島蘭館乗取計画（第一～五回）」（『史学雑誌』第二四編第一～五号、一九一三年）、同『ヅーフと日本』（広文館、一九二二年）、田保橋潔『増訂　近代日本外国関係史』（刀江書院、一九四三年）、信夫清三郎『ラッフルズ伝』（平凡社、一九六八年）。

（2）日蘭学会編・日蘭交渉史研究会訳注『長崎オランダ商館日記』五（雄松堂出版、一九九四年）、永積洋子訳、ドゥーフ『日本回想録』（雄松堂出版、二〇〇三年）。
（3）M. Paske-Smith (ed). *Report on Japan to the secret committee of the English East India Company by Sir Stamford Raffles 1812–1816.* (Kobe, 1929). Veenhoven, Willem Adriaan. *Strijd om Deshima - een onderzoek naar de aanslagen van Amerikaanse, Engelse en Russische zijde op het Nederlandse handelsmonopolie in Japan gedurende de periode 1800–1817.* (Leiden, 1950).
（4）前掲、齋藤「英人の出島蘭館乗取計画（第一回）」一頁を参照。
（5）前掲、田保橋『増訂　近代日本外国関係史』二六八頁を参照。
（6）荒木裕行・戸森麻衣子・藤田覚編『長崎奉行遠山景晋日記』（清文堂出版、二〇〇五年）一二一～一二二頁。
（7）『御内密御尋之儀ニ付御答申上候書付』（神戸市立博物館所蔵本木家文書）。同史料の閲覧と複写については、学芸員勝盛典子氏のご高配を得た。
（8）前掲『長崎奉行遠山景晋日記』一一四～一一六頁。
（9）片桐一男『開かれた鎖国』（講談社、一九九七年）五五～七二頁を参照。
（10）前掲『長崎オランダ商館日記』五、三二四～三三三頁。
（11）前掲『長崎奉行遠山景晋日記』一一六頁。
（12）文化一〇年七月三日にドゥーフは、阿蘭陀通詞から長崎奉行の命として「今年二隻のベンガル船が派遣された理由」と「三年間日本向けの船が用意されなかった理由」を書面で回答するよう求められている。前掲『長崎オランダ商館日記』五、三四一～三四二頁。
（13）日蘭学会・法政蘭学研究会編『和蘭風説書集成』下巻（吉川弘文館、一九七九年）、一三六頁。
（14）前掲『長崎オランダ商館日記』五、三三三頁。
（15）前掲『長崎奉行遠山景晋日記』一二四頁。
（16）同右、一二一頁。
（17）同右、一二二頁。
（18）同右。なお、石橋助左衛門は文化一〇年ごろに助次右衛門に改名している。ドゥーフの「秘密日記」では「助左衛門」と表記されているが、『文化九年申正月　長崎諸役人幷寺社山伏』（九州大学九州文化史資料部門所蔵松木文庫）には「助次右衛門」と表記されていることから、遠山景晋の日記に記載される「介次右衛門」を石橋助次右衛門と判断した。

(19) 前掲『長崎奉行遠山景晋日記』一二七頁。

(20) 同右、一三四頁。

(21) 片桐一男『阿蘭陀通詞の研究』（吉川弘文館、一九八五年）一四三頁を参照。

(22) 本書第三部第一章「大槻玄沢と幕府の対外政策」を参照。

(23) 日蘭学会編・日蘭交渉史研究会訳注『長崎オランダ商館日記』三（雄松堂出版、一九九一年）、二七四頁。

(24) 前掲『長崎オランダ商館日記』五、二一四頁。

(25) 同右、三三九〜三四〇頁。石田千尋氏の研究によれば、文化一〇年のイギリス船がもたらした積荷の取引は、ドゥーフの商館長在任中で最高額であるが、取引の収益が負債の返済にあてられ、イギリス船との取引ということもあって、輸出銅は決して多いものではない。石田千尋『日蘭貿易の構造と展開』（吉川弘文館、二〇〇九年）一〇〜一三頁を参照。

(26) 本書第三部第一章「大槻玄沢と幕府の対外政策」を参照。

(27) 金井圓『日蘭交渉史の研究』（思文閣出版、一九八六年）二一六〜二六五頁を参照。

(28) 貿易都市としての長崎の理解については、若松正志「近世中期における貿易都市長崎の特質」（『日本史研究』第四一五号、一九九七年）、赤瀬浩『「株式会社」長崎出島』（講談社、二〇〇五年）、本馬貞夫『貿易都市長崎の研究』（九州大学出版会、二〇〇九年）などの研究に大きな示唆を受けている。

(29) 前掲『長崎奉行遠山景晋日記』九四頁。

(30) 前掲『長崎オランダ商館日記』五、二六五頁。

(31) 中村質『近世長崎貿易史の研究』（吉川弘文館、一九八八年）三八六〜三八八、四一八頁を参照。

(32) 前掲『長崎奉行遠山景晋日記』一三〇頁。

(33) 松井洋子「出島とかかわる人々」（松方冬子編『日蘭関係史をよみとく』上巻、臨川書店、二〇一五年）一七四〜一七六頁を参照。

(34) 前掲『長崎オランダ商館日記』五、二八〇頁。

(35) 同右、三四九頁。
(36) 日蘭学会編・日蘭交渉史研究会訳注『長崎オランダ商館日記』一（雄松堂出版、一九八九年）、五四頁。
(37) 神崎順一「翻刻 大槻玄沢著『捕影問答』（一）」（『ビブリア』第一二八号、二〇〇七年）八七頁。
(38) 本書第三部第一章「大槻玄沢と幕府の対外政策」を参照。
(39) 日蘭学会編・日蘭交渉史研究会訳注『長崎オランダ商館日記』四（雄松堂出版、一九九二年）、二二二頁。
(40) 前掲『和蘭風説書集成』下巻、一二七頁。
(41) 前掲、ドゥーフ『日本回想録』一五〇頁。
(42) 以下、『模烏児獄中上表』の書誌と内容、全文の翻刻については、岩下哲典・松本英治「明海大学図書館所蔵『模烏児獄中上表』上下について（上）（中）（下）」（『明海大学教養論文集』第一一・一二・一五号、一九九九・二〇〇〇・二〇〇三年）に詳述した。
(43) 前掲、岩下・松本「明海大学図書館所蔵『模烏児獄中上表』上下について（中）」九一～九七頁。
(44) 徳力真太郎訳、ゴロウニン『日本俘虜実記』下（講談社、一九八四年）、一八九～一九〇頁。
(45) 同右、一八七～一八九頁。
(46) 岩下哲典『江戸のナポレオン伝説』（中央公論新社、一九九九年）五五～六四頁を参照。
(47) 前掲、ドゥーフ『日本回想録』一七九～一八〇頁。
(48) 本書第三部第一章「大槻玄沢と幕府の対外政策」を参照。
(49) 前掲、ドゥーフ『日本回想録』一七一頁。

第三章　ゴローウニン事件と天文方

はじめに

先に筆者は、レザノフ来航、文化魯寇事件、フェートン号事件といった文化期の対外的危機を象徴する事件に、長崎オランダ商館がどのように関わったかを検討したことがある。(1)オランダ商館長ドゥーフに対して、幕府が事あるごとに翻訳や調査などを依頼し、意見報告やさらなる情報提供を求めていた実態を明らかにしえたが、オランダの果した役割を強調したこともあって、ドゥーフの虚偽報告をどうとらえるかについては、検討が不十分であったことは否めない。本章においては、この反省点をゴローウニン事件との関係のなかで考えてみたい。

岩下哲典氏は、海外情報の収集と分析を論じる一連の論著のなかで、ゴローウニン事件において、長崎から得たオランダ経由の情報と松前で得たロシア経由の情報を幕府が比較・分析し、ヨーロッパ情勢の把握に努めていたことを指摘している。(2)また、松方冬子氏は、オランダ風説書を論じるなかで、文化期になると、来航したイギリス船・ロシア船から新たな情報を得ることで、オランダによる情報提供の独占が崩壊していくとの視点を示している。(3)いっぽう、三谷博氏は、高橋景保による海外情報の収集とそれが生み出した対外認識を、天文方を集約点とする情報活動として、「開国」に至る過程のなかに位置付けている。(4)

このような先行研究をふまえつつ、本章では、ゴローウニン事件をきっかけとして始まった天文方の情報分析に注目したい。文化四年（一八〇七）に始まる「新訂 万国全図」の編纂を機に、幕府は対外情勢の調査・研究を天文方に集約させる方向性を進めてきた(5)。文化八年（一八一一）、高橋景保が主導する天文方に蛮書和解御用が発足し、馬場佐十郎と大槻玄沢が登用された。この状況下に勃発したゴローウニン事件の展開のなかで、天文方が外交業務を主導し、情報分析を担うようになっていく。玄沢と佐十郎の情報分析が、ドゥーフが隠し通そうとしたヨーロッパ情勢を明らかにしていったことを論じてみたい。

一　ドゥーフが語るヨーロッパ情勢

一八世紀末から一九世紀初めに、フランス革命とナポレオン戦争の影響で、オランダ本国の政体はめまぐるしく変わった。一七九五年にオランダ本国ではバタヴィア共和国が成立してフランスの衛星国となり、一八〇六年にはナポレオン・ボナパルテの弟ルイ・ナポレオンがオランダ国王として即位した。そして、一八一〇年、ついにオランダ本国はフランスに併合されてしまう。こうしたヨーロッパの変動はアジアにも波及し、フランスの影響下におかれたオランダはイギリスと戦争状態となった。バタヴィアの混乱とイギリス軍艦による拿捕の危険によって、オランダ船の長崎来航は欠航が相次いだ。

このようなヨーロッパ情勢を、オランダ商館長ドゥーフは幕府にどのように説明していたのか。文化四年（一八〇七）七月、幕府に提出された「欧邏巴州戦争風聞書」(6)は、第三次対仏大同盟の結成、アウステルリッツの三帝会戦、ライン同盟の結成など一八〇七年前半までのヨーロッパ情勢を報じたものであるが、フランスで皇帝の座についたナポレオンの名前は見えないし、弟のルイがオランダ国王になったことも記されていない。ドゥーフは、「フランス国与エギリス国戦争今以不穏候」、「阿蘭陀国者フランス隣国之儀ニ付兼而相因ミ居候事故、フランス国江一致仕」と述べ、フランスとイギリスの間で戦争が続いており、オランダはフランスと同盟関係にあると説明している。この説明は、後々までドゥーフが一貫して主張するヨーロッパの国際関係のあり方でもある。

文化四年の時点では、幕府のヨーロッパ情勢への関心はさほど高くはなかっただろう。オランダ船欠航の背景としての理解にとどまるものだったと思われる。だが、文化四年の夏、大槻玄沢は、『伊祇利須疑問』を著して、レザノフに伴われて帰国した仙台藩漂流民を取り調べたさいに知ったオランダ国王がイギリスにいるという情報などをもとに、ドゥーフが隠しているヨーロッパ情勢を論じ、オランダ本国の衰退を推定し、イギリスの脅威について幕府に警鐘を鳴らした。

文化五年（一八〇八）八月に勃発したフェートン号事件は、大槻玄沢の警鐘を現実のものとした。日本がヨーロッパ情勢と無縁ではありえない現状を知った幕府は、玄沢の提案に基づき、ドゥーフを尋問してオランダ本国の政情やアジアのオランダ植民地の現状などを問いただそうとした。文化五年九月、ドゥーフ尋問を命じるにあたって幕府は、オランダ本国は衰退してイギリスの支配下にあるのではないかという認識を示し、ドゥーフは日本との通商停止を懸念して真相を語らないのだろうと見ていた(7)。幕府は、オランダ本国の衰退は認識していたが、イギリス・フランス・オランダの相互関係は把握できないでいたのである。

オランダ本国の状況は、長崎では意外なところから知られることとなった。フェートン号の船員が「フランス皇帝陛下の弟がオランダ国王になっている」と阿蘭陀通詞に語ったからである。ルイ・ナポレオンがオランダ国王になったことはドゥーフが一年前に知っていた事実であるが、幕府には伝えないでいた。阿蘭陀通詞に真偽を尋ねられると、ドゥーフは「われわれの敵であるイギリス人の話であるので、真実ではありうるが、私にはそれを確言できない」と

はぐらかした。(8)

文化五年一二月にドゥーフへの尋問が始まると、ドゥーフも幕府の追及の前に、総督ウィレム五世がイギリスにいる事情を説明せざるをえなかった。ドゥーフ尋問の回答書である『御穏密(ママ)御用ニ付横文字文意申上候書付』(9)では、イギリスよりの立場をとるウィレム五世とそれに反感をもつ愛国者派の対立を説明した上で、次のように述べている。

千七百九十五年寛政七卯年の頃、既に追討されし酋師等払郎察国の助力を以て再ひ本国に乱入す、此時国王利を失ひ官を剝かれ、敗走して親族と倶に伊祗(祇)利須国に奔走す、夫より阿蘭陀国の政令昔に復す、是によつて酋師等、払郎察国と一致して伊祗(祇)利須国に軍を興して合戦に及ふ、

すなわち、一七九五年、先に掃討されていた愛国者派がフランス革命軍の助力を得て侵攻した結果、総督ウィレム五世はイギリスに亡命したとする。愛国者派はフランスと同盟を結んで、イギリスと戦っているとの説明である。この説明だけでは、ウィレム五世がイギリスにいるのはオランダ本国で政変があった結果であり、イギリスの支配下にあるわけではないとわかっても、愛国者派が建国したバタヴィア共和国の実態は理解できないだろう。

また、『御穏密(ママ)御用ニ付横文字文意申上候書付』では、文化四年ごろの噂として、「当今払郎察国王の兄弟を阿蘭陀国王の代りに立るとの説」の指摘がある。フェートン号の船長が捕虜としたオランダ人に「払郎察国王の兄弟阿蘭陀国王に立たるよし」と語ったことも述べられている。幕府に隠しきれないと判断したドゥーフは、文化六年（一八〇九）六月、風説書で「フランス国王之弟ロウデウエイキ・ナアポウリユムと申者阿蘭陀国江養子仕国主に相立申候」(10)と報じたが、ルイ・ナポレオンは養子にきたと脚色している。

フランスの属国化したオランダ本国の状況は、ドゥーフにとって秘して語れなかったことであった。文化六年の時点では、幕府はオランダ本国がヨーロッパの戦争に巻き込まれて混乱している状況を察するも、フランスとの関係を

正しく理解できなかったのである。

二 『模烏児獄中上表』と『五郎治申上荒増』

一八一〇年、オランダ本国はフランスに併合され、一八一一年にはバタヴィアはイギリスの占領下におかれた。これに伴う混乱により、文化七年（一八一〇）から文化九年（一八一二）にかけて、オランダ船は長崎に姿を見せず、三年間にわたって欠航した。それゆえ、フランスによるオランダ本国併合とイギリスによるバタヴィア占領は、オランダ商館長ドゥーフでさえ知りえない事実だったのである。

オランダ経由の情報が途絶している状況下に起こったのが、ゴローウニン事件である。文化八年（一八一一）五月、国後島で捕縛されたディアナ号艦長ゴローウニンら八名は、文化一〇年（一八一三）九月、高田屋嘉兵衛との捕虜交換によって釈放されるまで、二年以上にわたって松前・箱館に抑留された。ここでは、ゴローウニン事件の展開のなかで、ヨーロッパ情勢に関する詳細な情報がロシア経由でもたらされていることについて、『模烏児獄中上表』と『五郎治申上荒増』を取り上げて論じてみたい。

文化九年四月、抑留されたゴローウニンらが脱獄を試みたさい、部下であったムール少尉は行動をともにせず、獄中からロシアの国情などに関する詳細な陳述書を書いて松前奉行に提出した。これを村上貞助が翻訳したのが『模烏児獄中上表』(11)で、松前奉行荒尾但馬守成章が帰府のさいに持参し、九月に原文をそえて江戸城で老中松平伊豆守信明に提出された。『模烏児獄中上表』の前半ではディアナ号の航海や文化魯寇事件の顚末が述べられ、後半ではヨーロッパ情勢やロシアの対外政策が説明されている。

注目すべきは後半部分である。「払郎察国騒乱之趣幷和蘭陀払郎察ニ幷呑被致候儀、左ニ申上候事ニ御座候」との村上貞助の注記以下に、フランス革命とそれに続くナポレオン戦争の経緯が詳述されており、フランスに併合されるに至るオランダ本国の状況が説明されている。

一七九三年にフランス国王と王妃が処刑されたことを機に、ヨーロッパ諸国はフランスの暴虐を憎んで戦争を挑み、オランダもこれに参加したと述べる。その上で、

　和蘭陀国者猶合戦仕罷在候得共、払郎察天助を得て、終ニ和蘭陀国も弊れ積財皆払郎察ニ被奪申候、其後も和蘭陀国ニてハ合戦相好不申候得共、無拠払郎察之為ニ外国之合戦仕候ニ付、追々外域中ニ在之候頒分幷船々迄合戦ニ毎度勝利を失ひ申候、

とあって、オランダは敗れてフランスに財宝を奪われたこと、その後もオランダはフランスの戦争に協力を余儀なくされていること、戦争に敗れて植民地や艦船を失ったことが指摘されている。

また、「払郎察当今之帝王之名前をナポレヲンと唱、其昔者小身之士ニ御座候」とあって、小身の士官であったナポレオンがフランス皇帝に就任していると述べる。これは、日本の文献上、最初にナポレオンの名前が現れた事例とされている。[12] そして、ロシアとの関わりを中心にナポレオン戦争の展開が詳細に述べられている。「払郎察第一之コンスー（ナポレヲン之義ニ御座候）帝王之位ニ即き、其兄弟を以和蘭陀・意太里亜等諸侯も仕候」とあって、皇帝になったナポレオンが兄弟をオランダ国王にしたという指摘もある。

さらに、ナポレオンがオランダを併合した事情については、次のように述べられている。

　和蘭陀国者悪む処有之候ニ付、初半国取扱半国を和蘭陀と唱居申候へ共、其後又々皆国幷呑仕、アムステルダム（和蘭陀第一之都ニ御座候）テレチイムコーロドム（第一之都と申義ニ御座候）と払郎察王名附申候、

本文和蘭陀者悪む処有之候と申義、初払郎察王之弟を立て国王と仕候処、右弟義払郎察王之存寄と違候事を取計候ニ付、払郎察王大ニ立服（腹）仕、初ニ半国を取揚、其後終ニ全国取揚之由ニ御座候、且本文二都之義第二第三と唱候義、皆自国と仕候証拠之由ニ御座候、第一者払郎察国都を第一と仕候由ニ御座候、

すなわち、ナポレオンは弟のルイをオランダ国王としたが、ルイはナポレオンの考えと違うことを取り計らったので不興を買い、オランダはフランスに併合されることになったと述べている。そして、首都の呼称からして、フランス領となったことは明白だとする。

択捉島の番人であった中川五郎治は、文化四年（一八〇七）四月に択捉島でフヴォストフによって拉致され、足かけ六年にわたってシベリアに抑留された後、文化九年八月、ゴローウニンとの捕虜交換を試みようとしたリコルドによって国後島に連れ戻された。五郎治は、文化魯寇事件の核心を知りうるだけに、現地での松前奉行による事情聴取のみならず、一一月には江戸に送られ、大学頭林述斎と勘定奉行柳生主膳正久通らの臨席のもとで事情聴取が行われた。そのさいに五郎治が書いた陳述書が『五郎治申上荒増』[13]である。

『五郎治申上荒増』では、択捉島を襲撃した後のフヴォストフの行動やシベリアでの抑留生活を述べるとともに、「ヱキリスとヲロシヤ、フランツイをヱムベラトルニ致間敷とて軍起り候由なり」との記述以下に、シベリアで聞いたヨーロッパ情勢が記されている。抑留者がシベリアで聞知した範囲の情報だけに、記述の内容は『模烏児獄中上表』に比べて簡略で不正確なところが多々見られるが、ナポレオンの台頭によるヨーロッパの混乱ぶりは理解できる内容である。「当年フランツイとヲロシヤ仲直り破れ、大軍なりといふ」として、最新の情報であるモスクワ遠征の勃発も指摘されている。

なお、中川五郎治の事情聴取の記録である『陥北聞見録』には、「ヲランタ国ハ弐三年此方、フランツイニ被捕た

る由」との記述がある。[14] 五郎治はオランダがフランスに併合されたことを知っており、『五郎治申上荒増』には記述は見られないものの、幕府には口頭で説明がなされたと見られる。

『模烏児獄中上表』と『五郎治申上荒増』は、いずれも幕府が文化魯寇事件の意図を理解する上で役だったとされる。[15] のみならず、幕府が知りえなかったフランス革命とナポレオン戦争に関する詳細な情報が記されている。そして、対外政策に関わる老中や勘定奉行など幕府の要路の役人が直接に参照したことも明らかである。『模烏児獄中上表』と『五郎治申上荒増』の記述によって幕府は、ドゥーフが語らなかった、いやドゥーフでさえ知りえなかったオランダ本国がフランスに併合されたという事実を初めて知ることになったのである。

三　長崎と松前で得た情報の比較・分析

文化一〇年（一八一三）六月、オランダの国旗を掲げたシャルロッタ号とマリア号が長崎に入港した。実のところはバタヴィアを占領下においたジャワ副総督ラッフルズが派遣したイギリス船だった。ドゥーフは、オランダ本国がフランスによって併合され、バタヴィアがイギリスの占領下におかれたことを初めて知った。そして、ドゥーフは五人の阿蘭陀通詞にのみ真相を打ち明け、ともに秘してオランダ船として扱うことで通常通りの取引を行った。

ところで、四年ぶりの長崎への来航船は、ヨーロッパ情勢との関連で、ゴローウニンが抑留されていた松前でも注目された。ゴローウニンは『日本俘虜実記』において、文化一〇年八月ごろ、日本側と以下のようなやりとりがあったことを記している。[16]

一点目は、イギリスのバタヴィア占領をめぐるやりとりである。ゴローウニンは、来航したオランダ人が「オランダ、イギリス双方の東印度会社の間で和議が成立して通商を始めた」ので、「ベンガル地方の物産を日本に持って来た」と説明していると聞き、日本側から「このようなことがあり得るのですか」と質問を受けた。これに疑問を感じたゴローウニンは、「ロシア側が確言したところでは、バタヴィアはイギリスによって占領されたと言うが、オランダ人もそれを認めるか」と問い詰めることを提案した。日本側は「私の勧告を受け入れ」、ゴローウニンは「首都に送るためそれを書面に書いてやった」とする。そして、「オランダ側は結局虚偽を認め」、日本側は「船と貨物を、追って沙汰のあるまで抑留するよう命令を発した」という。

二点目は、フランスのオランダ併合をめぐるやりとりである。オランダ船の来航以前にもゴローウニンは、オランダが「独立国としての存在を失いフランスの一州となったこと」を日本側に暴露していたとする。そのときは、日本側は「こちらの言を信用していない様子」だったが、ムールが「アムステルダムをフランスの第三の都市とする」というナポレオンの布告文をロシアの新聞に見つけ、日本側に説明したところ、「非常な熱意をもってこの文章の翻訳に着手し、訳了すると首都へ送った」と述べる。そして、後にオランダ人は「その通報はまだ入手していないが十分にあり得ることである」と返答したと聞いたという。

三点目は、ナポレオンのモスクワ遠征をめぐるやりとりである。ゴローウニンは、「長崎に来航したオランダ人が日本側に伝え、日本側から我われに伝えてくれたニュースのうち最大のものは、それはモスクワの陥落のニュースであった」と述べる。その情報によれば、「絶望したロシア側は自分から首都を焼き払って退却し、フランス軍はモスクワ以南の全ロシアを占領した」というが、ゴローウニンは「そんなことはあり得ないことだ」と日本側に否定したという。

イギリスによるバタヴィア占領とフランスによるオランダ併合というドゥーフが秘して語れなかった事実、さらにはナポレオンのモスクワ遠征という最新の情報をめぐって、ゴローウニンと日本側の間で興味深いやりとりが行われていたことがわかる。いっぽうで、ドゥーフは『日本回想録』のなかで、ゴローウニンが捕縛後の一八一一年に起きたバタヴィア占領の事実を知るわけがないし、船や積荷が抑留された事実などは存在しないとして、「これは全くの作り話であることは明白である」と『日本俘虜実記』の記述を全面的に否定している。[17]

岩下哲典氏は、『日本俘虜実記』の記述をもとに、長崎と松前で得た情報を幕府が比較・分析していたことを論じている。[18]傾聴すべき重要な指摘である。しかし、『日本俘虜実記』は、ゴローウニンが帰国後に書いた回想録であり、記憶違いや自己弁護も少なくない。ドゥーフの批判に拠るまでもなく、その記述のすべてを事実とみなすことはできない。史料批判に基づいた検証が必要であろう。『日本俘虜実記』の記述とはやや異なるものの、文化一〇年八月に、日本幕府が長崎と松前、すなわちオランダ経由とロシア経由でそれぞれ得た情報を比較・分析していること自体は、日本側の史料で確認できる。以下に二つの事例を紹介したい。

第一は、長崎奉行遠山左衛門尉景晋が、江戸からの指示を受けて、長崎において「紅毛内探」を阿蘭陀通詞に命じていることである。[19]四年ぶりのオランダ船来航という状況下に、ドゥーフは何かを隠しているのではないかと、阿蘭陀通詞に疑問点を提示し、内々に調査をさせたわけである。

長崎奉行の質問項目には、「紅毛本国ふらんすニ侵取れ、しやかたら持こらゑ居候程も難計由、風説有之候事」、「ゑけれす船江手寄不申候而者荷物仕入も出来兼、渡海之妨も有之、無拠ゑけれす江手寄り乗渡候儀ニも無之哉」といったものがある。[20]オランダ本国はフランスに侵略され、バタヴィアの確保も難しいのではないか、イギリスに頼らないと積荷の確保もできず、拿捕されてしまうので、仕方なくイギリスを頼って来航しているのではないか、という疑問である。真相を知る阿蘭陀通詞の一人である本木庄左衛門は、長崎奉行の疑問点を頑なに否定するものの、長崎奉行はラッフルズが派遣したシャルロッタ号とマリア号の正体を見抜いていたと考えられる。と同時に、前年に『模烏児獄中上表』と『五郎治申上荒増』の記述によって、あるいは『日本俘虜実記』にいうナポレオンの布告文によって、知りえたオランダ本国がフランスに併合されたという情報の真偽を、幕府が長崎で調査させていることがわかる。

第二は、ナポレオンのモスクワ遠征に関する情報の比較・分析である。ゴローウニンが『日本俘虜実記』で語っているオランダ人が伝えたモスクワ陥落のニュースとは、ドゥーフが提出した次の書付である。

本国筋戦争之次第御尋之趣御内々左ニ申上候

一、去ル卯年以来追々申上候通、フランス・阿蘭陀一致仕、アンケリヤ及ひロシヤ両国ニ敵し及合戦候所、フランス・阿蘭陀勝利を得、ロシヤ之都府モスコウ迄押寄せ、既ニ同府も討取へきの所、同所にハロシヤ国王武器或ハ兵粮軍用之品夥敷相備有之、右を敵国に奪われ候を周章仕候哉、且ハ敵兵之乱入を相防候ため、ロシヤ国王之指揮を以て、同府所々ニ火を掛け一同ニ焼払ひ、土俗弐拾万人余焼亡仕候、其外欧羅巴諸州不穏候、

右ハ本国ゟせねらる江申越候儀ニハ無之候得共、咬𠺕吧表風聞承候趣かひたん申出候ニ付、以書付申上候、以上、(21)

この書付は、バタヴィアでの風聞だと断った上で、同盟関係にあるフランス・オランダ両国がイギリス・ロシアと戦い、勝利を収めてモスクワまで押し寄せたところ、ロシアは兵糧や武器を敵に奪われることなどを恐れ、国王の命令によってモスクワに火を放ち、二十万人あまりが焼死したと報じている。オランダ本国が併合されたことを隠して、フランスとは同盟関係にあるという従来の説明を繰り返しているところは虚偽だが、ナポレオンのモスクワ遠征、それに対抗したロシアの焦土作戦という最新の情報が伝えられている。書付はただちに江戸に送られ、江戸で分析が試みられたはずである。その結果、情報の真偽を確認するために、今度はさらに松前に送ってゴローウニンに話してみ

ることで、その反応を確かめようとしたと判断できる。

四　天文方による外交業務の主導

長崎と松前で得た情報の比較・分析作業は、岩下哲典氏もいうように天文方の主導と見てよい(22)。ゴローウニン事件が起こった文化八年（一八一一）、幕府は天文方に蛮書和解御用をおき、馬場佐十郎と大槻玄沢を登用して、ショメールの『日用百科事典』の翻訳にあたらせた。蘭学の公学化を意味する蘭書翻訳機関の設立だが、玄沢は「ショメール和解御用」という現状に満足していたわけではなかった。文化一〇年（一八一三）には若年寄堀田摂津守正敦に意見書を提出して、オランダ語のみならず、フランス語・英語・ロシア語にも通じた語学力抜群の佐十郎を幕臣として中心にすえ、外交文書の翻訳や来航船への対応、漂流民の取り調べなどの外交業務を行う「異文御用取調役所」を天文方から独立して江戸に設置することを主張している(23)。

大槻玄沢の主張の背景には、阿蘭陀通詞のみならず長崎奉行までもが関与して、虚偽報告や情報操作が長崎で常態化している現状がある。その弊害の対応策として、外交業務を江戸に設置した翻訳機関に一元化していこうとする狙いがあった(24)。玄沢は独立した翻訳機関の設置を望んでいたが、高橋景保との駆け引きもあってか、幕府は独立はさせず、若年寄堀田正敦の配下にある天文方に外交業務を主導させる方向性を進めていった。このような幕府の方向性を、ゴローウニン事件の展開のなかで考えるとき、文化一〇年、天文方から馬場佐十郎と足立左内を蝦夷地に派遣したことは、ロシア語の習得以上の大きな意味をもってくる。

天文方から馬場佐十郎と足立左内を蝦夷地に派遣するきっかけは、文化八年一〇月、若年寄堀田正敦がリコルドの書簡の翻訳を佐十郎に命じたが、結局は不十分な翻訳しかできなかったことにあった(25)。しかしながら、リコルドの書簡は松前で上原熊次郎によっても翻訳されており、幕府は書簡の内容を把握できなかったわけではない。江戸の天文方でもロシア語文書の翻訳ができるようにしたかったのである。原文を送付させて江戸でも翻訳を試みるということは、長崎からのオランダ語文書の場合にも行われており、現地における虚偽報告や情報操作などを排除する狙いがあった(26)。

ゴローウニンは、馬場佐十郎と足立左内は「松前到着直後から、我われと当地役人の会見のとき、ロシア文書の翻訳の場などに必ず列席していた」と書き記している。その意図を村上貞助に尋ねると、

貞助は、「御奉行は彼らをこの事件処理の証人として常に列席するよう望んでおられるからです。そうしないと彼らがそれぞれ自分の職務の範囲で上司に、当地の役人が不公正に振る舞っていると、かつて間宮林蔵が前奉行を悪く言ったように誣告することがあるからです」と答えた。

という(27)。すなわち、江戸から派遣された佐十郎と左内は松前で情報操作が行われないかの目付役であり、松前奉行は幕府への密告を懸念していることがわかる。

高橋景保は文化一〇年一月の伊能忠敬に宛てた書簡のなかで、「佐十郎壱人ニ而ハ年若ニも有之、魯西亜言語稽古而已ニ候て者宜候得共、外ニ内々御用向有之候ニ付、老功之者壱人差添可遣存付候処、相応の人物依之足立左内勧メ候而差添遣度旨、正月二日申上候処、翌三日被仰渡候(28)」と述べている。佐十郎の蝦夷地派遣の目的は、ロシア語の習得だけでなく、幕府の御用があるので、年配で経験豊富な左内の同行を推挙したという。ここにいう「内々御用向」とは松前での情報操作を防ぐ目付としての役割と考えられる。

このように見てくると、馬場佐十郎と足立左内の蝦夷地派遣は、現地での情報操作を排除して、天文方に外交業務

を主導させるという幕府の新たな外交姿勢をよく示している。天文方の外交業務の中核は、海外情報の分析にあった。ここでは、佐十郎と左内による情報の伝達と分析が確認できるさらなる事例を紹介したい。

文化一〇年九月、ゴローウニン事件解決のために箱館に来航したリコルドと高田屋嘉兵衛は、「モスクワは事実フランス軍に占領され、焼き払われたが、その後フランス軍は多大の損害を被ってロシアから退却を余儀なくされた」という新たな情報をもたらし、この情報に大きな関心を寄せた日本側から、「最大の軍事行動の記事の所を翻訳してくれ」と頼まれたという[29]。この最新の情報は、現地で応接にあたった関係者が「右見聞之次第御内密奉申上候」として一一月二二日に認めた書付に記されている。その一部を引用すれば、以下の通りである。

一、此節乗組之内ヲロシヤ国日本通詞キセロフと申者有之、日本文字其外言葉も大体之儀は相分候由、此方之通詞ハ御調役下役村上貞助、在住勤方上原熊次郎、天文方表火之番足立左内殿、高橋作左衛門殿手附馬場佐十郎席持格にて茂諸事立合之由、承知仕候、

一、当四月ヲロシヤ国江フランス国責寄セ旧都モスコウも責被取、既新都ベセレブルカ迄危急之処、謀計を以又々ヲロシヤ勝利を得、フランス弐拾万之軍勢を追討ニ仕候処、終弐三千に成遁走り候に付、手強迄追懸ケフランス本国迄追詰、右国境ゟヲロシヤ凱陣仕候故、是迄多年フランス押領之阿蘭陀始其外欧羅巴之内、多分当年ヲロシヤ属国ニ成、又海国ヱゲレス国とハ和睦いたし候趣御坐候[30]、

ロシアとの交渉の通訳は村上貞助と上原熊次郎が行い、足立左内と馬場佐十郎が立ち会ったとする。目付の役割を果たすための立ち会いであろう。そして、最新の情報として、ナポレオンのモスクワ遠征が失敗に終わり、逆にロシアがフランスを追討して追い詰めた状況が報じられている。オランダ本国がフランスに奪い取られている認識が示されているのみならず、フランスの敗北によって今度はロシアの支配下におかれるのではないかとのヨーロッパ情勢の

観測が述べられていることが注目される。

この観測は、蛮書和解御用の創設に関与した奥医師渋江長伯が[31]、

文化癸酉魯西亜の掛合ニ而馬穀里箱館に至れり、其節魯西亜人江応対して色々と談したるか、魯西亜とフランスと戦争して魯西亜の勝たる注進し書を見たりといへり、阿蘭陀の本国ハ魯西亜にてとり、喜望峰の出張ハイギリスにて取りたると語れり[32]、

と書き留めているから、馬場佐十郎がゴローウニンから引き出した情報と判断できる。

しかし、馬場佐十郎がこの情報をドゥーフに確認することはしなかっただろう。ドゥーフは『日本回想録』のなかで、ゴローウニンがイギリスによるバタヴィア占領を警告したにもかかわらず、佐十郎が「江戸で毎日私と交際していたのに、我々に一抹の疑惑さえ示すことがなかったのは奇妙なことである」と書き記している[33]。これは、佐十郎が疑問を抱かなかったのではなく、ドゥーフを問いただしても、オランダにとって不都合な事実は決して語らないことをよく熟知していたからである。

天文方の情報分析において、当初のまとめ役を果たしたのは大槻玄沢である。玄沢は、文化一〇年の冬、『寒燈推語』を著してオランダ本国の現状を考察した[34]。玄沢は、バタヴィアで刊行された一八一一年の新聞記事をもとに検証を行い、『五郎治申上荒増』の記述にも評言を加えながら、「当時の和蘭国ハ払郎察国王より其国王を封し、全く附属ともいふへき国ニなりしとも思ハれ、又魯西亜人いふ和蘭ハ既に払郎察ニ国を奪れしと申ふらすかとも知らる[35]」と述べ、オランダ本国がフランスに屈服していると結論付けた。長崎からのオランダ経由の情報と松前からのロシア経由からの情報をもとに、江戸で実証的に分析を加えることにより、ドゥーフの嘘を見破ったのである。

五　天文方による情報分析の展開

モスクワ遠征に失敗したナポレオンは、一八一四年に皇帝を退位させられ、地中海のエルバ島に追放された。翌年、ナポレオンはパリに帰還して皇帝の座に返り咲くが、ワーテルローの戦いに敗れ、大西洋のセントヘレナ島に流された。この間に開かれたウィーン会議の結果、フランスに併合されていたオランダは、オラニエ家のウィレム一世を国王として、獲得したベルギーを含む立憲王国として復活した。一八一四年の第一次ロンドン条約で、ジャワ島とバタヴィアもイギリスから返還されることになった。(36)

文化一四年（一八一七）七月、新任のオランダ商館長ブロムホフを乗せたアハタ号とカントン号が長崎に入港した。本物のオランダ船の入港は、文化六年（一八〇九）以来だった。風説書は、(37)「連々申上候通欧羅巴諸州幷戦争之儀去々亥年及平和、印度辺茂弥以静謐に相成申候」とヨーロッパの戦争が終結して平和が到来したと報じた。そして、

一去る巳年申上候フランス国王弟ロウデウヱイキ・ナアポウリユムと申者阿蘭陀国に養子仕、国主に相立置申候処死去仕候に付、以前之国主プリンス・ハンヲラーニイ官名血脈之者阿蘭陀国王に相改、国政等三拾ヶ年以前に回復仕候、

と報じ、オラニエ家のウィレム一世が王位について国政が以前に戻ったとしたが、文化六年の風説書で養子に迎えたとしたルイ・ナポレオンを、生きているにも関わらず死去したとして辻褄をあわせた。

文化一五年（一八一八）三月、ブロムホフは初めての江戸参府を行った。天文方の高橋景保をはじめ、大槻玄沢・桂川甫賢・鷹見泉石らの蘭学者が連日のように長崎屋を訪問した。「公務日記」によれば、(38)一八一八年四月二八日（文

化一五年三月二三日）、勘定奉行の屋敷に呼び出されたブロムホフは、目付と馬場佐十郎が臨席するなかで質問を受けた。勘定奉行服部伊賀守貞勝は、ゴローウニン事件の解決当時、松前奉行を務めていた人物である。質疑応答の内容は「公務日記」に記されていないが、「御尋之儀ニ付御請申上候横文字和解」(39)と題して、江戸番通詞吉雄権之助が幕府の質問とブロムホフの回答を翻訳した史料が存在する。幕府の質問項目は、ヨーロッパの国際情勢や軍事知識を中心に五三カ条に及んでいるが、注目すべき質疑応答の項目を以下に掲げたい。

一、前ノ阿蘭陀国王はふらんす帝王とは兄弟なりしが、兄弟不和なるよし如何、

答、私義多年インデヤニ罷在候ニ付、其儀存不申候、本国江参候時ハ、最早フリンス・ハン・ヲラーニイの支配ニ相成居申候、

一、先年松前ニ而おろしや人之話ニフランスのナホレヲンといへる帝王者甚強勇なりし由、今者如何なりしや、

答、ナポレヲンは強勇ニ有之候得共、終に敗北ニおよひ欧羅巴の内ニ擒と相成居申候、

一、おろしやとふらんすの軍いつれか勝たるや、

答、欧羅巴諸侯勝利を得、フランス敗北仕候、

一、五七年以前ニイキリスの軍船咬𠺕吧を攻たるをはなきや、

答、咬𠺕吧辺ニイキリスより押寄候得とも無程平和相整申候、

質問項目から、幕府は、ナポレオン兄弟の不和やモスクワ遠征を知っており、バタヴィアがイギリスの占領下にあったと疑い、さらにナポレオンの現在が気がかりであったとわかる。馬場佐十郎が臨席していることから、質問項目は天文方で作成されたとみてよい。天文方は、現時点で把握している情報を新任のオランダ商館長に質問として投げかけ、どのような回答が得られるか確かめようとしたことがわかる。しかし、ブロムホフの回答はきわめて簡略で、

誤魔化しているものもある。

ブロムホフとの質疑応答が行われた二カ月後の文政元年（一八一八）五月、イギリス船ブラザーズ号が浦賀に来航した。応接に派遣されたのは、天文方の馬場佐十郎と足立左内である。そのさい、通訳にあたった佐十郎と左内は、船長のゴードンに、ナポレオン戦争やオランダ本国の現状などヨーロッパ情勢に関する質問を繰り返した。(40) ゴードンの手記によれば、(41) そのやりとりは、

・オランダ国王の名前と家系を尋ねられ、以前のオラニエ公であり、およそ二〇年にわたってイギリスに居住した後にオランダに戻ってきたと知らせた。
・オランダ国王と息子の年齢を尋ねられ、最近、息子がロシア皇帝の妹と結婚したことに言及した。(42)
・フランス国王の名前とナポレオンが現在どこにいるかを尋ねられ、セントヘレナ島にいることを指摘した。
・ジャワ島はイギリスが所有していないのかと尋ねられ、フランスの支配時に占領された他のオランダ植民地と同様に、オランダが独立を回復するとすべて返還されたと答えた。
・ナポレオンの復帰とワーテルローの戦いを尋ねられ、フランスに対抗して形成された諸国の同盟関係に強い関心を抱いていた。

といったものだったという。また、「ゴローウニン船長はオホーツクの長官になったと聞いたが、この情報は正しいか」と尋ねるなど、ゴローウニンに関する質問も繰り返し行った。一八世紀末以降、たびたび日本に来航した異国船の応接が、対外情勢を把握する新たな情報源であり、他で得られた情報の照会先となっていることに注目したい。

さらに浦賀で得られた新たな情報は、長崎にいるブロムホフに改めて照会されることになった。文政元年一〇月、阿蘭陀通詞石橋助左衛門と馬場為八郎が長崎奉行に提出した書付は、末尾に「右者本国筋戦争平和之次第御尋被為成

候ニ付かひたん江申聞候処、横文字以書付申出候ニ付和解仕差上申候、以上」とあり、幕府がブロムホフにヨーロッパ情勢の説明を求めたさいの回答である(43)。

この書付を見ると、一八一〇年にルイ・ナポレオンが病死し、国王の不在で国政が混乱したので、一八一三年に以前のオラニエ家の嫡男を国王に迎え入れたとする説明は、風説書の報告と辻褄をあわせるための虚偽である。だが、第六次対仏大同盟の結成、ナポレオンのエルバ島追放、ウィーン会議の開催、ナポレオンの百日天下、ワーテルローの戦い、ナポレオンのセントヘレナ島幽閉、オランダのベルギー併合など、ナポレオンの没落とオランダ王国の成立は割合と正確に説明されている。ブロムホフにしてみれば、幕府がヨーロッパ情勢に無知ではない以上、ナポレオンの没落とオランダ王国の安定を適切に説明したほうが、幕府の歓心を得られると考えたのだろう。

以上から、天文方は、松前でロシア人から得ていた情報を、江戸参府に出向いたオランダ商館長に投げかけた。さらにそこで得られた情報を含めて、今度は浦賀に来航したイギリス人に確かめ、再び長崎のオランダ商館長に照会して新たな情報を引き出していることがわかる。大槻玄沢に代わって馬場佐十郎が情報分析の中心となり、異国船の応接などを含めて、天文方が外交業務を担う体制が確立していったと評価できる。

おわりに

オランダ商館長ドゥーフは、幕府に対して、自国に不利益となる情報は決して語らず、あるいは辻褄をあわせて都合よく報告した。日蘭貿易の断絶を恐れる長崎では、そのようなオランダの姿勢を擁護し、阿蘭陀通詞はもとより長崎奉行もまた虚偽報告や情報操作に荷担した。幕府が新たに直轄とした蝦夷地と対外交渉の窓口である松前においても、同様の懸念が浮上していた。このような問題意識が幕府にあったからこそ、現地での情報操作を抑制する意図から、江戸の天文方に外交業務を主導させ、情報分析を担わせるようになったと位置付けられる。

一つの情報源だけに頼ると情勢判断を誤りかねない。ゴローウニン事件を契機として、天文方は、書籍や新聞記事の翻訳によって、あるいは来航した異国船・異国人や帰国した漂流民・抑留者などから情報を収集し、オランダからの情報だけに頼らずに、さまざまな情報を比較し、実証的に分析する手法を生み出した。それは、対外情勢の正確な把握をもたらした。ドゥーフが語らなかったフランスの支配下におかれたオランダ本国の状況やイギリスによるバタヴィアの占領も、文化一〇年（一八一三）の時点で、幕府はおおよそは知りえていたのである。

しかし、重大な嘘をついていたにも関わらず、幕府はドゥーフを問い糾すことも、叱責することもしなかった。虚偽報告や情報操作を行うドゥーフの姿勢を、幕府は容赦していたことがわかる。異国船・異国人の来航や漂流民・抑留者の帰国が偶発的であるのに対し、オランダ船は定期的に海外情報を伝え、書籍や新聞を将来した。天文方の情報分析においても、オランダからの海外情報は不可欠だった。このようなジレンマを、大槻玄沢は古賀侗庵の『俄羅斯情形臆度』につけた評言のなかで、「古今変革ノコト和蘭ニ便リテキクヨリ外ノコトナシ、シカレトモ彼亦本国ノ衰廃ヲ恥ル所アリテ実ヲ明サヽルニ似タリ」と述べている(44)。

文化一四年（一八一七）、帰国するドゥーフは、長崎奉行金沢大蔵少輔千秋から書面を読み聞かせられた。そこには、「一八年間当地に留まり、その間、たびたびの異国船で多大の苦労をした、これらについての長期にわたるよい奉仕は将軍の賞賛されるところであり、よって丁銀五〇枚が贈られた(45)」とあった。長崎奉行が褒美を遣わすことを幕府に願い出た伺書を見ると(46)、「和解物其外異国船渡来仕候節之御用筋出精相勤」とあり、このようなドゥーフの奉公は「已後渡来仕候もの〻手本」になるとの判断がなされたことがわかる。

幕府はオランダが伝える海外情報の限界を知った。その上で、「歴代の被官」として、対外的危機に直面する日本に定期的な海外情報と蘭書をもたらし、さまざまな「御用」に応えるオランダの利用価値もまた、幕府はよく理解していたのである。

註

(1) 松本英治「一九世紀はじめの日露関係と長崎オランダ商館」（『東北アジア研究シリーズ』第七号〔開国以前の日露関係〕、二〇〇六年）。

(2) 岩下哲典『江戸のナポレオン伝説』（中央公論新社、一九九九年）、同『江戸の海外情報ネットワーク』（吉川弘文館、二〇〇六年）。

(3) 松方冬子『オランダ風説書』（中央公論新社、二〇一〇年）。

(4) 三谷博『ペリー来航』（吉川弘文館、二〇〇三年）。

(5) 本書第二部第二章「阿蘭陀通詞の出府と訳業」を参照。

(6) 『蝦夷地江魯西亜船来津ニ付かひたん江御問合被為成候御書面幷かひたんゟ内密申上候書付』（長崎大学附属図書館経済学部分館所蔵武藤文庫）。

(7) 本書第三部第一章「大槻玄沢と幕府の対外政策」を参照。

(8) 日蘭学会編・日蘭交渉史研究会訳注『長崎オランダ商館日記』四（雄松堂出版、一九九二年）、二二二～二二三頁。

(9) 『婆心秘稿』第二冊所収「御穏密（ママ）御用ニ付横文字文意申上候書付」（静嘉堂文庫所蔵大槻文庫）。

(10) 日蘭学会・法政蘭学研究会編『和蘭風説書集成』下巻（吉川弘文館、一九七九年）、一二七頁。

(11) 以下、引用は、岩下哲典・松本英治「明海大学図書館所蔵『模烏児獄中上表』上下について（中）」（『明海大学教養論文集』第一二号、二〇〇〇年）九一、九三、九六～九七頁による。

(12) 前掲、岩下『江戸の海外情報ネットワーク』六二～六三頁を参照。

(13) 以下、引用は、「五郎治申上荒増」（秋月俊幸翻刻・解説『北方史史料集成』第五巻、北海道出版企画センター、一九九四年）五四八～五四九頁による。

(14)「陥北聞見録」（松木明知編『北海道医事文化史料集成』（続）、岩波ブックセンターサービス、一九九一年）二〇頁。
(15) 有泉和子「ゴロヴニン事件とフヴォストフ・ダヴィドフ事件の因果関係」（『スラヴィアーナ』第二〇号、二〇〇五年）七一～七二頁を参照。
(16) 徳力真太郎訳、ゴロウニン『日本俘虜実記』下（講談社、一九八四年）、一八七～一九一頁。
(17) 永積洋子訳、ドゥーフ『日本回想録』（雄松堂出版、二〇〇三年）一七九～一八〇頁。
(18) 前掲、岩下『江戸のナポレオン伝説』五五～六四頁を参照。
(19) 本書第三部第二章「ラッフルズの出島接収計画と長崎奉行」を参照。
(20)『御内密御尋之儀ニ付御答申上候書付』（神戸市立博物館所蔵本木家文書）。
(21)『北槎集録』第十冊所収「文化十年九月十六日　魯西亜箱館渡来候書附」（早稲田大学図書館所蔵洋学文庫）。後述して引用する「文化十年九月十六日魯西亜箱館渡来候書附」のなかに、「本国筋戦争之次第御尋之趣御内々左ニ申上候」が別紙で挟み込まれており、大槻玄沢が両者の情報を比較・分析した様子がうかがえる。さらに、「本国筋戦争之次第御尋之趣御内々左ニ申上候」の末尾には、「払郎察帝、ロデウエーキ、ナポレヲン」「鄂羅斯軍将、コツーゾク、軍功ニヨリテ、スモレンスコノプリンストナル、一昨年死」との追記がある。ナポレオンのモスクワ遠征を撃退した将軍クトゥーゾフは、一八一三年に死去しているので、追記はその二年後の文化一二年に他の情報をもとに書かれたと判断される。なお、『俄羅斯紀聞』第二集第一冊所収「文化癸酉辺報」（早稲田大学図書館所蔵）と同内容である。
(22) 前掲、岩下『江戸のナポレオン伝説』五九～六〇頁を参照。
(23) 佐藤昌介『洋学史論考』（思文閣出版、一九九三年）一〇四～一一〇頁を参照。
(24) 本書第三部第一章「大槻玄沢と幕府の対外政策」を参照。
(25) 平野満「馬場佐十郎のロシア語書簡和解」（『駿台史学』第八九号、一九九三年）三～一七頁を参照。
(26) 本書第三部第一章「大槻玄沢と幕府の対外政策」を参照。
(27) 前掲、ゴロウニン『日本俘虜実記』下、一九二頁。
(28) 上原久・小野文雄・広瀬秀雄編『天文暦学諸家書簡集』（講談社、一九八一年）一一四頁。
(29) 前掲、ゴロウニン『日本俘虜実記』下、二二二～二二三頁。

(30)前掲「文化十年九月十六日　魯西亜箱館渡来候書附」。

(31)沼田次郎「蛮書和解御用創始の経緯をめぐって」(『日本歴史』第五二四号、一九九二年)九五～一〇五頁を参照。

(32)『遺閑漫録』(東京国立博物館所蔵)。

(33)前掲、ドゥーフ『日本回想録』一七九～一八〇頁。

(34)本書第三部第一章「大槻玄沢と幕府の対外政策」を参照。

(35)『婆心秘稿』第五冊所収「[寒燈推語]」(静嘉堂文庫所蔵大槻文庫)。

(36)小暮実徳「幕末オランダ対日外交政策に関する諸前提」(洋学史学会研究年報『洋学』第六号、一九九八年)一一九～一二四頁を参照。

(37)前掲『和蘭風説書集成』下巻、一四〇～一四一頁。

(38)日蘭学会編・日蘭交渉史研究会訳注『長崎オランダ商館日記』七(雄松堂出版、一九九六年)、一〇五～一〇九頁。

(39)『紅毛訳司楢林家文書』(九州大学九州文化史資料部門所蔵古賀文庫)。

(40)田保橋潔『増訂　近代日本外国関係史』(刀江書院、一九四三年)二八二頁、横山伊徳『開国前夜の世界』〔日本近世の歴史五〕(吉川弘文館、二〇一三年)二一九頁を参照。

(41)Peter Gordon, "Account of a Short Visit to Japan in 1818", *The Indo-Chinese Gleaner*, No.VIII. Malacca, 1819, pp. 53-59.

(42)ウィレム一世の王嗣子がロシア皇帝アレクサンドル一世の妹と結婚したことは、幕府の大きな関心事となるので、ブロムホフも知らせるのが得策かどうか、判断を迷っていた。前掲『長崎オランダ商館日記』七、一七八頁。

(43)前掲『紅毛訳司楢林家文書』。

(44)『俄羅斯紀聞』第四集第九冊所収「俄羅斯情形臆度」(早稲田大学図書館所蔵)。吉田厚子「大槻玄沢の蝦夷地御用と北方研究」(洋学史学会研究年報『洋学』第二号、八坂書房、一九九四年)一七五～一七六頁を参照。

(45)日蘭学会編・日蘭交渉史研究会訳注『長崎オランダ商館日記』六(雄松堂出版、一九九五年)、二二五頁。

(46)『文化十二年　御請言上脇々ヱ之書状留』(長崎歴史文化博物館所蔵)。

終章　対外政策と軍事・情報

一　異国船来航と長崎警備体制

本書の第一の課題は、寛政期から文化期にかけての異国船来航が長崎警備体制に与えた影響を、長崎の地域社会のなかで考察することにあった。文化元年（一八〇四）のレザノフ来航、文化五年（一八〇八）のフェートン号事件を転機と見て長崎警備体制の転換を論じた。

レザノフの来航は、寛政五年（一七九三）、ラクスマンに信牌を手交した時点でいずれは予想されることであった。ここに長崎警備上の課題としてロシア船来航問題が浮上し、来航のさいは威嚇を与えるほどの厳重な警備で臨むという長崎奉行の指示を受け、佐賀・福岡両藩によって警備手順の確立と石火矢の新造などが進められた。見直しや補強のレベルに留まるものの、形骸化していた長崎警備の軍事的機能を再び表出させる契機となったといえる。

長崎警備を責務とする佐賀・福岡両藩では、世界地理や国際情勢を把握する手段として、蘭学への関心が生まれた。時務意識に基づいて長崎に遊学した福岡藩の青木興勝は、阿蘭陀通詞との交流のなかで修業し、蘭書を読解できるまでの学力を身につけた。興勝は、長崎遊学の経験、漂流民からの聴取、蘭書の読解などを通じて、ロシアをはじめとする西洋諸国を軍事的脅威ととらえ、排外的な対外認識を形成していった。

文化元年のレザノフ来航は、およそ二カ月前にオランダ商館長から予告されていた。警備当番年にあたっていた佐賀藩は、レザノフ来航予告情報を入手し、寛政期に定められた警備手順に従って来航前から準備を進めていた。それゆえ、実際にレザノフが来航したさい、佐賀藩は迅速かつ円滑に警備手配を整えることができた。

佐賀・福岡両藩は、長崎地役人である阿蘭陀通詞や町年寄を藩の「御立入」「御出入」として掌握することに努めた。このような関係を前提に、佐賀藩は、長崎聞役が阿蘭陀通詞からレザノフ来航予告情報を内々に入手し、町年寄を介して内々に長崎奉行の意向を引き出すことができた。また、福岡藩が抗議を受けて青木興勝を帰藩させたのも、阿蘭陀通詞からの情報入手に支障が出ることを恐れてであった。佐賀・福岡両藩が長崎警備を円滑に遂行するにあたっては、長崎地役人との良好な関係が不可欠だったのである。

レザノフは長崎で穏便な態度に終始したため、長崎警備上の問題は起こらなかった。しかし、文化五年に勃発したフェートン号事件は、敵意のある異国船に対しては、長崎警備体制が現実的に機能しないことを露呈した。事件後に長崎奉行のもとで進められた長崎警備改革は、軍艦と砲術に象徴される西洋諸国の軍事行動の特徴をふまえたものであった。異国船を長崎に入港させないという戦術方針の転換をはかり、港外で異国船を撃退するために台場と大砲の拡充が進められた(1)。また、長崎奉行は、佐賀・福岡両藩に対して、精兵主義に基づく実効性のある警備体制を求めた。

長崎奉行は直接の軍事力をもたなかったから、佐賀・福岡両藩の軍役動員だけでは迅速な対応はできなかった。そこで、長崎奉行の指揮下に、長崎地役人を組み込んだ警備体制が構築されていった。軍船の整備も進められ、大船の建造と運用にも関心が集まった。実現には至らなかったが洋式軍艦の導入も計画され、長崎地役人を運用の主体とし、オランダ人士官の指導下で長崎の海上防衛に役立てようとした。このような長崎警備の新たな方向性は、町年寄高島秋帆による高島流砲術の形成、オランダ人の指導による長崎海軍伝習の実施を生み出す前提とみなしうる。

以上から、長崎警備体制が、警備手順の確立や世界情勢の把握にとどまる寛政期の理念的段階から、対外紛争を経験したことで、西洋諸国の軍事行動の特徴をふまえた実践的段階へと転換していったと評価したい。

二　異国船来航と長崎における情報操作

第二の課題は、寛政期から文化期にかけての異国船来航への対応を切り口として、長崎における情報操作の実態を明らかにし、近世の外交の特質に迫ることにあった。オランダ商館長・阿蘭陀通詞・長崎奉行による幕府への虚偽報告や意図的な情報操作として、以下の事例を検証した。

寛政九年（一七九七）以降、フランス革命とナポレオン戦争に伴うオランダとイギリスの対立を背景に、長崎の日蘭貿易はアメリカを中心とする中立国傭船が担っていた。しかし、アメリカ傭船の利用の事実は、文化四年（一八〇七）に至るまで風説書で説明されなかった。幕府の態度を硬化させ、貿易に悪影響を及ぼすと懸念した阿蘭陀通詞の判断であり、長崎奉行も是認していた。

享和元年（一八〇一）の五島列島への漂着船は、マカオ仕立てのポルトガル船であったが、長崎へ曳航されて行われた取り調べでは、セレベス島のマカッサルを出航した船ということで処理された。真相がわかれば、幕府の禁教方針から乗組員を死罪とせざるをえないので、長崎奉行の指示のもとで阿蘭陀通詞が画策し、漂着船の国籍を誤魔化した事例である。

享和三年（一八〇三）、私貿易を求めてスチュワート率いるナガサキ号とトリー率いるフリーデリック号が来航したが、江戸に判断を仰ぐことなく長崎奉行の裁量で退去が命じられた。それぞれアメリカ船・ベンガル船として、長崎で処理されたが、来航の背後関係が追究されることはなかった。

文化元年に伝えられた海外情報をめぐって、オランダ商館長と阿蘭陀通詞は、風説書への記載をめぐって協議し、貿易への悪影響が懸念されるアミアンの和約の破棄を秘匿するいっぽう、レザノフ来航予告情報を直ちに知らせたほうがよいとの判断から長崎奉行に報告した。長崎奉行は、輸入品価格の下落をもたらすという貿易上の判断から、レザノフ来航予告情報を通常の風説書とは別仕立ての「別段風説書」とし、自らの判断で江戸に伝達しなかった。

文化四年、露米会社の雇用船エクリプス号が長崎に来航した。船長のオケインは、ロシア国旗を掲げ、私貿易を企んで来航したにも関わらず、阿蘭陀通詞は薪水給与を目的としたアメリカ船として処理し、国籍や来航目的はうやむやにされた。

文化一〇年（一八一三）、ラッフルズが派遣したイギリス船が長崎に入港した。真相を知ったオランダ商館長は五人の阿蘭陀通詞と秘密を共有し、ベンガルからの傭船として風説書に記載して、通常通りの貿易取引を行った。長崎奉行は来航船の正体を見抜いていたが、自身の責任問題にも発展することから、江戸に対してはイギリス船との疑念を否定する報告を行った。

以上の事例から、長崎における情報操作のあり方として、次の二点を指摘できる。

オランダ商館長は、貿易の利益を第一に行動したから、利益にかなう情報は積極的に伝えたいっぽう、不利益をもたらす情報は秘匿し、あるいは辻褄をあわせて都合よく報告した。阿蘭陀通詞もまた、貿易の利益に吸着する存在であったから、オランダ商館長とともに情報操作に積極的に荷担した。また、貿易の円滑な遂行は長崎奉行も望むところであるから、このような情報操作を是認したし、自身の既得権に脅威をもたらしたり、責任問題に発展したりする場合は自らが情報操作を行った。中立国傭船を利用せざるをえない国際情勢と「半減商売」による幕府の貿易額削減は、日蘭貿易を危機的状況に陥れていたから、貿易に吸着する長崎の利益をそれぞれの立場で確保するために、情報操作が常態化したのである。

また、長崎では、異国船の応接や漂着民の取り調べで判明した事実が、幕府を刺激して問題を複雑化させ、結果として利益を損なうことを恐れた。中立国傭船の来航や個人貿易船の来航を生み出す対外情勢を、オランダ商館長はきちんと説明しなかったし、この情勢を長崎から幕府に正しく理解させることはなお難しかった。ポルトガル漂着船も、幕府がキリシタン禁制に反するとの一点で理解すれば、長崎に多大な困難をもたらすことを予想させた。それゆえ、幕府の対外情勢の理解力が乏しい状況下では、「臭いものに蓋をする」「事を丸く収める」ともいうべき対応がよしとされ、阿蘭陀通詞は来航船の国籍を体よく誤魔化し、長崎奉行は事なかれ主義に基づいて江戸に虚偽報告することが横行したのである。

以上のあり方から、近世の外交の特質が、「現地外交」にあるとの見通しが立てられるであろう。最終的な外交権限が幕府に帰属するにせよ、かなりの裁量権が長崎に与えられていたと考えられる。このような特質は、長崎という対外交渉の現場での柔軟な対応をもたらしたが、いっぽうで情報操作を横行させ、幕府の長崎支配が貫徹していない状況を物語っている。

「現地外交」を象徴する存在が阿蘭陀通詞であった。オランダ商館長と長崎奉行をめぐるやりとりをはじめ、異国船の応接や漂流民の取り調べなど、対外交渉のありとあらゆる場に阿蘭陀通詞が介在した。「現地外交」は「通詞外交」に支えられていたともいえる。阿蘭陀通詞は、日蘭貿易を担う長崎地役人であることから、あくまでも長崎の利害関係に基づいて行動した。それゆえ、「通詞外交」を基盤として、長崎における情報操作が常態化したのである。

三　対外紛争と幕府の軍事的・外交的対応

第三の課題は、対外紛争に直面した幕府の軍事的・外交的対応を検討し、その歴史的意義を問うことにあった。文化三年（一八〇六）から翌年にかけての文化魯寇事件、文化五年（一八〇八）のフェートン号事件への対応として、フヴォストフ文書の翻訳、阿蘭陀通詞の出府、洋式軍艦の導入計画、戦時国際慣習への関心から検討を行った。

文化四年の時点で、幕府はロシアの蝦夷地襲撃の意図を知る唯一の手がかりとしてフヴォストフ文書に注目した。計四種の文書は露文・仏文で記されていたため、オランダ商館長ドゥーフに蘭文訳を依頼することで内容を把握しようとした。その訳文からロシアの意図は通商要求にあると把握したが、脅迫としてのさらなる武力行使の予告は幕府の態度を硬化させた。また、幕府は、当初から武力行使がロシア政府の命令に基づくものかは疑っており、ドゥーフに対して、オランダ本国での調査を依頼するとともに、さらなる情報提供や意見報告を求めている。幕府は一連のドゥーフの対応を賞賛しており、オランダの利用価値を認識するところとなった。

未知の言語の習得においても、オランダの助力が必要とされた。幕府は、文化魯寇事件で露文・仏文の外交文書に、フェートン号事件で英文の外交文書に直面し、翻訳して理解する必要に迫られた。幕府はロシア語理解のために露蘭辞典の輸入をドゥーフに依頼するとともに、ドゥーフとブロムホフの指導下で阿蘭陀通詞のフランス語・英語学習が始められた。このような動きが、幕末の対外交渉を担う多言語に通じた阿蘭陀通詞を生み出していく(2)。

いっぽう幕府は、文化四年以降、長崎の阿蘭陀通詞を相次いで江戸に出府させた。当初の目的は蝦夷地への派遣とロシア船の応接にあったが、江戸で蘭書や外交文書の翻訳業務に従事させるようになる。阿蘭陀通詞の訳業は、事典類、地理関係、軍事関係の三つに大別され、事典類の軍事・地理項目の抄訳に始まり、本格的な地理・軍事の専門書の翻訳へと展開した。地理関係の訳業は、天文方における世界地図の編纂事業と結びついて展開し、ロシア事情を中心とする世界地理の知識の集積がはかられた。軍事関係の訳業は、専門的知識の欠如から困難を極めたが、その取り組みは幕府が西洋諸国の軍事的優位を砲術と軍艦に見ていた状況を物語っている。ただし、専門性の高さから蘭書の知識だけでは、西洋諸国の軍事技術の導入は不可能であった。

そこで、文化五年のフェートン号事件後の長崎警備改革では、オランダ人士官による軍事技術の指導という方向性を生み出した。幕府は、バタヴィアから招聘したオランダ人士官や技術者の指導下で洋式軍艦を導入することを計画し、ドゥーフに打診が行われた。計画は、長崎地役人を運用の主体とし、長崎の海上防衛に役立てることを狙いとした。紆余曲折の上、実現には至らなかったが、「開国」後の長崎海軍伝習の構想を先取りするものであり、幕府の対外的危機感を象徴する出来事といえる。

それまでに経験したことのない対外紛争は、西洋諸国の戦時国際慣習に幕府の関心を向けさせた。戦時国際慣習を知らずして、紛争状態にあるロシアとの交渉に臨めなかったからである。阿蘭陀通詞によってドゥーフの回答と蘭書の訳述に基づいた研究が進められ、幕府は、戦闘の開始と終了の合図、和睦や降伏の意思の示し方、軍使の応対や捕虜の取り扱い、船旗の使用方法といった戦時国際慣習を把握するに至った。その理解は、対外交渉の現場でも、ある程度は共有されていたと見られる。幕府は西洋諸国の価値基準を理解した上で、対外紛争の対応にあたっていたのである。このような幕府の態度は、「開国」をめぐる対外交渉にあたった幕府役人の能力の高さにもつながっただろう。

対外紛争は、幕府に西洋諸国の軍事的優位を強く認識させた。それがゆえに幕府の対応は、脅威とみなす西洋諸国の軍事・外交への関心を生み出し、導入や理解を試みる方向性をたどった。その方向性は、おのずとオランダ商館長と阿蘭陀通詞の利用価値を相対的に高めることにつながった。

四　幕府の新たな外交姿勢

第四の課題は、長崎における情報操作の弊害を認識した幕府が、どのような外交姿勢を打ち出していったかであった。幕府の対外政策における大槻玄沢の関与と、新たに外交業務を主導した天文方の情報分析に注目して考察を行った。

幕府が長崎における情報操作を問題視する契機は、大槻玄沢の指摘にあった。文化四年、玄沢は『嘆詠餘話』で五島列島への漂着船を、『伊祇利須疑問』でアメリカ傭船を俎上に載せ、長崎で国籍が偽られている可能性を指摘し、阿蘭陀通詞による虚偽報告や情報操作が常態化していることを批判した。『嘆詠餘話』と『伊祇利須疑問』は、玄沢の庇護者である若年寄堀田正敦を通じて、幕府に提出されたと見られる。同時期に林述斎が幕府に提出した意見書でも、阿蘭陀通詞の恣意的な翻訳姿勢が批判されているから、幕府内部でも「通詞外交」の弊害を認識していたことがうかがえる。玄沢は、その改善策として、江戸に蘭書翻訳機関を設立し、蘭学者の登用と外交業務の管轄を行い、世界情勢の把握に努めることを幕府に提言した。

文化魯寇事件という対外紛争に直面していた幕府は、大槻玄沢の提言の一部をすぐさま実行に移した。出府させていた阿蘭陀通詞に地理関係の蘭書を下げ渡して翻訳を行わせた。このことは、幕府が蘭書に基づく知識の活用を政策的に開始したことを意味する。幕府は、林述斎と堀田正敦の管轄下で、天文方で蘭書を利用した世界地図を作成することを表明した。天文方に蘭書の集積をはかり(3)、幕府の採用した蘭学を担わせるようにした。

阿蘭陀通詞の出府は、長崎の地域社会から切り離して、幕府の統制下におくことを意味した。幕府は、長崎で作成された訳文に、その原文となる蘭文文書を添付させ、江戸で再翻訳させる措置を試みている。この措置は、長崎における阿蘭陀通詞の恣意的な翻訳姿勢を抑制する狙いがあったと判断できる。

文化五年のフェートン号事件は、日本もオランダが巻き込まれている世界情勢と無縁ではない状況を幕府に認識させた。ドゥーフは、これまで世界情勢をオランダに都合よく説明し、事件後には責任回避のために架空の英露同盟を吹聴していた。大槻玄沢は『捕影問答』において、ドゥーフを尋問して正確な世界情勢を把握することを幕府に提言し、尋問項目を策定した。尋問の結果、玄沢と幕府は、オランダ本国の政情やアメリカの独立などを初めて知ることになった。アメリカの独立を知りえなかったことは、一八世紀半ばの蘭書に基づく知識の限界を玄沢に認識させた。いっぽうでドゥーフは、ナポレオンの存在を含め、フランスの支配下におかれたオランダ本国の現状は依然として語らなかった。

文化七年（一八一〇）、天文方の高橋景保は、馬場佐十郎の協力を得て、「新訂 万国全図」を完成する。この組み合わせに大槻玄沢の参加を得て、文化八年（一八一一）、天文方に蛮書和解御用が発足し、阿蘭陀通詞であった佐十郎は幕臣に登用された。ここに蘭学は公学としての位置を与えられた。現下に幕府が直面した対外問題は、文化八年に始まるゴローウニン事件であった。その対応を契機として、幕府は天文方に外交業務を主導させるようになる。

文化七年以降のオランダ船の欠航は、長崎からの新たな情報を途絶させていた。いっぽうで、文化八年以降、松前に捕縛されていたゴローウニンやムールが、ナポレオン戦争に関する世界情勢を知っていることに、幕府は注目した。幕府は、天文方から馬場佐十郎らを松前に派遣して、長崎で得た情報と松前で得た情報を比較・分析することで、世界情勢の把握に努めたのである。それゆえ、文化一〇年のラッフルズの出島接収計画も、幕府はバタヴィアを占領下においたイギリス船ではないかと疑っていた。大槻玄沢は、天文方から独立した外交機関の設立を堀田正敦に求めた。「開国」後の蕃書調所の創設を彷彿させる意見である。玄沢は、その外交機関がなすべき業務の例として『寒燈推語』を執筆し、ロシアに抑留された中川五郎治から得た情報と比較しながらバタヴィアの新聞記事を検証し、オランダ本国がフランスの支配下にあることを幕府に明らかにした。大槻玄沢と馬場佐十郎は、入手先の異なる複数の情報を比較・分析し、世界情勢を正確に把握する手法を確立していったのである。

ドゥーフの虚偽報告は天文方の情報分析で見破られたが、幕府に叱責されることはなかった。むしろ、帰国に際して、一連の異国船来航に関して務めた「御用」を幕府から賞賛された。海外情報と蘭書を定期的にもたらし、幕府の求める「御用」に応えることができるのは、「歴代の被官」であるオランダ以外にありえなかった。幕府は、オランダが伝える海外情報の限界を知ったと同時に、オランダの利用価値もまたよく理解していたのである。

幕府は、対外的危機への対応のなかで、「現地外交」「通詞外交」を問題視した。その上で、長崎の裁量範囲を狭め、江戸の天文方に権限を集中させる外交姿勢を打ち出すことで、オランダと阿蘭陀通詞を適切に利用しようとしたのである。

註

（1）松尾晋一『江戸幕府と国防』（講談社、二〇一三年）一八二～一八三頁を参照。
（2）木村直樹『〈通訳〉たちの幕末維新』（吉川弘文館、二〇一二年）八一～一六七頁を参照。
（3）松田清『洋学の書誌的研究』（臨川書店、一九九八年）三八〇～四二三頁を参照。

あとがき

東京下町の町工場の跡取り息子として生まれ育った私にとって、学問は縁遠い世界であった。幼いころから、勉強は苦手だった。ただ、なぜか歴史は興味があり、いつしか得意科目になった。祖父が毎週見ていた「水戸黄門」の影響かもしれない。

東京学芸大学附属高等学校に進学してからは、柔道に熱中した。勉強は放擲したが、得意科目だった日本史と世界史だけは勉強した。磯貝富士男先生には、卒業後の教育実習を含めてお世話になった。授業は板書を含めて難解であったこと、お手合わせ願った柔道がやたらに強かったことが、在学当時の磯貝先生の印象である。また、磯貝先生が優れた研究者であると知り、学問の世界が急に身近に感じられた。今、日本史と柔道を通じて生徒に向き合う毎日を過ごすなかで、磯貝先生の背中を意識している自分にふと気がつくことがある。

青山学院大学に進学して、史料講読の演習で片桐一男先生からくずし字の手ほどきを受けたことが、これまた縁のないオランダや長崎との出会いとなった。へそ曲がりの性格ゆえに、専攻を選ぶにあたって、人気がある分野よりも、他の人があまり手がけない分野のほうがよいとも思った。以来、現在に至るまで、怠惰な私に厳しくご指導いただいている片桐先生への感謝の念は尽きない。

片桐先生が国内研修であった一年間、ゼミで岩下哲典先生にご指導をいただいた。情報を切り口に近世の対外政策をとらえるという本書の視点は、ひとえに岩下先生の影響である。今に至るまでの公私にわたるご指導とご厚誼は、私にとっての大きな支えとなってきた。また、この一年間は、木崎弘美先生の講義も受けることができた。史料の書誌と伝来をふまえて対外関係を考えるという木崎先生の姿勢を学んだことは、本書にも少しは活かされていると思う。

大学院に進学したが、博士前期・後期課程を通じて片桐先生のゼミ生は私一人だった。そのぶん片桐先生から実証的な研究姿勢を厳しく鍛えられた。岩下先生をはじめ、佐藤隆一先生や石田千尋先生ら兄弟子筋にあたる諸先生から、優しく面倒を見ていただいた。片桐先生からオランダ語を習ってきなさいと言われ、日蘭学会のオランダ語講座に通ったりもした。ものにならなかったのは、たんに私の不勉強である。日蘭学会では、金井圓先生の膝下で「洋学関係研究文献目録」の採録作業にも携わった。日蘭学会が解散してしまった今となっては、懐かしい思い出である。

片桐先生からは、テーマに即した良質の史料を見つけ出すこと、その史料を厳密に読み解くことを学んだ。元来、頭脳明晰ではないと自覚していたので、史料だけは一所懸命に探すことに努めた。たまたま見いだした史料から、レザノフの来航が予告され、佐賀藩が事前に対応を進めていたことを知り、修士論文は「レザノフ来航予告情報と長崎警備」と題してまとめてみた。テーマより先に史料があったわけだが、対外的危機への対応を軍事と情報から考察するという本書の原点はここにある。

ほどなく開成中学校・高等学校の教壇に立つことになった。多忙に追われつつも研究を続けることができたのは、学問を尊重する自由な学校の雰囲気によるところが大きい。とりわけ、日本史を担当する同僚で、日々研究に取り組まれている石附敏幸氏と近藤剛氏の姿は、私にとっての励みとなっている。

生徒に接するなかで考えさせられたこともある。日本史の授業で、幕府がフランス革命とナポレオン戦争をどう見ていたのかなどを得意になって話すと、生徒は世界史で学ぶ事項と日本史で学ぶ事項の意外な関連に興味をもって聞いてくれる。ある生徒から「オランダは通商の国と教科書にあるが、通商にとどまらない関係があるではないか」と言われたことがある。また、別の生徒から「幕府は「鎖国」という対外政策を選んだのに、なぜ欧米のものを積極的に取り入れるのか」と尋ねられたこともある。いずれの質問に対しても、納得できる説明はできなかった。今でも明快に説明する自信はないが、本書は生徒の質問を自分なりに考えてみた一つの答えでもある。

開成学園は、明治四年に佐野鼎が創立した共立学校を前身とし、一四〇年を超える歴史をもつ。洋学者である佐野鼎の事績を調べ始めるとともに、校務として学校史の編纂にも携わるようになった。このような経験は、研究の視野を広げ、幕末維新の視点から対外関係や洋学を考えるきっかけとなった。

昨今の教育現場は、さまざまな改革の風に翻弄されている。不惑を過ぎるころから、多忙を言い訳に怠けてはならぬと一念発起し、これまで発表してきた論文を見直しながら、自分の研究が何を明らかにしてきたのかを考えてみた。同世代の松尾晋一氏・木村直樹氏・西澤美穂子氏らの優れた研究書に接したことも刺激になった。自分も研究者の端くれとして、研究書を世に問うてみたいと、心ひそかに願うようになった。

本書は、既発表の論文を軸に、若干の新稿を加え、一書としてまとめたものである。既発表の論文は、収録にあたって大幅に改稿した。加筆・修正のみならず、新たに再構成したものもある。大きく見解を改めた部分には注記を施した。本書の構成と、既発表の論文、新稿の部分との関係を示せば、以下の通りである。

序　章　新稿

第一部

第一章　「寛政期の長崎警備とロシア船来航問題」（青山学院大学文学部『紀要』第四一号、二〇〇〇年）

第二章　「福岡藩の蘭学者青木興勝の長崎遊学と対外認識」（『国立歴史民俗博物館研究報告』第一一六集、二〇〇四年）

第三章　「レザノフ来航予告情報と長崎」（片桐一男編『日蘭交流史　その人・物・情報』思文閣出版、二〇〇二年）

第二部

第一章　「オランダ商館長ドゥーフとフヴォストフ文書」（津山洋学資料館洋学研究誌『一滴』第九号、二〇〇一年）

第二章　「文化期における阿蘭陀通詞の出府と訳業」（開成学園紀要『研究論集』第二九号、二〇〇九年）

第三章　「文化期における幕府の洋式軍艦導入計画」（『日本歴史』第七二九号、二〇〇九年）

第四章　「文化期における幕府の戦時国際慣習への関心」（『海事史研究』第六五号、二〇〇八年）

第三部

第一章　「大槻玄沢『嘆詠餘話』と五島漂着船事件」（『日本歴史』第七六〇号、二〇一一年）

「大槻玄沢『捕影問答』とフェートン号事件」（『洋学史研究』第二八号、二〇一一年）

「大槻玄沢『寒燈推語』とナポレオン戦争」（開成学園紀要『研究論集』第三四号、二〇一四年）

第二章　新稿

第三章　「ゴローウニン事件と日蘭関係」（『洋学史研究』第三一号、二〇一四年）

終　章　新稿

本書は、拙い研究成果であるが、ともかくもこのような形でまとめることができたのは、日頃からご教導いただいている皆様のおかげである。

まずもって、貴重な史料の閲覧・複写を心おきなく許された所蔵機関各位にお礼申し上げたい。史料の保存と管理にひとかたならぬ苦労があることは、私も勤務先の校史資料を預かる責任者として、一応は理解しているつもりである。

また、所属する洋学史研究会・洋学史学会・日本海事史学会などでは、口頭報告をさせていただき、多くの方々からご教示を得ることができた。とりわけ片桐先生が会長を務める洋学史研究会では、長年、事務局幹事を務めさせていただいていることもあり、さまざまな分野の方々から受けた学恩ははかりしれない。

謝意を申し上げたい方々は限りなくあるが、以下のことを特に記させていただきたい。

平成一一～一三年度に、青木歳幸先生のご指導のもとで、国立歴史民俗博物館の共同研究「地域蘭学の総合的研究」に参加させていただくことができた。諸先生方との共同研究を通じて、蘭学の広がりと地域的特性を学び、実感し得たことは、私の貴重な財産となっている。

平成一七年三月には、菊池勇夫先生と平川新先生のお誘いで、東北大学東北アジア研究センター「開国以前の日露関係」シンポジウムにおいて、「一九世紀はじめの日露関係と長崎オランダ商館」と題して報告させていただいた。また、平成二三年一二月には、横山伊徳先生のお誘いで、洋学史学会「蛮書和解御用二〇〇周年記念」シンポジウムにおいて、「蘭書翻訳機関の設立構想と対外関係」と題して報告させていただいた。この二つの報告は、そのときどきの研究を見つめ直すという点で節目となっている。引っ込み思案の私にお声がけいただいたことに、感謝申し上げたい。

勤務先である開成学園からは、平成二〇～二二年度に「近世対外関係史料の研究」の課題で、平成二五年度には「大槻玄沢関係史料の調査と研究」の課題で、ペン剣基金研究助成をいただくことができた。各地の史料調査で有効に活用できたことは、研究に大きなはずみをつけた。

出版事情の厳しいなか、本書の出版を快諾いただいた吉川弘文館に厚くお礼申し上げる。なお、漢文の訓読を確認していただき、索引の作成を助けてくれたのは、東京大学文学部中国語中国文学専修課程四年の三村一貴君である。持つべきものは優秀な教え子であることを実感している。

最後に、私の選んだ進路に理解と援助をいただいた父母と、家庭ではわがまま勝手な私を日頃から支えてくれる妻と二人の息子に感謝したい。

平成二八年六月二五日

松本英治

著者略歴

一九七三年　東京都荒川区に生まれる
二〇〇二年　青山学院大学大学院文学研究科史学専攻博士後期課程満期退学
現在　開成中学校・高等学校教諭

〔主要論文〕

「加賀藩における洋式兵学者の招聘と佐野鼎の出仕」（『洋学史研究』第二二号、二〇〇五年）
「一九世紀はじめの日露関係と長崎オランダ商館」（『東北アジア研究シリーズ』第七号〈開国以前の日露関係〉、二〇〇六年）

近世後期の対外政策と軍事・情報

二〇一六年（平成二十八）九月十日　第一刷発行

著者　松《まつ》本《もと》英《えい》治《じ》

発行者　吉川道郎

発行所　株式会社 吉川弘文館
郵便番号一一三―〇〇三三
東京都文京区本郷七丁目二番八号
電話〇三―三八一三―九一五一〈代〉
振替口座〇〇一〇〇―五―二四四番
http://www.yoshikawa-k.co.jp/

印刷＝亜細亜印刷株式会社
製本＝誠製本株式会社
装幀＝山崎　登

ISBN978-4-642-03474-6

索　　引

本文と註を採録の対象としたが，引用史料や註の出典となる書名・論題などは対象から除外した。人名索引は，研究者名を除いて，すべて採録した。事項索引は，本書の内容上，重要と思われる語句を採録した。ただし，「オランダ商館長」「オランダ船」「阿蘭陀通詞」「長崎」「長崎奉行」「長崎警備」などは，本書の全体に関わるため割愛した。

Ⅰ 人　　名

あ　行

か　行

さ　行

た　行

な　行

は　行

ま　行

や　行

ら　行

わ　行

II　事　　項

あ　行

か　行

さ　行

た　行

な　行

は　行

ま　行

や　行

ら　行

わ　行